东晋建康城市权力空间

——兼对儒家三朝五门观念史的考察

庞　骏　著

东南大学出版社

·南京·

图书在版编目(CIP)数据

东晋建康城市权力空间:兼对儒家三朝五门观念史的考察/庞骏著.—南京:东南大学出版社,2012.9

ISBN 978-7-5641-3451-8

Ⅰ.①东… Ⅱ.①庞… Ⅲ.①城市史—南京市—东晋时代 Ⅳ.①K295.31

中国版本图书馆 CIP 数据核字(2012)第 084983 号

东晋建康城市权力空间——兼对儒家三朝五门观念史的考察

出版发行:东南大学出版社

社　　址:南京市四牌楼 2 号　　邮　　编:210096

网　　址:http://www.seupress.com

出 版 人:江建中

印　　刷:南京玉河印刷厂

排　　版:江苏凤凰制版有限公司

开　　本:889mm×1194mm　1/32　印张:11.5　字数:316 千

版　　次:2012 年 9 月第 1 版　　2012 年 9 月第 1 次印刷

书　　号:ISBN 978-7-5641-3451-8

定　　价:39.00 元

经　　销:全国各地新华书店

发行热线:025-83790519　83791830

内容提要

本书是关于中国古代都城空间制度方面的基础性研究。主要探讨两个话题:一是对东晋建康都城空间与中国古代都城空间模式之关系进行讨论。从都城规划思想、皇权政治制度、建筑实体空间等三个层面探讨东晋都城的规划特色;并重点解析建康都城中的宫城权力空间的形成、演变过程,揭示古代宫城制度所体现的政治实用、文化象征两大功能。二是探讨中国古代都城权力空间规划特征的成因,尤其是儒家仁政思想下的三朝五门观念的形成、内容、性质,及它所承载的顺天应民终极文化价值等。

全书由序言、正文、余论三部分构成,正文共分四篇。

第一篇探讨都城内外部政治空间。首先,从国家政权控制的角度剖析都城的地位与作用,影响都城规划的思想和原则。其次,指出东晋江南定都的利与弊,它对都城建设、发展的深远影响。再次,从一般的城市物质构成出发,探讨建康都城形制、都城六门制度及空间发展轨迹等。

第二篇对都城内部空间中的核心权力空间——宫城制度进行考察。首先,比较了作为周汉典型政治制度的内(中)外朝制度与汉儒复古《周礼》理想王朝都城模型规划下的三朝五门制度之间的区别与联系,指出其对宫城制度的影响,儒学三朝异于匠师三朝。从现实空间的实用功能和政权的合法性象征物两个层面解析宫城规划的主导思想。其次,从现实实用空间入手,具体考察宫内主要机构尚书、中书、门下三省的空间格局及其变化趋势。

第三篇对另一核心权力空间东宫进行探讨,从东宫的位置和宫内建筑名称、格局了解东宫空间的特征。

第四篇对都城礼制中的郊祀加以重点探讨。

余论对东晋建康城市重要权力空间的特征及成因进行分析。

本书以东晋建康为例,主要探讨了儒学三朝与匠师三朝的异同,分析东晋建康城市重要权力空间的特征及成因。建康都城是统治者实行“仁治”合法性统治工具,儒家礼制理想与王权政治现实交媾的复合产物,体现了形神兼备的城市整体设计理念。

作者简介

庞骏，女，1969年12月出生，北京师范大学历史学博士，东南大学建筑历史博士后。现为上海对外经贸学院会展与旅游学院副教授。研究方向：中国古代建筑历史与文化，城市遗产保护与利用等。曾在《中国史研究》、《史学月刊》、《建筑学报》、《城市规划》等刊物发表论文若干。

目录

序言

1. 研究目的与意义

本书是关于中国古代都城制度史、空间史方面的基础性研究。

建康城(今江苏省南京市)是历史上的十朝古都[①],其作为都城历史延续性较强的时期是在六朝,即三国孙吴、东晋、南朝的宋、齐、梁、陈四朝等。六朝在中国封建时代的历史上是一个重要的时期,正如史家公认的那样,六朝时期是中国经济重心开始由北向南转移的转折时期,隋唐的高度繁荣是以江南经济的高度发展为物质依托的。对此现当代史家多有论述,如经济重心南移的时代判断:其开始的时间,就有主魏晋南北朝说。王仲荦在其《魏晋南北朝史》上册专列《经济重心的逐渐南移》一目,认为“南贫北富的情形,已开始在这三百年内逐渐转变”[②]。童超指出:东晋南朝时,“全国经济重心开始南移”[③]。朱伯康、施

① 本书中所说的建康城是广义的城区概念,不仅指以城墙为界的建康城概念。它包括宫城、都城以及周围石头城、西州城、东府城等城外空间,从空间上看它是由城市建筑、道路和山水等共同构成的一个相互联系的整体。南京的称呼历史上有秣陵、建业、建邺、建康等,孙吴 211 年称建业,西晋 282 年改建邺,西晋末 313 年改建康。

② 王仲荦《魏晋南北朝史》上册,上海:上海人民出版社,1979。

③ 童超《东晋南朝时期的移民浪潮与土地开发》,《历史研究》,1987(4)。

正康也认为:"由这一阶段开始,中国经济发展的重心逐渐由北方移到南方。"[①]张承宗提出西晋时已出现全国经济重心南移的趋势[②]。

另一种说法则是,南方地区是这一时期在中原之外形成的又一个经济重心。如张家驹指出:从东晋开始南方经济有了很快的发展,形成一个新的经济中心,但"虽然号称平衡发展,究竟北方还是占着优势"[③]。王育民指出:"东晋、南北朝时期,长江流域已形成为一个新的经济重心。也就是说,已形成了南北相互抗衡的局面。"[④]宁可等人也认为:"长江三吴一带已经成为我国的一个新经济重心,可以和黄河中下游相比美。"[⑤]蒋福亚提出其准确的时间是在宋齐之交,三吴成为新生的经济重心[⑥]。概括而言,这些观点认为当时存在着两个经济重心。

总之,六朝时期无论从中国经济地理格局的巨大变迁,还是江南区域经济的发展,都是一个重要的时期。不仅如此,六朝时期,在文化艺术领域也取得了璀璨的成就。但是,由于六朝距今历史较远、加之政治格局上的南方政权被并于北方政权,且大一统的封建王朝的首都多在北方,这使得六朝建康都城史的地位长期没有得到应有的重视。近年来随着江南地区经济的再度崛

---

① 朱伯康,施正康《中国经济通史》上册,北京:中国社会科学出版社,1995:451。

② 张承宗《西晋时期长江流域经济的发展》,《浙江学刊》,1994(2)。

③ 张家驹《两宋经济重心的南移》,武汉:湖北人民出版社,1957:156-157。

④ 王育民《中国历史地理概论》上册,北京:人民教育出版社,1985:369。

⑤ 宁可主编《中国经济发展史》第1册,北京:中国经济出版社,1999:477。

⑥ 蒋福亚《论南齐永明年间的和市——兼论三吴在宋齐之交已成为我国封建时代新生的经济重心》,《首都师范大学学报》,1999(6):11-18。

起和发展,使得更多的人开始以全新的视角关注这一区域,从而把关注的目光也延伸到其繁华之源——六朝时期。

往者治中国古史者必言“盛唐气象”,视唐为中国文化的强盛时期,唐文化确实也给人“忽如一夜春风来,千树万树梨花开”之荦荦大观印象,而其漫长的积淀期则在魏晋南北朝时期,离不开南北文化的共同贡献。正如上世纪陈寅恪先生所指出的那样:隋唐文化的渊源有三,一是东晋南朝,一是北齐,一是北周。东晋南朝是其重要而不可缺少的一源[①]。本书的研究对象正是东晋南朝的开篇,再套用一句古诗来形容本书的研究宗旨,则它是对六朝文化如何“随风潜入大唐夜”的前过程揭示。

六朝建康的历史底蕴丰富,本书拟以东晋一朝为考察对象,选择这一短暂时段,则主要出于以下考虑:

1. 东晋是六朝建康的前期,国祚从公元 316 年至 420 年,历运 104 年,比其前朝西晋(265—316 年)的国运还长 43 年。比在建康定都的孙吴国祚(229—289 年)也长。东晋国祚在六朝政权中最长,其国力、军事力量也相对较盛,它的建立、保守江东为后来的南朝政权打下了坚实的基础。

东晋在政治上与其前后定都建康的诸多政权又有不同:一是东晋前期典型的门阀政治,后期则存在着由典型门阀政治向秦汉以来定形的皇权政治转化的过程。这种政治格局的转变对东晋以及北朝隋唐都城的建设都产生了深远的影响。二是东晋实为西晋的流亡政权,在当时尖锐的民族矛盾下,东晋百年历史中的统治集团始终自发地担负着“克复神州”、“北伐中原”的政治使命,并以此“自证”其自身政权的正统性与合法性,同时鄙视北方的五胡政权为僭伪或偏霸。南下建国与北伐复国、存汉与灭胡为其双重政治使命,这在政治文化特征上表现出高度的矛盾性。

① 陈寅恪《隋唐制度渊源略论稿》,上海:上海古籍出版社,1982。

2. 从中国古都空间演变史的角度看，除了春秋战国的吴、越、楚等南方诸侯国的首都定都于长江以南，秦汉西晋统一王朝的都城均在长江以北，以中原为正。在中国多个经济发展区中，江南经济区的地位在中原政权中的地位一直较低。江南经济区是比较分散、开发较晚的区域。春秋战国时期是江南经济区及其城市群初步发展的奠基时期，“在此基础上，伴随着六朝政治中心的南渐和社会经济区域的大变动，南方出现了第一次大规模的、普遍性的城市兴起与城市繁荣的局面”[①]。定都江南是南方地区改变这一态势的重要契机，三国鼎立引起的孙吴江东政权，是又一个将首都建立在长江以南的政权，显示了江南作为政治活动中心的机遇增大，并再次突破了定都中原的都城空间布局模式。由于都城所在为一国之权力枢纽、物力积聚、人才荟萃之所在，建康城市史的发展与这段江南都城史相融合，从而又为这座城市注入了新的历史文化内涵。

2. 几个基本概念界定

2.1 “都城”概念

建康都城是特殊的城市，先说城市概念。“城市”词语概念中国古已有之[②]，当代意义的“城市”则是一西方外来词，如何使这一舶来语能与中国古代漫长历史时期形成的城市概念相对应，还需重新进行界定。

在中国古代，“城”和“市”起初是两个不同的概念。据考古

---

① 傅兆君《论春秋战国时期城乡对立运动的发展与经济制度的创新》，《中国史研究》，1999(04)：36－47。

② 《毛诗·国风》“定之方中”：“定之方中。美卫文公也。卫为狄所灭。东徙渡河。野处漕邑。齐桓公攘戎狄而封之。文公徙居楚丘。始建城市而营宫室。得其时制。百姓说之。国家殷富焉。”(清)阮元《十三经注疏》，杭州：浙江古籍出版社，1998。

发现，最早的城是在原始氏族聚落的基础上发展起来的一种防御性的堡垒，到距今四千年左右的龙山文化时期，这种城堡已经出现，一般形制较为确定（呈方形或长方形），面积较小。其后的夏商周三代的城，即便可以称作城市，也是把政治、军事意义放在首位的。因而，可以说："中国初期的城市，不是经济起飞的产物，而是政治领域中的工具。"[①]如果说"城"是防御功能的概念，"市"则是经济贸易、交换功能的概念。市作为服务于城内居民生活的交换场所，并未伴随着中国最早的城而出现。"城市"同时具备明显的经济职能，是社会生产力和交换经济发展到一定阶段的产物。它的最后形成约当春秋战国时期。本书所言的城市概念也在这一变革时期之后，城市的经济属性是这以后的城市的重要特征之一，都城也不例外。

根据其政治功能和服务对象，中国古代的"城市"包含都城（特殊城市之一种）和"一般城市"（各级地方性城市）两种。本书探讨的是前者，它除了具有一般城市的内涵外，还具有强烈的政治、文化功能，它是皇权政治时代的权力空间中心和国家政治、文化最高象征体。

2.2 "权力空间"概念

本书主要考察东晋特定时段的建康都城的营造制度和政治权力建筑形制，解释其背后的观念形态如何形成及其对城市本身的影响。

在相关政治文化史的研究中，权力建筑中的"权力"含义，一般是借用政治学的权力概念，权力指的是国家机关依据法和习

---

① 张光直《关于中国初期"城市"这个概念》，《文物》，1985(2)：61－67。张光直较早指出，中国上古贵重的青铜礼器、连同礼器上所绘制的神秘的动物文形等，既表明拥有者掌握了神秘的冶炼技术、知识、财富，具有特异的控制力和影响力，又说明作为拥有者的"我"具有沟通人神的特殊本领和禀赋，从而也是一种对权力合法性的论证方式。

惯力量所具有的职权，以及行使这种职权的能力。塔尔科特·帕森斯宽泛地将权力视作“一种保证集体组织系统中各个单位履行具有约束力的义务的普遍化能力”[①]。埃米·艾伦指出，尽管“运用权力的能力可能会由于拥有某种重要的资源（金钱、自尊、武器、教育、政治影响力、体力、社会权威等）而增加，但是，这种能力不应当与那些资源本身混为一谈”[②]。这种区分意味着上述社会资源不属于“力”的范畴，而是属于“权”的范畴。政治权力在本质上是一种“公”权力，它不能被个人所利用，但在特定社会环境下它也可能被个人支配、利用。

由于资料的缺佚，研究手段的局限，迄今为止学界对唐代以前的都城营造制度并未形成明确而统一的认识。六朝建康都城形制是上自两汉下迄隋唐的关键性制度形成时期，比如众所周知在都城中，在政治上处于最核心地位的建筑空间是宫城，那么，宫城内部政务区、生活区的空间组合究竟怎样？这些宫内办公区域遵循怎样的原则来组织空间？这些都是需要回答的关键问题。

为了有效解决上述问题，本书引入了“权力空间”这一概念，即政治权力与都城物质空间结合后形成的特殊建筑空间，简称权力空间。以此检验中国古代都城、宫廷内的政治运作，并就权力运作和权力空间形式之间的关系能否构建一个可能破解的认知框架进行一些粗浅地尝试。故本书将借鉴政治学与城市空间学的相关理论探讨政治权力与空间的相互关系。

那么，政治空间和权力怎样结合？都城的建筑空间主要是

---

① T Parsons. *Sociological Theory and Modern Society*, NewYork: Free Press, 1967:308. 转引自史蒂文·卢克斯著；彭斌译《权力：一种激进的观点》，南京：江苏人民出版社，2008:20。

② （美）史蒂文·卢克斯《权力：一种激进的观点》，南京：江苏人民出版社，2008:63。注释1。

权力者的活动空间，因权力者的政治活动而成为特殊意义的空间。权力者的活动有公共活动如执政，也有私人活动如居住休憩活动等。

在西方当代哲学家中，法国西方马克思主义的代表人物、社会学家亨利·列斐伏尔，关于日常生活和空间的理论也许与城市和建筑研究联系得最为紧密。他自20世纪50年代开展了对城市化、城市空间以及建筑理论研究。其理论核心，是生产和生产行为的空间化，用列斐伏尔自己的话说就是："（社会）空间是（社会的）产品。"①即空间，在现有的生产模式中作为一种实在性的东西而起作用，它与在全球化过程中的商品、金钱和资本既相似又有明显的区别。首先，空间应当被看做是服务于思想和行动的工具；其次，作为一种生产的方式，空间也是一种控制的、统治的和权力的工具；另外，空间并没有被完全控制，它能够形成各种边缘化的空间。这是他对资本主义时代中的空间的表现和作用得出的结论。在他的空间的生产理论中，空间可分为三个互不分离、同时存在的维度，即物质性空间、表象化空间、再现性空间等，人类主体是一种独特的空间性单元②。

列斐伏尔批判了将空间仅仅看做是社会关系演变的静止"容器"或"平台"的传统社会政治理论，指出空间在历史发展中产生，并随历史的演变而重新结构和转化。承载人们活动的人文空间就是物质对象的一种社会秩序。

另一位哲学家米歇尔·福柯关于权力空间的理论研究更具启迪意义。福柯指出："空间在任何形式的公共生活中都极为重

---

① （法）亨利·列斐伏尔《空间：社会产物与使用价值》，引自包亚明主编《现代性与空间的生产》，上海：上海教育出版社，2003：48。

② 汪民安《空间生产的政治经济学》，《国外埋论动态》，2006（1）：46-52。

要;空间在任何的权力运作中也非常重要。”[①]他所创造和使用的研究方法极具个人特色。在其权力空间化理论中,虽然“空间”并非城市或建筑学中所谈论的物质“空间”,但这两者之间却也象征性地存在着联系。他的“空间”有范围、作用力等的涵义。他所描述的“人”是历史文化的产物,权力产生知识,所有人都处于权力之中,权力无所不在,它充满了整个“空间”。这是怎样的一种空间呢?它是无形的,却也是无所不在,它同样又是一种社会结构,是历史文化的产物。因而此“空间”还有“领域”的意思,可用“领域”代替。其“权力空间”即权力的领域、范围。

本书的权力空间与福柯等当代后现代哲学语境下的“权力空间”既有区别也有联系。后现代语境下的权力空间是“对居住者发生着作用”、“控制着他们的行为”,并“对他们恰当地发挥着权力的影响”的诸多领域。福柯所指的权力不仅仅是指国家、专职机构等的权力,更多的是指策略、机制、技术、经济乃至理性所造成的权力,即塑造人的“规训权力”。福柯认为,权力空间作为一种强力意志、指令性话语和普遍的感性力量,存在和作用于人类社会的一切领域,具有服务、影响、操作、联系、调整、同化、异化、整理、汇集、统治、镇压、干涉、反抗和抵触等多种功能属性。在现实世界,无论是工厂、学校、军队、监狱,还是惩罚、规训,或科学技术、意识形态、宗教信仰、文化习俗,以及知识和真理,都渗透着无处不在的权力[②]。福柯在《规训与惩罚》一书中,阐述了现代社会存在的新型权力——知识共生结构的观念:权力产生于知识,知识也可以转化为权力,权力通过知识改变服从于它的人,从而塑造出适合权力使用的“驯顺的肉体(Docile bodies)”即“人”。这就是新型权力统治的目的。福柯还认为,

---

① (法)米歇尔·福柯著;刘北成,杨远缨译《规训与惩罚》,北京:生活·读书·新知三联书店,2007:29。

② 张之沧《福柯的微观权力分析》,《福建论坛》,2005(5):47-52。

人类在知识结构中追求统一规律的过程与在权力结构中追求行为规范化的过程是同步的，二者之间具有陈陈相因的关系。在其宏阔的政治哲学中，权力是他对资本主义时代的解释，在权力的无所不在的影响下，物质空间成为权力施展魔力的物质形式而已。因此，笔者以为物质的空间，不过是福柯所剖析的“权力空间”理论之冰山一角。而本书的权力空间是作为主体活动场所的政治活动空间，人是主体，空间仍是客体；福柯的权力空间则包括了广泛的权力影响力，权力反居主体，权力操纵着人，“人”是权力运作的工具①。可见，后者的概念比本书的概念大。而且，本书的“权力空间”具有物质的、政治制度的、文化象征的多层次属性，研究起点是物质态的空间，这与福柯空灵的、抽象的空间也大不同。

3. 中国古代的权力空间

3.1 中国古代权力的属性：私权力还是公权力？

首先，权力的属性是私还是公？德国学者哈贝马斯在这一问题上有进一步精辟的论述，在其《公共领域的结构转型》一书中提出“公共空间”概念，用以表达资本主义民主产生的社会基础与社会结构②。并展开了权力空间的属性问题的哲学研究。哈贝马斯说：

> 所谓“公共领域，我们首先意指我们的社会生活的一个领域，在这个领域中，像公共意见这样的事物能够形成，它是世纪末作为私人领域的市民社会向作为公共权力领域的国家政府争取权力的中间领域，是一个私人集合而成的公

---

① 当然，福柯所说的“人”并非真正的“人”，也并非指“人性”，而是指那种抽象出来的、无条件的、纯粹的人的观念。

② （德）尤尔根·哈贝马斯著；曹卫东译《公共空间的结构转型》，上海：复旦大学出版社，1999：6。

共的领域。”①

“公共领域”是当代社会学基本概念，表达民众具有话语权，民众对国家公共事务的参与。公共空间是承载社会公共领域、公共生活的实体空间，人们聚集在这个空间讨论并形成公共意见。公共领域是与公共权力并存的。

中国古代社会迥异于欧洲古代社会，从中国社会的政治传统和发展历史看，它长期处于哈贝马斯所谓的“代表型公共领域”阶段，在欧洲中世纪文献中“所有权”和“公共性”同义，公共意味着领主占有，哈贝马斯称这种公私合一型的公共领域为“代表型公共领域”。在中国传统社会主要资源如土地、权力的所有权为公，至少在道义和名义上为公，君主制度下的皇权被视为公权力的最高代表。故从这个意义上称中国的君主制社会为“代表型公权力社会”，公权力是国家的主要象征，也是国家一切职能活动的根本前提，公权力作为国家的象征，也符合国家作为抽象的公共利益的代表特性。

但二者在细节上的差异是，中国古代无西方那样的较成熟的市民社会、现代民主国家阶段，且从历史实践看，中国的皇权是至高无上的，具有“独占性、片面性”。中国君主制的公权力把“天下至公”虚化了，其极端是“大公化私”，公权力最终成为皇帝一姓的私权力。中国君主制的君权是公权力的异化，其在国家机器的设置上，如官僚制度的设置(如内外官制度)、完备的等级制上均有体现；其在国家权力的继承方式上，也实行血缘世袭，一姓内传。

本书所持观点，中国古代国家权力的性质本身是一种公权力，中国皇权时代的皇权可视为“代表型公权力”的一种类型。借用宋代大儒周敦颐的话来申论，《通书·公》说：“圣人之道，至

① 汪晖，陈燕谷《文化与公共性》，北京：生活·读书·新知三联书店，2005：125－137。

公而已矣。或曰：‘何谓也？’曰：‘天地至公而已矣。’”[①]即圣人对万物的包容和成就，是完全至公无私的，其间没有挟藏任何的私己之偏，犹如天地至公。由于天地至公是不需证明的客观事实，宋儒又有“圣同天”论述，故于逻辑上自然推导出“圣人至公”。“圣人”包括圣贤帝王，由此帝王成为天地至公的总代言人。帝王既然为天地至公的总代言，自然要收权于天地人间。那么圣人如何收天下之权？换言之，权力合法性如何证实呢？

笔者以为权力合法性的证明有“自证”和“他证”两种途径。

所谓“自证”是一政权的自我认证，比如通过德运观中的自居某德来确定本朝在前后历史进程中的位置及相互关系。自证的同时对前朝也相应作出评定。所谓“他证”即是他朝（包括同时期或后续朝代）对本朝的认知和评定。对于后续朝代对前朝的看法存在一个明显的政治向背选择问题，即以谁为正统的问题。例如秦朝自居水德，但其后续朝代西汉否认其政权，西汉三次更改德运，汉初为水德继周而将秦列为闰位，武帝时改居土德继周，与秦之水德“相克”，无论水德、土德都是对秦朝的否定[②]。秦朝的自居水德可谓采用了“自证”法，而西汉否定其合法性，即为对秦朝的“他证”法。

中国古代，任何一个政权都面临自证与他证的两个评价过程和评价途径。二者可能一致，也可能不相一致。不一致的评价更可能暴露出其政权的合法性不足。在历史上这种情况并非

① （宋）周敦颐《周敦颐集》，北京：中华书局，2009：41。

② 西汉的德运历经水、土、火德三次改易，以土德的实行最长久和有效。无论哪种德运，都否定前朝秦。从对秦朝的他证立场看，他证的结果是秦无合法性，故称其“暴秦”。关于西汉德运的争议和研究成果甚多，如顾颉刚《五德始终下的政治和历史》，《古史辨》第五册下编，上海书店据朴社 1935 年 1 月初版影印本：471。钱穆《评五德始终下的政治和历史》，《古史辨》第五册下编，上海书店据朴社 1935 年 1 月初版影印本：625－630。

个别，每个王朝的建立者用此方式证明自己政权的合法性，争夺顺天应人的“正统”地位①。如东汉为火德，曹魏继为土德，两晋同为金德，宋继晋为水德等。德运观是一种封闭的社会循环论，但在其内部又通过相生相克来体现其进步性，亦即合法性。

宋代史家张方平著《南北正闰论》论南北朝之正闰，开章即言：“夫帝王之作也，必膺录受图，改正易号，写制度以大一统，招历数以叙五运，所以应天休命，与民更始。”②帝王之兴例行要做的首要大事即为“叙五运”，叙五运的目的正在于要自证其合法性。

当代学界对古代皇权的认识，持否定批评态度的为多，如吴晗认为，“在论社会结构里所指的皇权，照我的理解应该是治权。历史上的治权不是由于人民的同意委托，而是由于凭借武力的攫取、独占”，“假如把治权的形式分期来说明，秦以前是贵族专政，秦以后是皇帝独裁，最近几十年是军阀独裁。皇权这一名词的应用，限于第二时期，时间的意义是从公元前二二一到公元一九一一，有两千一百多年的历史”③。全慰天也有深刻的分析：“就一般统治权力产生的性质说，概念上或分两类：同意权力与强暴权力。同意权力是由于取得被统治者的同意而产生……强暴权力是由统治者以武力征服被统治者而产生的……王权无疑是由后一种性质产生的，虽然事实上王权的运用也不能过于失去民心。”④笔者无意维护皇权，皇权专制社会被时代抛弃是社

① 民族纷争时期的德运选择更复杂，如北魏初期以土德继魏统，至孝文帝改革，为加速汉化，摒弃五胡十六国，皆贬出正统，径直以水德继晋(金德)之后，斥东晋为僭越。

② (北宋)张方平《乐全集》卷一七。民国线装四库珍本初集四十卷本。

③ 吴晗《论皇权》，载吴晗、费孝通等著《皇权与绅权》，天津：天津人民出版社，1988:40。

④ 全慰天《论王权与兵》，载吴晗、费孝通等著《皇权与绅权》，天津：天津人民出版社，1988:96。

会巨大的进步。但一种延续两千年之久的政治制度，在一定历史阶段，应该有其存在的基础和合法性，而且这也是每一个政权的统治者思考的元命题，政治制度的层次性构建都围绕着这一中心任务。都城制度作为这一宏大制度体系的一个组件，它也体现其中心任务，以空间组合直观可感的特点更直接地体现皇权的公共性和合法性。

“三朝五门制度”（有时简称三朝，不包含五门，需具体理解）是儒家经学家借都城空间功能的尊崇周礼来“自证”其政权合法的一种有效手段。本书提出“儒学三朝”概念，对应的概念是“匠师三朝”，儒学三朝指历代儒学经典记载并体现的宫室三朝思想，其特征是一种基于儒学仁德理想的都城核心空间规划思想。匠师三朝指历代营造都城的建筑师关注的宫殿实体，它具有禀承圣意、沿袭前代建筑技术、形制等特征。儒学三朝自汉代儒学复兴一直保存于儒家经典礼制内容中，匠师三朝在有的朝代并未实施，有的朝代则因儒家的“复古”而大肆渲染，并以现实宫殿附会三朝之义。

三朝制度观念从无到有，从起初并不受重视。到明清时反被予以高度重视，用以体现政权自身的合法性，同时也暴露了政权合法性不足的统治危机和统治焦虑。从政治发展的角度看，每一政治体系在社会变迁的过程中大都不同程度地面临着合法性危机的问题，这种危机如果不能加以有效地消解而逐渐加剧，就会导致政治体系的崩溃。反之，若一政治体系在建立政权之后能有效地加强其合法性建设，则将大大有助于政治持久而稳固地运行。

儒家思想在稳固君主制度和王朝统治中的地位和作用是非常明显的。儒经在都城规划中的指导作用，从《周礼》匠人营国制度到对三朝五门制度的诠释，可谓不遗余力。儒家思想是一把双刃剑，其事君与制君功能交织。所谓事君，维护君主制和权力等级制等；制君，即限制君权的私有化和扩大，尤其是在先秦，由于民本思想的长期浸润，其重民亲民精神浓厚，这一精神通过礼制体现在都城规划的三朝制度之中。

3.2 中国古代权力的来源：关于权力的正当性

“合法性”是英文 legitimacy 的译义，又译作“正当性”等。合法性在中国的政治文化语境下就是“正统性”，是否合乎正统是一个王朝是否合法的关键所在。正统思想既是衡量某一政权是否合法的政治思想，又是一种反思政权更替与历史演进的历史哲学思想。一个王朝自建立始，它首先要做的就是解决民众对其自身“统治权力”的认同与支持的问题，也就是合不合乎“正统”的问题。

学界一般认为，现代政治学中的合法性概念及理论研究，是由马克斯·韦伯首先提出并得到阐发。合法性的概念具有两重含义：(1) 对于处于命令—服从关系中的服从者来说，是一个对统治的认同的问题；(2) 而对命令者来说，则是一个统治的正当性的问题。统治的正当性与对统治的认同的总和构成了统治的合法性。他认为，每一种真正的政治统治形式中都包含有最起码的自愿服从的成分，即内在的主观的有效性，但仅有这一点还无法构成真正的统治，还必须有来自民众的对统治的合法性的信仰。要实现统治的合法性，关键在于“信仰体系”的建立，即建立某种理论体系或意识形态来说明统治者的统治是合理的。即：自愿服从＋信仰体系＝统治/权威系统，其中信仰体系具有关键作用，他决定什么是合法或非法，因而也就决定了权威系统的根本性质。韦伯在经验的理想层次上总结了现实政治系统和现行统治的三种基本类型，即传统合法性；卡里斯玛型/个人魅力型的合法性；法理型合法性。这也是合法性的三个基础和来源[①]。

---

① (德)马克斯·韦伯的相关观点转引自邓肯·米切《新社会学辞典》，上海：上海译文出版社，1987：22、23。

当代政治学家戴维·伊斯顿对合法性的基础类型作了进一步的探讨，他把合法性的来源归于意识形态、结构和个人品质三方面。意识形态是为政治系统的合法性提供道义上的解释，有助于培养其成员对于政治权威和体制的合法性情感；结构作为合法性的源泉则意味着通过一定的政治制度和规范，政治系统的掌权者即可获得统治的合法性.亦即合法的政治结构能赋予其执政者合法的地位；而合法性的个人基础是指执政者个人能赢得系统中成员的信任和赞同，这种个人合法性所包含的内容要多于克里斯玛的范畴，因为并非所有的执政者都真正具有超凡魅力，但通过表现出一种被加工、虚假化了的魅力，他们也能够操纵大批的追随者，“无论是真正的还是欺骗的，这种超凡魅力的确代表了合法性情感产生的一个个人要素。”[①]上述三种合法性来源相互影响、相互作用，共同为政治系统奠定合法性的基础。

政治社会学家 S. M. 李普塞等也发起了对合法性的研究，按照李普塞的说法：“任何政治系统，若具有能力形成并维护一种使其成员确信现行政治制度对于该社会最为适当的信念，即具有统治的合法性。”[②]政治学家 G. A. 阿尔蒙德也认为：“如果某一社会中的公民都愿意遵守当权者制定和实施的法规，而且还不仅仅是因为若不遵守就会受到惩处，而是因为他们确信遵守是应该的，那么，这个政治权威就是合法的……正因为当公民和精英人物都相信权威的合法性时要使人们遵守法规就容易得多，所以事实上所有的政府，甚至最野蛮、最专制的政府，都试图让公民相信，他们应当服从政治法规，而且当权者可以合法地运

---

① (美)戴维·伊斯顿《政治生活的系统分析》，北京：华夏出版社，1989：317-318、334-335。

② S. M. Lipsot, “Some Social Requisites of Democracy: Economic Development and Political Legitimacy”, American Political Science Review, V. 53(March1959), p. 86.

用强制手段来实施这些法规。”①

中国学者对这一问题也有积极的探讨。张星久指出正当性(信仰)的三层次:政权体制或政治结构的正当性、王朝的正当性、权威人物的正当性,三者既有密切联系又有区别,不能将其等量齐观②。对第一层次,即所谓政体(帝制)正当性问题,在中国长期以来成为人们心目中唯一正当、唯一合理的基本政治制度,并得到人们持久认同。虽经历次阶级斗争,民族冲突、异姓“革命”的改朝换代等,但这一层次的正当性并未受到质疑。就是说人们通常所谓的“皇权主义”、皇帝思想在人们心目中已经根深蒂固。这种根植是统治者长期正当性建设的结果。一般来说,正统与否涉及源头所始(开统)与持续继起(继统)两个方面的问题,凡是开统与继统合法的政权理所当然为正统。当代政治发展理论更为关注的是这种统治最终未能在人民中建立道德信任和忠诚的状况,或者是合法性起初已获得但随后又丧失的情形,这就是“合法性危机”问题。而为了自证其合法性,统治者必须采取多种手段和途径,这即是权力合法性运作。中国古代权力合法性运作的方向和路径大致有:德运观、皇帝制度、官僚制度、后宫制度、储君制度、尊崇儒家的政治思想等。

再具体到权力合法性运作在思想意识领域的构建,其内容主要有三:

1. 儒家天命论,君权神授。此点前人论说已多,从略。

2. 君权民授:重民思想。重民论是形成契约社会的雏形,

---

① (美)G. A. 阿尔蒙德等《比较政治学:体系、过程和政策》,上海:上海译文出版社,1987:35-36。

② 张星久《专制中国的两种基本“公”“私”观及其制度表现——一个从制度回溯观念的尝试》,《武汉大学学报(哲学社会科学版)》,2006(6):773-779。张星久《儒家思想与中国君主专制的内在冲突》,《武汉大学学报(哲学社会科学版)》,1996(5):73-78。

君由民推戴，君为民服务，由此形成尊“天理”与“民心”的价值观。儒家经典多有阐述，如《孟子》之贵民与《礼记·礼运》之天下为公思想等。

3. 天下之公立君说。“立君”源出于“利民”，《吕氏春秋·恃君》：“凡人之性，爪牙不足以自守卫，肌肤不足以捍寒暑，筋骨不足以从利辟害，勇敢不足以却猛禁悍。然且犹裁万物，制禽兽，服狡虫，寒暑燥湿弗能害，不唯先有其备，而以群聚邪！群之可聚也，相与利之也。利之出于群也，君道立也。故君道立则利出于群，而人备可完矣。”它从“群利”的角度，来看待“君”的产生的社会起源。同书《贵公》：“昔先圣王之治天下也，必先公，公则天下平矣。平得于公。尝试观于上志，有得天下者众矣，其得之以公，其失之必以偏。”同书《顺民》说：“先王先顺民心，故功名成。夫以德得民心以立大功名者，上世多有之矣。失民心而立功名者，未之曾有也。”[①]可见，先秦思想中已经体现了维持公利的天下为公思想。

这种表述，儒家经典多有记载，《礼记·孔子闲居》：“子夏曰：‘三王之德，参于天地。敢问何如斯可谓参于天地矣？’孔子曰：‘奉三无私以劳天下。’子夏曰：‘敢问何谓三无私？’孔子曰：‘天无私覆，地无私载，日月无私照。奉斯三者以劳天下，此之谓三无私……’”

《尚书·周官》：“立太师、太傅、太保。兹惟三公。论道经邦燮理阴阳。官不必备。惟其人。少师。少傅。少保。曰三孤。贰公弘化。寅亮天地。弼予一人。冢宰掌邦治。统百官。均四海。司徒掌邦教。敷五典。扰兆民。宗伯掌邦礼。治神人。和上下。司马掌邦政。统六师。平邦国。司寇掌邦禁。诘奸慝。刑暴乱。司空掌邦土。居四民。时地利。六卿分职。各率其属。以倡九牧。阜成兆民。……以公灭私。民其允怀。”《尚书》

① 陈奇猷《吕氏春秋新校释》，上海：上海古籍出版社，2002。

从职官各尽其职责的角度提出了“以公灭私，民其允怀”的政治诉求。其中司空的职责直接与都城营建相关。

不过历代强调民权的内容，大多淹没在君权至上的言论之中，反映了君权的逐渐强化的趋势。“民权”概念本是外来词语，中国古代可代替它的词是“民极”，西汉刘向《说苑》卷七《政理》文王问于吕望曰：“为天下若何？”对曰：“王国富民，霸国富士；仅存之国，富大夫；亡道之国，富仓府；是谓上溢而下漏。”文王曰：“善！”对曰：“宿善不祥。是日也，发其仓府，以赈鳏、寡、孤、独。”①

民极就是以民为表率，以民为崇高的态度。《后汉书》志三《律历志》“历法”：

> 夫历有圣人之德六焉：以本气者尚其体，以综数者尚其文，以考类者尚其象，以作事者尚其时，以占往者尚其源，以知来者尚其流。大业载之，吉凶生焉，是以君子将有兴焉，咨焉而以从事，受命而莫之违也。若夫用天因地，揆时施教，颁诸明堂，以为民极者，莫大乎月令。帝王之大司备矣，天下之能事毕矣。

民极观念是儒家非常宝贵的民本思想体现之一，《周礼·天官冢宰》：“惟王建国，辨方正位，体国经野，设官分职，以为民极。乃立天官冢宰，使帅其属而掌邦治，以佐王均邦国。治官之属。”开宗明义地指出“设官分职”的目的在于“以为民极”。《荀子·大略篇》：“天之生民，非为君也；天之立君，以为民也。故古者，列地建国，非以贵诸侯而已；列官职，差爵禄，非以尊大夫而已。”《晋书》卷十九《礼志上》：“夫人含天地阴阳之灵，有哀乐喜怒之情。乃圣垂范，以为民极，节其骄淫，以防其暴乱；崇高天地，虔敬鬼神，列尊卑之序，成夫妇之义，然后为国为家，可得而治也。传曰：‘一日克己复礼，天下归仁。’”指出了圣人的标准、作用：

---

① （西汉）刘向，向宗鲁校证《说苑校证》，北京：中华书局，1987。

“昔者圣人因阴阳，定消息，立乾坤，以统天地也。”[1]圣人是宇宙生成的始作俑者。圣人是王与天的媒介，承天受命之圣王。又，《晋书》卷七十五《王湛子附传坦之传》：“坦之又尝与殷康子书论公谦之义曰：夫天道以无私成名，二仪以至公立德。立德存乎至公，故无亲而非理；成名在乎无私，故在当而忘我。此天地所以成功，圣人所以济化。由斯论之，公道体于自然，故理泰而愈降；谦义生于不足，故时弊而义著。故大禹、咎繇称功言惠而成名于彼，孟反、范燮殿军后入而全身于此。从此观之，则谦公之义固以殊矣。”这些都反映了不同时代儒者对“民”、“圣”、“公”、“德”等基本概念的思考。

皇帝既然是最高公共权力的代表，皇帝所居之处同理应为公权力之核心所在。皇宫与皇城都是体现着皇帝作为最高公权力代表的特殊场所。张星久认为：皇权有公私两面。公权力方面为其统治阶层，为天下之民，具有正当性；私权利方面为皇帝个人，具有贪欲性和破坏性[2]。皇帝居住的宫城是以皇权为代表的国家权力机构所在，这个权力机构从皇帝到中央到地方形成自上而下的国家管理层级，它们构成社会学意义上的公共权力领域；承载这些不同等级的权力的建筑空间实体，就是权力公共空间，简称权力空间。笔者借用权力空间这一概念探讨东晋建康都城与宫城建筑空间。

这是权力在微观空间领域的表达：即以皇帝为中心，以皇帝居住的宫城为权力中心。内外朝与三朝五门政治空间公私权力的体现和划分，外朝为公，天下大公化的空间；内朝为半公半私，

---

① （日）安香居山等《纬书集成》，石家庄：河北人民出版社，1994：390-921。

② 张星久《专制中国的两种基本“公”“私”观及其制度表现——一个从制度回溯观念的尝试》，《武汉大学学报（哲学社会科学版）》，2006(6)：773-779。

后宫为私空间。五门概念中的“中门”为公私空间的象征和分野。详见第二篇三朝相关内容。

4. 文献综述

除此期相关正史外，唐人许嵩撰述的《建康实录》二十卷是目前所能见到的最早最丰富的史料。撰于唐至德元年（公元756年）的《建康实录》汇集初唐史料及唐以前的方志典籍，如刘宋山谦之所撰《丹阳记》与《南徐州记》、陈顾野王撰《舆地志》等，对东吴、东晋、刘宋三朝记载尤详，因此“唐以来考六朝遗事者多援以为征”[①]，是研究六朝都城建康最重要的史料。但由于许嵩所处唐代的参照地点例如上元县于今亦失，因而想利用《建康实录》的记述来准确地复原六朝建康城已无可能。宋元以后，方志兴起，南宋张敦颐的《六朝事迹编类》、周应合的《景定建康志》，元代撰修的《至正金陵新志》等。明清时期的学者及其个人著述，如明代陈沂《金陵古今图考》、《金陵世纪》，顾炎武《历代宅京记》、《肇域志》，顾祖禹《读史方舆纪要》、清代莫祥芝与甘绍盘合纂《同治上江两县志》、顾云撰《盋山志》、甘熙撰《白下琐言》、民国陈诒绂撰《石城山志》、朱偰撰《金陵古迹图考》[②]等，都对六朝建康都城、宫城有所论述，具有一定的参考价值。

---

① 李小树《南朝首都佛寺建造特点论析——从〈建康实录〉的记载谈起》，《学术界》，2004(2)：217-224。

② 朱偰《金陵古迹图考》，北京：中华书局，2006。较早考证了台城四界。20世纪50年代以后，探讨六朝建康城的论述不下40种，其中较多涉及建康城复原的论述亦在20种左右。见张学锋《六朝建康城的发掘与复原新思路》，《南京晓庄学院学报》，2006，22(02)。文中提出了六朝宫城的大致范围和方位：北起长江后街、东抵长白街、南抵淮海路、西至洪武北路。

5. 当代研究现状

5.1 城市权力空间研究回顾

现代对六朝建康城的较早的研究，在国内是1936年朱楔的《金陵古迹图考》它在文献考察的基础上第一次绘制了六朝建康城的平面布局示意图，给以后半个多世纪的学术界带来了深刻的影响①。

当代的历史学、考古学界与本课题研究直接相关的研究已然不少，如蒋赞初的《南京史话》(江苏人民出版社，1980年)；张承宗的《六朝史》(江苏古籍出版社，1991年)；许辉等的《六朝经济史》(江苏古籍出版社，1993年)；罗宗真的《六朝考古》(南京大学出版社，1996年)，把考古学与历史学结合，对六朝境内尤其是江南地区的考古成果进行介绍和研究。朱大渭的《六朝史论》(中华书局，1998年)；张承宗的《六朝民俗》(南京出版社，2002年)、郭黎安的《六朝建康》(香港天马图书有限公司，2002年)、卢海鸣的《六朝都城》(南京出版社，2002年)等进一步深化了都城史研究，资料翔实丰富，颇有借鉴意义。

建筑史和城市史研究方向：建筑史学界老一辈学者已经做了开山引领工作，如刘敦桢的《刘敦桢文集》(中国建筑工业出版社，1987年)，其《六朝时期之东西堂》文；郭湖生的《中华古都——中国古代城市史论文集》(台北空间出版社，1997年)，其《论邺城制度》、《台城考》两文。两位前辈对古代建康都城政治空间的具体研究给笔者很深的启发，也由此引发了极大的兴趣。潘谷西主编《南京的建筑》(南京出版社，1998年)，对都城制度进行了全面的研究。刘叙杰《中国古代建筑史(第一卷)》(中国建筑工业出版社，2003年)、殷维翰《南京山水地质》(地质出版

---

① 王淳航《八十年来六朝城市史研究回顾与展望》,《建国六十年来六朝史研究的回顾与展望学术研讨会论文集》,2009:144-155。

社,1979年)、胡阿祥《六朝疆域与政区研究》(学苑出版社,2005)、《东晋南朝侨州郡县与侨流人口研究》(江苏教育出版社,2008)等。

与都城制度史相关的研究,还有杨鸿年的《汉魏制度丛考》(武汉大学出版社,1985年),杨宽《中国古代都城制度史》(上海古籍出版社,1993年),朱士光《中国古都学的研究历程》(中国社会科学出版社,2008年),任重《魏晋南北朝城市管理研究》(中国社会科学出版社,2003年),李久昌《国家、空间与社会——古代洛阳都城空间演变研究》(三秦出版社,2007)等。

其他外围基础研究:王仲殊《中国都城概说》(《考古》,1982年第5期)、俞伟超《中国古代都城规划的发展阶段》(《文物》,1985年第2期)、叶骁军《中国都城发展史》(陕西人民出版社,1988)、曲英杰《先秦都城复原研究》(黑龙江人民出版社,1991)。

海外中国学者朱剑飞先生的《天朝沙场——清故宫及北京的政治空间构成纲要》①,作者吸收了福柯的权力空间、后现代学术的一些概念和表述方式,把目前的都城政治空间的研究上升到理性思考层面。

目前的研究成果多视六朝为一个有机的整体,较充分考察了不同方面的内容。不足的是在整体把握之余,尚对六个不同政权时期建康城市的演变、差异揭示不够,一些研究内容失之于笼统。本书的研究重点在社会政治制度运作与建筑空间结构之间的文化关联,即人的社会活动与空间模式选择之间的关系。具体到东晋建康都城的政治与权力空间如何结合,则是本书力求回答的主要课题之一。

5.2 观念史的研究方法

儒学的历史是一个人们不断地赋予儒家经典以意义的过

---

① 中文见邢锡芳译《建筑师》1994(74):101-112。原文英文刊登于英国建筑历史与理论杂志 *A Files* 1994(28):48-60。

程，同时也是人们给自己所生活的世界赋予意义的过程，这些被人们所赋予的意义反过来又深刻影响着人们自身，这是经学史的宗教性一面。美国宗教社会学家彼得·贝格尔认为人类建造意义世界之过程有三个阶段：外在化、客观化和内在化。用其《神圣的帷幕》一书译者所作的概括："外在化，就是人通过其肉体和精神的活动，不断将自己的存在倾注入世界的过程。所谓客观化，是指人类的产物都具有一个规律：即它一旦产生，就具有了独立性，有其自身的逻辑，它的创造主体在某种意义上就开始受制于它。而内在化，则意味着人将客观化了的产物重新吸收进自己的意识，于是它们就既是外在的实在，又是内在于人自己意识中的现象。"[①]儒学观念的演变也经历了外在化、客观化和内在化的三个阶段。儒学的德治、仁政思想通过礼这个载体而体现。礼在形成过程中逐渐固化、程式化、客观化。礼在人们的现实生活中起着规范、约束人的行为的作用，礼包括礼制、礼仪，它所承载的儒家道德理想，通过人不断地学习、体验、内化为个人精神品质的一部分。

如何看待综合了各种要素的都城历史，形成都城历史特色的综合性要素是怎样在时间之河中形成自己的风格？

首先，城市空间与权力的关系。权力关系通过空间来显现，而空间也反过来构成一种新的权力机制。以都城为研究对象，从空间构成入手，分析都城空间形态与权力运作的关系，解读权力作为形成空间的隐性动因对空间的作用，强调"权力生产空间，空间塑造人的行为"这一规律。

亨利·列斐伏尔的空间生产理论指出：空间既是作为社会资源和自然资源的生产关系，也是作为抽象符号的产品，一套有特定指向性的信息文本。他跨学科地将空间从传统意义向社会

---

① 《神圣的帷幕》开篇说："每一个人类社会都在进行建造世界的活动。宗教在这种活动中占有一个特殊的位置。"

性方向大力推进，产生了极大的影响力。地理学家大卫·哈维在列斐伏尔三元论的基础上，以“经验”、“概念化”和“生活”予以演变，从而肯定了想象的塑造力量，建立了实践与再现的分析框架[①]。城市文化研究领域的又一重要人物沙朗·佐京在其著作《城市文化》中，认为文化是塑造一个城市形象并重塑其空间的有力手段，其背后机制是象征经济的生产和消费。与象征相关的空间体验本质上是基于人的感知而建立的真实、再现与想象三者的关联研究，可以上溯到柏拉图时期的视觉模仿，在对于艺术美学的追求中探讨和理解原型与摹本的关系[②]。这些理论对本书儒学三朝观念史的考察提供参考，三朝观念与空间上的三朝构图也承载了深刻的文化功能。

总而言之，本选题以东晋建康的城市空间为关注点，虽在时段上只切取东晋一段来考察，但仍试图以汉唐更大的历史时空作为参照系，找出这一时期首都营建共同性及差异性，揭示其渊源和流变，以期深化学界对东晋城市文化研究，裨益于整体史的研究。

5.3 城市史的研究方法

城市变迁在时间上是线性历时性的，在空间上则是平面的伸缩、立体的延展。前者是史学家关注的范围，后者则是建筑史、城市空间史学者关注的视域。

相对于数千年的文明而言，六朝三百多年的历史不是一个长时段，六朝政权也有短暂的中断，但人们习惯于把它视为一个整体。从新近大量出版的著述可以概见这一认识倾向。这种已被普遍接受的看法则主要应归功于 20 世纪以来文化史专家的

---

① David Harvey, Consciousness and the urban experience, Oxford: Basil Blackwell, 1985.

② Sharon Zukin, The Cultures of Cities, Blackwell Publishers, 1995.

贡献，20世纪初文化大师们对中国文化的深刻研讨，如钱穆重视学术与文化传承对民族的影响、陈寅恪重视家族文化为发端，六七十年代中国台港地区研究中古文化史家的具体研究更加深化了这一观点，如余英时《士与中国文化》（上海人民出版社，1987年）、毛汉光《中国中古政治史论》（上海书店出版社，2002年）等。当然，现代学术意义上的"文化"一词本是西方人类学使用的名词，当治中国史的学者将其用来考察古代的文化时，对文化本身包含的类型、属性等先决概念也一并吸收，即在史家开始研究中国文化时，已接受了人类学中给"文化"预设的属性、类型之界定。人类学的方法进入史学，这是必然的且已取得可喜的研究成果。这种审视角度的更新，对于治大文化者而言是一种便利，但是对于治断代史的研究者而言则显粗略。

事实上，江南六个政权的文化差异也甚大，不同政权的建康城市既是它们个性的产物，同时又以有形的、无形的方式影响着后续政权的城市内涵。

其二，本书的研究时段仅限于东晋百年的建康都城史。两晋之际时代激变引起的政权南移、社会变迁是本书关注的又一话题。

东晋建都南京，与孙吴不同，它是中国的政治中心第一次移至长江以南，经过六朝的发展，江南的经济、文化得到大发展，为唐宋以后江南地区在整个国家中的经济主导地位奠定了坚实的基础。因此，东晋立国江南、定都建康是中国政治史、都城史上的转折时期。东晋建康城市的特殊性与价值在于：从当时全国的角度看，东晋在版图上虽然已降为区域性政权，只相当于前朝西晋的一半，但其首都建康的城市地位仍非同一般，它不仅是4世纪长江下游出现的第一大城市，也是当时全国的具有活力的第一大城市。

从纵向的历史角度看待建康首都的历史，笔者以为至少可从两个时段、层面探讨。

长时段:它处于封建社会的中期,汉族政治中心由北向南转移的转折点,种族与文化、正统与偏霸等重大问题在东晋时期明确地凸现出来,成为重要的政治文化基本命题。

短时段:东晋是西晋的异地延续和再造,南朝政权的开启。西晋在北方民族的军事战争中灭亡,东晋立国江南,以江为险,形成南北对立,对应着北方五胡十六国政权的前期,而北方则处于民族纷争的分裂时期。南方的东晋在百年之中则相对稳定,实现了名义上和形式上的统一,之所以说它是“名义上和形式上的统一”是因为东晋政权内部的矛盾和东西分裂因素始终存在,但它让位于尖锐的民族矛盾。东晋的多次内乱后果严重,并最终葬送了江南政权求存图强的时机。而且,东晋五次北伐的胜败荣衰是当时的重要政治话题。建康作为王朝政治旋涡的中心,它在历史中的角色和作用怎样,是值得探讨的问题。

本书研究的课题处于历史学、城市空间学交叉研究,跨学科理论和方法相互借鉴与运用是本书努力的方向,也是一次不揣冒昧的尝试。或许可以这样认为:历史是时空交融的人类往事。在这之中的人、时间、空间(场所)三者缺一不可。无论是散发着氤氲政治气息的王朝都会,还是变化万千的区域边城小镇都是人们在特定时空中的情节和叙事。古史的研究者与其说是像验尸官在写一份尸检报告,不如说他是一个借助时空穿梭机,在心智和情感上回到历史现场的侦探,“历史感”与“现场感”是高明侦探的基本素养。如果能做到这样,历史不过是刚刚过去的一页,它也是当下、并影响着当下。

明王奉若天道，建邦设都。

——《尚书·说命》

1 都城制度

古代都城是古代国家政治的产物，也是古代国家的政治中心和皇权主义的象征。国家要控制社会，首先必须大力建造都城。建造都城的目的是使其与国家权力的来源一脉相承，控制都城的方式和手段则有多种，如通过建立都城空间秩序来形成样板式的社会秩序即是一种极其重要的具体行为。统治者通过对都城空间的精心设计，使都城在物质和精神两个层面上满足皇权统治的政治需要。从其独特形制、恢弘气势、九重宫阙等来体现皇权的合法性，从而使皇权体制得到最好的表达。而国家意志一旦外化为一种空间形式和秩序，必然会影响整个社会、人的活动。因而“都城空间”在“国家—社会”框架中占有十分重要的地位，都城空间设计理念和制度是国家权力的运作方式和内容，都城空间结构模式和都城核心空间——宫城的建筑空间组合模式都体现了当时统治者的观念和精神意志。都城空间建立后它对都城、国家及全体民众社会各方面产生强大的影响，尤其是对统治者自身需要实现对民众的基于社会公利的统治，都城空间模式从某个角度讲就是统治者权力运作的一种表情达意方式。

都城制度的三个层面：

第一个层面都城为皇帝一姓家庭生活的场所，皇室成员不同身份居住的位置确定。以皇宫区与宗室王侯区为主。

第二个层面都城为国家实行统治的公权力中心，即在都城中体现国家权威和统治效率。

第三个层面都城在“天下观”、“天人学”等宇宙观的宏大空间中居于中心位置，它如何在城市规划中体现。

不同层面对应需要解决的问题分别是：

第一个层面是皇帝个人（含其家人）的安身之处。与具体的空间环境关联，如皇宫的选址和修建，西宫、东宫、王府等。

第二个层面是代表公权力的国家机构的设置与空间格局。主要与政治制度关联，如西周之内外朝，秦、西汉的三公府，西汉的中外朝，东汉以后的三省九寺机构等。历史上的特殊安排经验：西汉的中外朝制度正是公私分离在政治权力空间上的开始。由于君权扩张，此后历朝都有内外朝之分，反映了公私权力之间的矛盾长期存在。

第三个层面都城物质构建体现“天下之正（中）”的象征含义，主要与政治哲学思想观念相对应。如：皇帝登基、元正冬至大朝会需要的正殿，告朔颁布历法需要的明堂、太学、灵台，及祭祀自然神的五郊坛等。这些殿、堂、台、坛等形态不同，承载的功能和文化内涵也不同。要解释其文化内涵，则必须深入到哲学层面。

这三个层面有时又是交叉的，比如归类于第二个层面的皇宫正殿形制与命名，经历了极庙—前殿—太极—紫宸—太和等名的变化，既体现制度又反映法天神秘观念；又比如坐北面南观念的长期延续，与天子当阳和“正阳”观念相适应。比如归类于第三层面的观念层面，如天命观、天人学，更多的时候是同时贯通于三个层面的宏观念，勉强分隔反而牵强。又比如阴阳五行思想贯穿于都城的礼制祭祀空间，礼制建筑的选址、朝向、用色、时间等莫不与其呼应，其位置和样式从空间上体现主体的尊卑等级和社会大秩序。三个层面的分法有助于分解认识，但综合的方法仍不能简省之。

1.1 建康都城制度与东晋政权立国江南

1.1.1 古代都城形制的制约因素

古代都城的规划思想十分复杂，各家自立学说，主要可分为三家，即儒家的宗法礼制思想、法家中管子的实用、韩非的"势"思想及周易阴阳五行思想等三大体系。

宗法制是按照血统远近以区别人们亲疏关系的制度。早在原始氏族时期宗法制就有所萌芽，但作为一种维系贵族间关系的完整制度的形成和出现，则是西周时的事情。《春秋左传》桓公二年："惠之二十四年，晋始乱。故封桓叔于曲沃，靖侯之孙栾宾傅之。师服曰：吾闻国家之立也，本大而末小，是以能固。故天子建国，诸侯立家，卿置侧室，大夫有贰宗，士有隶子弟，庶人工商各有分亲，皆有等衰。是以民服事其上而下无觊觎。"①可见西周形成了系统而完整的宗法制度。

宗法制的一个关键内容是严嫡庶之辨，实行嫡长子继承制，其目的在于稳固贵族阶级的内部秩序。这一制度依靠自然形成的血缘亲疏关系以划定贵族的等级地位，从而防止贵族间对于权位和财产的争夺。在宗法制度下，从始祖的嫡长子开始传宗继统，并且世代均由嫡长子承继。这个系统称为大宗，嫡长子称为宗子，又称宗主，为族人共尊。宗子有祭祀祖先的权利。若宗子有故而不能致祭，那么庶子才可代为祭祀。和大宗相对应的是小宗。在一般情况下，周天子以嫡长子继统，众庶子封为诸侯，历代的周天子为大宗，这些诸侯就是小宗。诸侯亦以嫡长子继位，众庶子封为大夫，这些大夫为小宗，而诸侯则为其大宗。大夫也以嫡长子继位，为大宗；众庶子为士，即小宗。在宗法系统里，诸侯和大夫实具有大宗与小宗双重身份。

---

① 杨伯峻《春秋左传注》，北京：中华书局，1990。

从宗法系统看，周天子乃是地位最高的宗子。周初，宗法制首先在周天子和诸侯间实施，以后逐渐及于中、小贵族，以至士与庶民之间，具有了普遍性质。如此，按照血缘关系的亲疏远近就形成了“周天子—诸侯—卿大夫—士”的宗法等级。

这种宗法等级制度及其相应观念，是西周其他政治制度的基石。其特征，以血缘为划分标准。

东汉班固《白虎通义·德论》：

> 宗者，何谓也？宗者，尊也，为先祖主也，宗人之所尊也。《礼》曰：宗人将有事，族人皆侍。古者所以必有宗，何也？所以长和睦也。大宗能率小宗；小宗能率群弟，通其有无，所以纪理族人者也。宗其为始祖后者，为大宗，此百世之所宗也。宗其为高祖后者，五世而迁者也。故曰：高祖迁于上，宗易于下。宗其为曾祖后者，为曾祖宗。宗其为祖后者，为祖宗。宗其为父后者，为父宗。父宗以上至高祖，皆为小宗，以其转迁，别于大宗也。别子者，自为其子孙为祖，继别者，各自为宗。所谓小宗有四，大宗有一，凡有五宗，人之亲，所以备矣。诸侯夺宗，明尊者宜之。大夫不得夺宗何？曰：诸侯世世传子孙，故夺宗；大夫不传子孙，故不夺宗也。

儒家的礼制思想，据《周礼·朝事》讲得很清楚：“古者圣王明义，以别贵贱，以序尊卑，以体上下，然后民知尊君敬上，而忠顺之行备矣。”把“礼”的本质定为“别贵贱、序尊卑”，突出了礼的政治属性，故历代把礼作为君主治国之道。周礼是我国古代儒家学说的理论基石之一。儒家思想从西汉以后由于统治者的提倡，一直成为中国的“正宗”思想，延续了两千多年。伴随着儒学的盛行，古代周礼提倡的礼制思想，渗透到社会的每一个角落，当然也强烈地影响了中国古代的城市规划及其思想。实际上，中国古代城市规划思想的主轴，就是本着遵循礼制的原则和思想来设计和利用城市空间的。

再举两个典型例子。

其一是东周王城，即周天子之都、国都。据《周礼·考工记·匠人》："匠人营国，方九里，旁三门。国中九经九纬，经涂九轨，左祖右社，面朝后市，市朝一夫。"《左传·隐公元年》孙颖达《正义》云："天子之城方九里，诸侯礼当降杀，则知公七里，侯伯五里，子男三里。"①这里规定了不同级别所应修城的规模大小。

东周王城的规模从现有的考古成果提供的资料看，其北墙长 2 890 米，西墙南北直线距离约 3 200 米，东墙残长 2 000 米，南墙残长 800 米。基本上接近方形，按此复原其周长应约为 12 000米②。这比同时期的江陵楚郢都纪南城的 15 506 米、新郑郑韩故城的 19 000 米、曲阜鲁故城 24 000 米、夏县魏都安邑故城的 15 500 米都要小。这一方面说明了东周力量衰弱，已没有号令天下诸侯的无上权力；另一方面也说明西周末期"礼崩乐坏"的局面业已形成，各国大规模的筑城运动使得城的规模越造越大。

早期的宫殿区应在东周王城的西南部，新发现的夯土基址为西周君及周赧王所居之宫殿。到了战国时期，东周王城的宫殿区的中心已由城内迁到了城西南部外侧，今瞿家屯一带。但

① （北宋）李诫《营造法式总释上》："天子之城千雉，高七雉；公侯百雉，高五雉；子男五十雉，高三雉。"按旧制，各级领主城邑的宫室尊卑"自上以下，降杀以两，礼也。"（见《汉书·韦贤传》。）即以九、七、五、三的级差递减。《战国策·赵策》赵国名将赵奢说："古者四海之内，分为万国，城虽大，无过三百丈者，人虽众，无过三千家者。……今千丈之城、万家之邑相望也。"

② 马世之《关于春秋战国城市的探讨》，《考古与文物》，1981(4)。指出：其原因应是出于军事安全的考虑，从整个地理形势上看，宫殿区西有涧河，南有洛河，北有北邙，再加上北城墙的防护；东有瀍水加上东城墙的防护，还有王城东半部为墓葬区的缓冲地。这一切都有利于王城的军事防御。

东周王城的宫城始终没有处于居中位置，据洛阳东周王城的考古发掘材料表明[①]，在城址的西南部，发现有大片夯土遗迹，由于夯土基址的规模大、级别高，多数学者都认为其应是周王的宫殿遗址。但宫殿区的位置并不符合宫室居中的原则。后来周王所封的西周君更是把宫室南移了几百米，在以前周王所居的王城南城墙之外，距洛水300米之远。所以东周王城的宫殿区实际处在王城的西南部。

宫城不居中这一点并不符合晚出的《周礼·考工记》的王城制度，在城址的西北部，分布着陶器、骨器、石器等作坊遗址，其“面朝后市”的布局则从东周王城的实际发掘可以看出其确切性。

至于《考工记》的成书年代，学界大致有三种说法：1. 春秋说。郭沫若先生认为，《考工记》成书于春秋末年[②]，贺业钜先生认为《考工记》成书于春秋时期[③]。2. 战国说。杨宽、闻人军先生认为其成书于战国初期[④]，梁启超先生则认为是战国后期[⑤]。3. 西汉说。陈寅恪先生认为《考工记》作成时代颇晚，可能成于西汉[⑥]。从内容上来看，其应该并非出自一时一人之手。《考工记》在汉代才重新出世，并受到重视。从后代几个典型都城规划来看，《周礼·考工记》中的都城规划方式或多或少都对后代都

---

① 1954年中国科学院考古研究所洛阳发掘队《洛阳涧滨东周城址发掘报告》，《考古学报》，1959(2)：18－46、136－153。

② 郭沫若《〈考工记〉的年代与国别》，见《郭沫若文集》(第16卷)，北京：人民文学出版社，1962：381－385。

③ 贺业钜《考工记营国制度研究》，北京：建筑工业出版社，1985：173。

④ 闻人军《〈考工记〉成书年代新考》，载《文史》第23辑，北京：中华书局，1984。

⑤ 梁启超《古书真伪及其年代》，北京：中华书局，1955。

⑥ 陈寅恪《隋唐制度渊源略论稿》，北京：中华书局，1963：63。

城的建设具有一定的影响，且影响越到后期越大，这应与儒学的地位越来越巩固，《周礼》被列为经典越来越受到重视有关系。本书赞同西汉说。

其二是西汉末王莽改造汉长安城的具体实践。

西汉末年王莽执政，其制度兴作好古，尊《周礼》治国建都的理想标准。为了名正言顺，他甚至封古代"三皇"之一的黄帝为初祖，虞帝为始祖，建黄帝庙方 40 丈，高 17 丈[①]，并"郊礼黄帝以配天，黄后以配地"。王莽登上皇帝宝座以后，将轩辕黄帝之祭奉为国祭，并颁布政令，要普天下黎民百姓祭祀轩辕黄帝，以表示他登帝位是继承先祖的意愿，为民造福。他派人重修了长安附近桥山的轩辕庙，并广征通晓祭典礼制的人，筹办祭祀黄帝的典礼。又建大型宗庙于长安城南[②]。王莽的复古作制以尊崇周礼为目标。

法家的规划思想以法家的早期代表人物管仲的表述较为具体。管仲在相齐时曾从不同于儒家的角度论述城市的规划，其出发点注重社会实际，多从有利于城市功能发挥和城市管理的角度，提出城市按职业分区思想，比如在《管子·乘马篇》说："凡立国都，非于大山之下，必于广川之上。高毋近旱而水用足，下毋近水而沟防省。因天材，就地利，故城郭不必中规矩，道路不必中准绳。"即按照当地的自然地理条件建城，并没有固定的框框，不必依规矩或中准绳，这样"因天材，就地利"的结果，从而呈现出多种多样的城市形制。又在《管子·小匡》中进一步阐述了

---

① 历代度量衡简表：新莽 1 尺＝23.04 cm，一丈等于 10 尺，据此计算黄帝庙则 39 米多。

② 西汉成帝时刘向依上奏请建辟雍，《汉书》卷二十二《礼乐志》："宜兴辟雍，设庠序，陈礼乐，隆雅颂之声，盛揖攘之容，以风化天下。"虽然成帝接受了刘向的建议，丞相大司空亦奏请立辟雍，"案行长安城南，营表未作"，但由于刘向、成帝相继去世，此事遂半途而废。

“士农工商四民者，国之石民也，不可使杂处，杂处则其言哤，其事乱。是故圣王之处士必于闲燕，处农必就田野，处工必就官府，处商必就市井。”这种按职业作为城市分区依据的城市布局思想对后世都城的影响极大，也体现了城市空间以功能分区的务实思想。管子尊重“地利”的思想也更接近城市现实经济发展的实际需求①。

近年来法家另一代表人物韩非子的思想与城市规划思想之间的关系也被研究。海外学者朱剑飞引用法家与兵家理论，以及李泽厚与弗朗索瓦·于连关于韩非理论的讨论，对其提出的国家机器的构造与运作加以阐释，并追溯了欧洲政治思想从马基雅维利到边沁的发展脉络，指出在权威构建的过程中，中国与欧洲分别发展起来的两大理论系统，分别以 15 世纪 20 年代的北京城市与宫殿以及 1790 年边沁的圆形监狱为代表并展开模式比较。他将边沁的圆形监狱视为“对个人施加控制与监视的现代规训社会的建筑形象，并对其展开权力关系的分析，正是福柯在《规训与惩罚》中提出的重要观点之一，权力之眼的提出亦与此密切相关”②。

作为战国后期法家思想之集大成者，韩非依据当时“礼乐崩坏”的历史现实，在继承前人思想的基础上，提出了特色鲜明的“尊君”思想。韩非认为，“法”、“术”、“势”作为君主治国和制臣的工具，缺一不可。“法”是保障君主无限存在的强制性政策，“术”是君主御臣的技巧，而“势”是实现君权永久在握的根本保

---

① 以管子相齐的齐国都城，今山东临淄齐故城为例，其形制“四周不很规矩，有的呈直线，有的沿河岸筑成蜿蜒曲折的城”。见群力《临淄齐国故城勘察纪要》，《文物》，1979(2)：41。

② 朱剑飞《边沁、福柯、韩非、明清北京权力空间的跨文化讨论》，《时代建筑》，2003(02)：99－104。相关评论，如诸葛净《“天朝沙场”十年——读〈中国空间策略：帝都北京 1420—1911〉》，《建筑学报》，2009(7)：102－103。

障。韩非的“尊君”本质上是一种“帝王术”。作为一种帝王统治手段的依据，它对后世中国社会的影响，客观上弊远大于利[①]。

韩非之前，则有商鞅。《史记》卷六十八《商君传》：“太史公曰：商君，其天资刻薄人也。迹其欲干孝公以帝王术，挟持浮说，非其质矣。且所因由嬖臣，及得用，刑公子虔，欺魏将昂，不师赵良之言，亦足发明商君之少恩矣。余尝读商君开塞耕战书，与其人行事相类。本注[三]索隐按商君书，开谓刑严峻则政化开，塞谓布恩赏则政化塞，其意本于严刑少恩。又为田开阡陌，及言斩敌首赐爵，是耕战书也。”

《汉书·循吏传》就明言汉武帝看重的是“以经术（儒术）润饰吏事”，当时大臣汲黯也直指“陛下内多欲而外施仁义，奈何欲效唐虞之治乎！”[②]而汉宣帝也说“汉家自有制度，本以霸、王道杂之，奈何纯任德教，用周政乎！”（《汉书·元帝纪》）《后汉书》卷一下《光武帝纪一下》：“后汉明帝初为皇太子，光武每旦视朝，日昃乃罢，数引公卿、郎、将讲论道理，夜分乃寐。太子见帝勤劳不怠。承间谏曰：‘陛下有禹、汤之明，而失黄老养性之福，愿颐爱精神，优游自宁。’帝曰：‘我自乐此，不为疲也。’”[③]从中都不难

---

① 夏云《异化的“法治”——〈韩非子〉法治理论中的尊君思想探析》，《名作欣赏》，2011，(14)：17－19。

② 《史记》卷一百二十《汲黯传》。《读四书大全说》卷六《论语·卫灵公篇》一八：盖仁者，无私欲也，欲乱之则不能守，汲黯所谓“内多欲而外行仁义”是也；仁者，无私意也，私意惑其所见则不能守，季文子之所以陷于逆而不决是也；仁者，固执其所择者也，执之不固则怠乘之而不能守，冉有所云“非不说子之道，力不足者”是也。去私欲，屏私意，固执其知之所及而不怠，此三者足以言仁矣。岂必天理浑全，廓然大公，物来顺应，以统四端而兼万善，然后为能守哉？

③ 《太平御览》卷四百六十八《人事部一百九》“乐”：袁弘《后汉记》曰：光武尝听朝至于日侧，讲经至于夜半，皇太子从容曰：“陛下有禹、汤之明而失黄老养性之道，今天下又安，愿省思虑养精神、优游以自宽。”上答曰：“吾以为乐也。”

看出两汉帝王尊儒的“润饰”色彩，其实则是沿用了先秦法家的刑名之学和秦朝的“以吏为师”旧习。笔者以为法家思想主要致力于构成真实空间，如宫室“九重”和“深隐”的追求是受到法家术思想的体现。

黄老易学是城市规划最高层次的指导思想，尤其对于风水观念的形成、城市环境上的影响更大。《周易·说卦》曰：“立天之道曰阴与阳，立地之道曰柔与刚。”自然界均由阴阳刚柔相结合而成的。在古代城市规划思想中，均可见到阴阳、柔刚的应用。如水之北、山之南曰阳，水之南山之北曰阴，山常位于城之北方，水常位于城之南方，山为刚，水为柔，刚与柔、阴与阳要很好地结合，才能形成山环水抱。而《老子》所说的“负阴而抱阳”具体到都城规划的用地特征，则是通过仰观俯察而概括出的基本生存与审美之道。

又如《周易》崇尚“中”、“正”。《周易·文言》曰：“大哉乾乎，刚健中正，纯粹精也。”“中正”即居中得正，可谓至纯粹至精美。周易思想强调阴阳平衡，阴阳平衡则万物和谐，这是中国古代一种形而上哲学观和自然审美观。这种观念影响到中国古代的方方面面，大至宫城、都城，微至器物，如钱币、印玺等都蕴含这种观念。在城市规划中，通常认为，乾为阳为天为君王，刚健中正，皇帝作为“皇天之子”而受命于天，亦应和天一样，中正刚劲强健。都城是国家的统治中心，皇宫是皇帝坐朝理政的地方，皇帝要“居中正坐”，这样才能显示出皇帝的尊严。因此，皇帝把皇城、皇宫建在城市的中轴线上，中正威严，雄视天下。东汉洛阳形成第一条南北中轴线，城市以中轴线为轴线，东西域对称，这种设计也是源于《周易》。古都城池形状对称、城门对称，甚至一些地名也对称。而由易思想衍生出的风水学说更直接地影响建筑和城池的选址和布局①。

---

① 万艳华《论我国古代城市建设模式——兼论我国古代方城之风水影响》，《武汉城市建设学院学报》，1994(1)：1－7。

易学发展到战国中期，与五行学说结合，出现了以邹衍为代表的五德终始说，认为五行存在相胜的关系，金克木、木克土、土克水、水克火、火克金，既演绎天象，也寻求人间王朝更替的规律。《吕氏春秋·应同》："二曰——凡帝王者之将兴也，天必先见祥乎下民。黄帝之时，天先见大螾大蝼。黄帝曰：土气胜。土气胜，故其色尚黄，其事则土。及禹之时，天先见草木秋冬不杀。禹曰：木气胜。木气胜，故其色尚青，其事则木。及汤之时，天先见金刃生于水。汤曰：金气胜。金气胜，故其色尚白，其事则金。及文王之时，天先见火，赤乌衔丹书集于周社，文王曰：火气胜。火气胜，故其色尚赤，其事则火。代火者必将水，天且先见水气胜。水气胜，故其色尚黑，其事则水。水气至而不知，数备，将徙于土。"王朝更替也是五行相胜的体现。

五德终始说一方面适应当时社会的需要，另一方面显其浓厚的神秘主义内容，进一步影响到当时的祭礼。如《周礼·春官·小宗伯》："小宗伯之职：掌建国之神位，右社稷，左宗庙。兆五帝于四郊，四望、四类亦如之。"《礼记·月令》和《吕氏春秋·十二纪》把五帝与四时四郊相配，达到了时空的高度统一。

不同的思想对都城规划的影响程度不同，后文还将具体论述。

1.1.2 城与国

中国古代都城，实际是中国古代王朝历史的缩影。都城是特殊的城市，它的性质与功能定位与地方城市不同。因而，本书开篇先从都城确立的社会文化外环境入手，即从政权与政治、人治与城治的角度考察都城的性质和地位。

都城与一个国家的国运密切相关，一个政权的版图大小反映它的国力强弱，国力强弱为其都城的活动张力提供了得以施展的政治远景平台。因此，在探讨东晋建康城市之前，先梳理都城与政权政治的关系。本篇分两个层次，首先概述东晋立国的版图即探讨都城生存的外部宏观空间，其次是具体考察都城内部的政治性建筑设施反映出的权力与空间配置关系。

1.1.2.1 区域文化地理视野下的“城”与“国”

在古代都城与区域地理环境关系中占统治地位的是“居中”思想。它实际涉及的任务是解决一个政权的都城选址标准和建都决策。都城选址定位既是都城空间形成的基础和重要内容，也充分体现了国家的统治权力和意志。下面对影响极其深远的“天下之中”建都说即居中说加以解析。

古代帝王在“居中”思想影响下，都城或城堡既是其坚固的防御系统，又是交通中心枢纽，城居国之中，城是国的心脏。

西周时的周公营建洛邑，洛阳号称“天下之中”，《史记·周本纪》指出：“此天下之中，四方入贡道里均。”对此汉代已有人意识到其“居中”之势。汉初刘敬即指出：“成王即位……乃营洛邑成周，以此为天下之中也，诸侯四方纳贡职，道里均矣。”[①]据此出现的“天下之中”观念是中国古代第一个较系统的建都理论，其内容包括地理、政治、经济和文化等4个方面，它不仅构成了历朝建都洛阳的独特理路的基础和神圣性、合理性的依据，而且还发展引申出“择中立宫”和“择宫之中立朝”两个子观念[②]，对后世王朝选址建都及都城空间结构形态规划布局产生了重大影响。

洛邑既处天下之中，又靠近“天下之中”的通天圣山——嵩山，可以更好的禀天受命，求天相助。当然，也有否定洛阳居中之优势的，十六国时期，《晋书》卷一百二十三《慕容垂载记》：

---

① (汉)司马迁《史记》卷三十九《刘敬传》，北京：中华书局，1982：2716.都城建设指导思想的变化，直接导致了武、成两代东都选址的不同。武王的东都选址大约在今洛阳东15千米偃师、孟津交界处的金村和龙虎滩一带。后来的汉魏洛阳城就是在这个基础上营建起来的。而周公营建的洛邑位置则调整为略微向西移至洛北涧东浐西一带。

② 当代考古成果证实东周洛邑的宫城并不居中，或与东周都城后续建设有关。“居中”思想则最早出现于周公时期。《太平御览》卷一五六《州郡部二》叙京都上：“王者受命创始建国，立都必居中土，所以控天下之和，据阴阳之正，均统四方。”

“(慕容垂)谋于众曰:‘洛阳四面受敌,北阻大河,至于控驭燕赵,非形胜之便,不如北取邺都,据之而制天下。’众咸以为然。”这是在前燕被前秦灭亡,前燕主慕容垂羁留长安欲复国与众所言。其否定洛阳为都城的主要理由是不利防守的地理因素,加之慕容氏长期活动的根据地在燕赵地区,邺城更近其旧根据地。故慕容氏首领认为洛阳地利反不如邺城。

中国古代大量的历史事实也演绎了一幕幕城在国在、城破国亡的悲情故事。在这里都城具有了非凡的权力象征意蕴,都城作为一个国家的缩影,其象征功能也发挥到了极致。城与国的关系实可称之为“城国一体同构”模式,城即是国,国即是城。城是国的象征,国是城的延展。因此,都城的形象和建设与一个政权的权力强弱、社会影响、舆论效应紧密相关。

作为历史文化研究的对象,都城具有不同于一般历史事件或文化器物的特殊性,即它是人们居住和活动的地方,具有鲜明的“空间性”;同时,都城又不同于一般的城市,它是“政治与文化之标征”,具有超越物质层面的“象征性”,是一种特殊的“人居环境”,体现天、地、人“三才”思想。《周易·说卦》:“立天之道曰阴与阳,立地之道曰柔与刚,立人之道曰仁与义,兼三才而两之。”《荀子·天论》曰:“夫天有其时,地有其财,人有其治,是谓之能参。”“参”意协调。儒道思想皆是将天、地、人看作一个系统,强调三者的各自作用,只有各尽其职,相互配合,方能达到正常的效益。

为什么重视“天下之中”说?

《荀子·大略篇》:“君人者,隆礼尊贤而王,重法爱民而霸,好利多诈而危。欲近四旁,莫如中央,故王者必居天下之中,礼也。”可见居天下之中是“礼”的体现,居中得正则统治合法。

“天下之中”说的历史实践比较复杂,既有东汉、西晋居中守正,也有孙吴、东晋居偏失中。后者其补救措施则在守住汉文化的传统,修礼、北伐等。本书关于东晋立国与建都的关系即基于此种前提和思路展开。

与天下之中的理论相并存的是“天下之势”。

清人徐元文在为顾炎武《历代宅京记》(中华书局,1984)作序时,总结历代政权择址定都时道说:“自古帝王维系天下,以人和不以地利,而卜都定鼎,计及万世,必相天下之势而厚集之。”那么,就中国的山水形势、人文风土而言,“天下之势”何在呢?

从今天的眼光看,中国大区域空间关系特征如下:传统汉族活动中心的中原地区为国之中,国土的南部为汉族生活地,是其有效控制的腹地;北部为边疆、胡族生活地,是其政权威胁源。由北而南出现了三道防御线:长城、黄河、长江。长城以北,为塞外、前哨;黄河至长城一线为中原政权的一类腹地;黄河以南至长江一线为二类腹地。长江以南地区为三类腹地。汉族政权的都城选址多在二类腹地。三道防御线中,长城为人工防御工事,黄河、长江为天然河道防御。古人云:“中原依大河以为固,吴越依大江以为固。”[①]大河即黄河,大江即长江。这话指出了大江大河对国家的屏护功能。这当然与当时的生产力水平总体不高,尚未达到便利地航船越岭,故天然的山川就成为人力难以征服的防御性设施。

先看长城工事。长城是一种严密的人工防御体系。它以定向排列的烽燧、敌台等作为重点防御或攻击点,由点到线或以城墙相接或以天堑相连,再由线到面把军事重镇、关城、隘口甚至指挥中心——京城联结起来,形成军事上互为攻守、信息上互传互递快速反应的一个严密的军事体系。

长城作为军事防御工程,“以狄之所短(攻城),夺其所长(野战)”[②],发挥了一定作用。基于此,秦、西汉、隋、明等朝代大规

---

① (南宋)郑樵《通志》卷四一《都邑略一》,北京:商务印书馆,1953:533。

② (北魏)高闾《请于六镇北筑长城表》,见《魏书·高闾传》。

模地修筑长城，甚至唐玄宗时也修长城以拒契丹。不光是中原王朝修筑以御狄夷，少数民族入主中原后，也曾以长城来防御其北方的新移入少数民族的入侵。

秦汉长城基本上是荒漠和草原的分界线。明长城也巧然是“凡草茂之地，筑之于内，使虏绝牧；沙碛之地，筑之于外，使虏不庐”[①]。长城与自然地理界线重合，处在长城以北荒漠中的游牧民族既缺肥沃的土地，又缺有技术的人口，农业难以发展，而只能以畜牧经济为主，难以形成强大持久的政权，欲持久强盛必须入关，定居。内迁民族虽然经济实力得到增强，但马背民族的军事优势因农耕定居的生活方式而遭到削弱，其社会实处于两难选择。

中国与北边草原的游牧民族之间，自古和战无常。天然灾害，常是他们迁徙的原因。在塞外的北方干冷地区，水灾通常不可能出现，天灾不外瘟疫、虫灾、过寒或大旱。蝗灾造成的灾害，也可以造成生活上极大的困难。举一例，汉章帝建初元年(公元76年)，匈奴因为蝗灾而大饥，南匈奴向汉朝告饥，汉朝禀给其贫人三万余口。建初八年，北匈奴大人稽留斯率三万八千人，马两万匹，牛羊十余万，趋五原卬塞降汉。到了章和元年(公元87年)匈奴降者五十八部二十万人。次年，匈奴大乱，加以蝗饥，降者前后而至，于是窦宪在永元元年(公元89年)出兵，将南匈奴击北匈奴，匈奴遂弱，漠北地空。游牧民族人口的南迁对中原政权的生存增加了压力，在多米诺骨牌效应影响下，中原人口受北民挤压迁徙至江南、闽粤等地[②]。人们活动的空间前所未有的扩大。

许倬云在《汉末至南北朝气候与民族移动的初步考察》一文中指出，1—6世纪中国境内的几个寒冷期。(1) 90—130年；(2) 180—200年；(3) 270—330年；(4) 410—540年。这是北

---

① 《嘉靖宁夏新志》，上海：上海古籍书店，2008。

② 许倬云《汉末至南北朝气候与民族移动的初步考察》，《许倬云自选集》，上海：上海教育出版社，2002。

方民族南下的气候动因。竺可桢等地理学家也更早就认识到气候、地理条件决定一个国家的经济发展水平、政治军事格局①。

另一人文视角:风水择都论也可解释居中说。而且其理论适应、迎合中国民众文化心理,更具诱惑力。风水也称堪舆、青乌、青囊,“风水”得名最早见于托名东晋郭璞所著的《葬书》:“气,乘风则散,界水则止;古人聚之使不散,行之使有止,故谓之风水。”这是有关风水的最早的定义。这部著作中提出了风水的要旨:“风水之法,得水为上,藏风次之。”风水学的根本基础和核心思想依据来源于《周易》。

中国的地理形势,每隔 8 度左右就有一条大的纬向构造,如天山—阴山纬向构造;昆仑山—秦岭纬向构造。风水学把绵延的山脉称为“龙脉”。龙脉源于西北的昆仑山,向东南延伸出三条龙脉,北龙从阴山、贺兰山入山西,起太原,渡海而止。中龙由岷山入关中,至泰山入海。南龙由云贵、湖南至福建、浙江入海。每条大龙脉都有干龙、支龙、真龙、假龙、飞龙、潜龙、闪龙等。

古人对卜址择都的优劣分析以南宋郑樵《通志·都邑略序》中概括最为精练,他说:“自成周以来,河南之都惟长安与洛阳,或逾河而居邺者,非长久计也。自汉晋以来,江南之都,惟有建业,或据上流而居江陵、武昌者,亦非长久计也。是故,定都之君,惟此三都是定;议都之臣,亦惟此三都是议。”②总结出长安、洛阳、建业是迄至南宋当时三个最理想的建都之城。这是古人具有代表性的看法之一。

一般说来,国都所在地是全国的政治中心区。它与经济文化中心区应该是叠合或靠近的,与军事重心区亦应该较为接近,

---

① 竺可桢《中国近五千年来气候演变的初步研究》,《竺可桢文集》,北京:科学出版社,1979:495-496。

② (南宋)郑樵《通志》卷四一《都邑略序》,北京:中华书局,2010:553。

以便于控制全国局势。

从历史上看，在一类腹地内建都的地方主要是曹魏、北齐的邺城和 14 世纪始建都的北京。

北京具有优越的地理位置，它位于华北平原的北部，北边群山连绵，长城为其有利凭借，通过燕山山脉的一些峪口，可与蒙古、东北地区沟通。自山海关一路开辟后，与东北交通更为便捷。水上交通可利用京杭运河通往江南。水陆交通相互配合，形成四通八达的交通网。由于优越的地理位置，方便的交通条件和北京小平原、华北大平原的有利条件，这一地区农业很早就得到开发，手工业逐渐发达。在和平安定时期这里成为汉族和北方游牧部落之间物资、文化交流的中心，商业十分兴盛。但是在战乱纷争的年代，这里就成为汉族和北方游牧部落争夺的战略要地。每当中原统治者势力强大时，往往以此作为经略东北地区的基地，扩张其势力范围开拓疆土；反之，当中原统治者势力衰弱时，北方游牧部落又乘机南下，这里则为他们进入中原的门户。因此，至辽代把北京作为陪都起就拉开了北京作为晚近封建政权都城历史的序幕，金代北京成为真正的都城，到了元、明、清三代则继续成为多民族统一王朝的都城①。《日下旧闻考》说："若夫万里河山而都城位北，南向以收其朝拱之势，梯航车马，络绎奔赴，皆自南而北以奉神京，岂非古今一形胜哉！"②因此，北京作为都城之选优化了此期的民族关系、经济、军事等多种因素。

二类腹地内主要有西安、洛阳、开封等三个。

西汉初娄敬、张良等人在讨论建都时就考虑到了这一问题。认为关中土地肥沃，农业发达，中原粮食可漕运而至，有关河为屏障，地势险要，足以用武力控制山东，因此建议定都于长安。

---

① 张文奎，刘继生，闫越《政治地理学》第七章《国家首都》第四节《中国六大古都的变迁及其原因》。南京：江苏教育出版社，1991。

② （清）于敏中《日下旧闻考》卷五，北京：北京古籍出版社，1981。

汉立国之初接受了秦的文化传统，而秦代法家文化的中心亦在关中中原一带。当时的区域结构是比较合理的。西汉中期以后，政治与儒学联姻，国家在统治思想与统治人才方面对齐鲁儒学的依赖日益增强，齐鲁成为全国的文化中心区，齐鲁士人成为高中级官僚群体的骨干，使政治、经济和文化三个中心区地理位置偏离的矛盾越来越突出了。在西汉后期的几十年里，齐鲁士人纷纷西向求官，导致文化中心西渐；中央政府对齐鲁地区的人才依赖，吸引政治中心东移。始建国四年（公元12年），王莽下诏以洛阳为东都，其后又有"定帝都，国洛阳"的符命问世。王莽迁都洛阳之举因新朝短祚而未果，但政治中心东移的事实却由此显现端倪。刘秀顺应此东移趋势放弃长安，建都洛阳，中原地区成为新的政治、经济中心，并逐渐发展为文化中心。东汉的区域关系出现了新格局，魏晋延续了这种区域关系直到南北朝时期。

三类腹地内则有南京、杭州。

著名史学家吕思勉说："我国开化本自北而南，故历代政治之重心，恒在于北。其地形平衍，每直兵争，受祸必烈。又自永嘉之乱以来，阅数百年，即为各少数族贵族所蹂躏，不徒财物遭其劫掠，室庐为所摧毁，即人民粗犷之性质，亦有潜滋暗长于不自觉者焉。"①由于气候变迁及其带来的水土变化等自然因素，以及黄河流域土地被过度开发等人为因素，东汉以后中原地区的经济发展遇到了越来越多的困难和阻碍因素。与之相反，我国淮河以南地区在经济发展上的自然优势日益显现，"在长江流域，东晋以下，经济继续在上升，南朝末年，已经显出超越黄河流域的趋势，使得统一的唐朝，拥有雄厚的经济力量"②。在唐代，我国军事中心北

① 吕思勉《中国制度史》第一章《农工商业》，上海：上海三联书店，2009：16。

② 范文澜《中国通史》第三编第二章《封建经济繁荣疆域大扩张时期——唐》第四节。北京：人民出版社，2009。

移，而经济重心继续南移。这种条件下的建都选择就更加复杂了。

由此可见，都城选址与国力强弱、影响力辐射大小皆有关系，都城与国运息息相关。东晋南朝定都于三类腹地，北方少数民族竞相进入一类腹地，二类腹地成了南北政权争夺的拉锯式空间。

试看南北大框架中的都城定位。

先以七大古都为例。七大古都是保存至今、具有代表性的古都。它们建都的时间早晚不一，作为都城的历史亦有长短，经历的王朝有多有少，其地位和影响有很大差别。从建都时间早晚看，中国七大古都依次为安阳、西安、洛阳、开封、南京、杭州和北京等。安阳为殷都，公元前1300年商王盘庚迁殷（今安阳市小屯一带）建都时间最早；西安次之，最早曾在公元前1057年成为西周王朝都城，时称镐京；北京作为都城则是公元1153年的辽代。从作为都城的历时长短看，依次为西安、洛阳、北京、南京、开封、杭州、安阳等。西安作为都城的时间长达1073年，而杭州仅为225年[①]。再

① 根据建都时间长短，现在一般认为建都时间最长的是西安，现在的西安建都大约在一千年以上。其次是建都在九百年以上的北京，第三个是建都八百多年的洛阳，第四个是建都四百多年的南京。南京作为都城的历史：公元229年，孙权在武昌称帝建立吴国，9月即迁都于此，时称建业，为南京建都之始。公元317年，西晋琅琊王司马睿建立东晋政权，以建康为国都；此后，南朝宋、齐、梁、陈相继定都建康，史称“六代豪华”，南京由此有“六朝古都”的美称。此后，公元937年，南京又成为南唐的首都，城称为江宁府；公元1368年，朱元璋在此称帝，称应天府；明成祖朱棣于1421年正式迁都北京，应天改称南京；公元1853年，太平天国定都于此，改名天京。1912年元旦，中华民国成立，孙中山在南京就任中华民国临时大总统。1927年，国民政府定南京为首都。上述十朝在南京存在的时间共计有416年。但从自然地理、气候看，南京建都有诸多不利，比如距离北部、西北民族地区的边防较远，不利于控制北方广袤的国土；经济富裕往往带来民风文弱、重文轻武，会从内部削弱一个政权的总体国力；南京地区本身丘陵较多，平原较少，秦淮河河床狭窄，内河运输比较困难等，所有这些是南京作为全国性政权首都的不利因素。

从经历王朝的多少看，依次为长安、洛阳、开封、南京、北京、安阳、杭州等。南京在四百多年中经历十朝，每朝建都的历史则相对更短，这一现象使南京当代城市的建设和城市文化的保护陷于两难境地。

七都之中，都城选址的城市地理位置以北方居多，以统一的汉民族政权的国都居多。七个中有五个古都集中于中原，以一、二类腹地为主，以黄河下游为轴线，北不过长城，南不过长江。这是历史显示的最佳的都城定位和空间范围。当然，不是说超过了这个范围就不好。向北越过长城多为北方少数民族政权的首都，如辽、金、元、清等民族政权实行多都制，塞外都城反映了统治任务的增多和变化。除此之外，历史上分裂时代的地方性政权更多，大大小小的首都有数百个之多。但在典型性上不如七都。

英国地理学家柯立希在其著作《大国都》中曾提出建都三条件，即是叉路口、要塞、谷仓①。但是随着社会生产力发展水平的不断提高，人类征服自然改造自然的能力日益增强，交通运输条件的改善，使首都选址定位有了更大的选择空间，影响首都定位的各种因素也在发生着巨大变化。

1.1.2.2　易道风水学中的中华地理观

1）三大干龙

古代风水家以南海、长江、黄河、鸭绿江四大水域为界，将中华山脉地势分为三大部分，称为三大干龙，即北条干龙、中条干龙、南条干龙。为什么称为“龙”？明代风水学者徐善继《地理人子须知》中说：“地理家以山名龙，何也？山之变态，千形万状，或大或小，或起或伏，或逆或顺，或隐或显，支垅之体段不常，咫尺

① （英）柯立希（Vaughan Cornish）：《大国都》，伦敦，1923。转引自张文奎，刘继生，闫越《政治地理学》，南京：江苏教育出版社，1991。

之转移顿异，验之于物，惟龙为然，故以名之。”[①]徐善继《人子须知·龙法》：“天下有三处大水：曰黄河、曰长江、鸭绿江。长江与南海夹南条尽于东南海，黄河与长江夹中条尽于东海，黄河与鸭绿江夹北条尽于辽海。”

三干龙均以昆仑山为源，昆仑山绵延向西，分成三支，就是三龙。第一支：起自昆仑山，从阴山、贺兰山到秦岭，进并州到太行山、燕山，东至大海，称为北龙。第二支：从昆仑山到岷山，循岷江左右，出左江到关中，直至武陵山，东至淮水直抵大海，称为中龙。第三支：自昆仑山出吐蕃沿丽江而下，趋云贵到横断山，往东由武关到湘江，东经黄山、天目山到苍括山，称为南龙。

风水家把龙形的山脉从优到劣分成四龙：进龙、退龙、福龙、病龙。例如北龙的山势巍峨雄壮，出昆仑山向东，秦岭、嵩山绵延纵横，河北众山环拥相抱，形成一系列进龙、福龙佳地。第一个统一的王朝秦的首都咸阳从地理上看其北为陕北黄土高原，南是陕南盆地、秦巴山脉，西起宝鸡、东到潼关的渭河流域冲积平原广大地区，即历史上有名的八百里秦川。它的北部是半圆形的黄土高原，河渠纵横的高原山地、巍峨雄壮的秦岭山脉和大巴山脉，成为它标志性的风景线。关中地势险要，易守难攻。秦王称为圣水的渭河，从南穿行而过。古城因位于山南水北，山南水北谓之阳，故称咸阳。关中的地理形胜当时人已看得非常透彻，见《史记》卷八《高祖本纪》：六年，“十二月，人有上变事告楚王信谋反，上问左右，左右争欲击之。用陈平计，乃伪游云梦，会诸侯于陈，楚王信迎，即因执之。是日，大赦天下。田肯贺，因说高祖曰：‘陛下得韩信，又治秦中。秦，形胜之国，带河山之险，县

① (明)徐善继《绘图地理人子须知》卷一：“曰龙脉者，何也？人身脉络，气血所由运行，而一身之禀赋系焉。凡人之脉，清者贵，浊者贱，吉者安，凶者危，龙脉亦然。”北京：华龄出版社，2012。

隔千里，持戟百万，秦得百二焉。地势便利，其以下兵于诸侯，譬犹居高屋之上建瓴水也。夫齐，东有琅邪、即墨之饶，南有泰山之固，西有浊河之限，北有勃海之利。地方二千里，持戟百万，县隔千里之外，齐得十二焉。故此东西秦也。非亲子弟，莫可使王齐矣。'高祖曰：'善。'赐黄金五百斤。"这是西汉建都的自然条件。

宋代陆游："经略中原必自长安始，取长安必自陇右始。"明代缪希雍《葬经翼》："关中者，天下之脊，中原之龙首也。"这些都是从地理山川气势的角度的议论，风水学说不过集中了这些地学知识，并加以体系化、神秘化而已。比如其觅龙理论。

"觅龙"就是去寻找能够传递"生气"的山脉，那些来龙深远、去脉奔腾的山脉才是首选，于是风水学中先根据山形对中国山脉分类，有干龙、支龙说。

觅龙的理论基础在于风水学把大地看作一个有机体，认为大地各部分之间是通过类似于人体的经络穴位相贯通的，"气"则沿着经络而运行，并聚集于穴位。穴位（"吉地"）则是生气出露于地表并被藏蓄起来的地方。因此，考察山脉的走向、形态、结构等就成为寻找"吉地"的最重要的一步。

2）南龙的吉地，穴在金陵

金陵北、西两面濒临长江，四周是小山丘，有虎踞龙盘之势。其南边有秦淮河入长江、沿江多山矶，从西南往东北有石头山、马鞍山、幕府山；东有钟山；西有富贵山；南有白鹭洲和长命洲形成夹江。明代高启有赞曰："大江来从万山中，山势尽与江流东。钟山如龙独西上，欲破巨浪乘长风。江山相雄不相让，形胜争夸天下壮。"①

① 元末明初著名文学家高启《登金陵雨花台望大江》。（清）张廷玉《明史·文苑传》卷二百八十五附《高启传》。

建康的风水与关中长安、中原洛阳不同，颇具一种逆势生成气质。

明代谢肇淛《五杂组》卷三《地部一》：

古今建都，形胜之地，无有逾关中者，盖其表里山河百二重关，进可以攻，退可以守，治可以控制中外，乱可以闭关自守，无论汴京，即洛阳不及也。江南之地，则惟有金陵耳。

金陵钟山，百里外望之，紫气浮动，郁郁葱葱，太祖孝陵在焉，知王气之未艾也。又城中民居，凡有小楼，东北望，无不见钟山者。其他四远诸山，重沓环抱。刘禹锡诗"山围故国周遭在"，高季迪"白下有山皆绕郭"是也。但有牛首一山，背城而外向，然使此山亦内绕，则无复出气，不成都矣。（上海书店，2001年）

自然水系为天然的防御体系构成之一。六朝时建康的水系非常发达。自然水系有长江、秦淮河、玄武湖，另外开挖河道，形成西有运渎、东有清溪、北有潮沟、南有秦淮河四通八达的水系。而在御道、宫内宫外都修有明沟，这些明沟的底部和两侧用非常规整的六朝砖侧砌，这样能够确保道路上的积水及时排掉。同时，在皇宫附近还修了暗沟，这些暗沟壁面也都用砖砌，看上去非常结实。当代考古成果也表明："南京图书馆新馆一带就发现了六朝皇宫的排水管道，这让六朝的排水体系显得非常立体，明暗结合，人工和自然水系结合，四通八达。"[①]

历史上关于建康定都的传说皆寓示建康是一风水宝地，实为新兴政权建都作舆论造势。

如孙吴选址建业为都时，据《三国志·吴书·张纮传》注引《江表传》："（张）纮谓逶权曰：'秣陵，楚武王所置，名为金陵。地

① 武廷海《六朝建康规画》，《城市与区域规划研究》，2011(01)：89－114。

势冈阜连石头,访问故老,云昔秦始皇东巡会稽经此县,望气者云金陵地形有王者都邑之气,故掘断连冈,改名秣陵。今处所具存,地有其气,天之所命,宜为都邑。'……后刘备之东,周观地形,亦劝权都之。权曰:'智者意同。'遂都焉。"历史上的"望气者"类似政治预言家,他们的言论带有预言性质,也引导着民间舆论走向。它是另一种起于民间的新意识形态势力,与主流的"天命论"相对抗,也弥补了天命转移时新政权合法性在舆论准备上不足的缺陷。

《三国志》对孙权立都建业的细节说得很清楚,一是他的部下张纮的首先建议。另一次是三国鼎立前夕,刘备集团的智囊人物诸葛亮拜见孙权,在到京口(今镇江)的路途中经过金陵后向孙权说出了如下的话,即"刘备曾使诸葛亮至京,因睹秣陵山阜,叹曰:钟山龙蟠,石头虎踞,此乃帝王之宅也"[①]。诸葛亮的话不外乎说建业的自然形胜,可做帝王都。类似的话在后世形势家口中辗转传承,如南宋周应合的《景定建康志》道:

> 石头在其西,三山(在今板桥附近)在其西南,两山可望而挹大江之水横其前,秦淮自东而来,出两山之端而注于江。此盖建邺之门户也。覆舟山之南,聚宝山之北中为宽平宏衍之区,包藏王气,以容众大,以宅壮丽。此建邺之堂奥也。自临沂山以至三山围绕于其左,自直渎山以至石头溯江而上,屏蔽于右。此建邺之城廓也。玄武湖注其北,秦淮水绕其南,青溪萦其东,大江环其西。此建邺天然之池也。形势若此,帝王之宅宜哉。

这段文字描述了建业的微观自然环境特征,契合风水学中的诸多因素:石头城伫立在建邺城西部,三山在其西南部,这两个山

① 《太平御览》卷一五六《州郡部二》引晋张勃《吴录》。(北宋)李昉等撰《太平御览》,北京:中华书局重印本,1960。

相互对望而且面临长江。秦淮河自东而西流过，在这两山之间汇入长江，成为建邺城西面的防御屏障。北面覆舟山（今九华山）与南面聚宝山（今称雨花台）之间，环山包围之中宽阔平坦的区域，蕴涵有帝王之气，景观壮丽，是城市建设之基地，也是这一带地理精华所在。

南京的这一"龙蟠虎踞"形胜说在西晋已然形成。西晋人张勃的《吴录》一书引用了上引诸葛亮之言。

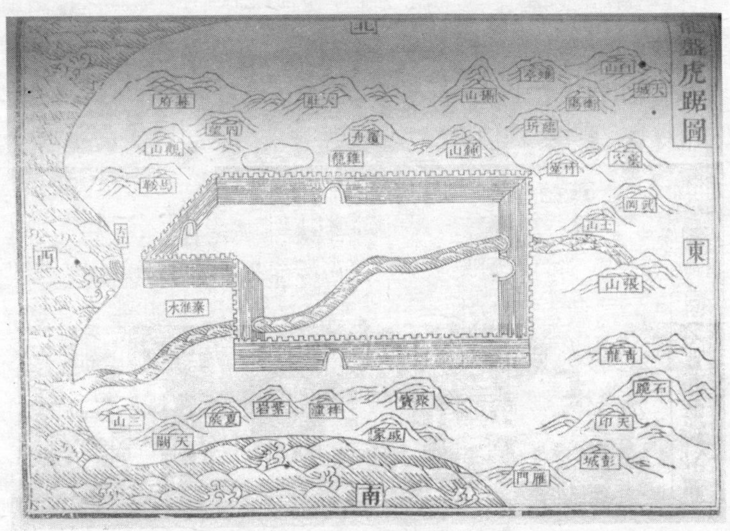

图 1-1 龙蟠虎踞图

采自（南宋）周应合《景定建康志》卷五，《南京稀见文献丛刊》，南京：南京出版社，2009：67。

当代也有反对这一神秘化说法的，谭其骧在《古都研究如何深入》（《南京史志》，1985 年第 1 期）一文中认为："《三国志》根本就没有提到诸葛亮，裴注收集了广泛的材料，是不会对此事忽略不提的。"还有所谓"钟山龙蟠，石头虎踞，此乃帝王之宅也"这不像是诸葛亮的口气，这是一般的逻辑推理就可以明了的。诸葛亮当时是刘备的谋臣，是代表汉裔势力刘备来见孙权，孙权当时的身份还是汉朝的将军:他既没有称王,更没有称帝。这种附会符合了魏晋时期的社会政治舆情变化,为南京成为偏离中原的帝王都大造声势。但后人为什么附会诸葛亮而非他人,比如三国时的术士管辂[①]或正当其时的郭璞,或因诸葛亮在民间有广泛的影响之故。

防守御敌是城市得以生存和发展的另一项基本需要,兵家择地讲究背依高地有屏障,前面开阔有出口,《孙子兵法·军争》总结为:"故用兵之法,高陵勿向,背丘勿逆",其中"高陵勿向"是说如果敌人已经居高临下,则绝不可仰攻;"背丘勿逆"是说如果敌人背后依托高丘,则绝不可迎击。作为攻守之备的都城更需考虑地形地势。因此,古代统治者对于地理条件,尤其是山川形势十分重视。史念海曾经指出,自然环境,尤其是山脉、河流,在古代都城选址的过程中都是重要的考虑因素。"都城的壮丽繁荣,在不同程度上都得山川助力……在它所能控制的范围之内,选择它自己的都城,也都着眼于山川形胜的地方。"[②]例如西汉文帝时,内史晁错针对边防空虚,上疏建议边地建城以募民徙塞下,他追述先民相土尝水的营建传统,并进一步论述城市的规划营建问题,《汉书》卷四十九《晁错传》:

> "错复言:陛下幸募民相徙以实塞下,使屯戍之事益省,输将之费益寡,甚大惠也。下吏诚能称厚惠,奉明法,存恤所徙之老弱,善遇其壮士,和辑其心而勿侵刻,使先至者安乐而不思故乡,则贫民相募而劝往矣。臣闻古之徙远方以实广虚也,相其阴阳之和,尝其水泉之味,审其

---

① 管辂(公元 210—256 年),字公明,三国时期魏国术士,平原郡(今德州平原县)人,是历史上著名的术士,被后世卜卦观相的人奉为祖师。郭璞为两晋时人,后世奉其为风水师的鼻祖。

② 史念海《中国古都形成的因素》,《中国古都研究》(第四辑),杭州:浙江人民出版社,1989。

土地之宜，观其草木之饶，然后营邑立城，制里割宅，通田作之道，正阡陌之界，先为筑室，家有一堂二内，门户之闭，置器物焉，民至有所居，作有所用，此民所以轻去故乡而劝之新邑也。”

其把营建城邑的过程分为对人迁居心理过程的诱导和对自然环境的利用相结合，正是当代“安居”的双重含义。

1.1.2.3 城墙——围护与排外

城墙的用途，围护与屏蔽，人工防御物。东汉王充《论衡》卷二十《须颂篇》：“龙无云雨，不能参天，鸿笔之人，国之云雨也。载国德于传书之上，宣昭名于万世之后，厥高非徒参天也。城墙之土，平地之壤也，人加筑蹈之力，树立临池。国之功德，崇于城墙；文人之笔，劲于筑蹈。圣主德盛功立，若不褒颂纪载，奚得传驰流去无疆乎？人有高行，或誉得其实，或欲称之不能言，或谓不善，不肯陈一。”比喻鸿笔文人如筑城之人。

当代城墙史研究专著较为稀缺。张驭寰《中国城池史》（百花文艺出版社，2003）通过介绍中国古代不同时期的一些典型城池，描述了中国古代城池的发展脉络；对城墙、城门、城市布局等中国古代城市的各个方面作了简要介绍。该书注意从建筑史的角度介绍了古代城墙修筑的有关问题，对于地方城池的研究颇有参考价值。

杨国庆、王志高合著《南京城墙志》（凤凰出版社，2008）一书，全面、系统地记载了南京城墙自春秋战国以来的历史及现状，但以明代及其后为重点，介绍了南京城墙的沿革、营建、构造、损毁、修葺、战例等诸多方面的情况，汇集了当地一批文史工作者多年来的研究成果，具有较高的资料价值。刘叙杰《中国古代城墙》（见《中国古城墙保护研究》，文物出版社，2001）文，从建筑史的角度介绍了中国古代城墙的修筑技术、城防设施等诸多方面的发展概况。马世之先生对于中国古城颇具特色的“方城”

形制作了较为细致的探讨，认为方形城是中国古城形制的基本模式，这一形制的形成主要是受到了古代“方块田”规划方法及“天圆地方”说的影响①。

史念海、史先智《论十六国和南北朝时期长安城中的小城、子城和皇城》(《中国历史地理论丛》，1997 年第 1 期)指出此期长安城的三套城形制；牟复礼《元末明初时期南京的变迁》(见《中华帝国晚期的城市》，中华书局，2000：115)一文中，阐发了作者独到的见解：“南京的城正像政府的其他行动一样，是为加强这种神秘性(即所谓的王朝‘天命’正统)与维持政府所在的威严而设计的。我想作个假设，在中国文化史上，在对旧中国城市的研究上，城的主要意义就在于此。”其立论高远，启发我们将高城峻垒视为皇权政治的象征，具有威慑庶民百姓、壮大统治威仪、强化思想控制的文化功能。

中国古代城市的空间分划主要是基于某些制度(不仅是政治制度)安排而产生的，是权力(不仅是政治权力)运作与各种社会经济因素共同作用的产物，而并非“自然的”或“必然的”结果。换言之，城市内部的区划，主要是王朝国家利用权力对城市空间进行“切割”、“划分”的结果，是国家权力从外部对城市功能作出的强制划分，并不是城市据其自身发展需求而“自然发展或演化的结果”。在国家权力“切割”而成的城市空间结构中，城墙发挥了一种标识性工具的作用。正如李孝聪所指出的那样：“用不同的‘墙’进行隔离，用追求等级观念的思想来规划城市，以实现不同功能的需求，是中国古代城市的一大特点。宫墙、坊墙、垣墙、城墙分别承担着各自的功能，成为中国古代城市中最明显的标志

---

① 马世之《试论我国古城形制的基本模式》，《中原文物》，1984(4)：61－67。另可参考万艳华《论我国古代城市建设模式——兼论我国古代方城之风水影响》，《武汉城市建设学院学报》，1994(1)：1－7。

和印象。"①

南京城墙始建于孙吴。东吴的奠基与开创是根据功能需要,依托自然条件而进行的草创。东晋城墙也具备都城城墙应具备的基本功能,但在实际上,东晋南朝都城的范围不是靠城墙而是靠篱门来圈定的,都城篱门也只限于几个要点或要道口,是无法完全限定整个都城范围的。因此,六朝都城外界范围是非限定性的,随着城市的繁荣,人口的增长而扩张,远远超过原有的范围,城南建于中轴线上的门阙就体现了这一特点。这样越出城墙规定的城市范围并不严格,许多繁华区、居住区均位于城外,御道也一直延伸至城外。都城范围不限定的特点不仅是六朝都城的规划体系中的独特处,同时也是规划体系中其他独特风格形成的原因之一。

下面再回到东晋建康都城的自然地理环境和都城选址。

1.1.3 东晋建康都城的选址

1.1.3.1 东晋建康选址确立的过程

东晋建康及其周围地区的地理范围大体以《宋书·州郡志》的相关记载为准,即包括建康、秣陵、丹杨、湖熟、江宁、溧阳、句容及永世等行政县。而建康都城和郭城的范围大致与建康、秣陵、丹杨三县县域范围相当,即郭城区和行政区的范围大体重合。

都城是一个政权政治活动的中心,与一般城市的发展模式不同。其差异在于城市建设中政治权力决策层起决定性作用,孙吴、东晋定都选址的考虑是多因素共同作用的结果。

赤壁之战后,孙权从各方面的形势分析,决定由武昌迁都于此。当时都城建业的规模不大,而且宫室建筑(如太初宫等)也不甚雄伟壮丽。所用的建筑材料,有的是从武昌旧宫中拆下水路转

① 李孝聪《唐代城市的形态与地域结构——以坊市制的演变为线索》,见李孝聪主编《唐代地域结构与运作空间》,上海:上海辞书出版社,2003:298。

运而来的，其理由是“大禹以卑宫为美，今军事未已，所在多赋，若更通伐，妨损农桑。徙武昌材瓦，自可用也。”（《三国志·吴书·吴主传》）后来孙皓执政才大建宫室，新建昭明宫，其中正殿赤乌殿更为华美奇丽，因此，可以认为孙吴的都城规制是在后期才见其雄伟气势。

建康定都的原因是多因素作用的结果，如自然、政治、经济、军事、流民集中地、定型的城市形态等，几大因素中军事原因明显优先于其他原因，而军事立国定都，一直是中国都城的特色之一。军事定都从东晋所处的外患来看是合理的，它以长江为天险，以黄淮流域为中间地带限江自保。但定都江南的同时也囿于限江自保，难以进取，长此以往军事力量上的弱势高下自现。由于长期以来，中国的外患多来自西部、北部，造成中国军事地理史上普遍规律是南不如北，东不如西。定都东部的江南政权，如都于建康的六朝、都于杭州的南宋皆居双弱之地，其政权败亡的根本原因在此。

从古至今而论，建康作为江南都城，不是最佳之选，是迫于当时南北民族纷争大形势。然而，最佳都城之选本无定则。往往寻找单一标准、统一的标准来解释历史上的立国定都是不合适的。历史学家常说，历史解释不是唯一的，但寻求最佳的解释方式则是他们一贯努力的方向。如果轻易否定江南定都的合理性，那么就会陷入历史必然论的怪圈，当我们习惯于用后史解释前史时，常说：“瞧！历史结果就是这样，江南建都，亡国难免。”现在，假如我们暂时抛开历史的后续发展，暂时聚焦于东晋百年这一特定的阶段，从东晋本身正在经历的历史过程中寻找这一政权定都的环境和诸多要素，或许会获得更大的收获与启迪。

东晋前期苏峻之乱，随后引发了迁都之争。东晋成帝咸和二年（公元 327 年），苏峻举兵反，次年攻陷建康。咸和四年，江州刺史温峤、荆州刺史陶侃等联军征讨，攻灭苏峻，收复建康。经历此次战乱之后，建康城受创，“宗庙宫室并为灰烬”，随之引发迁都之议,“温峤议迁都豫章,三吴之豪请都会稽,二论纷纭,未有所适。”王导此时力排众议,终使东晋定都建康,其言:“建康,古之金陵,旧为帝里,又孙仲谋、刘玄德俱言王者之宅。古之帝王不必以丰俭移都。……且北寇游魂,伺我之隙,一旦示弱,窜于蛮越,求之望实,惧非良计。今特宜镇之以静,群情自安。”(《晋书·王导传》)

王导是促成东晋定都建康的重要人物,司马睿移镇建邺即在王导的建议下,而此次又力保建康为都,表明其十分清楚建康所具备的建都条件,而他的上述言论也包含了东晋定都建康的主要原因。在指出定都关键并不在于物质方面的同时,王导论及建康的众多优势,“旧为帝里”意指建康此前有孙吴的建都历史,“孙仲谋、刘玄德俱言王者之宅”是就建康地利而言,而“一旦示弱,窜于蛮越”等语则涉及建康在东晋整体攻守形势中的军事地位。

此次动议迁都,迁向何处为佳呢?大臣们给出两个备选之地,一是向西南内迁至豫章(治江西南昌)、一是向东南迁至会稽(治浙江绍兴)。王导皆否定这两地。作为南方政权的政治中心,建康的军事地位有浓厚的政治意义,攻守态势优劣也因版图伸缩而不断变化。东晋建国之初,版图大致以淮河一线与北方为界,依此建立的国家攻防体系,必须使都城与前线保持一定的空间距离作为防守空间,以护卫中央所在的京畿重地,使其不易受北方侵扰而保证相对的稳定。另一方面,东晋在名义上仍是西晋中原王朝的继承者,南渡士庶是其统治基础的重要组成部分,因此,即使退守江南仍要体现出挥师中原之志,王导就曾表示“当共戮力王室,克复神州”(《晋书·王导传》)。因而都址的选择便至关重要,它既要有利于防御,也还必须有利于北伐中原,如此对于南渡士庶也更具有号召力和凝聚力,从而稳定统治基础,巩固王朝的正统性。

建康所处地理位置正符合东晋对于都城的基本要求。它临江控淮，以广阔的江淮之地作为与北方相对峙的缓冲地带，虽然东晋时期北敌屡次入寇，却始终未能突破长江天险直接威胁建康。与此同时，建康在南方政权的版图中位置居前，三吴、闽粤大片领土置于后方，为其北上进取之物资基地。总之，建康攻守兼备的地理位置十分符合东晋江南立国对于都城军事形势的需求。

1.1.3.2　分裂时期的正统观与江南定都的舆论指向功能

东晋江南政权与前史孙吴政权及蜀汉政权的国力、使命不同。对东晋帝室而言，回师中原，埋骨桑梓有巨大的现实意义和政治影响。回归中原是一种强烈的心理动力和情感寄托，反映了中原强大的凝聚力和中原情结。三国蜀汉的恢复中原，东晋、南宋、甚至民国时期的北伐都证明了中原为中国传统政治的中心地区。因为，中原为中华民族发源、生长之地，是中国政权政治的核心地域。中原是一处政治性色彩浓厚的地域，一个政权对其核心地域的控制即是对政治中心地域的控制。因此，政治中心地域具有不可替代的吸引力，这种吸引力是政权统一、人民团结的心理能量和精神财富。在社会合力论者看来，这种吸引力也就是向心的力。在不同方向的力的作用下，一个政权能够有效的控制、平衡这种力，这个政权才能稳定并至扩张壮大。西方经典学者指出:空间的政治结构，是向心力和离心力相互作用的结果。前者促进地域统一，后者促进地域分化。对于一个国家来说，在力的形成中，其辖区内的人民对统一观念的支持是最有意义的，可以说这种国家观念是一个政权存在的先决理由之一。民族观念是民族的亲近感和共同文化意识的基础。核心地域的观念是对共同生活地域的同一性的认识的结果。

由此而来，与东晋政权相关的一个重大理论问题就是正统在谁的问题，简称正统问题。中国古代的多民族政权共存状态形成了民族与政权正统性的问题。正统性是不同民族政权取得自身合法性的舆论力量和政治实践，它是古代史家解释某一政权合法性和政权更替合理性的重要思想理论。正统所在，民心所在。因此，正统观是最高层次的政治意识形态观念，是论证君主制政权合法性的理论武器。例如，历史上的统一战争实际也是一个政权合法性的谋划过程。获得统治合法性的冲动甚至成为古代中国"久分必合"、不断走向空间上"大一统"的主要动因①。如三国时蜀汉丞相诸葛亮曾这样分析发动统一战争的意义，他说："先帝虑汉贼不两立，王业不偏安，故托臣以讨贼也。以先帝之明，量臣之才，故知臣伐贼才弱敌强也。然不伐贼，王业亦亡。惟坐待亡，孰若伐之！……臣非不自惜也，顾王业不可得偏全于蜀都，故冒危难以奉先帝之遗志也。"(《三国志·诸葛亮传》)可见，他之所以不顾敌强我弱的形势去冒险犯难，就是基于"王业不偏安"流行观念，做出统一天下的姿态，以证明蜀国是"王业"、正统所系。梁启超说："言正统者，以为天下不可一日无君也，于是乎有统。又以为'天无二日，民无二王'也，于是乎有正统。统之云者，殆谓天所立而民所宗也。正之云者，殆谓一为真而余为伪也。"(《梁启超史学论著四种》，岳麓书社，1998)君权合法性理论随着君主制度的发展而发展并逐步完善，形成了中国独有的王朝"正统"观和以"天命"、"道德"、"民意"为支撑的君权合法性论证体系。正统的内容表现：一是应天受命，二是夷夏

---

① (日)渡边信一郎认为探讨专制国家的诸现象时，除了物质层面的生产力、生产关系的解释外，也须理解作为法律与政治层面的社会关系，并探讨其中的意识形态。参考渡边信 郎《中国古代国家の思想构造——専制国家とイデオロギー》(东京:校仓书房，1994)，作者之"绪论"。作者所论统治之理，仍限于政治、法律层面。近年来更及于礼的秩序，如其更近的作品《天空の玉座——中国古代帝国の朝政と仪礼》(东京:柏书房，1996)；《中国古代の王権と天下秩序——日中比较史の视点から》(东京:柏书房，2003)。

王健文《奉天承运:古代中国的"国家"概念及其正当性基础》。

之辨[①]。

下面先对天下观与大一统观作一解释。天下观中的“天下”是一种空间地理概念，不是政体概念，但是一种政治文化观念。

“天下”一般有广义与狭义之分。狭义的“天下”指中国实际统治的范围，广义的“天下”则指以中国为核心，包含其他国家的世界体系和政治秩序。比如前文中提到“天下为公”，此“天下”比一姓国家所指宽泛。

中国自殷商以来就以自我为中心建立起广阔的“天下”，形成了天子受天命而统治“天下”的“天下观”。《诗经·小雅·北山》“普天之下，莫非王土，率土之滨，莫非王臣”。这是周天子对当时“天下观”的认识。体现万国须一统于天子的政治理念。它成为我国的一种传统政治理念，在此基础上发展起来的“春秋大一统”——政治上一统乎天子，文化上一统乎《周礼》——主导了传统意识几千年。

而当时的“天下观”的构成秩序体系则有“五服”说与“九州”说的划分。

先秦有畿服服制。《尚书·虞书·益稷》有“弼成五服”之说，《尚书》是古代另一部先秦制度重要的经典，它记录了距今两三千年前王室的诰命、誓言和其他大事。其中的《禹贡》篇，尽管只有 1193 字，却历来被奉为王朝地理的经典之作。《禹贡》包括“九州”和“五服”两项内容。它以天子所居之“王畿”为中心，扩展统治空间。具体规定如下：

> 五百里甸服：百里赋纳总，二百里纳铚，三百里纳秸，服四百里粟，五百里米。五百里侯服：百里采，二百里男邦，三百里诸侯。五百里绥服：三百里揆文教，二百里奋武卫。五百里要服：三百里夷，二百里蔡。五百里荒服：三百里蛮，二

---

① 王培华《正统论与中国文明连续性》，《社会科学辑刊》，2002(01)：96－101。

百里流。

《国语·周语》对“五服”的解释是:“夫先王之制:邦内甸服,邦外侯服,侯、卫宾服,蛮、夷要服,戎、狄荒服。”“邦内甸服,邦外侯服”,此处之“邦”系指“天子之国”,即天子自己亲自统辖的“王畿”,实即天子的“直辖地”。

与《周语》相比,《禹贡》把前者“五服”理论中的“宾服”替换为了“绥服”,每“服”的地理范围也作了具体的规定。“畿服”理论在《禹贡》中变得进一步复杂化。“畿服”理论在《周礼》中也继续得到发展,《周礼》包含了许多“职官”篇,其中《周礼·夏官》篇提出了“九服”制理论:

> 乃辨九服之邦国,方千里曰王畿,其外方五百里曰侯服,又其外方五百里曰甸服,又其外方五百里曰男服,又其外方五百里曰采服,又其外方五百里曰卫服,又其外方五百里曰蛮服,又其外方五百里曰夷服,又其外方五百里曰镇服,又其外方五百里曰藩服。

侯、甸、男、采、卫、蛮、夷、镇和藩一共“九服”,反映的思想观念与“五服”理论相同。

“五服”、“九服”均是指各邦国按亲疏远近,向作为共主的天子承担服事义务,这是“王臣”的本分。有学者认为:“当时‘天下’这个概念的含义,也不像我们今日理解的那样广泛,大体上指的是我国当时的领域。今天,我们讲到中国时,往往以‘五湖四海’来形容它或代表它。‘四海’之称在先秦时代已普遍使用了。当时,‘四海’和‘天下’的范围,虽然不能说就是我国今日的范围,但却包括了当时的‘九州’之域……”[①]此种意见在学术界具有一定的代表性。

秦汉统一的多民族国家的建立,特别是由于郡县制的继续稳定地推广,称之为“九州”的中原地区已经逐渐牢固地凝聚为

① 田继周《我国民族史研究中的某些理论问题》,《文史哲》1981(3)。

一体。中国的“天下观”得到了进一步完善，逐渐形成了以中国为中心的朝贡体系与华夷秩序下的“天下观”。到了三国两晋南北朝时期，“中国进入了一个大分裂时期，强大中央王朝的缺失不仅仅使众多政权分立，而且政权更迭频繁，但分裂的格局并没有中断中国古代疆域的形成过程，对‘华夷正统’地位的争夺使得更多边疆民族开始认同‘中国’，并且自觉地加入到中华民族的凝聚中。”①

西晋惠帝永兴元年十二月，《三国志》注十五孙盛《晋阳秋》：“(以刘弘领荆州以镇南土。)晋西朝之末，弘为车骑大将军开府，荆州刺史、假节都督荆、交、广州诸军事，封新城郡公。其在江、汉，值王室多难，得专命一方，尽其器能。推诚群下，厉以公义。简刑狱，务农桑，每有兴废，手书郡国，丁宁款密，故莫不感悦，颠倒奔赴。咸曰：‘得刘公一纸书，贤于十部从事也。’时帝在长安，命弘得选用宰守，征士武陵伍朝高尚其事，牙门将皮初有勋江汉，弘上朝为零陵太守，初为襄阳太守。诏书以襄阳显郡，初资名轻浅，以弘婿夏侯陟为襄阳。弘曰：‘夫统天下者当与天下同心，治一国者当与一国推实。吾统荆州十郡，安得十女婿，然后为治哉！’”刘弘把“天下”与“一国”并举，说明天下、国家是不同的等级概念。

在南北对立的状态下孰为正统成为南北政权争夺的政治资源之一。正统观是国家政权阶段性发展的产物，是社会群体对某个统治王朝是否认同、拥戴的问题，是一种普遍的、相对稳定的心理因素，而又被政治家们提炼归纳上升为理论形态的思想观念，跟民族心理有关，应纳入民族心理范畴。中国古代正统观是一个运动变化过程，与中华民族融合的历史相适应。魏晋南北朝是中华民族融合的重要时期，史家谓之第二次民族大融合，东晋时期的南北政权都强调各自为正统所在，正统

① 李大龙《汉唐藩属体制研究》，北京：中国社会科学出版社，2006：8。

观由此兴起。

“正统”一词也称“正朔”、“正闰”。历代学者阐述很多。如东晋的习凿齿,从“道”和“义”的角度阐述了“正统”的意义,“魏自君之道不正,则三祖臣魏之义未尽。义未尽,故假涂以运高略;道不正,故君臣之节有殊。……盖勋足以王四海,义可以登天位,虽我德惭于有周,而彼道异于殷商故也。”[①]他认为“道”和“义”二者具有内在的逻辑关系,“义”的尽职是建立在“道正”的前提之上,体现出一定的功利色彩。“道义”是内核。唐代皇甫湜进一步分析道:“王者受命于天,作主于人,必大一统,明所授,所以正天下之位,明一天下之心。……故自尧以降,或以德,或以时,或以力,或以义,承授如贯,始终可明,虽殊厥迹,皆得其正。以及魏取于汉,晋得于魏,史册既载,彰明可知,百王既通行,异代无异辞矣。”[②]这是从“大一统”的事功来证明“天命所授”之正统。

南宋洪迈《容斋随笔·皇甫湜正闰论》:

> 晋魏以来,正闰之说纷纷,前论之多矣。盖以宋继晋,则至陈而无所终,由隋而推之,为周为魏,则上无所起。故司马公于《通鉴》取南朝承晋讫于陈亡,然后系之隋开皇九年,姑藉其年以纪事,无所抑扬也。唯皇甫湜之论不然,曰:“晋之南迁,与平王避戎之事同,而元魏种实匈奴,自为中国之位号。谓之灭耶,晋实未改;谓之禅耶,已无所传。而往之著书者有帝元,今之为录者皆闰晋,失之远矣。晋为宋,宋为齐,齐为梁,江陵之灭,则为周矣。陈氏自树而夺,无容

---

① (东晋)习凿齿《全晋文》卷一百三十四《晋承汉统论》,北京:商务印书馆,1999。

② (唐)皇甫湜《东晋元魏正闰论》,收入《皇甫持正文集》卷二,上海商务印书馆,1912年影印本。按:《文献通考·经籍考六十》集,有《皇甫持正集》集名目。

于言。故自唐推而上，唐受之隋，隋得之周，周取之梁，推梁而上以至于尧、舜，为得天下统。则陈僭于南，元闰于北，其不昭昭乎”此说亦有理。然予复考之，灭梁江陵者，魏文帝也，时岁在甲戌。又三年丁丑，周乃代魏。不得云江陵之灭，则为周也。

案：唐之皇甫湜，宋之司马光的正闰处理方式不同。唐宋时对正统论的争论主要在政权的民族属性与是否立都中原的地理位置。洪迈代表性地概括了魏晋以来历史上的正统论。

正统论更早则是春秋战国时的三正、三统说。春秋《公羊》学派的“春秋三世说”为其滥觞，《公羊传》成公十五年：“《春秋》内其国而外诸夏，内诸夏而外夷狄。王者欲一乎天下，曷为以外内之词言之？言自近者始也。”东汉经学大师何休进一步发挥公羊学派的说法，将《春秋》所记242年的历史，理想化地分为三个阶段，即：“所传闻之世”、“所闻之世”和“所见之世”。“所传闻之世见治起于衰乱之中……故内其国而外诸夏”，“所闻之世见治升平，内诸夏而外夷狄”，“至所见之世著治太平，夷狄进至于爵，天下远近小大若一”（《公羊传·隐公元年》，何休注）。

宋代欧阳修以《春秋·公羊传》的思想为其理论依据，重新加以解释正统观，他在《正统论》中强调说：“《传》曰：君子大居正。又曰：王者大一统。正者，所以正天下之不正也；统者，所以合天下之不一也。由不正与不一，然后正统之论作。”所谓“正”包括“道”和“义”；“统”即所谓“大一统”，这时不仅仅局限于某个地域的优势，而是从全局的角度来看问题。从其分论中的“东晋论”和“后魏论”可以看出，欧阳修重视天下一统的历史和现状，他之所以否认东晋和北魏为正统，就是以为二者或是以宗室子自立于一方，不能复天下于一，或是不能并晋宋之一方，以小不备而黜大功；相应的，他论东晋“道德，不足语矣，直推其迹之如何尔”，考后魏“渐积之基，其道德虽不及于三代，而其为功，何异王者之兴？”（《欧阳修全集》，中华书局，2001：265—285）欧阳修撇开所谓的“道德”指标，直接从历史功绩来论述，表现出尊重客观历史的态度。

近代学者梁启超《新史学》之《论正统》(《清代学术概论》，中国人民大学出版社，2006)、当代学者饶宗颐《中国历史上的正统论》(龙门书店，1977)对历代学者“正统思想”的具体表述加以相关论述，此略。

十六国前秦主苻坚执意讨伐东晋，欲统一天下，时秦主之弟苻融力劝其罢兵，其语：“且国家，戎族也，正朔会不归人，江东虽不绝如綖，然天之所相，终不可灭。”(《晋书·苻坚载记附苻融》)当时前秦兵强马壮，拥兵97万进攻东晋，然而苻融却认为正统仍在东晋，伐晋则会使民心不附，战之不利。他的话反映了胡族上层部分人的看法，具有一定的代表性。其心理原因是当时部分胡族人士仍视汉族建立的东晋政权为正统。

历史上人们把汉族正统与中原正统等同视之。而且，其时“中国”、“中原”、“中土”等是可以互相替代的概念[①]。这是因为“中国”一词的原始意义并非指国家，而是指中原地区。中原以外的四周方国为“蛮”、“夷”、“戎”、“狄”。由地域概念逐渐变成政治概念，这与中原地域正统观的产生有关。在当时人们的普遍观念中，某个政权能否得到人们的拥戴，成为正统，首先看它是否能争得在中原的生存权和对中原的主宰权，得到中原文化的认同。秦汉以后，“中国”常指中原地区但不限于中原地区，是一个狭义的中国观。《晋书》卷五十四《陆机传》：“时中国多难，顾荣、戴若思等咸劝机还吴，机负其才望，而志匡世难，故不从。”而且，北方民族在较长时间里仍以东晋南朝为正统所在，如南朝刘宋大将柳元景北伐时抓到大批北魏俘虏，俘虏们话中称“未敢

① (南朝宋)雷次宗《五经要义》，(清)王谟辑《汉魏遗书钞》，嘉庆三年刻本。《五经要义》曰：王者受命，创始建国，立都必居中土，所以总天地之和，据阴阳之正，均统四方，帝制万国者也。

背中国也”(《宋书·柳元景传》)。此“中国”则应指江南的刘宋政权。

不同的是,随着中国境内的多种政治力量的出现,“中国”一词已由单一的中原地理概念开始演变为以汉民族为主的包含各少数民族在内的国家概念,中原地域正统观与汉民族正统观基本合一,甚至互相取代。二者并无歧义,这与汉族长期居中原统治的史实相吻合。但在东晋十六国当时,由于汉族政权已南移,北方少数民族政权长期盘踞中原,传统政治观与现实政治形势发生了矛盾,中原正统观以地缘决定正统的标准与汉族正统观以民族决定正统的标准不再重合。两套标准遂成为争议的焦点和不同政权各取所需的舆论武库。

东晋当时面临的政治现实,可选择的道路有两条,或恢复中原,回归中原正统;或降为地方性政权,丧失汉民族政权一贯的文化优势。东晋与后继的南朝四个政权的政治命运也还不同。因为东晋有西晋的遗命,“晋德”在胡汉民众中尚有一定影响,因此,其正朔仍在,数次北伐仍师出有名。

若把魏晋以前的正统观称为传统正统观的话,这种传统正统观以地缘为依托,坚持正统在北。东晋出现的正统观为了协调现实与传统的矛盾,一变而为以族属为正。晋室南迁,天子在南,于是有正统在南之论。前秦贵族苻融有如此看法也就不足为怪了。而当时的北方民众也心系南方,以南方为“王廷”所在。例如东晋安帝义熙十二年(公元416年),霸府将军刘裕北伐后秦姚氏,进入长安。后刘裕欲留长安以经略西北,而诸将佐久战思归,遂留其十二岁的儿子镇守关中。三秦父老闻刘裕将还,诣门流涕劝阻道:“残民不沾王化,于今百年,始睹衣冠,人人相贺。长安十陵是公家坟墓,咸阳宫殿是公家宅室,舍此欲何之乎!”

南宋时期,仍有继续视正统在南者,如《北齐书》卷二四《杜弼传》载北齐主高欢语:

> 江东有一吴儿老翁萧衍,专事衣冠礼乐,中原士大夫望之以为正朔所在。我若急作法网,不相饶错,恐督将尽投黑獭,士子悉奔萧衍;则人物流散,何以为国?

在高欢看来,由于南朝汉族政权继承了汉族传统文化,是中华民族正统所在,民心所向之处。东晋之后,北方的少数民族政权自视为正统与南朝相抗,如北魏政权在实行汉化的过程中,也致力于"建树"中原正统形象的努力①,它虽因政权快速瓦解而未成功,但后续北朝政权如北周、杨隋的武力兼并其正统性优势随着国力的上升而日益明显,为周隋统一帝国的建立、正统的回归奠定了基础。

若再把视线拉回到东晋来审视这一问题时,我们认为东晋江南立国的政治意义在于改变了旧的中原正统观,江南开始成为北方汉族人心所归之地。这是江南定都的贡献,它突破了狭隘的中原正统观,为多民族共同体的形成和空间视野的扩大展示了广阔前景。长期以来南北之间,以北方一直为政治斗争的中心,这一态势未有根本性的改变,两晋之际更是如此。由此引发的胡、汉民族正统之争与政治统一之争成为历史必须回答的重大议题。东晋处于这种争端的初期,对其政权合法性的影响随着时间推移而突出。一般而言,历史发展本身具有连续性和继承性,但在遭受大规模异族入侵和异质文化冲击的时候,历史又会出现某种"断裂"和刻意"弥缝"两种可能。文化的"断裂"因其显见多被发现和重视,而后者的"弥缝"常为人忽视,东晋文化上的"弥缝"表现在东晋儒学复兴,尤其是礼家重礼学,《仪礼》的注疏增多等方面。无论是中原正统观还是江南(汉族)正统观,

---

① 北魏于平城时代其郊祀已经是祀有定点定时,但采取西郊祭天,与汉族南郊祭天相异;孝文帝都洛阳改制后,才行南郊祭祀。参见杨永俊《论北魏的西郊祭天制度》,《兰州大学学报(社会科学版)》,2002(2):56-62。

这都将对东晋都城格局产生影响。

正统观对都城的影响在于为东晋建国提供思想舆论武器，这也要求东晋遵循西晋旧制，建康都城也务必最大限度地仿照魏晋洛京旧制。从其城市结构、门制、城名、宫名等皆与前朝保持延续性，“承旧”是江南都城特征之一。如比附西晋洛阳城制，据刘宋山谦之《丹阳记》：“出建阳门望钟山之与覆舟山，似上东门[望]首阳之与北邙也。”（《太平御览·地部六·蒋山》）建阳门为建康城东门，于此可见东边的钟山，北边的覆舟山；上东门本为洛阳城东门，首阳山与北邙为洛城附近之山，这种信手拈来的比拟应与东晋南朝持西晋衣钵的政治文化特色相关[①]。又如，《晋书》卷十九《礼志上》：“至元帝建武元年，又依洛京立二社一稷。其太社之祝曰：‘地德普施，惠存无疆。乃建太社，保佑万邦。悠悠四海，咸赖嘉祥。’其帝社之祝曰：‘坤德厚载，邦畿是保。乃建帝社，以神地道。明祀惟辰，景福来造。’”其祝辞用语多模仿东汉魏晋社稷祝辞。

东晋立国在都城建设上按魏晋洛阳模式改造建康。如把宫城东移，南对吴时的御街，又把御街向南延伸，跨过秦淮河上的朱雀航浮桥，直抵都城外南郊的自然山体牛首山，形成正对宫城正门、正殿的全城统一的南北轴线。御街左右建官署，南端临秦淮河左右分建太庙、太社等。经此改建，建康城内形成宫室在北，宫前有南北向的御街、御街左右建官署、都城外建里坊的都城格局，城门虽减少为六个，但沿用洛阳城门旧名，基本上照搬洛阳之制。

建康南迁人口甚多，加上本地士族，遂不得不在城东沿青溪外侧开辟新的居住区，及在秦淮河沿岸形成一些新的里坊和聚

---

① 而且，东晋宫殿门也有上东门名，见《艺文类聚》卷十六《储宫部》太子妃：“晋孝武起居注曰。上临轩。设悬而不乐。遣兼司空谢琰。纳太子妃王氏。赐文武布绢。百官诣上东门上礼。”

落。为保卫建康，在其四周又建了若干军垒小城；为安置南迁士民，又建了一些侨寄郡县。这些环建康的军城聚落，如石头城、东府、西州、冶城、越城、白下、新林、丹阳郡、南琅琊郡等，它们的周围也陆续发展出居民区和商业区，并逐渐连成一片。建康未建外郭城墙，只以竹篱为外界，设有五十六个篱门，可见其城域范围，是当时中国最大、最繁荣的城市。

1.1.4 短暂的江南二都制时代

以上是就中国版图而言的南北大关系及对江南政权的外部影响。对于分裂时期的南北政权而言，它们又都各自存在东部与西部的关系。此处单论东晋江南政权内部的东部与西部关系，简称东、西关系。

1.1.4.1 孙吴定都建业与武昌

汉末三分鼎立，东吴据有江东。其时的武昌与建业分别为上下游所在的两大军镇。207 年赤壁之战后，曹操、刘备、孙权三方政权鼎立的局面基本形成。建安十六年（公元 211 年），孙权将治所从京口城迁到秣陵，居其地长达八年，从 211—219 年。始筑石头城，以作守备之城，并改秣陵为建业。

建业所在地原属汉代丹杨郡，处于“吴头楚尾”的地理位置，但丹杨并非一块福地，孙吴时期的丹杨一直不宁。山越族剽蛮好战，是中央政府的压服对象。此类记载史籍随处拈来，见《三国志·吴书·诸葛恪传》：

> 丹杨地势险阻，与吴郡、会稽、新都、鄱阳四郡邻接，周旋数千里，山谷万重。其幽邃民人，未尝入城邑，对长吏，皆仗兵野逸，白首于林莽。逋亡宿恶，咸共逃窜。山出铜铁，自铸甲兵。俗好武习战，高尚气力，其升山赴险，抵突丛棘，若鱼之走渊，猿狖之腾木也。时观间隙，出为寇盗，每致兵征伐，寻其窟藏。其战则蜂至，败则鸟窜。自前世以来，不能羁也。

丹杨、丹阳异名同地，原为山越之地。地形以山谷、丘陵为主，开发程度比三吴平原晚。《三国志》卷六〇《全琮传》：“黄武四年，假节领九江太守。七年，权到皖，使琮与辅国将军陆逊击曹休，破之于石亭。是时丹杨、吴、会山民复为寇贼，攻没属县，权分三郡险地为东安郡，琮领太守。至，明赏罚，招诱降附，数年中，得万余人。”

那么，孙权为何选择丹杨凶蛮之地建都呢？

孙权本吴郡富春县人，汉富春县的版图为今浙江富阳桐庐。孙权与丹杨的关系除了其大家熟知的其父兄早年在这带征战，还可追溯到其家族中另一个重要人物，他的舅舅吴景在丹杨的为官及对丹杨的早期经营。吴景（？—203 年）生于东汉末期，父母早故，其姊姊（即吴国太）嫁孙坚，孙坚经常在外率兵征战，吴景则随姊姊仍住家中。孙坚生四子即孙策、孙权、孙翊、孙匡，幼年也随母在外婆家长大，孙母礼贤下士，尊重人才。汉献帝兴平元年（公元 194 年），袁术表荐吴景为丹杨太守，郡治在宛陵（今皖南宣城）后又迁广陵太守。

汉献帝建安二年（公元 197 年）袁术在寿春自立为天子，孙策曾以书晓谕袁术，袁术不从。于是，孙策便杜绝江津，不与袁术通往。吴景也弃守广陵东归，复为丹杨太守（《三国志·孙讨逆传》注引《江表传》）。

是时，汉献帝为曹操所挟持，闻悉孙策、吴景与袁术断绝关系，乘机即派议郎王浦南行，表孙策为讨逆将军，表吴景为扬武将军，二人领会稽太守、丹阳太守。吴景遂成为江东的第一大军阀势力。孙氏在建康的人情基础较好。建安五年孙策单骑外出观察敌阵和地形，被故吴郡太守许贡之子及其门客所暗击，卒年 26 岁。吴景也于建安八年病卒于官，其子吴奋后来被封为新亭侯。孙权正是继承了父、兄、舅氏在江东的余业，在此基础上开始其独立的事业的。丹杨为其家族势力范围内的据点之一，孙权选择在此驻军筑城，应该说是经过成熟考虑的。再者，建康上游的历阳、豫章还有不安定因素，人数众多的沿江、山野殍居之民需要军事压服。建康选址，主要是从军事角度考虑。

建安二十四年(公元219年)孙权将治所从下游的建业迁到荆州的公安(今湖北公安),治公安的时间为三年,即219—221年。

公元220年,曹丕在洛阳称帝,建魏;公元221年,刘备在成都称帝,建汉。在这种形势下,孙权又将治所从公安徙镇于鄂,并筑城守卫,改鄂为武昌(今湖北鄂州)。黄龙元年(公元229年)四月,孙权于武昌称帝,同年九月,又毅然放弃已经营了八年之久的武昌,再度迁都建业。其原因:(1)由于武昌处于长江中游,离北方敌国边境近。不利防守。(2)武昌远离立国根本之地。至吴主孙皓再迁都武昌时,下游百姓逆水运输,劳而生怨,当时产生了“宁饮建业水,不食武昌鱼;宁还建业死,不止武昌居”的童谣[①],迫使孙皓不得不还都建业。童谣反映民怨,孙皓有诫于童谣而停迁都之举。这则童谣如果对它细加理解的话,这句话既说明孙吴政权的根本在下游,也流露出江南政权贪图逸乐、不思进取的偏安思想已在民间作祟。帝王于何处定都,利弊何在则是因时因势而变化的。吴主孙皓迁都武昌,意欲北伐而声言西进,不过是一种动观民心的做法,其祖孙权也正是这样做的。因此,这种决策未必有错,“青盖入洛”也并非不可能,但江南政权发动主动的北伐来自内部的阻力很大,这在东晋表现也很明显。

由此可见,孙吴统治中心经历了由东向西,又由西向东的摇摆过程。吴国统治者之所以在建康、武昌之间摇摆,主要有自然地理、社会政治两方面的因素。

曾经作为孙权治所的地点有吴、京口、建业、公安、武昌等地,先定都武昌,三年后,迁都建业,其原因有二:其一、孙吴黄武二年(公元223年),即夷陵之战后的次年,蜀主刘备死,丞相诸葛亮当政,采取了对内整治益州、对外结交孙吴的旧外交国策。蜀吴外交的调整,带来了两国局势缓和。孙权在上游形势缓和

---

① 见《三国志·陆凯传》。

之后,回到三吴,巩固后方。其二、下游是孙氏立国根本和粮源基地,定都建业是稳定下游社会局势的重要政治手段之一。

武昌属于中游军事重镇,濒临长江,进可以攻,退可以守。但武昌为新兴军镇,较之江陵、江夏等沿江城市崛起较晚,又为山陵地形,故武昌建都的不利因素在时人中有议,大将陆凯曾说:“武昌土地,实危险而峣确,非王都安国养民之处,船泊则沈漂,陵居则峻危。”(《三国志·陆凯传》)而且远离江东根据地,经济上要仰仗三吴地区的供给,政治上也得不到三吴士族的支持,所以孙权称帝当年便立即迁都建业。

从定都武昌的时间上统计:孙权有五个月时间,从黄龙元年夏四月至同年秋九月以武昌为都;吴末帝孙皓有十五个月时间,从甘露元年九月至宝鼎元年十二月曾经迁都武昌。此后,南朝的梁朝在遭受侯景之乱后,藩王萧绎、梁武帝之子,有两年时间定都江陵,即从承圣元年十一月至承圣三年十一月,即史称梁元帝时期。由此可见,以建康为都城是江南政权的常态,以武昌、江陵为都则属特殊。

虽然从作为都城的时间长短看,武昌不能与建业相比,但是长江流域中下游、东西部之间的势均力敌已显端倪。而且由此提出的东西地理阻隔与权力制衡问题也长期困扰江南政权。都城的位置变迁直接揭示了江南政权立国的一个重大不利因素:东西阻隔,交通不畅。历史上定都江南的政权大多无力北进,其重要原因或在于此。

江南立国者,以长江为险,也以长江以南为资,当时的荆州、三吴之地即经济地理学上的长江中、下游平原为国家主要经济控制区,“晋氏南迁,以扬州为京,所资皆出焉;以荆、江为重镇,甲兵所聚尽在焉,常使大将居之。三州户口居江南之半。”[①]首

① (宋元)马端临《文献通考·兵考三》卷一五一“兵制”条。北京:中华书局,1984。

都建康居江之下游，从中国整个山川形势来看，处于三级地形的第三级阶梯，地势低洼，多水涝灾害。故建康定都于地势上难居全国之优。

从历史实际看，由于黄河流域开发较早，中原为政治经济文化中心，此期的江南政权或为中原亡国之余、或为一地区性政权，大势已失，而要兼顾进退两便的军事地理形势和良好的经济状况，则建康在江南诸城中应是条件最好的城址，故定都建康又多是江南政权的首选。孙吴、东晋南朝及后来定都于此的朝代皆如此。

1.1.4.2 “永嘉不竞，暂都江左”——东晋立国局促

西晋末年，中原地区诸王相争，南方流民之祸此起彼伏，江东也受到影响。

两晋之际，江南免受战火而相对平静，多家势力盯住这片净土。江南士族“三定江南”为晋宗室司马睿定都建康扫清了道路。所谓“三定江南”：一是太安二年（公元 303 年）平定流民帅石冰之乱；二是自永兴二年（公元 305 年）至永嘉元年（公元 307 年）平定陈敏之乱；三是永嘉四年（公元 310 年）平定江东土豪钱会之乱。这三次危及江东的变乱得以平定，不仅保全了江东地区世家士族的利益，而且为此后中土人士的南下及中华文化的南播奠定了基础。

这三乱中，以第二次影响最大。陈敏为淮南势力，经过晋末兼并，南下驻扎广陵。据《晋书》本传，籍属庐江郡人，他以晋廷内乱，建议漕运江淮米谷以济北方之困，先后任合肥、广陵度支，掌握一支漕运兵，并因起兵讨石冰而升任广陵相。后又见晋室衰微，“遂有割据江东之志”。永兴二年末，陈敏自封扬州刺史，不久又称大司马、楚公，“分置子弟列郡，收礼豪杰，有孙氏鼎峙之计”。陈敏出身寒门，又非江东人，江东士族多不愿屈身事之。为争取江东士族的支持，陈敏“并假江东首望顾荣等四十余人为将军、郡守，荣并伪从之”。

江东士族与陈敏有过短暂合作，作为江东首望士族的顾荣的话，表露出当时江东士人的心态："中国丧乱，胡夷内侮，观今日之势不能复振，百姓无复遗种。……荣常忧无孙、刘之策，有以存之耳。今将军神武之略，有孙、吴之能……若能委信君子，使各得尽怀，散芥蒂之嫌，塞谗谄之口，则大事可图也。"顾荣等希望在中土乱局的背景下，与陈敏合作，以维护江东的稳定。直到后来顾荣劝甘卓图敏时还说："若江东之事可济，当共成之。然卿观事势当有济理不？"当顾荣策反甘卓叛陈敏，甘卓军士皆言："本所以戮力陈公者，正以顾丹阳、周安丰耳，今皆异矣，汝等何为！"(《资治通鉴·晋纪八》)顾荣为丹阳太守，周玘为安丰太守，多接引北人。东晋政权是南北士族合作的产物。

顾荣等人最终抛弃陈敏，实迫于当时形势。五胡入中原，生灵涂炭，长江上流和江北时刻遭受战争威胁。北方局势不断恶化，西晋执政东海王越已有计划向江南退却，并在寿春一线集聚兵力。另外，在荆州、江州一带，刘弘、陶侃等军将扫除了陈敏残部，也待机东下。这说明当时中原残余势力尚有一定影响。顾荣、华谭等江南人士正是基于形势扶持司马睿入主江南。《世说新语》上卷《言语第二》曰："元帝始过江，谓顾骠骑曰：'寄人国土，心常怀惭。'荣跪答曰：'臣闻王者天下为家，是以耿亳无定处，九鼎迁洛邑，愿陛下无以迁都为念。'"①

另外，晋末之乱与汉末分裂引起的动乱又有所不同，华夷族异，维护种族之延续比南北士流地域之争更为重要。在共同的民族、文化血脉的维系下，江东士族作为西晋的疆土之臣秉承守护汉文化的责任。

明清之际的王夫之以其特有的历史识见，作出了高度的评价，他在《读通鉴论》卷一二"晋惠帝"条中指出：

---

① (南朝宋)刘义庆著；余嘉锡笺疏《世说新语笺疏》，北京：中华书局，1983。

孟子言保国之道，急世臣，重巨室，盖恶游士之徒乱人国也。……主其地，习其教，然后人心翕然而附之。陈敏之乱，甘卓反正，而告敏军曰："所以戮力陈公者，正以顾丹阳、周安丰耳，今皆异矣，汝等何为？"顾荣羽扇一麾，而数万人溃散。琅邪王镇建业，荣与纪瞻拜于道左，而江东之业遂定。夫此数子者，皆孙氏有国以来所培植之世族也，率江东而定八王已乱之天下，抗五胡窥吞之雄心，立国百年而允定，孟子之言，于斯为烈矣。

永嘉元年，晋廷以琅邪王司马睿为镇东将军，都督江南诸军事，移镇建邺。此后，洛阳、长安相继失守，西晋灭亡。公元317年司马睿称晋王，第二年称帝，正式建立东晋政权。与此同时，中土士民大规模南迁，这是一次规模空前的流民南徙浪潮。

于是"永嘉不竞，暂都江左"也就成了东晋政权立国之际的政治环境写照，预示着一种别无选择的无奈和历史抗争①。

天人学对东晋建都立国预言和解释，如谶纬谣谚盛行，时有"局缩肉，数横目，中国当败吴当复"的谣言，其中"横目"为"四"，暗示吴亡四十年后会复国，正与晋末之乱的时间相合，故"自天下多难，数术者云当有帝王兴于江左"（《晋书·张昌传》）。故帝王之兴尚待天时运命。《册府元龟》卷二十一《帝王部·徵应》记载这类符应较多，试列举几条，其一："元帝以晋王即位，始秦时望气者云：五百年后金陵有天子。故始皇东游以厌之改其地曰秣陵，堑北山以绝其势。及孙权之称号自谓当之，孙盛以为始皇逮于孙氏四百三十七载，考其历数，犹为未及帝之渡江也。乃五

① 此语出自《晋书·王湛附王述传》："初，桓温平洛阳，议欲迁都，朝廷忧惧，将遣侍中止之。述曰：'温欲以虚声威朝廷，非事实也。但从之，自无所至。'事果不行。又议欲移洛阳钟虡，述曰：'永嘉不竞，暂都江左。方当荡平区宇，旋转旧京。若其不耳，宜改迁园陵。不应先事钟虡。'温竟无以夺之。"

百二十六年真人之应在于此矣。”其二:“帝初镇建业,郭璞为王导参军,导令璞筮之遇咸之井,璞曰:东北郡县有武名者当出铎以著受命之符,西南郡县有阳名者井当沸,其后晋陵武进县人于田中得铜铎五枚,柄口皆有龙虎形,又有将雏诸雀集其前,皆驱去复还,至于再三。……璞曰:盖王者之作必有灵符,塞天人之心与神物合契,然后可以言受命矣。”这些都是当时天命观的反映。

东晋君主在思想上也有天命观念,史云晋“诏草既成,送呈天子使书之,天子即便操笔,谓左右曰:‘桓玄之时,天命已改,重为刘公所延,将二十载。今日之事,本所甘心。”(《宋书·武帝纪中》)南朝自刘宋起,皇朝更替之时,帝王均打着应天受命的旗号以示正统传授。同卷刘裕即位告天策说:

> 皇帝臣裕,敢用玄牡,昭告皇天后帝。晋帝以卜世告终,历数有归,钦若景运,以命于裕。夫树君宰世,天下为公,德充帝王,乐推攸集。……晋自东迁,四维不振,宰辅焉依,为日已久。……裕虽地非齐、晋,众无一旅……及危而能持,颠而能扶,奸宄具歼,僭伪必灭。诚兴废有期,否终有数……正朔所暨,咸服声教。至乃三灵垂象,山川告祥,人神协祉,岁月滋著。是以群公卿士,亿兆夷人,佥曰皇灵降鉴于上,晋朝款诚于下,天命不可以久淹,宸极不可以暂旷。遂逼群议,恭兹大礼。

刘裕此告天策通篇透露出应天受命的意味,也是以“兴废有期,否终有数”作为宋受晋禅的天人学理论依据。

1.2 建康都城形制

1.2.1 建康城的历史回顾

1.2.1.1 建康历代行政建置与辖郡辖县

建康城历史悠久,在东晋以前的行政建制可追溯到春秋时期。春秋时吴国在今南京郊县六合与高淳境内分别设有棠邑与濑渚邑，是当时县一级的行政设置[①]。“越灭吴，将图楚称伯[霸]江淮，乃筑(城)于金陵长干里，以强威势。城周二里八十步，在今聚宝门外长干里，俗呼越台。即范蠡所筑越城”[②]。

秦代在金陵故地设有秣陵、丹阳与江乘三县。其县治分别在今江宁县秣陵关、江宁县小丹阳与今栖霞山附近。它们并属鄣郡[③]，鄣郡今(指清代)浙江湖州府安吉县西北。

汉代高祖时封韩信为楚王，建康为楚国辖地。后属刘贾封国荆国、辖三郡：东阳、鄣、吴郡等，五十三县。后属于吴王濞封地，治沛。景帝时属于江都。七国之乱后封江都王非，治故吴国封地。武帝元朔初析江都为丹杨、湖熟、秣陵三侯国。元狩元年置丹杨郡，建康改属丹杨郡。蒋赞初认为三县在秦并属会稽郡管辖。两汉时上述四县仍然保留，另加设湖熟县(治所在今江宁县湖熟镇)，其中秣陵、丹阳、江乘、湖熟四县皆属扬州刺史部丹阳郡(郡治在今安徽省宣城市)管辖[④]，堂邑县则属东海郡管辖。

孙吴时建康为首都，时称建邺其后改名建业、建康等，作为特殊行政区的同时它也是扬州刺史驻地与丹阳郡的共同治所。西晋时的扬州刺史驻地与丹阳郡治亦在建邺。三个地位、等级不同的行政建制单位集中于一个城市，这是具有中国特色的层级式、复合式行政管理特色。扬州刺史，又称“下都”、“神州赤县”等。扬州刺史府治驻西州城，同时又是都督扬州诸军事的都督府驻地。城南边设置丹阳郡治所，郡下设置七县，郡守改称丹阳尹；其中建康、丹阳为“京邑二县”，地位超过其他县。

而孙吴时的建业只有两县，即建业县、丹阳县，和两个典农

---

① 蒋赞初《南京历史地名沿革简况》，《南京史志》，1993(3)：19。

② (明)陈沂《金陵古今图考》之《吴越楚地图考》。

③ 叶楚伧，柳诒徵，王焕镳《首都志》下《沿革》卷一，南京，正中书局，1935：3。

④ 蒋赞初《南京历史地名沿革简况》，《南京史志》，1993(3)：19。

都尉，它们是湖熟典农都尉、江乘典农都尉，专门负责农业生产与分配，这应是沿袭两汉旧制。孙吴末期的建制又变为，“分会稽为东阳郡，分吴、丹杨为吴兴郡。”①

西晋灭吴，建业降为地方性城市，扬州刺史驻地。属县有建邺县（后改为建康县）、秣陵县、江宁县（先称临江县）、丹阳县、湖熟县、江乘县、堂邑县等。共七县。《晋书》卷十九《地理志下》记西晋时的“扬州”：统十八郡，丹杨、吴、吴兴等。丹杨郡治所在建邺。而丹杨郡沿革如下，汉置，孙吴改秣陵为建业。江宁，太康二年分建业置。太康三年，分秦淮水北为建邺，水南为秣陵县。东晋改丹杨太守为尹。扬州统十一郡，丹杨、吴、吴兴、新安、东阳、临海、永嘉、宣城、义兴、晋陵、会稽等。西晋末置义兴，毗陵改为晋陵，永嘉郡为东晋置。东晋沿用西晋的部分郡名，只有永嘉郡为新置。东晋时又侨置不少郡县。侨郡如琅琊、东海、东平、兰陵、魏、广川、高阳、堂邑等，怀德（宋改为费县）、侨县如临沂、肥乡、元城、广川、北新城、博陆、堂邑等。

建康所在的丹阳郡辖县数目正史与各代考证之书的记载不同，有五六个、十一二个、数十个差别，最多的以清代洪亮吉考订出的九十三个。下面对其管辖下的重要县名简介之。

实郡县有四：

丹阳郡：西汉置，元狩二年（元前 121 年）改鄣郡，治宛陵（今安徽宣州）。孙权于公元 221 年徙治建业。西晋太康中筑城为治所，约在今南京市武定桥东南，东晋不改。

① 《三国志》卷四十八《吴书·孙皓传》宝鼎元年事裴氏注：“皓诏曰：‘古者分土建国，所以褒赏贤能，广树藩屏。秦毁五等为三十六郡，汉室初兴，闿立乃至百王，因事制宜，盖无常数也。今吴郡阳羡、永安、余杭、临水及丹杨故缗、安吉、原乡、于潜诸县，地势水流之便，悉注乌程，既宜立郡以镇山越，且以藩卫明陵，奉承大祭，不亦可乎。其亟分此九县为吴兴郡，治乌程。’”

建康县:西晋建兴元年(公元 313 年)改建邺县置。原治都城宣阳门内御道东(约在今南京市淮海路北)。东晋咸和六年(公元 331 年)徙治宣阳门外御道西建初寺路东(《晋书·成帝纪》)。南朝延旧,隋省并入江宁县。

秣陵县:秦置,治今江宁县秣陵镇,属鄣郡。两汉改属丹阳郡。东汉建安十六年(公元 211 年)改名建业,治今南京市朝天宫附近。西晋太康元年(公元 280 年)复置,三年(公元 282 年)还秦汉旧治。东晋义熙元年(公元 405 年)徙治淮水南斗场;元熙元年(公元 419 年)再徙治宫城南八里小长干巷内扬州禁防参军故地,约在今南京市中华门外西侧。隋省入江宁县。

江乘县:秦置,属鄣郡。两汉改属丹阳郡。三国吴省为典农都尉。西晋太康元年(公元 280 年)复置。东晋成帝咸康元年(公元 335 年)改属琅琊郡,南朝宋改琅琊郡为南琅琊郡,旧治句容县北六十里。今南京栖霞山东南有江乘村,方位与文献记载基本相符,疑是古江乘县治所在。

侨县有二:

怀德县:东晋大兴三年(公元 320 年)置,为江左最早的侨县。南渡后,琅琊国人在建康者达千余户。故立此县,比之西汉新丰。始属丹阳郡,后属琅琊郡,无实土,侨治宫城南七里建初寺路东,约在今市秦淮河北岸中华路。刘宋改为费县。

临沂县:西汉置,属东海郡。东汉改属琅琊郡。旧治在今山东费县东。东晋咸康元年(公元 335 年)析江乘县地侨置,属琅琊郡。《太平寰宇记》卷九〇:"临沂县城在(上元)县西北(应为东北)三十里,在临沂山西北,临大江。"《景定建康志》卷一五:临沂"分江乘西界侨置……今上元县长宁乡摄山之西白常村盖其地。"据此,可以断定江乘县、临沂二县的大致位置。即栖霞山东南应为江乘县,西应为临沂县。

东晋建康行政建制特色:

1) 东晋行政制度沿袭西晋制度,见《晋书·职官志》:"县皆置方略吏四人。洛阳县置六部尉。江左以后，建康亦置六部尉，余大县置二人，次县、小县各一人。鄴、长安置吏如三千户以上之制。”

2）东晋侨置的琅琊郡本为秦汉旧郡，属徐州，西晋时为司马睿父亲的琅琊王国封地。永嘉之乱后，大批琅琊国人随司马睿过江，遂于江左侨置此郡。此郡初并无实土，东晋成帝咸康元年桓温领郡，求割江乘县境立郡。故与他郡不同，尚有部分实土分布于城北临江一带。

都城地界的侨置郡县反映流民的来源与数量，其分布反映了城市的人口地域构成，随着郊区人口的增多也不断改变着城市整体的空间形态，郊向着城的四处扩张，以此也塑造着新的城与郭(郊)关系。而且，大批移民的到来对这个新兴的移民都会的管理问题也提出新的要求，东晋初在城乡地区普遍实行的土断就是基于这一流动人口大潮来此之现实。

下面再看建康城区的重要城垒。

在战国时期，南方的诸侯国在先后崛起称霸的过程中开始了对这一地带的经营。这三国指吴、越、楚三国，它们先后在这块山地平原上角逐，建立了军事据点，并屡次引起争夺战。几个重要城垒：

(1) 越城

周元王三年(前473年)，越灭吴，尽得江南之地。次年，越王勾践命大夫范蠡于新占领的金陵濒江临淮之地筑城，作为攻防楚国、进而争霸中原的重要屯兵据点。此城即为越城，因系范蠡所筑，又名范蠡城，俗称为越台。《景定建康志》卷二十《城阙志一·古城郭·古越城》引《金陵故事》云：“周元王四年，范蠡佐越灭吴，欲图伯中国，立城于金陵，以强威势。”越城是今南京主城区有明确记载的最早的古城，一般所称的南京建城史即从越城始筑之年起算。越城又先后属楚、秦、汉。据宋元旧志引《郡国志》载，“汉景帝前元三年(前154)二月，吴王刘濞叛乱兵败之后，曾退保越城，后走丹徒。越城因扼淮控江，形势恃重，直至六朝仍为攻守城南之重要堡垒，具有极重要的军事地位。史称越而楚，楚而秦，秦而汉，汉而吴、晋、宋、齐、梁、陈，攻守于此者，西则石头，南则越城，皆智者之所必据。”表明在汉代它依然是建康都城南面的重要军事堡垒。

越城之规模，郑樵所撰《通志》引唐代《图经》皆云“城周回二里八十步，在秣陵长干里，今江宁县尉廨后，遗址犹存”。很显然，在宋代，越城部分遗址犹存。因越城一直沿用至六朝，故颇疑《图经》中关于越城周长之记载源自六朝。以六朝度量标准：300 步为一里，6 尺为一步，一尺为 0.243 米来换算(以后均按此计算，不再说明)①，越城周长约合今 991.44 米，不到 1 千米，可见其规模很小，这与越城属军事城堡的性质是吻合的②。

越城之位置，史料记载不完全相同。《建康实录》卷一载：“越王筑城江上镇，今淮水(南)一里半废越城是也。案越范蠡所筑。城东南角近故城望国门桥，西北即吴牙门将军陆机宅。故机入晋，作《怀旧赋》曰：‘望东城之纡余。’即此城。在三井冈东南一里，今瓦棺寺阁，在冈东偏也。”《六朝事迹编类》卷三《城阙门・越城》：“今南门外有越台，与天禧寺相对。见作军寨处是也。”《景定建康志》卷二十《城阙志一・古城郭・古越城》引《宫苑记》云：“在瓦棺寺东南，国门桥西北。”又引《图经》云：“在秣陵

---

① 吴承洛《中国度量衡史》，上海：上海书店，1984。秦代和西汉的 1 尺，相当于 23.65 厘米；东汉的 1 尺，相当于 23.04 厘米；魏和西晋的 1 尺，相当于 24.12 厘米；东晋 1 尺相当于 24.45 厘米；唐、五代和明代的 1 尺，相当于 30.10 厘米；宋、元的 1 尺，相当于 30.72 厘米；清代 1 尺，相当于 32.00 厘米。总的说来，从周秦开始，尺标准制越来越长。

② 与同时期的吴固城比较，固城规模见《六朝事迹编类》引《图经》：“春秋时的吴固城在溧水县西南九十里。高一丈五尺。罗城周回七里二百三十步。子城一里九十步。”其罗城周长约合今 2376.540 米，即 2 千米多；其高度，约 3.65 米。这罗城在当时应该不为小，加之还有子城，足见其形制完备。

县长干里”，认为城在“今江宁县尉廨后，遗址犹存，俗呼为越台。”卷五《建康图·越台辨》亦云：“《金陵事迹》云南门外有越台，与天禧寺相对，今府城之南江宁尉廨之后，军寨之间，台犹存也。”《太平寰宇记》卷九十《江南东道二·昇州》则云在“今瓦棺寺东南，国门桥西北。”《至正金陵新志》卷十二《古迹志·城阙官署·古越城》：“今（南门外）江宁县廨后遗址犹存，俗呼为越台。”明代陈沂《金陵古今图考》“吴越楚地图考”：“城周二里八十步，在今聚宝门外长干里，俗呼越台。即范蠡所筑越城。”[①]因此，关于越城位置观点主要有两种：一种观点以《建康实录》和《宫苑记》为代表，认为越城在今城西南瓦棺寺东南，望国门桥西北；一种观点以宋元诸方志为代表，认为越城在宋建康府城南门（明代京城南门聚宝门）外，与天禧寺相对。其城池在南宋还被用作军寨，明代仍存其址。清代余宾硕《金陵览古》犹记：“出大报恩寺，复由长干里……从此西行，可三百步，至越王城。城中有台。土人呼为越台。”越台直到民国时期遗址犹存，朱偰认为：“今中华门外长干里，俗呼越台，即其地。”笔者认同后一种观点，即越城应该在今天的中华门（原聚宝门）与雨花台之间，具体说来，在今天的长干桥西南一带。

（2）金陵邑

周显王三十六年（前333年），楚威王大败越国，尽取越国之地，为“私吴越之富，擅江海之利”，控制新占领的边地，乃于滨江临淮之要地置金陵邑，并筑城为治。秦始皇二十四年，秦灭楚国，金陵邑城又属秦管辖。秦始皇三十七年，复改金陵邑为秣陵县，此城池可能即毁于移治之时。

金陵邑是今南京主城区最早的行政建置，也是南京又称“金陵”之由来。金陵之得名，其说有二。《景定建康志》卷五《建康图·辨金陵》云：“楚威王时以其地有王气，埋金以镇之，故曰金

---

① （明）陈沂《金陵古今图考》，南京：南京出版社，2006。

陵。又曰地接金坛，其山产金，故名。于是因山立号，置金陵邑。”《建康实录》卷一亦云楚置金陵邑是“因山立号”，“地接华阳金坛之陵，故号金陵。”按南京及其近邻铜陵、南陵等地自古山多产铜，铜即赤金，故金陵之得名也有可能是因其地产金的缘故。

金陵邑城位置、规模，旧志皆称孙吴以其地筑石头城，在石头山清凉寺之西，城周七里一百步，辟有三门。又明代陈沂《金陵古今图考》“吴越楚地图考”云：“今石城门北冈垄削绝，皆（金陵邑）城故区。”但实际上这是孙吴新筑石头城之规模、形制。李蔚然近年著文认为楚金陵邑城可能在孙吴冶城故址，即今朝天宫一带[①]。其立论依据是《世说新语》卷二十六《轻诋》注引《丹阳记》的一条记载：“丹阳冶城，去宫三里，吴时鼓铸之所，吴平，犹不废。”又云“‘孙权筑冶城，为鼓铸之所。’既立石头大坞，不容近立此小城，当是徙县治，空城而置冶尔。冶城疑是金陵本治。汉高六年，令天下县邑，秣陵不应独无。”由于《丹阳记》的作者山谦之生活于晋宋之间，故书中记述应该比较可信。孙权“徙县治空城而置冶”，即指汉高祖六年所立的秣陵县治，而秣陵县治的前身又是金陵邑城。

（3）丹杨郡城

秦时把这片冲积平原上的一个设防军镇定为郡治，称鄣。成为统一的秦帝国36个郡级行政辖区之一。汉朝继续在这里筑城，丹杨郡城至东晋初时还保存着[②]。丹杨郡城下置丹阳县（侯国）城。秦始皇三十七年（前210年），秦始皇第五次出巡时，过丹阳前往浙江，乃析置丹阳县。汉初仍设丹阳县。汉武帝元朔元年（前128年）二月，封江都王刘非之子刘敢为丹阳侯，丹阳县始为丹阳侯国。元狩元年（前122年），刘敢死，无后，国除，复

---

① 李蔚然《楚金陵邑治所辩》，《南京晓庄学院学报》，2000(3)：6－9。

② （明）陈沂《金陵古今图考》，《南京稀见文献丛刊》，南京：南京出版社，2006。

为丹阳县。丹阳故城所在，据元代《至正金陵新志》卷四《疆域志》引宋《庆元志》：其在小丹阳道旁，又云“据吴、晋史所载，则今城南六十里，到金陵镇。由金陵镇南三十里与太平当涂接界，有市井宛然古治所，其地名丹阳，或呼小丹阳，即其地也”。笔者认为秦汉丹阳故城在今苏皖交界处的小丹阳镇。其地址也为当代考古成果所证①。丹阳县至秦改为秣陵县，又置丹阳、江乘二县，并属鄣郡②。事实上，丹阳郡的辖境在东晋南朝以前范围极大。

(4) 秣陵县(侯国)城

秦始皇三十七年，秦始皇东巡，过金陵。《建康实录》卷一载其时有，“望气者云：‘五百年后金陵有天子气。’因凿钟阜，断金陵长陇以通流，至今呼为秦淮。乃改金陵邑为秣陵县。”所谓金陵“天子气”及秦淮得名的传说，当是后人的附会之言，但秦始皇贬损金陵的地位，改称秣陵却是事实。汉初沿袭秦制，设秣陵县不改。汉武帝元朔元年(前 128 年)正月，封江都王刘非之子刘缠为秣陵侯，始为秣陵侯国。元鼎四年(前 113 年)，刘缠死，无后，国除，复为秣陵县。

秣陵县城的具体位置，《建康实录》卷一云：“秦之秣陵县城，即在今县城东南六十里，秣陵桥东北故城是也。”认为秦时县治已由控扼江险的金陵邑城迁往秦淮河中游的今江宁区秣陵镇。《景定建康志》和《至正金陵新志》与此记载近同。《太平寰宇纪》卷九十《江南东道二·昇州》亦记：“故秣陵县城在县南五十里秣陵桥东北。”明代陈沂《金陵古今图考》之“秦秣陵县图考”也认为在“城东南六十里秣陵浦处，今秣陵镇即其地”。

现在一般认为汉代秣陵城继续沿用秦代县治，仍在今江

---

① 一丁《江宁小丹阳镇发现古代遗址》，《东南文化》，1988(Z1)。

② 叶楚伧，柳诒徵，王焕镳《首都志》卷一《沿革》，南京：正中书局，1935:3。

宁区秣陵镇。今秣陵镇虽未见城址踪迹，但相传过去秣陵镇四周有护城河，还有“秣陵关”、“司门桥”等与城址相关的地名。但也有专家推测汉代秣陵县城有可能因袭了金陵邑城，在今南京城西南冶城故址。上述二说在未得到考古发现证实之前，实难断定何者为是。不过，据《宋书》卷三十五《州郡志一》记载，东晋安帝义熙九年（公元413年），秣陵县治移徙京邑斗场。此前，“（秣陵）本治去京邑六十里，今故治村是也。”这一点应该是无疑的。

（5）冶城

现存最早记载冶城的文献为南朝宋山谦之《丹阳记》，稍后有南朝齐刘澄之《扬州记》，两书原本早已失传，有关文字散载于《世说新语》刘孝标注曰：“《丹阳记》曰：‘丹阳冶城，去宫三里，吴时鼓铸之所。吴平，犹不废。’”又云：“‘孙权筑冶城，为鼓铸之所。’既立石头大坞，不容近立此小城，当是徙县治，空城而置冶尔。冶城疑是金陵本治。汉高六年，令天下县邑[城]，秣陵不应独无。”[①]案汉高帝六年（前201年）冬十月，“令天下县邑城”。唐人颜师古注云：“县之与邑，皆令筑城。”秣陵县也无例外地应诏筑城，城址很可能就在冶山。刘孝标又别引南朝齐刘澄之《扬州记》：“冶城，吴时鼓铸之所，吴平犹不废，王茂弘（导）所治也。”《世说新语注》所引南朝宋山谦之《丹阳记》，明白无疑地记述冶城为吴王孙权所设置。故冶城应以三国吴王孙权所立为确。

另，明代陈沂《金陵古今图考》：“金陵在春秋时本吴地，未有城邑。惟石头东有冶城。传云，夫差冶铸于此。即今朝天

---

① 据宋王应麟《困学纪闻》：“冶城疑是金陵本治”，语出《周公城录》，亦名《周公城名录》。宋郑樵《通志·艺文略》著录有《周公城名录》一卷。清王谟《汉唐地理书钞》云：“此出自晋以后世尝著录，盖必因周公营建洛邑，作城土中，而后人依托为之者也。”

宫地。"陈沂所谓"夫差冶铸于此",以后的清代陈文述《金陵历代名胜志》、近人朱偰《金陵古迹图考》等皆如是说。此说有误,今人已考辨清楚,从略[①]。

上述五个城垒是建康城区早期的城市雏形,它们的地望和城垒形制是我们考察建康城市史的重要地理参照点和历史城迹。而接下来的建康城制研究也会不断地重复到上述这些曾经出现后消失,或一直保存到东晋的重要的城迹地理坐标点,这也是东晋将继承的城市历史遗产。

1.2.1.2　东晋建康都城建设分期

城建与规划受制于国力强弱大小,二者存在互动关系。政治权力的阶段变化对城市建设及内部空间的影响甚大。根据东晋一朝的政治格局,本书把东晋分为前中后三期。前期指元、明二帝时期,中期指成帝简文帝时期,历六帝,后期指孝武帝时期,末期指安、恭帝二帝时期[②]。

东晋初之城建粗简,中期东晋转强,北伐不断,后期由于前秦统一北方,北强南弱趋势甚明。城市建设也以后期的三帝时期变化最大,孝武帝时皇权上升政治巨变,君臣相安,城市建设一派繁荣景象,谢安为相,大兴宫室。末期的安帝、恭帝处于晋宋之际的政治巨变,城建变化更大,但与此前的原因不同。后期刘裕以军事起家,加之北伐时机较好,疆土有所扩大,宋初文帝时的城建继续沿着晋末的变化。以疆域广狭观之,东晋 104 年间"其蹙境也,始于咸和,甚于宁康,再甚于隆安;其拓疆也,肇于永和,再振于太元,大启于义熙。其朝南暮北,旋有旋亡者,虽巧

---

① 周建国《冶城为吴王夫差所筑考辨》,《江苏地方志》,2001(3):40-41。

② 孝武、安、恭帝也可分为东晋最后一个阶段,即东晋后期,但从建康都城建设角度看,其中又有变化。

术不能算也”[①]。大略而论，则北抵淮南、江北，西有巴蜀、南中，东及东海，南达南海，兼有交趾。

建康城建阶段变化可分作如下三期：

一、前期。元、明二帝小有兴作。因陋就简，宫室不治。

二、中期。中期国力相对恢复与第一次城建开始，成帝初王导执政，开始筑宫、修城。虽然大臣议论国力仍忧心忡忡，如《晋书》卷八三《江逌传》记穆帝升平中“将修后池，起阁道”，江逌上疏曰：“臣闻王者处万乘之极，享富有之大，必显明制度以表崇高，盛其文物以殊贵贱。建灵台，浚辟雍，立宫馆，设苑囿，所以弘于皇之尊，彰临下之义。前圣创其礼，后代遵其矩，当代之君咸营斯事。……今者二虏未殄，神州荒芜，举江左之众，经略艰难，漕扬越之粟，北馈河洛，兵不获戢，运戍悠远，仓库内罄，百姓力竭。加春夏以来，水旱为害，远近之收普减常年，财伤人困，大役未已，军国之用无所取给。”在这种国力下大搞都城建设招致大臣的反对是必然的，但宫室修建仍在继续。

三、后期。国力大盛与掀起城建高潮：东晋国力在淝水之战后最盛。孝武帝时谢安大修宫室。到末期刘裕霸府时期国力增强，也是皇权重振的过程。这种由于晋宋革代引发的城建与历史上的城建原因不同，建康城制因发起者身份的不同也发生巨变。都城建设在晋宋之际也得到加强，表现为：（一）宫城的城门数量增多；（二）除宫城之外，在改造旧城垒的基础上子城数量增多；（三）城防兵力——“台兵”的数量和地位上升，并取代了地方州郡兵力。预示了皇权重振。

总之，东晋的政治形势与立国规模影响都城的规模和结构。比如侨置郡县，大批流民分布在郭区、远郊区，人口构成复杂；城小郭大，城在郭的围合之中。而且，由于地方势重、强干弱枝政策在建康实施不力，是影响城市内部空间结构的深层次原因

---

① （清）洪亮吉《东晋疆域志》序。《丛书集成》，1960 补印本。

之一。

1.2.2 东晋建康都城形制

1.2.2.1 建康都城形制研究综述

由于本领域日本学者的研究成果的借鉴意义较大，先择重介绍几位日本学者的研究成果[①]。

冈崎文夫《六代帝邑考略》（见《南北朝的社会经济制度》，弘文堂，1935），详细地分析叙述了建康的历史、地理环境和首都建康的总体情况。他探讨了建设在南京台地的几个城郭，叙述了宫城、石头城、东府城在建康防守上的重要性，另外他还述及了白下、新亭在战术上的重要作用。他还引述赵翼的论点，认为将首都选在建康，是孙氏与北方强族和南方土著妥协的结果，所以选择了在历史上并不出名的地区建都。

秋山日出雄《南朝都城建康复原序说》（见《橿原考古学研究所论集》，1984）依据大比例尺地图和南唐金陵城，推测都城在东晋时期向南方、在刘宋时期向北方扩展。另外依据国门、篱门以及附近被发掘的墓葬的位置等，认为建康外郭城受到长江、玄武湖、中山、雨花台等自然地形的制约，应该被建设在石头、倪塘、石子冈、庄山这个范围以内。他还以此复原方案为前提，认为建康和北魏洛阳两城中的宫殿区都偏北，这是两城的类似之处，因此可以认为北魏洛阳是模仿建康的规划建设的。另外，北魏的平城和东魏的邺城在建设时也参考了建康的规划。

中村圭尔也发表了一系列论文[②]。他主要叙述了建康的水路不仅在首都圈内的商贸流通中发挥了巨大的作用，而且这些水路沟通建康和三吴地区，其作用是十分重要的。同时在这些

---

① 参考（日）中村圭尔《日本魏晋南北朝城市研究史》，原载陈力译《中日古代城市研究》，北京：中国社会科学出版社，2004。

② （日）中村圭尔《建康与水运》，载于《中国水利史论集》，1984；《建康与三吴地区》，载《中国的城市和农村》，1992。

论文中还指出消费地建康和生产地三吴之间构成了特殊的经济关系。这些论述虽然没有直接涉及建康城本身,但是强调了建康不仅在形态上,同时在地区经济效果方面也和华北地区的都城有很多不同。他在另一篇文中指出:建康都城和宫城共有北城墙,东宫向东面伸出。此说不确。他并通过建康水路的复原,指出建康都城位于被潮沟、运渎、青溪三水路包围的地域中①。

外村中发表了被称为更加详细研究建康的形态和内部构造的论文。他首先从都城门、宫城门、外郭的规模、城内区域的划分、南北主要道路、市场、外郭内的居住区、都城的规模、都城内的居住区、宫城的规模等方面对长安和建康的形态进行了比较②。他的长安研究主要依据《长安志》中的记载,分析建康时主要使用了《建康实录》、《景定建康志》、《金陵记》、《宫苑记》等古文献。外村中认为两者之间有七处不同。一是长安有比较坚固的外郭城而建康没有;二是长安外郭内规划整齐,建康与此不同;三是长安有一条作为南北轴线的大道,建康除了有一条主轴,还有与此平行的另一条主要道路;四是长安外郭内有以南北轴线对称分布的东西两市,而建康的市场散布于外郭城内;五是长安北壁外有禁苑,没有规划外郭居住区,而在建康,都城的北墙外有外郭住宅区;六是在长安城内的官署分布区中没有居住区,而建康内的官署之间有居住区;七是长安的宫城在都城内北部,都城的北墙与宫城的北墙相接,而建康的宫城在都城的中部,都城北墙与宫城北墙不相接等。

日本学者细腻、严谨的研究态度值得我们学习,他们已经取得的研究成果是本书研究的重要参照。

---

① (日)中村圭尔《关于建康的"都城"》,《中国都市的历史学研究》,1988。

② (日)外村中《六朝建康都城宫城考》,收入田中淡编《中国技术史研究》,京都:京都大学人文科学研究所,1998。

建康成为4—6世纪汉族文化圈的中心城市，其城市体制渊源：一是源于中原魏晋洛阳都城制度，二是源于孙吴故地留下的城建遗产和营造经验。它与这两者的关系如何，值得我们深入探讨。

1.2.2.2　建康都城形制

建康都城之制有几种说法：一种建康为内城说。杨宽认为建康的都城应为内城，与外皇城、外郭相对，是都城的最内层、占地面积最小[①]。另一种为建康无大城说。潘谷西认为东晋"都城"指皇宫所在的"城"，即宫城；在都城周东西各十余里，南至秦淮河以南的广阔地域内，则是衙署、军营、街市、庙宇和官员别墅分布区，是它的"郭"区[②]。笔者认为宫城、都城有明显区别，且以六门体系为断。见后文六门相关内容。理由是：一，都城比宫城空间大，官署在都城内。二，由于六门都城空间小，把大量的居住区放在六门都城外，与国力有关。三，宗庙、社稷放在六门都城外。谭其骧先生认为：在古代，"城"和"郭"是两个不同的概念：城，是指以城墙为界的城。城中以国君的宫室为主体；郭则是一般居民的居住区。所谓"筑城以卫君，造郭以守民"，指的就是这两种不同的区划。如南朝梁武帝时的建康是"东至倪塘，西至石头，南至石子岗，北过蒋山"，东西南北各四十里，这么一个范围内的建康城既不同于隋唐以后的长安、洛阳，也不同于明代的南京城，用当代的城市空间发展概念，称为"大建康"或许比较合适。谭其骧认为东晋南朝时的建康没有大城[③]。建康既无大城，则通常所说的都城实为子城，即宫城所在的都城内部地区。

东晋实行一宫制，简化了汉多宫制行政空间，直接继承了魏

① 杨宽《中国古代都城制度史研究》上编十二《东吴都城建业和东晋南朝都城建康》，上海：上海古籍出版社，1985：159。

② 潘谷西《南京的建筑》，南京：南京出版社，1998：5。

③ 谭其骧《古都研究如何深入》，《南京史志》，1985(1)：12－14。

晋洛阳城制。诸如平面呈规整矩形城，坐北朝南，城门六座等。

1.2.2.3 都城城制比较

东晋初主要因袭孙吴都城旧制，直至成帝咸和五年(公元330年)营吴苑城为新宫，其作为江南都城的城市体制才再次确立。而且，建康都城是逐渐扩大的。这一过程历时东晋、南朝。而东晋正处于开创城制的初期。刘宋时再次发展，至梁则达到城建的全盛时期。因此，东晋时期的建康城市形态自有特色。

东晋建康都城的大小与孙吴时的建邺城大小大致相同：《建康实录》"建业都城周二十里十九步"①。即今周长约8775.702米。

与稍前的孙吴国旧都武昌比较：魏黄初元年(公元220年)，孙权始都武昌，在今湖北鄂城县以东一带。俗称"吴王城"。城略作方形，边长0.75千米，南壁和东壁的南段保存较好，城基宽十余米，残存最高处达4米。城内北部原似建有子城，为孙吴武昌宫所在，城西有郭城遗迹，城南发现有古代冶铁遗址。

建康与江南的吴城比较：

春秋时吴国的都城吴、阖闾大城(今苏州)，其规模据成书于东汉明、章帝之间(公元60—70年左右)的《吴越春秋·阖闾内传》(凤凰出版社，1999)记，阖闾元年(前514年)，吴王举伍子胥为"行人"(负责朝觐聘问的官名)，接受伍子胥的"立城郭，设守备，实仓廪，治兵库"的建议，并委派伍子胥建大城："子胥乃使相土尝水，象天法地，建筑大城，周围四十七里，陆门八，以象天八风。水门八，以法地八聪。筑小城，周十里，陆门三。"此"相土尝水"，"象天法地"的方法被后世沿用，成为城市规划的重要思想之一。其大城周长四十七里。

---

① (唐)许嵩，张忱石点校《建康实录》卷二《吴上·太祖下》，北京：中华书局，1986。《建康实录》卷七引顾野王《舆地志》："都城周二十里十九步，本吴旧址，晋江左所筑，但有宣阳门。……"

又据东汉袁康《越绝书》卷二《越绝外传记·吴地传第三》:

> 吴大城,周四十七里二百一十步二尺。陆门八,其二有楼。水门八。南面十里四十二步五尺,西面七里百一十二步三尺,北面八里二百二十六步三尺,东面十一里七十九步一尺。阖庐所造也。吴郭周六十八里六十步。
>
> 吴小城,周十二里。其下广二丈七尺,高四丈七尺。门三,皆有楼,其二增水门二,其一有楼,一增柴路。[1]

吴城分大小城两重,大城外还有郭城。据吴承洛《中国度量衡史》中提出的长度数据是西周以八尺为一步,秦代以六尺为一步,至唐代改为六尺为一步。西周1尺长23.1厘米,秦代1尺长27.65厘米[2]。秦始皇明文规定"数以六为纪"、"度以六为名"等,此制在秦始皇称帝前已存在,并非在秦统一后才于一朝一夕间始有。秦统一至汉,此尺长制仍继续通行。不管按周制、秦制或汉制,吴国苏州城的规模都比东晋建康城的大一倍多。而且,秦统一后,在全国实行毁坏郡城、县城及统一规定城制,见《越绝书》卷二《越绝外传记·吴地传》:"秦始皇帝三十七年,坏诸侯郡县城。"[3]秦代此举对国内已经发展起来的众多地方性城市的打击是毁灭性的,有鉴于此,故才有后来汉高祖刘邦下令修

---

① 东汉袁康著,张仲清校注《越绝书校注》,北京:北京图书馆出版社,2009.学界一般认为此书成书于东汉建武二十六年(公元50年)。

② 吴承洛《中国度量衡史》,上海:上海书店,1984.另,秦代1尺有23.1厘米,称为小尺。

③ 《史记》卷六《秦始皇本纪》:"三十二年,始皇之碣石,使燕人卢生求羡门、高誓。刻碣石门。坏城郭,决通堤防。"即毁坼关东诸侯旧城郭。秦始皇虽下令毁坏地方城郭,但汉代又兴建了郡县城郭。《宋书》卷三十四《五行志五》:"孝武帝大明六年七月甲申,地震,有声自河北来,鲁郡山摇地动,彭城女墙四百八十丈坠落,屋室倾倒,兖州地裂泉涌,二年不已。其后虏主死,兖州刺史夏侯祖权卒。"彭城为宋之地方郡城,北境第一重镇。

复郡县之举。前文已揭,此略。

建康都城繁荣再现:宋元嘉七年(公元430年),来朝见刘宋皇帝的诃罗陁国(今爪哇岛)使臣在所上表奏中这样盛赞建康城的壮丽:“城郭庄严,清净无秽,四衢交通,广博平坦。台殿罗列,状若众山,庄严微妙,犹如天宫。”[①]虽然不免溢美之词,但都城气象宏伟不虚。

下面试比较与东晋建康并存或前后相关的都城。

1. 西汉长安

东汉班固的《西都赋》说:“汉之西都,在于雍州,实曰长安。其宫室也,体象乎天地,经纬乎阴阳,据坤灵之正位,仿太紫之圆方。”汉长安城的北墙和南墙呈“北斗”[②]、“南斗”之势,既有迁就地势和宫墙的客观原因,也含有崇拜极星(北辰或称北极星)的主观因素。西汉长安城的规划存在中心不明确,分区失当,结构松弛,多宫制及宫室用地过多等缺点。长安城市规划研究成果已多,由于《周礼·考工记》晚出,长安都城的礼制特色没有后世都城明显。

2. 汉魏洛阳

自1950年代以来,考古学家对该城址进行了多次调查与发掘。王仲殊利用考古资料,对东汉洛阳城形制布局及其影响进行了综合研究,并绘制了复原图,是东汉洛阳考古的奠基之作[③]。杨宽较早地研究了东汉洛阳城的性质,认为东汉洛阳城的布局虽然与西汉长安城有明显的不同,但城的性质没有改变,

---

① 《宋书》卷九七《夷蛮传·诃罗陁国》。其他文献不见载。

② 受天人学观念影响,古代城市一般在正北方向(即平分城市的中轴线上)不开城门,以免阴气即煞气从北方径直侵入城内。见孙宗文《中国建筑与哲学》,南京:江苏科技出版社,2000:120。

③ 王仲殊《中国古代都城概说》,《考古》,1982(5):59-69。

依然属于内城性质[①]。姜波依据东汉洛阳礼制建筑考古资料，指出它的一个重要特点是目前已知将左祖右社纳入都城规划设计的最早实例[②]。张鸣华对东汉南宫的位置及其与北魏都城布局的关系进行了探讨[③]。曹胜高认为东汉洛阳城参考了《考工记》的营国思想，东汉将明堂、辟雍、灵台作为洛阳的三大标志性建筑即意味着东汉政治文化对礼乐教化的高度认同[④]。但洛阳城的规划无三朝制痕迹。

东汉首都洛阳规划与西汉长安规划的主要差别在于：

(1) 洛阳城的形制较汉长安规整，是东西较对称的长方形。

(2) 洛阳宫室较长安集中，两宫布置在全城中轴线上[⑤]。宫室占据全城的主要位置，有南北二宫，位于全城的中部地区。北宫在北部中央偏西地区，南宫在南部中央偏东地区，两宫相距 7 里，有复道相通，一说 7 里或为 1 里之误[⑥]。它继承了《周礼》营国制度传统的"择中立宫"之制和以宫城为中心、左祖右社的主

---

① 杨宽《中国古代都城制度史研究》前编第十三，上海：上海古籍出版社，1993。

② 姜波《汉唐都城礼制建筑研究》，北京：文物出版社，2003。

③ 张鸣华《东汉南宫考》，《中国史研究》，2004(2)。

④ 曹胜高《论东汉洛阳城的布局与营造思想——以班固等人的记述为中心》，《洛阳师范学院学报》，2005(6)：25－29。傅毅《洛都赋》："分画经纬，开正轨涂，序立兆庙，面朝后市。"经纬、轨涂、兆庙的序立、朝市的设置都是《周礼·考工记》营国制度的重要内容。傅毅这里借用《考工记》的术语，来形容洛阳的布局和规划。

⑤ 对于东汉洛阳是否由主轴线，学界有不同的看法，贺业钜认为洛阳有明显的主轴线，参见其《中国古代城市规划史》，438－439 页；杨宽认为东汉洛阳的中轴线的作用和布局，尚不显著，都城的中轴线布局形成于魏晋南北朝至隋唐期间，参见其《中国古代都城制度史》，188－189 页；俞伟超认为洛阳的"全城规划可能受到《考工记》的一定影响，已略具中轴线的味道。"参见其《中国古代都城规划的发展阶段性》，《文物》1985(2)。

⑥ 王仲殊《中国古代都城概说》，《考古》，1982(5)：59－69。

体规划结构。都城轴线以南宫正宫门—平城门—城外“三雍”为主轴线，北延伸到北宫，至于谷门之西[①]。与长安宫廷布局大不相同，也克服了长安主次不分，结构松弛的规划缺陷。

(3) 洛阳分区较长安明确，布局较合理，宫廷区居中轴线上，市、里坊分布在东、西。市不在宫北，分置大、小两市于城之东西，又于临洛水处设南市。三市的分布较长安集中九市于城北一隅合理得多，既照顾到与居民闾里的结合，也考虑了河运的实际要求。

(4) 东汉南宫由于历史较长，从秦、西汉、东汉一直沿用，正殿却非殿稍南，但大体位于南宫中心区域。新建的北宫，其正殿为德阳殿，诸殿罗列在其周围，也位于宫城中央。这和《考工记》宫城布局也有一定的对应关系。洛阳宫室占地比例较长安的小，有利于城市商品经济和城民的生活。

(5) 洛阳共十二城门，南有四门，由东向西依次为开阳门、平城门、小苑门和津门，其北门东为谷门，西为夏门，直通北宫。东门由北向南依次为上东门、中东门和耗门，西门由北向南依次为上西门、雍门和广阳门。蔡邕说：“平城门，正阳之门，与宫连，郊祀法驾所由从出，门之最尊者也。”以平城门为尊。

因此，东汉洛阳扩建规划较之汉长安更合理，更理性，其指导思想是易学五行思想。

魏晋洛阳城址目前不明，考古成果虽提供了一些信息，但尚不足以获取完整的城市信息。例如南宫遗址在今龙虎滩村西

---

① 谷门为洛阳城北面城门的中门，《后汉书》卷四十五《张俊传》“张俊者，蜀郡人，有才能，与兄龛并为尚书郎，年少励锋气。郎朱济、丁盛立行不修，俊欲举奏之，二人闻，恐，因郎陈重、雷义往请俊，俊不听，因共私赂侍史，使求俊短，得其私书与敞子，遂封上之，皆下狱，当死。俊自狱中占狱吏上书自讼，书奏而俊狱已报。廷尉将出谷门，临行刑，邓太后诏驰骑以减死论。”本注[三]谷门，洛阳城北面中门也。

北，这里地势隆起，当地民众称为“西岗”。其范围当被东西、南北向的四条大街所框定，应为南北长约1.3千米，东西宽约为1千米，面积约1.3平方千米。这是东汉初年的政治中心，光武帝就住在南宫却非殿。根据《永乐大典》和《元河南志》的记载，南宫有五排宫殿，位于全宫中轴线上的有却非殿、崇德殿、中德殿、千秋万岁殿和平朔殿，以崇德殿为正殿。另外，在中轴线两侧各有两排殿，约30余座，十分壮丽。南宫四面有门，以天文学中四方之神兽相称，即南为朱雀门，北为玄武门，东为苍龙门，西为白虎门。

汉明帝“永平三年，起北宫及诸官府”。北宫遗址位于今金南村南面高地上，呈长方形，地势高出附近4米左右，民众传为“金銮殿”处。位于中轴线上的大殿有温鎊殿、安福殿、和欢殿、德阳殿、宣明殿、平洪殿。另外，在中轴线两侧，还有殿观近20座，同样是一组庞大的宫殿建筑群。其四门名称与南宫相同。北宫经过大加修造后，宫殿雄伟，门阙高峻，气势磅礴。北宫的范围应为南北长约1.5千米，东西宽约1.2千米，面积约1.8平方千米，大于南宫。由于北宫占据有利地形，宏伟壮观，并接近太仓、武库和濯龙园，是自明帝以后的政治中心[①]。

今天较为清楚的是北魏时期作为首都的洛阳城址，它是在汉晋旧都洛阳的基础上加以改建的，具有军事化特色，整齐划一的街坊与道路体现了鲜卑民族浓厚的军事领导特色。西晋末年以来，洛阳长期遭受战争破坏，宫室被焚，孝文帝于太和十七年迁都洛阳后，视察前代城郭宫殿遗迹，于同年十月命司空穆亮，尚书李冲，将作大匠董爵营建洛阳宫室，以裴宜为采材副将，李综为营构将[②]。宣武帝景明二年，又从广阳王嘉议，筑洛阳三百二十坊。至此，北魏首都洛阳的规模大体完备。

---

① 阎文儒《洛阳汉魏隋唐城址勘察记》，《考古学报》，1955(9)。

② 《魏书·任城王传》、《魏书·李宝附子韶传》。

改建后的洛阳城，仍然是南北呈纵长方形的“九六城”。据《元河南志》记载，“今故洛阳城，即成周之城，旧址尚存。俗传东西六里，南北九里，亦曰九六城，与《帝王世纪》、《元康地道记》不异。”①

汉魏故城经中国科学院考古研究所洛阳工作队勘察，全城周长约 13 000 多米，约合 14 千米，与文献记载的数字基本相合②。孝文帝迁洛之始，宫室未就，暂住金墉城，为了出入方便，在金墉城南向西新开辟了承明门，使汉魏以来的洛阳城的十二个城门增加为十三个，从东面向南分别是：建春门，东阳门、青阳门，南门是开阳门，平昌门，宣阳门，津阳门，西门是西明门，西阳门，阊阖门，承明门，北面是大夏门，广莫门等。

借助当代考古学进展，洛阳研究也取得一些新的进展。例如，2001 年 11 月至 2002 年 6 月，中国社科院考古研究所对洛阳汉魏故城最重要的一座城门北魏宫城正门阊阖门进行了发掘。阊阖门坐落在宫城南墙北侧一个东西向的长方形夯土台基之上，门、阙的形制极为独特，这座门址极有可能就是曹魏初期新修洛阳宫时建造、至北魏一直沿用的宫城正门阊阖门。作为宫城正门，阊阖门独特的建筑结构与形制布局，与文献记载阊阖门外侧夹建巨阙以及其威仪重于防御的性质等有关，具有强烈的时代特征和礼仪特性。阊阖门是迄今考古发掘出的时代最早的都城宫城正门。阊阖门遗址在太极殿南 500 米处。城门地面台基东西长 44.5 米，南北宽 24.4 米，台基上的建筑由三门道、门道间的东西间墙和东西门道两侧的东西墩台组成。中门道面阔 6 米，东、西门道面阔 5.7 米。阊阖门、阙的基本规模与形制

---

① 《帝王世纪》：“城东西六里一十步，南北九里一百步”。《晋元康地道记》：“城南北九里七十步，东西六里十步。”

② 中国科学院考古研究所洛阳工作队《汉魏洛阳城初步勘察》，《考古》，1973(4)：4－14；《汉魏洛阳城南郊的灵台遗址》，《考古》，1978(1)：56－69、75－77。

是沿用魏晋时代就已经建造好的城门、阙基址面形成。

同时发现的阊阖门前的双阙门则是时代最早的阙门遗址[①]。北魏洛阳明显的汉制色彩，着意附会以汉族制度为核心的“正统”都城制度，意在表明其统治的合法性。因而，其都城在城市建设、城市规划等方面表现出了明显的汉文化特征。与此同时，由于根深蒂固的本民族文化的渗透和影响，少数民族都城又在城市文化、城市经济等方面保留着自己的特性，且表现出有异于汉文化的独特的魅力[②]。

宫城则位于城中偏北，在宫殿内又修建了许多宏伟壮丽的宫殿，如正殿太极殿正对宫城的正南门阊阖门，太极殿的北面，是一条横贯洛阳城的东西大街，将宫城分为两部分，南部是朝会的地方，北部为寝殿。整个宫城的面积约占全城的十分之一。

2. 曹魏邺城

曹魏邺城位于今河北省临漳县附近。但沧海桑田，这个地方如今已大部分淹没于漳河之中了，只有城西的铜雀台一带，还位于漳河岸上，可见到基址。因此曹魏时期的邺城，只能在文献资料中查证考求。例如郦道元(公元466—527年)的《水经注》中就有记载，此城“东西七里，南北五里”。按晋制一尺约为0.245米折算，此城则东西3087米，南北2205米。“西北有三台，皆因为之基”，“中曰铜雀台，南则金虎台，北曰冰井台”。西北三台实际为宫城的军事屏障，洛阳金墉城也仿此而作。

曹魏邺城是分裂时期国家政治中心，所以它的都城虽然也比较完整，但规模不大。邺城作为都城，最大的特点在于形制的创新。邺城为扁矩形，中轴线北端是宫城，其东为一组官署，官

① 中国社会科学院考古研究所洛阳汉魏城工作队《河南洛阳汉魏故城北魏宫城阊阖门遗址》，《考古》，2003(7)：22-43。

② 王雅红《承归正统与标异见奇——略论中国古代民族政权都城的特点》，《周口师范学院学报》，2005(4)：65-67。

署后部为后宫，是曹操的宫室。在后宫和官署的东面（城的东北角）为皇家贵族的住所，称“戚里”。城的南部为居住、商业区，约占全城面积的五分之三。由此可知，这种都城布局与前面说的《周礼・考工记》中所规定的形制已很不相同了。但邺城的布局对后世影响不小。

3. 北齐邺城

北齐首都邺城制度，东魏初建，神武高欢在晋阳丞相府处理军国政务，“都邺之事，委之高隆之”。又，“……天平初……又领营构大将。京邑制造，莫不由之。增筑南城，周回二十五里。”（《北齐书・高隆之传》）此城规模比建康略大。

清初经学家顾炎武《历代宅京记》所引《邺中记》云：

> “城东西六里，南北八里六十步。……十一门，南面三门：东曰启夏门，中曰朱明门，西曰厚载门。东面四门：南曰仁南门，次曰中阳门，次北曰上春门，北曰昭德门。西面四门：南曰上秋门，次曰西华门，次北曰乾门，北曰纳义门。南城之北即连北城，其城门以北城之南门为之。”

郭湖生认为邺南城的布局已有三朝之意。他据顾炎武《历代宅京记》所引《邺中记》片断文字整理如下内容，但顾氏原文中并无“三朝”名词，需引起注意。其三朝体现如下①：

> “外朝为阊阖门，盖宫室之外正门也。……清都观在阊阖门上。其观两相屈，为阁数十间，连阙而上。观下有三门，门扇以金铜为浮沤钉，悬铎振响。天子讲武，观兵及大赦，登观临轩。其上坐容千人，下亦数百……中朝为太极

① 按：《邺中记》或为唐朝成书，见《文献通考》卷二百零四《经籍考》史条：“《邺中记》一卷：陈氏曰：不著名氏。记自魏而下，及僭伪都邺者六家宫殿事迹。按《唐志》有《邺都故事》二卷，肃、代时马温所作，今书多引之。”

殿……阊阖门内有太极殿。故事云：其殿周一百二十柱，基高九尺，以珉石砌之，门窗以金银为饰。外画古忠谏直臣，内画古贤酣兴之士。……有外客国德诸番入朝，则殿幕垂流苏以覆之。……内朝为昭阳殿，在太极殿后朱华门内……殿东西各有长廊，廊上置楼，并安长窗垂朱帘，通于内阁。每至朝集大会，皇帝临轩，则宫人尽登楼奏乐，百官列位，诏命仰听弦管颂赉，侍中群臣皆称万岁。”①

郭氏对邺南城三朝制度的描述带有主观臆测，但与唐代宫室的三朝之说相呼应。北齐邺宫的阊阖门确有外朝的功能，见《隋书》卷二十五《刑法志》：北齐“赦日，则武库令设金鸡及鼓于阊阖门外之右。勒集囚徒于阙前，挝鼓千声，释枷锁焉”②。此为外朝原始功能的体现。北齐邺城制度与特点概括起来：(1) 都城分南、北城两部分，有南北宫。南城为新修建，南城比北城重要，是最主要城区；皇帝正殿在南宫，最高权力所在，故南宫比北宫重要。(2) 太后、太子居南宫，诸王子居北宫。(3) 北城为王府、官僚府第。顾氏指出“邺都南城，其制度盖取诸洛阳与北邺”，但在继承中有所发展，开创了一代都城的新模式。“自高欢善之，高洋饰之，卑陋旧贯，每求过美，故规模密于曹魏，奢侈甚于石赵”③，是中国古代历史上最为辉煌壮丽的都城之一，承前

① 郭湖生《论邺城制度》，《建筑师》2001年第54期，第55－61页。

② 赦囚的地点和仪式被唐代继承，《旧唐书》卷五十《刑法志》：“太宗又制在京见禁囚，刑部每月一奏，从立春至秋分，不得奏决死刑。其大祭祀及致斋、朔望、上下弦、二十四气、雨未晴、夜未明、断屠日月及假日，并不得奏决死刑。其有赦之日，武库令设金鸡及鼓于宫城门外之右，勒集囚徒于阙前，挝鼓千声讫，宣诏而释之。其赦书颁诸州，用绢写行下。”

③ (明)嘉靖《彰德府志》卷八。“南城自兴和迁都之后，四民辐辏，里闾填溢。盖有四百余坊，然皆莫见其名，不获其分布所在。其有可见者有东市(东郭)、西市(西郭)、东魏太庙、大司马府、御史台、尚书省卿寺、司州牧廨、清都郡、京畿府……”

启后,为中国都城的发展开辟了新的道路。

纵观古代城市发展的大致趋势是汉以后的城市形制不再以宫殿占绝对空间优势。如果把西汉的长安和唐代的长安作一比较,可以明显地看出,汉长安城中宫殿占去全城一半以上的地方;而唐长安城中宫殿面积所占比例明显地缩小了,大部分是居民里坊区和市肆区。这是城市多重功能发展的一大进步。正如史家所说,中国古代的城市起源、性质与西方的不同,我们所谓的城市,其实是由“城”和“市”两部分组合而成的。“城”,其性质为政治和军事上的;“市”,其性质为生活、商业、文化诸方面的。而后面的这个“市”在内涵上更接近于西方的“城市”概念。

1.2.3 建康城市空间规模

最早用地图来研究六朝城市的可能是西晋左思(约 250—305 年)在描绘吴都建业时采用。左思花了十年时间创作《三都赋》,为使自己的作品符合实际情况,以图为据,“其山川城邑,则稽之地图”,反映建业盛时面貌的《吴都赋》也包含了大量测绘和地图的信息。

六朝建康城在长期发展过程中,也因地制宜地形成了鲜明的城市中轴线:

(1) 东吴将军府/太初宫时期:太初宫轴线南对小江(淮水)主要河湾上的南津大桥(朱雀航),曲水来朝,气韵生动。

(2) 东吴昭明宫时期:新建昭明宫,在东距太初宫前轴线 75 丈处形成一条平行的苑路,作为新轴线,北对昭明宫及苑城正门,南对南津大桥。原太初宫前轴线后来成为“右御街”。

(3) 东晋时期:以东吴苑路为基础,左宗庙右社稷,确定城市新轴线位置;又以牛首山为天阙,将轴线的南端融入自然;加之北端在后湖筑堤壅水,淮水上造舟为梁,新的城市轴线大气、雄壮而浪漫。

(4) 南朝时期:追求中轴线诸门建设总体的体系化与礼制化,并在东距城市中轴线 75 丈处,修建平行于中轴线的驰道,又称南驰道，与城市中轴线西侧的右御街对称，形成“一主两副”的中轴道路交通体系，主次分明，脉络清晰。

六朝建康城轴线南偏西 20°至 25°，这个偏移方向是东吴将军府(太初宫)与朱雀航之间轴线不断演进的结果。这个走向与运渎的走向乃至山前南北大道西州路的走向大致平行。轴线正对秦淮水(河湾)，其位置大致处于东西宽 150 丈的河湾内。这个位置南对牛首二峰，东晋时王导称其为“天阙”。

下面对都城之外郭进一步探讨。

1.2.3.1 建康的郭——都城空间规模发展轨迹

《晋书》卷七《明帝纪》：

> 晋太宁三年(公元 325 年)三月立司马衍为太子。闰八月明帝卒于太极东堂，司马衍即位，是为晋成帝。九月庾太后临朝称制，王导、庾亮辅政。葬明帝于鸡笼山南武平陵。
>
> 晋咸和元年(公元 326 年)二月大赦，改元咸和，大酺五日，京师百里内免租一年。

案皇帝驾崩，新主登极，一般要实行仁慈恩典的惠政，按照惯例要“大赦”、“赐爵”、“改元”等。文中提到“京师百里”即京师方圆百里之内的地区实行“免租一年”的经济恩惠。京师的范围除了六门都城，还指外郭城，甚至远郊地区。郭城还有其他语词，如“邑”、“都”等。《说文》：“邑，国也。”段玉裁注曰：“《左传》凡称人曰大国，凡自称曰敝邑。古国邑通称。”朱骏声通训定声：“《书》‘西邑夏’、‘天邑商’、‘大邑周’，皆谓国。”《尔雅·释地》：“邑外谓之郊。”《说文》：“距国百里为郊。”邑又代指国都，如《左传·庄公二十八年》：“凡邑有宗庙先君之主曰都，无曰邑。”《荀子·富国》：“田畴秽，都邑露。”“京邑”一词历来也是指京都。如东汉张衡《东京赋》说：“京邑翼翼，四方所视。”唐代杜审言《赠苏味道》诗：“舆驾还京邑，朋游满旁畿。”宋代周辉《清波别志》卷下：“京邑之盛，莫如今日。”《晋书》、《宋书》提到“京邑”多处，大多指国都而言。《晋书》卷六十七《温峤传》：“朝议将留辅政，峤以导先帝所任，固辞还藩。复以京邑荒残，资用不给，峤借资蓄，具器用，而后旋于武昌。”《晋书》卷二十九《五行志下》“鼓妖”：“孝武太元十五年三月己酉朔，东北方有声如雷。案刘向说，以为‘雷当托于云，犹君托于臣。无云而雷，此君不恤于下，下人将叛之象也’”。及帝崩而天下渐乱，孙恩、桓玄交陵京邑。但是京邑究竟指的是国都的哪一部分呢？京邑比外郭的范围更宽泛，只能用“大建康”的概念与其对应。

建康的外郭始建于东晋成帝年间，用竹篱笆围成，共有篱门56个，因外郭系用竹篱，故有篱门之统称。下面分别考察四处重要篱门的位置。

南篱门：《建康实录》卷二注引《地图》：“朱雀门北对宣阳门，相去六里，名为御道。……朱雀门南渡淮出国门，去国门五里。”同书卷七引顾野王《舆地志》：“次正中宣阳门……南对朱雀门，相去五里余，名为御道，开御沟，植槐柳。”据此宣阳门——朱雀门——国门一线的距离南北相距十里，它也是建康城墙外中轴线的南段。同书卷七：“成帝咸康二年，更作朱雀门，新立朱雀浮航。航在县城(按，即唐时上元县城)东南四里，对朱雀门，南度淮水，亦名朱雀桥。”同书卷九注曰：“朱雀桥当朱雀门下，渡淮水。”则朱雀航就在朱雀门外、秦淮水上。又《建康实录序》注曰“越王筑城江上，上距秦淮水南一里半，废越城是也。案越范蠡所筑城东南角近故城望国门。”再据《太平御览》卷一百九十三《居处部》卷二十一《城下》引《丹阳记》：“越城，去宫八里。”①

“国门”与南篱门概念及空间点的重合是在梁时，应是一晚出的城门名，但在《宋书》人臣议及举行丧礼的用礼空间范围时，已提到这一城门概念。见《宋书》卷十五《礼仪志二》：

---

① (清)顾祖禹《读史方舆纪要》卷二十注说：“又有国门，梁天监七年作，在越城东南，亦口望国门。”则“南篱门在望国门西”，南篱门在越城以南，距离秦淮水大约两里。北京：中华书局，2005。

> 案《礼》国门在皋门外，今之篱门是也。今古殊制，若禁凶服不得入篱门为太远，宜以六门为断。

“国门”是汉儒据《周礼》规定的天子王都南北纵向“五门”制中的最外一重门，应是礼仪性都城门，其最初也是虚拟的门制。而南篱门、六门是建康都城实际设置的门名。二者存在一种对应、比附关系。如《宋书》所谓的是以篱门比作国门，则南篱门为都城的南郭门可知。篱门内外的空间又有不同，笔者以为，篱门之内为近郊，篱门之外为远郊。而都城“六门”则为建康城六座城门，连续的都城城墙（含城墙上的六门）、城壕、行马等成为都城与外郭的空间分界线。

外郭在修筑时间上应与建都几乎同时，而不是晚于宫城和都城，这也是建康军事防守的需要。它在范围上则根据都城的政治军事情况而变化，其形状呈现出不规则状。

《太平御览》卷一九七《居处部二五·藩篱》记载：

> 南朝《宫苑记》曰：建康篱门：旧南北两岸篱门五十六所，盖京邑之郊门也。如长安东都门，亦周之郊门。江左初立，并用篱为之，故曰篱门。南篱门在国门西；三桥篱门在今光宅寺侧；东篱门本名肇建篱门，在古肇建市之东；北篱门[在]今覆舟山东头，玄武湖东南角，今见有亭，名篱门亭；西篱门在石头城东，护军府在西篱门外路北；白杨篱门外有石井篱门。（《景定建康志》卷十六所引同）

东篱门：本肇建篱门，在古肇建市东。为城外郊市之一。据《景定建康志》记载，南齐时期，宗室、抚军大将军萧遥光据东府城反，东昏侯遣领军萧坦之屯兵湘宫寺，镇军司马曹虎屯兵青溪大桥，太子右卫率左兴盛屯兵东篱门……[1]。这里的湘宫寺位于

---

① 《景定建康志》卷九《建康表》五《齐东昏侯》：永元元年【己卯】秋八月己巳以右将军【萧坦之】为尚书右仆射丹杨尹【遥光】加抚军大将军开府仪同三司【遥光】反被斩。

东府城北，青溪大桥位于东府城西，而东府城南为秦淮河，故从三面围城可以推知东篱门在东府城的东面附近，而东府城的位置也基本明朗，后详。

而西篱门则在石头城东。南篱门即国门所在。卢海鸣说南篱门在国门之西，本书认为此国门与梁时建立的望国门不同，后者在越城南面。

北篱门在覆舟山东。覆舟山，就是今天的小九华山。北城出城地势狭窄，临近玄武湖，沿湖有一些或天然或人工的山地，覆舟山是城东北位置距离城区最近的制高地。

这里的东、西、南、北四处篱门即可以看做是东晋时期建康外郭范围的四至。以此为限其内为都内，其外为都外。这些用简易竹木材料筑起的篱门能否起到防卫的功能大可打个问号，但它对都邑的划界则因此明了。这些篱门例皆依缘山势或城池修筑，山据门为守，门以山壮势，体现了它的既扼守要害又兼作交通咽喉的双重功能。

从以上可以看出建康郭区范围的大致。

再看"郊"的概念。郭与郊的概念近似，郊区分近郊、远郊，通称郊区。

目前关于都城范围界限的争议主要在南、北两处，涉及郊的界限。其北界与鸡笼山地望相关。今日鸡笼山林木葱茏，鸡鸣寺门前有一碑额曰：古同泰寺旧址。沿着地势渐渐升高的小道直行，一巍峨城墙兀然凸立眼前，此为明代城墙的一段，由此出城即至玄武湖。一出城门，地势大开，免费开放的玄武湖，从后门进去，山水烟波，一城山水尽收眼底。回首可遥望鸡鸣寺庙的塔顶。回溯东晋时的鸡笼山，这里应是都城近郊，山之西南连接鼓楼岗，东晋一部分皇帝陵在这一带，称为"西陵"。那么，据此推断距离鼓楼岗不远的鸡笼山也应是一片荒郊野地。

城北近郊空地不断被扩展为官邸、民居用地。萧齐时已开士林馆,“齐竟陵王子良开西邸,延才俊以为士林馆,使工图画其像,亮亦预焉。”(《梁书·王亮传)见《梁书·伏挺传》,“天监初,除中军参军事。宅居在潮沟,于宅讲《论语》,听者倾朝”。梁武帝大同七年“于宫城西立士林馆,延集学者”(《梁书·武帝纪下》)。梁时领军朱异、太府卿贺琛、太子舍人孔子祛等在士林馆开学授讲更是一时盛况(《梁书·朱异传》)。

北郊远郊,马印洲为皇家养马之地,“《同治上江志》:晋书职官志太仆统典牧……太仆自元帝渡江之后或省或置,太仆省故骅骝为门下之职。《宋书·职官志》:东晋置库曹,掌厩牧。大约皆言国马。至梁陈诸书虽有铁骑步骑之名,亦不言其所配者何军。惟《读史方舆纪要》云:‘应天府北二十里有马印洲,晋元帝牧马地也。’足为牧场之证。然年代迁变,地名乖桀,不能征信矣。”[①]疑马印洲即现在隶属于栖霞区的八卦洲。万里长江中,第三大岛屿。八卦洲位于幕府山对面的长江中,由长江泥沙沉积而成,与燕子矶一水相望,东西长 7 千米,南北 8 千米,面积约 56 平方千米。八卦洲原名青沙,继称金珠沙,再改名新洲,亦名巨洲。它在明代叫“草鞋洲”,因形似而得名。后南岸被江水冲塌,水道南移,泥沙北淤,洲渐成八卦形,遂以“八卦”名洲。八卦洲,盛产芦苇,历来为城内居民提供燃料之所需[②]。这一特点估计在一千多年前的六朝开始形成。北郊地区的另一类用地为王公贵族的墓地。如象山王氏墓、幕府山司马氏墓、老虎山颜氏墓等均在此区相继发现。

城南近郊多民宅、寺庙。著名的瓦官寺在秦淮水南,近大市。《梁书·伏曼容传》:“建武中,入拜为中散大夫。时明帝不

① 叶楚伧,柳诒徵,王焕镳《首都志》下卷九《兵备》,南京:正中书局,1935:808。

② 王常喜《长江第三大岛南京八卦洲开垦记》,《南京史志》总第 199 期。

重儒术，曼容宅在瓦官寺东，施高座于听事，有宾客辄升高座为讲说，生徒常十数百人。”

建康城郭若与洛阳城郭比较，经过北魏改建后的魏晋城，在内城的外面筑有郭城。据《洛阳伽蓝记》记载，其城“东西二十里，南北十五里”[①]。范祥雍和宿白先生都认为这是指外郭城，并非内城规模[②]。洛阳郭城东西方向延伸长于南北方向，呈长条形。在1986—1989年间的考古发掘中相继发现和确认了北魏时期的东西外郭城墙、郭城内主干大道等遗迹，也证实了北魏洛阳外郭城的存在[③]。

洛阳外郭城的修建，受到自然地理条件的限制，因为北魏洛阳内城已经北依邙山，南临洛水，南北发展均受地形限制，只好沿河谷呈东西方向发展。因早期都城规划是以伊阙为天阙[④]，所以外郭城呈东西长，南北窄，其范围极大，大大超过了以后的隋唐长安城。而隋唐长安城的规模，据唐李林甫《唐六典·工部》记载为：“今京城……东西十八里一百一十五步，南北十五里一百七十五步。”

东晋建康城郭的发展方向与魏晋洛阳相反，魏晋洛阳城郭大致呈东西向伸展，建康城郭呈南北向伸展。加之受江南山地地形限制，建康城仿照《周礼》规制，城市的南北轴线更明确（图1-2）。

---

① 范祥雍《洛阳伽蓝记注》卷五《城北》。上海古籍出版社，1999年。

② 宿白《北魏洛阳城和北邙陵墓——鲜卑遗迹辑录之三》，《文物》，1978(7)。

③ 杜玉生，肖淮雁，钱国祥《北魏洛阳外郭城和水道的勘查》，《考古》，1993(7)：602-608。

④ 东汉文学家张衡在《东京赋》中曾经描述：“泝洛背河，左伊右汭，西阻九阿，东门于旋。盟津达其后，太谷通其前；回行道乎伊阙，邪径捷乎轘辕，太室作镇，揭以熊耳。”这是洛阳独特地理优势的艺术化写照。

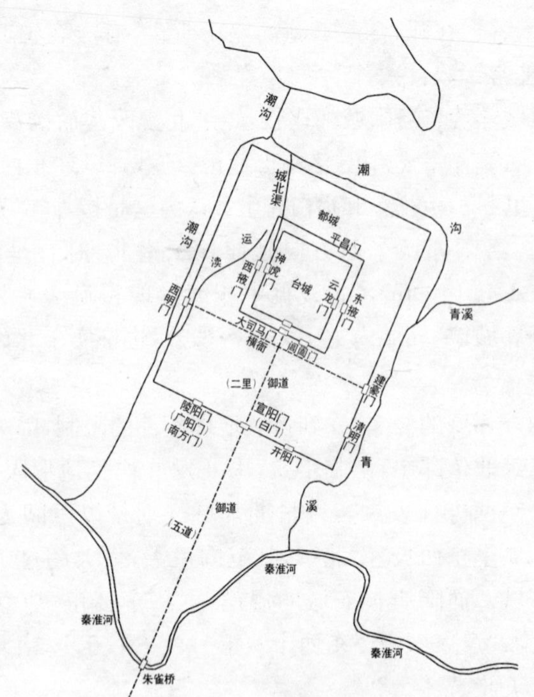

图 1－2　东晋建康都城图

采自卢海鸣《六朝都城》,南京:南京出版社,2002 年。

1.2.3.2　从东晋帝陵看都城空间范围的变化、扩展方向

帝陵选址:卢海鸣先生所说的三大陵区如下:西区即鸡笼山、东区即钟山、北区即幕府山①。其实真正形成了相对集中的墓葬群区的只有东区和西区。而且在东晋时已有东、西之分。"西陵"一说在东晋初就有,当时东晋已有元帝、明帝二帝葬于该处。见《晋书》卷七《成帝纪》:"二月庚戌,峻至于蒋山。假领军将军卞壶节,帅六军,及峻战于西陵,王师败绩。"西陵即元帝陵,是最早选定的皇家陵区。西陵指鸡笼山之阳的元、明、成、哀四

① 卢海鸣《六朝都城建康研究状况综述》,《"江淮地域与六朝历史"学术研讨会论文集》,2004。

帝。鼓楼岗南侧属于鸡笼山范围。在东晋三个陵区中西区与都城的距离最近，接近城墙。陵区建在如此近的地点，是什么原因呢？或与当时薄葬之风有关。

东晋东五陵指康帝、简文帝、孝武帝、安帝、恭帝等。

北区仅有穆帝一人的墓葬，其因何选址在此，目前尚不清楚。

东晋皇帝陵墓特点：与秦汉、唐宋比较而言，东晋帝陵规模不大，制度尚俭。

厚葬、薄葬之风与帝王倡导、民间风气相关。此前的大致情况是汉初至文景之时从上至下推行薄葬。武帝之后至汉末，厚葬渐行，东汉厚葬之风愈烈。曹魏武帝、文帝提倡薄葬，明帝时厚葬。魏晋一度提倡的薄葬思想对后世的影响或大或小。曹操、曹丕父子鉴于汉代诸陵均遭发掘，生前便倡导薄葬，魏文帝决定“因山为体，无为封树，无立寝殿，造园邑，通神道……欲使易代之后不知其处”（《三国志·魏书·文帝纪》）。魏文帝的这一明智举措，无疑对后来的西晋统治者有直接的影响。西晋武帝司马炎明令禁止厚葬，提倡薄葬。他在诏令上说：“此石兽碑表，即私褒美，兴长虚伪，伤财害人，莫大于此，一禁断之。其犯者虽会赦令，皆当毁坏。”（《晋书·武帝纪》）正因为西晋帝陵不封不树，墓而不坟，又无碑兽石柱等物，且文献记载极为简略，所以后世难以知其所在。

需要指出的是，封建皇帝从稳定统治的需要，为了矫正民间奢侈、互相攀比之习，固然得提倡节用、薄葬，但他自己的陵墓制度却未必实行薄葬原则。而且，以皇帝的特殊身份，即便是实行薄葬，其葬制、规模也远远超出常人的规格。北宋沈括《梦溪笔谈》：“余又尝过金陵，人有发六朝陵墓，得古物甚多。”当代六朝帝王陵发掘出土的大量文物也可证明薄葬不薄。

东晋帝陵至20世纪30年代以来得到了大量的发掘，11个皇帝的陵区基本明确，这为我们了解东晋皇陵葬法、葬制提供了宝贵的实物资料。11个帝王中，10个皇帝葬在南京，废帝司马奕葬在江苏吴县。

从帝陵考古所见的现今位置，结合文献可了解当时的郊区范围。

东晋帝陵（钟山之阳）特点：多不起坟。仅穆帝陵（幕府山之阳）例外，有坟丘，周长约 40 步，高一丈六尺。南朝帝陵多起坟，陵前有石兽、石柱表、石碑等标志物，反衬东晋帝陵的简陋。

从陵区与宫城的位置关系看：诸陵在宫城北，或偏东北，或西北。堪为阴阳风水学说中的阴宅之地。既表达了先人“南望城阙”、瞻顾后代的殷殷之情，又与宫城北为后宫禁苑等禁地相连。

城北近郊之处地形狭促，清净幽僻，陵区守护也是都城防守的一个环节。设置陵监、陵令一人，南朝刘宋武帝逼晋恭帝禅位后，优恤晋室，下诏曰：“晋世帝后及藩王诸陵守卫，宜便置格。”（《宋书·武帝纪下》）齐、梁两代皇帝继续派专人守护前代帝陵，梁武帝天监七年下诏：“复建、修二陵周回五里内居民，改陵监为陵令。”（《梁书·武帝纪下》）按“建”陵指东晋元帝的建平陵，它是新近江东政权的第一代君主，理应受到后世的尊崇。“修”陵则指梁武帝正在为自己修建的修陵，不过，萧氏家族陵墓选在家乡兰陵武进县御内。

对于都城的位置学界则有较大分歧：卢海鸣详细介绍了七种看法，提出了自己的看法。大体是两种：偏北说与偏南说。本书赞同偏南说。

《建康实录》卷十七：“大通元年（公元 527 年），帝（即梁武帝）创同泰寺，寺在宫后，别开一门，名大通门，对寺之南门。”这也是建康宫在今鸡鸣寺之南的侧证。不过，鸡鸣寺作为地名实际是一块方圆约 500 米的空间，现今作为寺庙的鸡鸣寺在鸡笼山上，再往北即为明代城墙，民间误称为台城的地方。如果南朝宫城在今天的鸡鸣寺一带偏南隔道相对的话，则宫城位置当为偏北；如果在今天的北京东路一线的话，则为偏南。笔者赞同偏南一说。鸡笼山为都城北界的高地，对于都城定位具有参考价值,故其地望重要。

东晋时的鸡笼山作为皇家墓地,以后的用途增多,主要用途有:

(1) 成为王子府第。刘宋时先为宋文帝皇子府第:《宋书》卷七十二《建平宣简王宏传》:字休度,文帝第七子也。早丧母。“元嘉二十一年,年十一,封建平王,食邑二千户。少而闲素,笃好文籍。太祖宠爱殊常,为立第于鸡笼山,尽山水之美。建平国职,高他国一阶。”宋明帝时又成为祭祀神祇的九州庙,见《宋书》卷十七《礼志四》:宋武帝“永初二年,普禁淫祀。由是蒋子文祠以下,普皆毁绝。……明帝立九州庙于鸡笼山,大聚群神”。至齐成为有名的王府“西邸”:“(永明)五年,正位司徒,给班剑二十人,侍中如故。移居鸡笼山邸,集学士抄《五经》、百家,依《皇览》例为《四部要略》千卷。招致名僧,讲语佛法,造经呗新声,道俗之盛,江左未有也。”

(2) 兴办四学学馆:《宋书》卷九十三《雷次宗传》:“元嘉十五年,征次宗至京师,开馆于鸡笼山,聚徒教授,置生百余人。会稽朱膺之、颍川庾蔚之并以儒学,监总诸生。时国子学未立,上留心艺术,使丹杨尹何尚之立玄学,太子率更令何承天立史学,司徒参军谢元立文学,凡四学并建。车驾数幸次宗学馆,资给甚厚。”

除了皇帝陵墓,王室墓葬分布在北郊,如幕府山一处司马氏家族墓。位于晋穆帝永平陵的北侧,推测是王室成员墓①。另一处太平门内富贵山西南麓六朝墓,也可能为晋宗室墓②。

鸡笼山一带阴、阳宅混杂在一起。反映了城区用地紧张和城市发展的无序。

东晋以后,南朝皇帝陵主要向两个方向发展:一是向东北远郊,即今天的栖霞区及其更远;二是向更远的长江下游、皇家故

---

① 南京博物馆《南京北郊东晋墓发掘简报》,《考古》1983(4):29－36。

② 南京博物院《南京富贵山东晋墓发掘报告》,《考古》,1966(4):8－9,36－44。

里武进县迁徙。

从帝陵反映出的城市发展特点：城—郊关系不明朗。东晋之后史书中提到都邑概念包括首都及下辖郡县。如东晋之后的萧齐提到“都邑三百里内”，这已不是单纯的城区空间，而是行政体制下的空间概念。见《南齐书》卷三《武帝纪》：“永明三年春正月辛卯，车驾祠南郊，大赦，都邑三百里内罪应入重者，降一等，余依赦制。”而东晋、刘宋时的都邑应该比这三百里范围小。

1.3 都城六门制度

1.3.1 六门制度

对于四面围合的城墙，城门是进出的交通要道，在政治军事、日常生活中的地位和作用十分重要。东晋都城的城门制度与管理制度怎样？这是本节将探讨的问题。

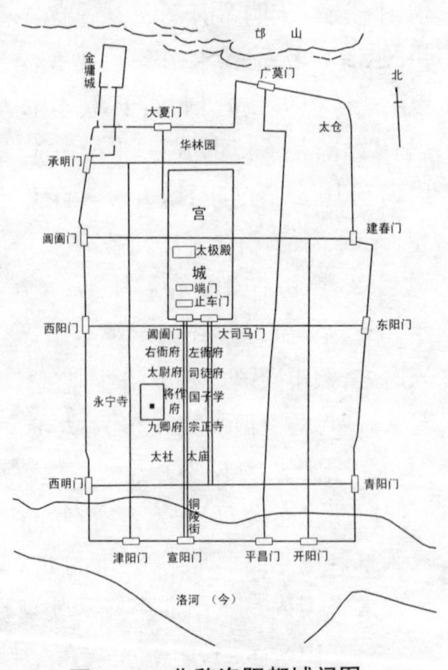

图1-3 北魏洛阳都城门图

采自王仲殊《中国古代都城概说》，《考古》，1982(5)：505-515。笔者增加大司马门前左路街道。

史籍有认为建康仿汉晋十二城门，20世纪30年代朱偰先生已经一一辨误，应为六门[1]，本书认同此说，也可与北魏洛阳城门数作比较，因北魏洛城门在汉晋基础上只增加一处承明门，其他皆有对应关系（图1-3）。但六门所指史籍语焉不详，各家所指也不尽相同，因而

① 朱偰《金陵古迹图考》，北京：中华书局，2006：106-107。

需要在此先加以考证。而且,在东晋都城套着宫城,即两重套城的情况下,六门是二者兼指还是专指宫门或城门呢?

1.3.1.1 都城六门

东晋成帝时修都城六门。《建康实录》卷七注引《舆地志》云:"(东晋)都城周二十里一十九步,本吴旧址。晋江左所筑,但有宣阳门。至成帝作新宫,始修城,开陵阳等五门,与宣阳为六,今谓六门也。"宣阳门为孙吴建邺城正南门①。

东晋建康修城经过如下:西晋末年江南三叛后,东吴遗留下来的宫室遭到彻底破坏。陈敏因有割据江东之志,在太初宫的故址上修造府舍。元帝渡江之初,国力贫弱,统治秩序尚未完全恢复,没有余力大兴宫室,于是暂以陈敏旧府为宫室。

成帝年幼,主政者为王导、庾亮、何充等人。成帝时的城建、建康宫多是在辅政大臣王导等的规划下有所兴造。王导提出规划的总体原则,其制"迂曲",将作大匠王彬具体主持进行。

咸和二年(公元327年),流民帅、历阳内史苏峻拥兵叛乱,入都后将首都宫室大量焚毁。晋成帝时年幼,被迫出居建平园,"止兰台都坐,殆不蔽寒暑。"苏峻之乱平定后,咸和五年(公元330年)成帝下诏曰:"造新宫,始缮苑城。"这是东晋第一次大规模的改建都城和兴造宫室。

穆帝时庾冰之子庾希和武沈之子遵谋乱,"六门"戒严,"京都震扰,内外戒严,屯备六门。"(《晋书·庾亮传附希传》)此六门与"京都"连用,应指都城门,颍川庾氏为东晋高门之一,庾亮、庾

① 宣阳门为也西晋洛京旧名,周应合修纂《景定建康志》卷二十门阙:"【古宣阳门】洛京旧名都城正中门也,南直朱雀门,相去五里,门三道,上起重楼,悬楣上刻木为龙虎相对,皆绣栭藻井。《南史》宋明帝时有人谓宣阳门为白门,以为不祥,甚讳之。《通典》孝武时侍中何偃南郊陪乘鸾辂过白门阃,偃将匐,帝反手接之曰:'朕反陪卿也。'今宫城门疑是其处。"

翼兄弟相继去世后，桓温打击庾氏，庾冰之子庾希于太和中为北中郎将、徐兖二州刺史。时桓温执掌朝政，忌诸庾，“及海西公废，桓温陷（庾）倩及柔以武陵王党，杀之。（庾）希闻难，便与弟邈及子攸之逃于海陵陂泽中。”庾希为方镇，其由地方向中央发难，此事件中所涉六门理应为都城六门。

六门制度似乎为东晋当时最高的城门数量，而根据西晋时的营造等级规定，地方郡县级城市已达到这一数量。典型事例见《晋书》卷七五《范汪传附范宁传》，豫章太守范宁在豫章郡城增修城门，把原来的六门增至八门，并起重楼遭到同僚弹劾。时江州刺史为王凝之，王氏上言曰：“豫章郡居此州之半。太守臣宁入参机省，出宰名郡，而肆其奢浊，所为狼藉。郡城先有六门，宁悉改作重楼，复更开二门，合前为八。私立下舍七所。臣伏寻宗庙之设，各有品秩，而宁自置家庙。又下十五县，皆使左宗庙，右社稷，准之太庙，皆资人力，又夺人居宅，工夫万计。宁若以古制宜崇，自当列上，而敢专辄，惟在任心。州既闻知，既符从事，制不复听。而宁严威属县，惟令速立。愿出臣表下太常，议之礼典。”范宁为豫章太守，在郡修造过制，遭到其上司江州刺史的上疏弹劾，以此抵罪罢官。其增开二门为僭越，但修造“重楼”似乎并未过度①。

① 《太平御览》卷一百八十二《居处部十》“门上”：“《豫章记》曰：郡，灌婴所筑，有六门；其一曰松阳门，其所以郡为名。西二门，其一曰昌门，其一曰皋门。东及北一门，亦即以东北为名。晋太元中，太守顺阳范君更开门之北为东阳门，以对皋门，开北门以对松阳门。今八门相望，通路直指。”又同卷《安城记》曰：郡大城旧有六门，今为八。可见郡城六门并非孤例，或是汉代郡城形制遗存。又，魏晋之时郡城建重楼较普遍，见《三国志·吴志·孙策传》：“注引江表传曰，时有道士琅邪于吉，往来吴会，读道书，制作符水以治病，吴会人多事之。策尝于郡城门楼上集会诸将宾客，吉趋度门下，诸将宾客三分之二下楼迎拜之。掌宾者禁呵不能止。策令收杀之。”

东晋都城南面又有另一道正门：大航门。在秦淮河边。《宋书》卷三四《五行志五》："晋安帝元兴二年二月甲辰，大风雨，大航门屋瓦飞落。明年，桓玄篡位，由此门入。"

由以上可知，都城六门在东晋先是特指六座城门，后为泛指，并成为都城的代名词。都城的管理也以六门为界，六门内为特殊的城内管理区，六门外为郭区，内外界限分明。汉魏洛阳为十二、十三城门。建康城只有六门，与《考工记》理想都城的十二城门制为减半之制。

西汉长安十二城门。魏晋洛阳十二城门。北魏十二城门。元大都只设十一门，北垣仅有二门，成为南北城门不相对称的格局。有学者认为大都之所以设十一门，是取自《周易》天五地六之说[①]。古人认为一、三、五、七、九这五个奇数为阳数，是为天数；二、四、六、八、十这五个偶数为阴数，是为地数。五居天数之中，六居地数之中，谓之天五地六，将阳数的中位数五和阴数的中位数六相加即得到"十一"。《周易·系辞上》说："天数五，地数五，五位相得而各有合。"古人深信"天数有违，江山难持"。而且，在地理方位上，南方阳为天，开三座城门，北方阴为地，开两座城门，象征天地中和相衔，阴阳和谐相交，昼夜更替，万物衍生。作为元大都总规划设计师的刘秉忠"阴阳术数无不精通"，"尤邃于易"，所以他采用《周易》天五地六之数规划大都的城门是有可能的。

1.3.1.2　都城六门内官员行道制度

在一个等级制的、程式化的社会，正式的或非正式的活动都得到规范与限定，人的身份与地位也在行动中体现出来。封建官员的行车分道既体现封建等级，也是其职责大小之反映。见《宋书》卷一五《礼志二》：

---

① 于希贤《〈周易〉象数与元大都规划布局》，载《故宫博物院院刊》，1999(2)：21-29。

> 宋文帝元嘉十三年七月，有司奏："御史中丞刘式之议，'每至出行，未知制与何官分道，应有旧科。法唯称中丞专道，传诏荷信，诏唤众官，应诏者行，得制令无分别他官之文，既无尽然定则，准承有疑。谓皇太子正议东储，不宜与众同例，中丞应与分道。扬州刺史、丹扬尹、建康令，并是京辇土地之主，或检校非违，或赴救水火，事应神速，不宜稽驻，亦合分道。又寻六门则为行马之内，且禁卫非违，并由二卫及领军，未详京尹、建康令门内之徒及公事，亦得与中丞分道与不？其准参旧仪，告报参详所宜分道。'听如台所上，其六门内，既非州郡县部界，则不合依门外。其尚书令、二仆射所应分道，亦悉与中丞同。"

此则材料虽然为宋时的议论，但文中提到了"旧科"、"旧仪"，说明试图寻找旧制中的规定来解决这一问题，而所谓旧科仪，自然包括前朝东晋的科仪，因而，我们完全可以将此则材料作为对东晋六门内行道问题的解释来对待。

通常情况下的官员分道情况有三：一类是皇太子出行要专道行进。二类是扬州刺史（拟两汉魏晋的司隶校尉）、丹扬尹、建康令等地方行政长官出行道路。三类是禁军中的二卫及领军将军执行任务时。引文中的六门应是都城门，六门内属于都城内，不同于地方上的州郡县界。故分道制度比较复杂，属于特殊处理。前文已知御史中丞、尚书令、二仆射等官都享有分道特权。但京尹、建康令为地方行政长官，故不能与御史中丞享有同等的分道权。

官员行车分道体现的是等级和回避制度，从都城道路看，也避免了行路冲突，反映了道路不够宽敞，狭路相逢，谁的官大，或者说谁管的事重要谁就有优先行路权。以避免交通堵塞。见《后汉书·百官志三》："尚书仆射一人，六百石。本注曰：署尚书事，令不在则奏下众事。"本注引蔡质《汉仪》曰："仆射主封门，掌授廪假钱谷。凡三公、列卿、将、大夫、五营校尉行复道中，遇尚书仆射、左右丞郎、御史中丞、侍御史,皆避车豫相回避。卫士传不得迕台官,台官过后乃得去。”

六门不仅涉及行道问题,还是举行丧仪的场所。《隋书》卷七《礼仪志二》记梁丧仪:

> 天监三年,尚书左丞佟之议曰:“禘于首夏,物皆未成,故为小。祫于秋冬,万物皆成,其礼尤大。司勋列功臣有六,皆祭于大蒸,知祫尤大,乃及之也。近代禘祫,并不及功臣,有乖典制。宜改。”诏从之。自是祫祭乃及功臣。是岁,都令史王景之,列自江左以来,郊庙祭祀帝已入斋,百姓尚哭,以为乖礼。佟之等奏:“案《礼》国门在皋门外,今之篱门是也。今古殊制,若禁凶服不得入篱门为太远,宜以六门为断。”诏曰:“六门之内,士庶甚多,四时蒸尝,俱断其哭。若有死者,棺器须来,既许其大,而不许其细也,到斋日,宜去庙二百步断哭。”

从“六门之内,俱断其哭”可知都城内丧制也是以六门为断,据此也可知都城六门制度成立。如果说此则材料所记的时代较晚的话,再看东晋的一则。《晋书》卷八十五《江绩传》:江绩,在安帝时为南郡相,“会荆州刺史殷仲堪举兵以应王恭,仲堪要绩与南蛮校尉殷顗同行,并不从。……朝廷闻而征绩为御史中丞,奏劾无所屈挠。会稽世子元显专政,夜开六门,绩密启会稽王道子,欲以奏闻,道子不许。车胤亦曰:‘元显骄纵,宜禁制之。’道子默然”。“夜开六门”被视为违制,由于夜间开都城六门,需要皇帝颁发符令,故此“六门”应属于都城六门。再从御史中丞的职责是负责宫外都内、监察百官违例来看,其所辖六门也应是都六门。

1.3.2 都城军政

1.3.2.1 军种

宫内军事管理和宫外城中军事管理各有统属。按照军队分布空间分:宫城禁军、都城戍卫及城防部队。此外有尉、郭城戍等地方下级武官。此种制度可追溯至汉代。西汉宫廷“羽林”是郎卫，属宫廷禁卫军。东汉建国，光武帝“省诸郡都尉”，又“无都试之役”。结果地方军的训练松弛，京师戍卫军虽然也还有一定的训练，但主要来自招募，成分复杂，士兵素质总体水平不如西汉。所以马端临说：“光武罢都试后……则京师之兵亦单弱矣，外之士兵不练，而内之卫兵不精。”①

京师戍卫军的地位和作用，见《文献通考·兵考二》引宋人山斋易氏之言曰：“汉之兵制，莫详于京师南北军之屯。虽东西两京沿革不常，然皆居重驭轻，而内外自足以相制，兵制之善者也。”也就是说，尽管两汉京师常备军的组织机构、职掌任务及兵力员额等“沿革不常”，多有变革，但都贯彻着一条“居重驭轻”的策略。所谓“居重驭轻”，是指重京师以镇御地方，重京师直接掌握的常备军，使之驾驭和控制各个郡国的地方军，确保京师常备军的可靠性。

为贯彻“居重驭轻”的方针，汉代京师的常备军，设有宫廷禁军（郎卫）、宫城近卫军（卫士）和京师戍卫军（北军）。这三者，分工合作，互不隶属，互为表里，相互制约。最高军权集中于皇帝之手，这是中国封建兵制的一个显著特点，对后世影响很大。实行以京师常备军为主体的武装力量体制，这和当时政治上的中央集权统治是相一致的。

在汉代，作为京师常备军重要构成之一的戍卫军，不仅在武装力量的建置上逐趋完备，而且和地方上的郡国兵相比，具有明显的特点和优势。魏晋沿袭。

东晋的情况也可分为三种：宫廷禁军、城内戍卫军、城外戍卫军。以上是从军事系统对都城军政的分类。实际上还存在其他的分类，如按照行政建制，属于地方行政区划下的警务由州郡县长官负责，就建康而言就是扬州刺史。再者，都城为中央政府

---

① （宋元）马端临《文献通考·兵考二》，北京：中华书局，1984。

所在地,中央职官中特设的监察系统职官御史中丞分担部分都城警务,及宫内官员违纪监督等事务。下面先谈按照军事系统对都城军政的管理。

1.3.2.2 军队系统的职责与辖区

1. 宫城内:领军将军、二卫、光禄勋等职责

宫廷禁军包括两种:一种是保护皇帝人身安全的,禁卫亲兵,以跟从人主为主,侍从类禁军;一种是驻守宫殿门户的,守护类禁军。侍从类禁军更亲近皇帝。

东晋的禁军军职中,高级将领以领军将军(含中领军)、护军将军(含中护军)、中军将军为重。领军将军,三品,统宫内及殿中宿卫,“总六军之要,秉选举之机,掌监五营,领禁兵”。东晋领军失权,故有所谓“领军闲无上值之劳”之语出现①。

领军将军之下的左卫、右卫将军领宫禁宿卫,自西晋以来为敏感职位,军官多为皇帝亲宠。当时选官的特点,高品级军官可以兼摄低品级职官,如一品的三公可兼三品的领、护军职。而外官不得兼摄领军。《宋书》卷四十六《赵伦之传》:“元嘉十八年,征为领军将军。先是,外监不隶领军,宜相统摄者,自有别诏,至此始统领焉。元嘉二十一年,转豫州刺史。”刺史为外官,领军将军为京城内禁军武官。外官不兼摄领军要职。晋宋职官制度特点之一。宋文帝打破这一制度。

东晋的禁军兵力有多少?下面略加考之。

东晋开国之初禁军兵力不盛。王敦之乱时,中垒将军温峤有“今宿卫寡弱”(《晋书·温峤传》)之说,晋明帝讨王敦诏中称:“朕亲御六军,左卫将军(庾)亮,右卫将军(虞)胤……西阳王漾被练三千,组甲三万,总统诸军,讨(钱)凤之罪。”(《晋书·王敦

---

① (隋)虞世南《北堂书钞》卷六四,引《晋起居注》领军将军条。(隋)虞世南《北堂书钞》,天津:天津古籍出版社,1988。

传》)可见其时禁军兵力有三万三千人。王敦之乱后,东晋禁军似无变化,温峤建议罢省中央机构,其中一种情况即是"三省军校无兵者"可省(《晋书·温峤传》)。东晋之初军校无兵而空有其名比较常见,例如刘超为射声校尉,"时军校无兵,义兴人多义随超,因统其众以宿卫,号为'君子营'。"(《晋书·刘超传》)而禁军不盛在晋成帝时的苏峻之乱中暴露愈加明显,庾亮时为护军将军,仓惶之际,亲自所领兵才两千人(《晋书·庾亮传》)。骁骑将军钟雅为前锋监军,"领精勇千兵距(苏)峻"(《晋书·钟雅传》)。而苏峻则有"锐卒万人"(《晋书·苏峻传》),并轻易攻破京师。

苏峻之乱后,东晋政局基本稳定,禁军建置有所恢复,兵力也有所增加,如单是二卫之一的左卫将军陈光就能领兵五千(《晋书·蔡谟传》),但在内外态势上,中期的禁军力量并未从根本上改变其寡弱之情状。因而到晋穆帝时,又有王彪之建议"无兵军校皆应罢废"(《晋书·王彪之传》)。

后期孝武帝时随着帝权强大,禁军兵力出现转强的趋势。太元中桓伊由右军将军转任护军将军,以右军府千人自随而配护军府(《晋书·桓伊传》)。淝水之战后,中央趁机收回地方兵权,扬州军超过荆州军。地方军充实中央军,如太元十六年,中央又发江州兵营甲士两千人,家口六七千,配护军府及东宫(《晋书·五行志下》蝗蝝)。同时,东宫卫率也增为四率,编制的增加也意味着兵力的扩大。安帝时,宗室王司马道子、元显父子专揽朝政,禁军多兵。元显十六岁拜为中军将军、征虏将军,"其先卫府及徐州文武悉配之"(《晋书·会稽文孝王道子传》),又两次发兵各数万置于京师。这些都可视为中央禁军兵力的壮大。

2. 宫殿门户:光禄外部

除了领军将军这一高级军职,东晋宫内武官还有光禄勋、卫尉、殿中都尉、殿中将军、廷尉、殿中侍御史等也是不可缺少的禁军职官编制。光禄勋是秦汉以来九卿制度下的九卿之一。在汉代一度权重,魏晋衰微,但仍有部分宫内禁军权。

光禄勋职于西汉武帝太初元年(前104年)改秦官郎中令而置。

秦时的郎中令,九卿之一,统辖诸郎卫,平时出入禁省、宿卫皇帝之侧,凡有朝会,执戟、盾立于殿阶两旁,担负守卫殿内警卫的重任;皇帝出行,则充当车骑扈从。据《汉书·百官公卿表》说,"郎,掌守门户,出充车骑"。《后汉书·百官志》说:"凡郎,皆主更直,执戟宿卫诸殿门,出充车骑,唯义郎不在直中。"《北堂书钞》云:"凡郎,皆主更直,执戟宿卫。"可见,郎卫是宿卫宫廷的基层禁卫力量,地位很重要。

《汉书·百官公卿表》云:"郎中令,秦官,掌宫殿掖门户,有丞。武帝太初元年更名光禄勋。属官有大夫、郎、谒者。"又《初学记》卷十二"光禄勋"条引《齐职仪》云:"秦置郎中令,掌宫殿门户及主诸郎之在殿中侍卫。"可见,由郎中令统领的郎卫是皇帝的亲从侍卫。

汉代的光禄勋秩中二千石,位列九卿。职位虽不如郎中令亲近,但职司范围有所扩大,地位显要。其职掌宫殿门户宿卫,兼侍从皇帝左右,凡宫中宿卫、侍从、传达诸官如大夫、郎官、谒者等皆统属之。且兼典期门(虎贲)、羽林诸禁卫军。光禄勋官署衙门设在宫禁之中,宫内设狱,称光禄外部(《后汉书·百官志》)。《宋书》卷三十九《百官志上》:"掌三署郎,郎执戟卫宫殿门户。光禄勋居禁中如御史,有狱在殿门外,谓之光禄外部。"光禄外部负责宫内殿外的安全保卫。见《宋书》卷三十四《五行志五》:"晋成帝咸康四年十一月辛丑,有何一人诣南止车门自列为圣人所使。录付光禄外部检问,是东海郯县吕畅,辞语落漠,髡鞭三百,遣。"光禄外部为光禄勋的别称。

光禄勋,官三品,员额一人,丞一人。职掌宫殿门户宿卫,侍从皇帝左右,宫中宿卫、侍从、传达诸官如大夫、郎官、谒者等皆属之。属官众多,机构庞大,有丞、掾、主事、主簿等。新莽时改名司中。魏晋又复为光禄勋,魏、晋品秩三品。西晋兼掌部分宫廷供御事务,领虎贲中郎将、羽林郎将、冗从仆射、羽林左监、五官左右中郎将等。魏、晋以来,光禄勋不复居禁中,又无复三署郎,唯外官朝会,则以名到而已。二台奏劾,则符光禄加禁止,解禁止亦如之。禁止,身不得入殿省,光禄主殿门故。宫殿门户,至今犹属(《晋书·职官志》)。

东晋哀帝兴宁二年(公元 364 年)省并司徒,孝武帝宁康元年(373 年)复置。南朝其所领武官悉属中领军,职任愈轻。宋仍为三品(《晋书·职官志》)。

3. 宫城门守护:卫尉等

卫尉,一人。丞二人。《汉书·百官公卿表》说:卫尉"掌宫门卫屯兵"。掌宫门屯兵,秦官也。汉景帝初,改为中大夫令。后元年,复为卫尉。晋江右掌冶铸,领冶令三十九,户五千三百五十。冶皆在江北,而江南唯有梅根及冶塘二冶,皆属扬州,不属卫尉。卫尉,江左不置,宋世祖孝建元年复置。旧一丞,世祖增置一丞(《宋书·百官志上》)。可见,东晋初已罢卫尉。

卫尉府在宫城内设府,并置丞,颜师古注《汉书·百官公卿表》时说:"《汉旧仪》云,卫尉寺在宫内,胡广云,主宫阙之门内卫士,于周垣下为区庐。区庐者,若今之仪仗宿屋矣。"这都说明,宿卫宫城是卫尉的主要任务。其具体职能,以汉代的情况为例可包括以下几个方面:(一) 检查、验核宫城之内进出人员的"口籍"、"文符"(《后汉书·百官志》,《汉官解诂》);(二) 守卫宫城的各个官署及附近的园陵寝庙;(三) 担负朝会、大傩礼及非常时期的保卫工作[1]。因此,就宫城卫尉的性质而言,它是宫殿内的警卫部队,驻防军,守护宫殿诸要害地理,并不跟从皇帝。卫士对拱卫宫城、维护封建统治秩序起了一定的作用。西汉"京师自高祖下至宣帝",一共"用卫士四万五千"余人(《汉书·韦玄

① 黄今言《秦汉军制史论》,南昌:江西人民出版社,1993:138。

传》)。卫尉系统的卫士占了汉代中央直辖军的极大比例。这表明统治者一贯对宫城卫士的重视。

由于卫尉担负着守卫宫城的重任,故统治者对卫士给予相当重视和厚遇。卫尉选任一年更番。每当岁尽役满,遣送卫士之时,大摆酒筵,皇帝亲自"临餐",百官依序作陪。据记载:"冬季之月,餐遣故卫士仪:百官会,定位,谒者持节引故卫士入自端门,卫司马执幡征护行。行定,侍御史持节慰劳以恩诏,问所疾苦,受其章奏,毕,餐赐作乐,观以角抵。乐阕罢遣,劝以农桑。"(《后汉书·百官志》)送故皇帝临餐卫士的礼节,其隆重之场面于此可见。

《南齐书》卷十六《百官志》:"府置丞一人,掌宫城管籥。张衡《西京赋》曰'卫尉八屯,警夜巡昼'。宫城诸却敌楼上本施鼓,持夜者以应更唱,太祖以鼓多惊眠,改以铁磬云。"

此外,又有殿中都尉、殿中将军等,见《晋书·穆帝纪》:"永和八年二月,峻平、崇阳二陵崩。戊辰,帝临三日,遣殿中都尉王惠如洛阳,以卫五陵。"《宋书·武帝纪下》:"永初元年,复置五校三将官,增殿中将军员二十人,余在员外。"

卫尉与郎中令(光禄勋)有明显分工。如《汉旧仪》说:"殿外门署属卫尉,殿内郎署属光禄勋。"二者分工明确,互为表里。

以上可以简称为都城宫卫制度。从宫卫制度可看出宫内军事控制空间布局。汉宫卫制影响着魏晋宫卫制度。而居于深宫后苑服务于皇帝后宫日常生活的宦官类似家奴,并非朝廷正员。这里已提出了内外官概念,内外官应是一对相对概念。当把汉代官僚政治制度简化为宫官、外官两种时,它们也可用内、外官代指,后文将论述的汉代中外朝制度就是基于这样的分类原理。在京城内,若宫内官与宫外官相对,则前者为内官,后者为外官。推而广之,京官若与地方官相对,前者则为内官,后者为外官。因此,内外官概念应是随时变化的,相对的。钱大昕在《三史拾遗》中指出："中外朝之分，汉初盖未之有，武帝始以严助、主父偃入值承明，与参谋议而其秩尚卑，卫青、霍去病虽贵幸，亦未干丞相、御史职事。至昭宣之世，大将军权兼中外，又置前后左右将军，在内朝预事，而由庶僚加侍中、给事中者，皆自托为腹心之臣矣。"[①]中朝官初设时官员品秩低，未能干预丞相、御史大夫等外朝官员的职责。

4. 宫城外都城内京师兵：护军将军职责

京师屯戍兵，实际上是中央军中屯驻于京师以备不虞的部队。也就是汉之"北军"系统。元人马端临说："北军，中尉主之，掌京城内之兵。"又称：中尉，"掌京师盗贼，按考疑事"。中尉之职责是卫戍、治安、纠察或司法、治狱诸事。当然，后来也有奉命打仗之职（《文献通考·兵考》）。由中尉统领的京师屯戍兵，有时也称"中尉卒"。

高祖十一年七月，有"中尉卒三万人为皇太子卫"。这是由于汉初三辅地区的郡县军事力量并归中尉指挥的关系。京师屯戍兵的来源主要是征自京师附近的郡县。

护军将军，三品，职责统宫城外、京城内的京师卫戍部队及其京师附近驻军。《宋书·百官志》："魏、晋江右领、护各领营兵，江左以来，领军不复别置营，总统以二卫、骁骑、材官诸营，护军犹别有营也。"

护军将军在东晋元帝时废置，明帝时复置，以后此职常设。东晋一朝，其任职者总计 32 人次，其中士族占 29 人，寒族或身份不能确定者 3 人次。在士族任职中，侨姓士族 25 人次，吴姓士族占 4 人次；侨姓士族中仍以王氏最多，占 4 人次，汝南周氏占 3 人次，谢氏、济阳江氏各占 2 人次[②]。

沿袭魏晋旧制，东晋护军府治在都城外，石头城下偏东一带

---

① （清）钱大昕《廿二史考异》，上海：上海古籍出版社，2004：1434。

② 庞骏《东晋士族与兵权》，《中国史研究》，2001(2)：53－65。

位置，见《太平御览》卷一九七《居处部二五·藩篱》记载："西篱门在石头城东，护军府在西篱门外路北。"

另外，中军将军也负责宫城外、都城内的军备。在东晋一朝时置时废，任职者总数仅 17 人次，但在后期自孝武帝始任职者权重，尤其是继晋宗室司马道子、元显兼任之后，至霸府将军刘裕及其亲信又担任，此职所掌兵权大有超过领军、护军将军之势。而此职明显的特征是兼职，无独立的军府，且由晋宗室兼领，共有 5 人次①，是宗室兵权较重的禁军职任。护军、中军将军也负责城外部分防务。

以上是军队系统的分工。这三个系统的中央军互不统属，互为表里，相互制约。秦汉以来中央军不仅建制走向完备，而且和地方军相比，它已具有明显的优势。主要表现在：中央军三系统的兵力都由九卿级的光禄勋、卫尉、中尉等皇帝的亲信、重臣统领，士兵的素质高、待遇优厚，武器精良，拥有雄厚的军备等。这说明"居重驭轻"的军事统治策略已初步得到体现。

下面再看行政区划下的州郡县军备与警务。

1.3.2.3 扬州刺史

由于都城在扬州刺史辖区内，作为地方一级长官，刺史拥有都城内外（除了宫城区）治安权。扬州刺史相应地成为特殊行政长官，比普通州刺级别高，扬刺三品，例为中央高级官员兼任。是东晋的特殊行政单位。

而在西晋、汉魏，与之类似的则是司隶校尉。正如《晋书》卷二十四《职官志》所言："案汉武初置十三州，刺史各一人，又置司隶校尉，察三辅、三河、弘农七郡，历汉东京及魏晋，其官不替。……及渡江，乃罢司隶校尉官，其职乃扬州刺史也。"扬州刺史由汉魏的司隶校尉发展、脱化而来，制度一脉相承。因此，欲知扬刺的权限就需追溯司隶校尉的职责和权限。

---

① 他们是司马冲、丕、道子、德文、元显等。

汉代司隶持有符节，代表皇帝命令。他官在行道路上相遇需主动避让司隶校尉。时有“雄虎”之誉[①]。《汉书》卷七十七《诸葛丰传》：“时侍中许章以外属贵幸，奢淫不奉法度，宾客犯事，与章相连。丰案劾章，欲奏其事，适逢许侍中私出，丰驻车举节诏章曰：‘下。’欲收之。章迫窘，驰车去，丰追之。许侍中因得入宫门，自归上。丰亦上奏，于是收丰节。司隶去节自丰始。”

司隶校尉专纠城民违法，专管百姓庶政，不治军人刑事、官僚。司隶校尉偏重在通过直接发现百官的不法行为进行检举捕察。其职掌变化：文帝、武帝及以后有所不同。汉武帝加重其权，职权增加。其变化如下：“司隶校尉，周官，武帝征和四年初置。持节，从中都官徒千二百人，捕巫蛊，督大奸猾。后罢其兵。察三辅、三河、弘农。元帝初元四年去节。成帝元延四年省。绥和二年，成帝复置，但为司隶，冠进贤冠，属大司空，比司直。”（《汉书·百官公卿表上》）按巫蛊事件指阳石公主巫蛊之狱。因牵连的范围较大，汉武帝加强京师司隶校尉兵力，专责此事，自此之后，司隶监察京畿地区，察官吏犯罪、维持治安等。宣帝时监察对象与事务更多。见下二例：

1. 汉宣帝“以（盖）宽饶为太中大夫，使行风俗，多所称举贬黜，奉使称意。擢为司隶校尉，刺举无所回避，小大辄举，所劾奏众多，廷尉处其法，半用半不用，公卿贵戚及郡国吏繇[徭]使至长安，皆恐惧莫敢犯禁，京师为清”（《汉书·盖宽饶传》）。

2. 司隶的权限还有“纠皇太子、三公以下”，见《太平御览》卷二五〇“司隶校尉”条引应劭《汉官仪》。

此职与御史中丞同。一般情况下，由于只有皇帝一人具有主太子废立的特权，故对太子的纠察权也只在皇帝一人，国家监

---

① 杨鸿年《汉魏制度从考》“司隶校尉”，武汉：武汉大学出版社，1985：255。《太平御览》卷二五〇引傅咸集教曰：“司隶校尉旧号卧虎，诚以举纲而万目理，提领而众毛顺。”

察系统的长官如御史中丞、地方行政长官司隶校尉皆不能纠劾太子。太子与皇帝一样超越于法律,但在特殊的活动空间,国家系统的监察官也可对太子实行纠察权。

司隶入朝的朝贺拜谒礼仪也有明确规定,见《后汉书·百官志四》注引蔡质《汉仪》曰:

> 司隶诣台廷议,处九卿上,朝贺处公卿下陪卿上。初除,谒大将军、三公,通谒持板揖。公仪、朝贺无敬。台召入宫对。见尚书持板,朝贺揖。

其位在三公之下、九卿之上,见内官尚书则主动持板、作揖。司隶校尉既为职官名,又是一特别行政建制,与州同属于一个地方行政单位,但由于辖区在京师及其附近地区,因而其长官品秩高于一般州刺史,而且多由京官兼任。

在魏晋时期其具体职责包括:

(1) 领兵、助征讨。曹魏时卫觊向太祖献策,建议"使司隶校尉留治关中以为之主,则诸将日削,官民日盛,此强本弱敌之利也。(荀)彧以白太祖。太祖从之,始遣谒者仆射监盐官,司隶校尉治弘农"。裴氏注引《魏书》解释此事时说:"初,汉朝迁移,台阁旧事散乱。自都许之后,渐有纲纪,觊以古义多所正定。是时关西诸将,外虽怀附,内未可信。司隶校尉钟繇求以三千兵入关,外托讨张鲁,内以胁取质任。"(《三国志·魏书·卫觊传》)

(2) 组织生产。曹魏"建安初,关中百姓流入荆州者十余万家,及闻本土安宁,皆企望思归,而无以自业。于是卫觊议为'盐者国之大宝,自丧乱以来放散,今宜如旧置使者监卖,以其直益市犁牛,百姓归者以供给之。勤耕积粟,以丰殖关中,远者闻之,必多竞还。'于是魏武遣谒者仆射监盐官,移司隶校尉(治所)居弘农"。(《晋书·食货志》)

(3) 参与朝议,建议量刑轻重。"及景帝辅政,是时魏法,犯大逆者诛及已出之女。毌丘俭之诛,其子(毌丘)甸妻荀氏应坐死,其族兄顗与景帝姻,通表魏帝,以丐其命。诏听离婚。荀氏所生女(毋丘)芝,为颍川太守刘于元妻,亦坐死,以怀妊系狱。荀氏辞诣司隶校尉何曾乞恩,求没为官婢,以赎芝命。(何)曾哀之,使主簿程咸上议曰……于是有诏改定律令。"(《晋书·刑法志》)

这些权限发展到东晋仍然保持,东晋省司隶校尉名,改为扬州刺史(《晋书·职官志》)。扬州刺史治所西州城,《建康实录》卷一《吴上·太祖上》:"自汉初置扬州,治无定所(本注《舆地志》:汉扬州初理历阳,后理寿春。灵帝末,时扬州刺史刘繇为袁术所逼,又徙曲阿也云云)。晋永嘉中,王敦始为建康,创立州城,今江宁县城,所置在其西,偏其西即吴时冶城,东则运渎,吴大帝所开,今西州桥水是也(本注《晋书》:孝武太元末,会稽王道子为扬州刺史,治东第,时人呼为东府,因号此城为西州。故传云东府,西州是也。桥逼州城东南角,因以为名焉)。"①

扬州刺史下的郡县长官也有警务权。郡尹、都尉、督邮等有治安权。尹为郡级长官,都尉专主兵,略次于尹,都尉"典兵禁,备盗贼"(《后汉书·百官志》)。督邮监郡下所属各县兵事(《后汉书·百官志》)。在郡僚中地位低于功曹、主簿。《宋书·谢庄传》:孝武帝"大明元年,起为都官尚书,奏改定刑狱,曰:旧官长竟囚毕,郡遣督邮案验,仍就施刑。督邮贱吏,非能异于官长,有案验之名,而无研究之实。愚谓此制宜革,自今入重之囚,县考

---

① 《建康实录》中多以"江宁县"为参考基点,记述其他建筑史迹位置。许嵩所说的"今江宁县"指唐代中期江宁县治所。其地在今建邺路中共江苏省委党校及以东一带。江宁县建置情况是:隋平陈,移江宁县治于故都宣阳门外陈之安德宫。次年,即隋开皇十年(公元590年),移县治于冶城稍东的晋西州城旧址。江宁县所辖尽括六朝京畿之地。入唐以后,县名屡改,先后称归化(武德三年)、金陵(武德八年)、白下(武德九年)、江宁(贞观九年,县治仍金陵县故治)、上元(上元二年)等。期间,武德九年白下县治迁至白下村,贞观九年县治迁回,大部分时间县城址都在晋西州城旧址。

正毕，以事言郡，并送囚身，委二千石亲临覈辩，必收声吞衅，然后就戮。若二千石不能决，乃度廷尉。神州统外，移之刺史，刺史有疑，亦归台狱”。此旧制应包括东晋之制。

郡下的县，如建康县令，建康左、右尉等也参与城市治安管理。东晋建康县的设置延续了西晋建制，西晋太康元年（公元280年）平吴后复改建业县为秣陵县，并分置临江县。翌年（公元281年），改临江县为江宁县。太康三年（公元282年）分秣陵县秦淮水以北部分置建业县。秣陵仍治秦邑所在，即唐上元县东南六十里秣陵故城。西晋末世，建兴年间（公元313—316年）改建业县为建康县。东晋咸和六年（公元331年）正月“徙建康县治于宣阳门外御街西。”县置建康左尉、右尉，负责城区治安、捕捉盗贼等。建康左尉事，见《晋书·刘隗传》：“晋国既建，拜御史中丞。周嵩嫁女，门生断道解庐，斫伤二人，建康左尉赴变，又被斫。隗劾嵩兄顗曰：‘顗幸荷殊宠，列位上僚，当崇明宪典，协和上下，刑于左右，以御于家邦。而乃纵肆小人，群为凶害，公于广都之中白日刃尉，远近詾吓，百姓喧哗，亏损风望，渐不可长。既无大臣检御之节，不可对扬休命。宜加贬黜，以肃其违。’顗坐免官。”建康右尉事，见竟陵王刘诞罪杀建康右尉，“以司空太子太傅出为都督南徐州刺史。上以京口去都密迩，犹疑之。……大明三年，豫章人陈谈之又上书称弟咏之在诞左右，见诞与左右庄庆、傅元礼等潜图奸逆，常疏陛下年纪姓讳，往巫郑师怜家咒诅。咏之与建康右尉黄达往来，诞疑其宣漏，诬以罪被杀。”（《南史·宋宗室·竟陵王刘诞传》）

1.3.2.4 御史中丞职责

由于都城为中央政府所在地，中央监察系统职官分担部分城市警务。都城六门内由御史中丞与扬州刺史分管。

御史中丞，本秦官，秦时御史大夫有二丞，其一为御史丞，其一为中丞。中丞外督部刺史，内领侍御史，受公卿奏事，举劾案章。汉因袭秦制。汉代有“内台”、“外台”之分，《汉书·张汤传》:“汤为御史大夫七岁,败。河东人李文,故尝与汤有隙,已而为御史中丞,荐数从中文事有可以伤汤者,不能为地。”汉武帝时御史中丞另设分支机构于宫中,并在宫内值班,故为内台官。其下级官吏御史负责起草诏令、转承文书等,御史大夫寺设在宫中,见《初学记·职官下》:“御史大夫寺在司马门内,门无扁题,署用梓版,不起郭邑,题曰御史大夫寺。”可见其为宫中一小机构。

汉哀帝建平二年,“中丞出外为御史台主。历东汉至晋因袭其制,以中丞为台主。”(《晋书·职官志》)御史中丞、御史中尉权重,加之其办公地在宫城外的南面,又称“南台”、“宪台”。御史可纠察皇太子以下内外百官。在行道权上御史中丞与他官也各有分属,前文已述及,此处略。

西晋的司隶校尉、御史中丞对“行马道内”的纠察权很大,除了皇帝,皇太子及其以下的大臣在行马道内违法皆可纠察之。见西晋傅咸的议论,“时为议郎,长兼司隶校尉,上事以为‘按令,御史中丞督司百僚。皇太子以下,其在行马内,有违法宪者皆弹纠之。虽在行马外,而监司不纠,亦得奏之。……司隶与中丞俱共纠皇太子以下,则从皇太子以下无所不纠也。得纠皇太子而不得纠尚书,臣之暗塞既所未譬。皇太子为在行马之内邪,皇太子在行马之内而得纠之,尚书在行马之内而不得纠,无有此理’。咸累自上称引故事,条理灼然,朝廷无以易之。”(《晋书·傅玄传附傅咸传》)这则材料,傅咸所议针对的是尚书王戎失职、御史中丞解结弹劾王戎一事,傅咸时为议郎兼司隶校尉,他为自己申辩司隶校尉一职拥有纠察尚书的权力,同时它也反映了御史中丞、司隶校尉各自的监察权限。

魏晋以来御史台及其职官权重,御史中丞“外督部刺史,内领侍御史,受公卿奏事,举劾案章。……”(《晋书·职官志》)由于官僚机构的增加和官员队伍庞杂,御史的职责在汉晋南北朝之际有不断加重的趋势,东晋南朝如此,“晋江左中丞、司隶分督百僚，傅咸所云'行马内外'是也。今中丞则职无不察，专道而行，驺辐禁呵，加以声色，武将相逢，辄致侵犯，若有卤簿，至相驱击。宋孝建二年制，中丞与尚书令分道，虽丞郎下朝相值，亦得断之，余内外众官，皆受停驻。"(《南齐书·百官志》)宋时尚书令号宰相，御史中丞能与其分道而行，似乎权实与其不相上下。这从一个侧面也反映了京城警备、御史中丞督察职责的强化。

下面对本章作一简单小结。东晋建康城市形制与特征：

1. 建康都城的范围不是靠城墙而是靠都城六门来确定的，都城门以四个正位方向开列，其中南面的城门最重要，形成几个要道口，大体限定都城的内城范围。而外城有不规则分布的数十座篱门，"国门"则在更远之处。因此，与中原都城制度比较，东晋都城范围是非限定性的，开放式的新型城制出现。东晋之后随着城市的繁荣，人口的增长而不断扩张，远远超过其最初限定的城区范围。

当时都城的范围记为 20 里 19 步。这样规定的城区范围并不严格，事实上许多繁华市区、居住区均位于都城外，御道亦一直延伸远出都城。东晋以至南朝都城范围具有不限定的特点，这是东晋都城规划体系中的独特处，同时也是规划体系中其独特风格形成的原因之一。

2. 建康都城在城市规制上的另一个独特之点：其都城内有宫城与东府城、西州城，还有丹阳郡城、越城、冶城等，形成了大城之中套有众多小城的城市格局，构成了古代都城形制上类似于西汉长安城市格局那样的小城林立现象。这些被冠之以"城"的建筑群功能各异，有的类似于是一个相对独立的宫殿，有的是军事堡垒。一宫制变成多宫制，尤其是晋末东府城军府的出现，使得政权中心东移。

3. 在南朝，由于礼制的强化，都城路线设计上三朝五门与纵向空间相结合。三朝五门使都城内、外延伸，形成南北纵向空间序列。以皇宫为核心，以南面为正位的礼仪朝觐制度下的都城门制隐约出现。

4. 从城市发展史的角度看，东晋及南朝时期是南方城市发展的重要里程碑，表现在：第一，东晋王朝建都于建康，是全国的政治中心第一次南移。这是因为，尽管东晋朝只占领半个中国，但当时北方为少数民族占据，而且各政权寿命很短，大多数北方人民仍将东晋王室视为正统。不过，南北朝对峙局面结束后，建康不再是全国唯一的政治中心。第二，南方地区开始出现城区和人口规模均达到当时一流的大城市。由于此前政治中心长期在北方，使南方地区自秦汉以后一直缺乏一个一流的大城市。司马迁作《史记》时，长江沿岸及以南只有三个二流都会：江陵、吴、番禺。到西汉末王莽改制时，长安以下设五市，长江流域也只有一个成都。由于东晋王朝南迁，使南方地区第一次有了一个可与长安、洛阳媲美的一流大城市。

《礼记·曲礼下》:“君子将营宫室,宗庙为先,厩库为次,居室为后。”

2 宫城制度

东晋王朝在确定了都城城址之后,首要关注的便是宫城建设。宫城具有在空间上担负王朝政权最高合法性的自证功能,在文化上也具有巨大的符号象征意义,是都城建设中最早进行实体规划的权力空间。

与先秦三代不同,东晋都城内的宫城建设比宗庙的建设早,且宫城的建设比都城的筑城早。因此,都城空间首先是指都城中的宫城空间格局、分布特征和组合关系及其变化移动中的特点。随着都城功能的不断增加,以宫城为中心向四周扩展,构成更大的都城空间。

作为古代都城核心权力空间的宫城,既是建康都城城址确定后空间发展的起点,也是都城其他空间定位展开的原点。宫城空间格局最能体现国家意志,其结构形态的变化,也直观地反映出不同时代政权的政治文化变化态势。东晋宫城权力空间特征:一是其空间格局与权力配置敏感,宫城格局是权力配置和运作的空间表现。东晋宫城外部轮廓、城门数量为西晋宫城门的一半,汉晋洛阳城形制不变。二是宫内的分区,中央机构三省的空间布局和变动,揭示权力的空间变化。三是三朝制度与现实政治空间的离合异同。

2.1 宫城形制研究起点

2.1.1 一个基本问题:主殿是否南北朝向

宫殿朝向问题,是空间研究的基础问题,屡有争议,却无专文论述,下面先从礼志和职官志考察汉代宫殿朝向。

汉代宫殿朝向有南北向或东西向说,即坐西朝东、坐北朝南两说。前说以杨宽、傅崇兰为代表。后说坐北朝南说:贺业钜、姜波等虽未明确观点,属于持南北朝向说。本书持坐北朝南说。

先举史籍所载两例:西晋张华《博物志·地理考》:"周自后稷至于文武,皆都关中,号为宗周。秦为阿房殿,在长安西南二十里,殿东西千步,南北三百步,上可以坐万人,庭中受十万人。二世为赵高所杀于宜春宫,在杜城南三里,葬于旁。"其东西、南北的长度比可侧证建筑的朝向。阿房殿的横向长度大于纵向长度,这是中国古代单体建筑的基本特征之一。

又,《汉书·王莽传》:"(地皇四年十月二日)莽避火宣室前殿,火辄随之。宫人妇女謕呼曰:'当奈何!'时莽绀袀服,带玺韨,持虞帝匕首。天文郎桉栻于前,日时加某,莽旋席随斗柄而坐,曰:'天生德于予,汉兵其如予何!'莽时不食,少气困矣。三日庚戌,晨旦明,群臣扶掖莽,自前殿南下椒除,西出白虎门,和新公王揖奉车待门外。"从"南下"、"西出"可知前殿的方位朝向。宫殿朝向问题的解决,影响后世深远,此后历朝的宫殿皆采取坐北朝南之制,即使是少数民族政权的宫城大多也主动接受此建筑方位格局。

再看清人皮锡瑞《经学通论·三礼》(中华书局,1982)"论古宫室衣冠饮食不与今同习礼者宜先考其大略焦循习礼格最善":

> 古之宫室,不与今同也,古之衣服饮食,不与今同也,惟其不与今同,故俗儒多疑古礼不近人情,即有志于古者,亦苦共捍格不相入,考古礼者,宜先于古之宫室衣服饮食等类,考其大略,乃有从入之处,古宫室皆南向,外为大门,门侧左右皆有堂

室，谓之塾，内为寝门，中为庭，再上为阶，有东阶即阼阶，西阶，升堂为东西堂，有东西荣，即檐，有东西序，即墙，有两楹，即柱，有栋，有楣，上为户牖间，其后为室，两旁为东西房，古之室即今之房，有壁，古之房，今过路屋，无壁，东房后有北堂，宫室之左为庙，有闱门相通，庙制与宫室略同，观李如圭《仪礼释宫》，江永《释宫注》，张惠言《仪礼图》，得大略矣。

这段文字介绍了古代宫室单体建筑形制，皮氏大加肯定清儒焦循的礼学成就。先看焦循其人，《清史稿》卷四百八十二《儒林三·焦循传》："字里堂，甘泉人。嘉庆六年举人，曾祖源、祖鐃、父葱，世传易学。"同卷："循壮年即名重海内，钱大昕、王鸣盛、程瑶田等皆推敬之。始入都，谒座主英和，和曰：'吾知子之字曰里堂，江南老名士，屈久矣！'殁后，阮元作传，称其学'精深博大，名曰通儒'，世谓不愧云。"一说："焦循字里堂，江苏江都人，嘉庆戊午举人，有里堂文集。"(《皇朝经世文编姓名总目一专集》)焦循一生撰述甚多，有《里堂学算记》十六卷，《循见经部易类》，《雕菰楼集》二十四卷，《易通释》二十卷，《邗记》六卷，《北湖小志》五卷、《里堂家训》一卷。《易章句》十二卷，《易通释》二十卷，《易图略》八卷，《周易补疏》二卷，《易余籥录》二十卷，《易话》二卷，《易广记》二卷(刘锦藻《皇朝续文献通考·经籍考》)等。焦循是清代乾嘉扬州学派经学研究的重要代表，其与当时皖学、吴学重要成员皆有交游。焦循关于宫室的观点皮氏认为最精确，焦氏观点具体内容后详。

礼制典章中也有宫殿朝向的反映，如《礼记·郊特牲》："君之南乡，答阳之义也。臣之北面，答君也。"又，《礼记·明堂位》："昔者周公朝诸侯于明堂之位：天子负斧依南乡而立；三公，中阶之前，北面东上。诸侯之位，阼阶之东，西面北上。诸伯之国，西阶之西，东面北上。诸子之国，门东，北面东上。诸男之国，门西，北面东上。九夷之国，东门之外，西面北上。八蛮之国，南门之外，北面东上。六戎之国，西门之外，东面南上。五狄之国，北门之外，南面东上。九采之国，应门之外，北面东上。四塞，世告至。此周公明堂之位也。明堂也者，明诸侯之尊卑也。”①

《周礼·夏官司马》：“司士掌群臣之版，以治其政令。岁登下其损益之数，辨其年岁与其贵贱，周知邦国、都家、县鄙之数，卿、大夫、士庶子之数，以诏王治：以德诏爵，以功诏禄，以能诏事，以久奠食，惟赐无常。正朝仪之位，辨其贵贱之等。王南乡，三公北面东上，孤东面北上，卿大夫西面北上；王族故士、虎士在路门之右，南面东上；大仆、大右、大仆从者在路门之左，南面西上。司士摈：孤卿特揖，大夫以其等旅揖，士旁三揖，王还揖门左，揖门右。大仆前。王入，内朝皆退。掌国中之士治。”以上礼仪活动中皆可为宫室坐北朝南之证。

见诸史籍的侧证，《史记·鲁周公世家第三》：“成王长，能听政。于是周公乃还政于成王，成王临朝。周公之代成王治，南面倍依以朝诸侯。及七年后，还政成王，北面就臣位，匔匔如畏然。”注[一]集解礼记曰：“周公朝诸侯于明堂之位，天子负斧依，南向而立。”郑玄曰：“周公摄王位，以明堂之礼仪朝诸侯也。不于宗庙，避王也。天子，周公也。负之言倍也。斧依，为斧文屏风于户牖之闲，周公于前立也。”《史记·高祖本纪》：“萧丞相营作未央宫，立东阙、北阙、前殿、武库、太仓。高祖还，见宫阙壮甚，怒，谓萧何曰：‘天下匈匈苦战数岁，成败未可知，是何治宫室过度也？’萧何曰：‘天下方未定，故可因遂就宫室。且夫天子四海为家，非壮丽无以重威，且无令后世有以加也。’高祖乃说。”②

① 《大戴礼记·朝事第七十七》：公侯伯子男各以其旂就其位：诸公之国，中阶之前，北面东上；诸侯之国，东阶之东，西面北上；诸伯之国，西阶之西，东面北上；诸子之国，门东，北面东上；诸男之国，门西，北面东上。

② 《史记》注引[一]《正义括地志》云：“未央宫在雍州长安县西北十里长安故城中。”颜师古云：“未央殿虽南向，而当上书奏事谒见之徒皆诣北阙，公车司马亦在北焉。是则以北阙为正门，而又有东门、东阙，至于西南两面，无门阙矣。萧何初立未央宫，以厌胜之术理宜然乎？”按：北阙为正者，盖象秦作前殿，渡渭水属之咸阳，以象天极阁道绝汉抵营室。

2.1.2 考古学上的先秦宫城形制

中国传统宫殿建筑的高台基和大屋顶，长期以来是威严与权势的象征。目前发现的商代堰师二里头的商代城市的“宫室”遗址，也就是后人所说的宫殿，建筑在一个高土台上，房面朝南，八开间，进深为两间，是草木结构，草泥为皮。“宫室”的屋顶为四坡出檐，此宫室是一大型木结构建筑，在高土台周围有木柱，犹如走廊一样。这就是中国最早宫殿建筑的雏形①。西周的单体宫室建筑在礼制中有反映，可从室内礼仪活动一窥大概（参看图 2－1）。

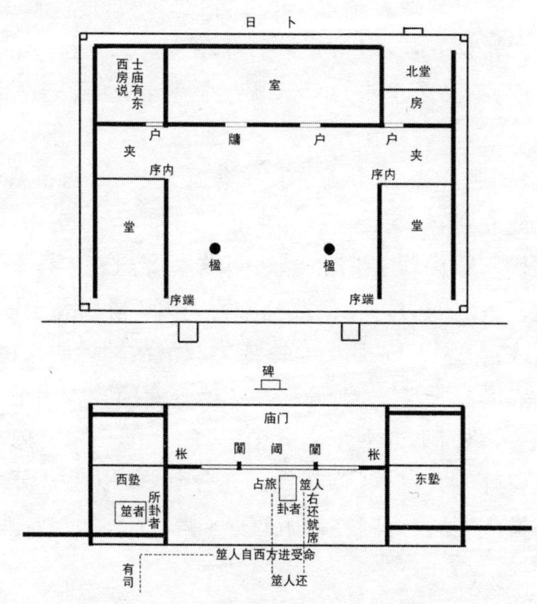

图 2 1 先秦单体宫室建筑平面示意图

采自（清）黄以周《礼书通故》礼节图一，冠，北京：中华书局，2010：2089。

① 刘庆柱《关于中国古代宫殿遗址考古的思考》，《考古与文物》，1999(6)：26－32。

2.1.3 西周至唐的内外朝

1）什么是“朝”？

朝：统治者的政治活动和活动场所的简称。《仪礼》卷十《觐礼第十》：

> ［疏］郑《目录》云：“觐，见也，诸侯秋见天子之礼。春见曰朝，夏见曰宗，秋见曰觐，冬见曰遇。朝宗礼备，觐遇礼省，是以享献不见焉。三时礼亡，唯此存尔。觐礼于五礼属宾。”○释曰：郑云“春见曰朝”等，《大宗伯》文。云“朝宗礼备，觐遇礼省”者，按《曲礼下》云：“天子当扆而立，诸侯北面而见天子曰觐。天子当宁而立，诸公东面，诸侯西面曰朝。”郑注：“诸侯春见曰朝，受挚于朝，受享于庙，生气，文也。秋见曰觐，一受之于庙，杀气，质也。朝者，位于内朝而序进；觐者，位于庙门外而序入。王南面立于扆，宁而受焉。夏宗依春，冬遇依秋，春秋时齐侯唁鲁昭公，以遇礼相见，取易略也。觐礼今存，朝、宗、遇礼今亡。”

案：扆，古代宫殿内设在门和窗之间的大屏风[①]。宁：庭院内附属小设施。古之四时之礼仅觐礼独存，臣下朝觐天子的场所主要在宗庙或宫室内。宗庙与宫室成为政治活动场所。例如宗庙之庙门，见《周礼·考工记·匠人》：“……庙门容大扃七个，闱门容小扃三个，路门不容乘车之五个，应门二彻三个。内有九室，九嫔居之。外有九室，九卿朝焉。九分其国，以为九分，九卿治之。”同书又载“王宫门阿之制五雉，宫隅之制七雉，城隅之制九

---

① （清）顾炎武《日知录》卷三十二“罘罳”条：“陈氏礼书曰，古者门皆有屏，天子设之于外，诸侯设之于内。礼，台门而旅树。旅道也，当道而设屏，此外门之屏也。治朝在路门之外，天子当宁而立，宁在门屏之间，此路门之屏也。国语曰，吴王背屏而立，夫人向屏，此寝门内之屏也。鲁庙疏，屏天子之庙肴，此庙门之屏也。月令，天子田猎，整设于屏外。此田防之屏也。晋天文志，屏四星在端门之内。近古执法。然则先王设屏非苟然也。”

雉。经涂九轨，环涂七轨，野涂五轨。门阿之制，以为都城之制。宫隅之制，以为诸侯之城制。”这是王宫门阿、宫墙、城墙对应的等级制度。

诸侯的王宫门阿建筑形式、装饰之制见于《礼记·明堂位》第十四：“太庙，天子明堂；库门，天子皋门；雉门，天子应门。振木铎于朝，天子之政也。山节，藻棁，复庙，重檐，刮楹，达乡；反坫出尊，崇坫康圭；疏屏，天子之庙饰也。”可见，“朝”最初指诸侯朝见周天子的礼仪，举行礼仪的地点在内朝宫室。这与当时的内外朝制度有关。

内外朝概念源自西周，其后历朝一直存在。《周礼·地官司徒》：“槁人掌共外内朝冗食者之食。若飨耆老、孤子、士庶子，共其食。掌豢祭祀之犬。”①

外朝的性质，天子举行朝仪或颁礼、献俘等活动的场所，保留了大量原始民主议政色彩，《周礼·小司徒》：“凡国之大事，致民；大故，致馀子。”《周礼·大司徒》“若国有大故，则致万民于王门”，《周礼·秋官小司寇》：“掌外朝之政，以致万民而询焉，一曰询国危，二曰询国迁，三曰询立君。”在外朝处理的三件大事即天子有三种情况听取民众的意见：第一是邦国遭遇兵寇等外部侵略如何对付，第二是迁都改邑，第三种是天子无嫡子，需选庶子继位。战争、迁都、继位，这三件事皆是国家大事，天子以这三件大事咨询于民，可见外朝是天子与民众

---

① 郑氏注，贾公彦疏《附释音周礼注疏》卷十六：“槁人，掌共外内朝冗食者之食。外朝，司寇断狱弊讼之朝也。今司徒府中，有百官朝会之殿云，天子与丞相旧决人事焉。是外朝之存者与？内朝，路门外之朝也。冗食者，谓留治文书，若今尚书之属，诸直上者。”[疏]释曰：“天子三朝，路寝庭朝，是图宗人嘉事之朝，大仆掌之；又有路门外朝，是常朝之处。司士掌之；又有外朝，在皋门内，库门外，三槐九棘之朝，是断狱弊讼之朝，朝士掌之。今言外内朝，明据三槐与路门外二者，以其路寝庭非常朝之处也。郑引今司徒府已下，说义也。”

共同商议国家大事的场所。西周设外朝处理的这些事务应是氏族社会原始民主制的孑遗。内朝的空间在后世因世俗王权个人意志的扩大而扩大,内部功能也因官僚制度发达而变得复杂,后详。

2) 朝礼自西周到汉代的变化

内外朝是西周重要政治制度和政治活动,我们重点关注是朝礼和朝礼场所。古代的上朝制度根据上朝的时间周期划分,有大朝、常朝等类型。大朝:一年的元正、冬至两次举行的朝会。以汉代的朝仪为例。

东汉正旦礼,孙星衍叙录《汉官六种·汉官典职仪式选用一卷》:

> 正月旦,天子幸德阳殿,临轩。公、卿、将、大夫、百官各陪(位)朝贺。蛮、貊、胡、羌朝贡毕,见属郡计吏,皆陛觐,庭燎。宗室诸刘杂[亲]会,万人以上,立西面。位定,公纳荐,太官赐食酒,西入东出。既定,上寿。计吏中庭北面立,太官上食,赐群臣酒食。贡事御史四人执法殿下,虎贲、羽林弧弓撮矢(案:通典引作"挟矢"),陛戟左右,戎头偪胫启前向后,左、右中郎将住东西(案:通典引作"位东南"),羽林、虎贲将住东北,五官将住中央,悉坐就赐。作九宾御乐。舍利(案:安帝纪注引下有"之兽"二字)从西方来,戏于庭极,乃毕入殿前,激水化为比目鱼,跳跃就水,作雾(案:安帝纪注、文选西京赋注引"就"作"激")障日。毕,化成黄龙,长八丈,出水游戏于庭(案:通典引作"遨游"),炫耀日光。以两大丝绳系两柱中头闲,相去数丈,两倡女对舞,行于绳上,对面道逢,切肩不倾,又蹋局出身(案:艺文类聚、太平御览引作"屈身"),藏形于斗中。钟磬并作,(倡)乐毕,作鱼龙曼延。小黄门吹三通(案:太平御览引"吹"上有"鼓"字),谒者引公卿群臣以次拜,微行出,罢。卑官在前,尊官在后。德阳殿周旋容万人。陛高二丈,皆文石作坛。激沼水于殿下

(案:艺文类聚引作"洛水")。画屋朱梁,玉阶金柱,刻镂作宫掖之好(案:太平御览引下有"奇禽万巧"四字),厕以青翡翠(案:太平御览引"青"上有"丹"字。又下有"竟柱构以水精"六字),一柱三带,韬以赤缇。天子正旦节,会朝百官于此。

东汉的元正大朝会在德阳殿举行。德阳殿形制明确,再稍作解释,汉卫尉蔡质撰《汉官典仪一卷》之《雒阳宫阁簿》云:"德阳宫殿南北行七丈,东西行三十七丈四尺。"可见,德阳殿是东西横向展开的大殿,坐南朝北为正位。

《后汉书·礼仪志中》"朝会":

每(月朔)岁首[正月],为大朝受贺。其仪:夜漏未尽七刻,钟鸣,受贺。及贽,公、侯璧,中二千石、二千石羔,千石、六百石雁,四百石以下雉。百官贺正月。二千石以上上殿称万岁。举觞御坐前。司空奉羹,大司农奉饭,奏食举之乐。百官受锡宴飨,大作乐。其每朔,唯十月旦从故事者,高祖定秦之月,元年岁首也。

本注[五] 蔡邕曰:"群臣朝见之仪,视不晚朝十月朔之故,以问胡广。广曰:'旧仪,公卿以下每月常朝,先帝以其频,故省,唯六月、十月朔朝。后复以六月朔盛暑,省之。'"

大朝的时辰,古代以漏计时。漏,是漏壶的简称。漏壶又叫"滴漏"、"刻漏",传说黄帝时即已出现。是古人夜间或阴天滴水计时的仪器。《周礼》记有"挈壶氏",专司其职。西汉末,已发展到叠加漏水壶,用上面流出的水来补充下面壶的水以提高流水稳定度。东汉张衡的漏水转浑天仪里已经使用二级漏壶。晋时又出现三级漏壶。分为泄水型漏刻和受水型漏刻两种,东晋时更用受水型漏刻,计时工具更加精准。古人将一天 24 小时分为一百刻,一刻相当于现代计时的 14 分 40 秒。一个时辰分八刻,相当于 117 分钟。那么,上引"夜漏未尽七刻"估计是现代计时方法的凌晨两三点左右。当时计时分"夜漏”、“昼漏”两个时间段，“夜漏”的起点时间是何时还待进一步确定，笔者试按子时计算，子时即当代计时夜间23点至次日凌晨1点。

在西晋武帝时的咸宁仪注中，明确了晨、昼两次朝会仪之别。见《晋书·礼志下》：

> 五礼之别，三曰宾，盖朝宗、觐遇、会同之制是也。自周以下，其礼弥繁。自秦灭学之后，旧典残缺。汉兴，始使叔孙通制礼，参用先代之仪，然亦往往改异焉。汉仪有正会礼，正旦，夜漏未尽七刻，钟鸣受贺，公侯以下执贽夹庭，二千石以上升殿称万岁，然后作乐宴飨。魏武帝都邺，正会文昌殿，用汉仪，又设百华灯。
>
> 晋氏受命，武帝更定元会仪，咸宁注是也。傅玄元会赋曰：“考夏后之遗训，综殷周之典艺，采秦汉之旧仪，定元正之嘉会。”此则兼采众代可知矣①。
>
> 咸宁注：“先正一日，有司各宿设。夜漏未尽十刻，群臣集到，庭燎起火。上贺，起，谒报，又贺皇后。还，从云龙、东中华门入，诣东阁下，便坐。漏未尽七刻，百官及受贽郎官以下至计吏皆入立其次，其陛卫者如临轩仪。漏未尽五刻，谒者、仆射、大鸿胪各各奏群臣就位定。漏尽，侍中奏外办。皇帝出，钟鼓作，百官皆拜伏。太常导皇帝升御坐，钟鼓止，百官起。大鸿胪跪奏‘请朝贺’。掌礼郎赞‘皇帝延王登’。

---

① （东晋）李轨《晋咸和起居注》：有司奏：“魏氏故事，正旦贺，公卿上殿，虎贲六人随上，以斧挂衣裙上。今宜依旧为仪注。”诏曰：“此非前代善制，其除之。”见（清）汤球《众家编年体晋史》，天津：天津古籍出版社，1989。《明史·礼志七·嘉礼一》“大朝仪”：“汉正会礼，夜漏未尽七刻，钟鸣受贺。公卿以下执贽来庭，二千石以上升殿，称万岁，然后宴飨。晋咸宁注，有晨贺昼会之分。唐制，正旦、冬至、五月朔、千秋节，咸受朝贺。宋因之。”本注：晋咸宁注有晨贺昼会之分。原脱“晨贺”两字。“昼会”是一事，不能称“分”。

大鸿胪跪赞'藩王臣某等奉白璧各一,再拜贺'。太常报'王悉登'。谒者引上殿,当御坐。皇帝兴,王再拜。皇帝坐,复再拜。跪置璧御坐前,复再拜。成礼讫,谒者引下殿,还故位。掌礼郎赞'皇帝延太尉等'。于是公、特进、匈奴南单于、金紫将军当大鸿胪西,中二千石、二千石、千石、六百石当大行令西,皆北面伏。鸿胪跪赞'太尉、中二千石等奉璧、皮、帛、羔、雁、雉,再拜贺'。太常赞'皇帝延公等登'。掌礼引公至金紫将军上殿。皇帝兴,皆再拜。皇帝坐,又再拜。跪置璧皮帛御坐前,复再拜。成礼讫,谒者引下殿,还故位。公置璧成礼时,大行令并赞殿下,中二千石以下同。成礼讫,以贽授贽郎,郎以璧帛付谒者,羔、雁、雉付太官。太乐令跪请奏雅乐,乐以次作。乘黄令乃出车,皇帝罢入,百官皆坐。昼漏上水六刻,诸蛮夷胡客以次入,皆再拜讫,坐。御入后三刻又出,钟鼓作。谒者、仆射跪奏'请群臣上'。谒者引王公二千石上殿,千石、六百石停本位。谒者引王诣樽酌寿酒,跪授侍中。侍中跪置御坐前,王还。王自酌置位前,谒者跪奏'藩王臣某等奉觞,再拜上千万岁寿'。四厢乐作,百官再拜。已饮,又再拜。谒者引王等还本位。陛下者传就席,群臣皆跪诺。侍中、中书令、尚书令各于殿上上寿酒。……"然则夜漏未尽七刻谓之晨贺,昼漏上三刻更出,百官奉寿酒,谓之昼会。

上引文字对西晋一天中两次朝、会仪过程记录十分详细,其按不同时间节点、地点、君臣于太极殿中庭举行的大礼仪,可见其中仪式表演已相当程式化。

东晋朝会仪或与其类似。《世说新语笺疏》卷下之上《宠礼》第二十二:"元帝正会,引王丞相登御床,王公固辞,中宗引之弥苦。王公曰:'使太阳与万物同晖,臣下何以瞻仰?'"东晋的地方州刺史也举行元正会。见《世说新语笺疏》卷上之下《政事》第三:"陶公性俭厉,勤于事。作荆州时,敕船官悉录锯木屑,不限多少,咸不解此意。后正会,值积雪始晴,听事前除雪后犹湿,于是悉用木屑覆之,都无所妨。”又《世说新语笺疏》卷下之上《术解》第二十:“荀勖善解音声,时论谓之闇解。遂调律吕,正雅乐。每至正会,殿庭作乐,自调宫商,无不谐韵。阮咸妙赏,时谓神解。”可见,东晋元正礼仪在中央和地方正常举行。

《文献通考·王礼考一》“朝仪”条:

“东晋江左多虞,不复晨贺。夜漏未尽十刻,开宣阳门,至平明始开殿门。昼漏上水五刻,皇帝乃出受贺。皇太子出会者,则在三恪下王公上。正朝元会,设白兽樽于殿庭,若有能献直言者,则发此樽饮酒。

东晋王侯不之国,其有受任居外,则同方伯刺史二千石之礼,亦无朝聘之制。

宋因晋制,无所改易。唯朝至十刻乃受朝贺,升皇太子在三恪之上。”

《太平御览·乐部四》“历代乐”条:

又曰:晋乐曰《正德》、《大豫》,并武帝所造。武帝因汉魏旧礼定会仪正。且夜漏未尽七刻,设庭燎;漏尽,皇帝出,锺磬作;公卿奉贽币讫,太乐令跪请奏雅乐,皇帝乃入,谓之晨贺。昼漏上三刻,皇帝又出,百官上寿酒,太乐令跪奏请进乐,鼓吹合作;鼓吹令又奏请进伎,别置女乐三十人于黄帐外,奏房中之歌。江左始废此礼。宋改《正德》为《前舞》,《大豫》为《后舞》,至齐亡。

可见,汉晋朝会中的“庭燎”礼被东晋南朝继承,又见《太平御览·火部四》“庭燎”条:

《晋起居注》曰:成帝咸和八年十二月,有司奏:庭燎在公车门外,今更集议,旧在端门内,依旧门内施。诏曰:“尚书奏,九年庭燎当在端门内,明帝时在公车门外,可依旧安。”《晋中兴书》曰:哀帝兴宁元年,诏庭燎树端门内。

见《众家编年体晋史》:成帝咸和八年十二月,有司奏:庭燎在止车门外，今更集议，旧在端门内，依旧门内施。诏曰："尚书奏，九年庭燎当在端门内，元、明帝时在止车门内，可依旧安。"[①]

两条材料互相矛盾，东晋朝会仪与前朝最大的区别是"庭燎"的地点，上引文字中庭燎的地点，一说晋元、明帝时在公车门外，一说在止车门内，成帝时有司议应改在端门内。端门为距离太极殿前殿最近的一座宫门，符合了上古"庭燎"的原始意义。

3）朝礼对后代隋唐的影响

《类编长安志·宫殿室庭》[②]唐宫城之东内宫殿：

> 其宫南北五里，东西三里，南面五门，正南曰丹凤门，东曰望仙门，次东曰延政门，丹凤门西曰建福门，门外百官待漏院[③]，次西曰兴安门。东面一门曰太和，南［西］面一门曰日营，北面一门曰玄武。
>
> 含元殿丹凤门内当中正殿，阶高于平地四十余尺，南至

---

① (清)汤球《众家编年体晋史》，天津：天津古籍出版社，1989。

② (元)骆天骧撰，黄永年点校《类编长安志》，西安：三秦出版社，2006。

③ 《旧唐书》卷十四《宪宗纪上》："(元和二年)六月丁巳朔，始置百官待漏院于建福门外。故事，建福、望仙等门，昏而闭，五更而启，与诸坊门同时。至德中有吐蕃囚自金吾仗亡命，因敕晚开门，宰相待漏于太仆寺车坊。至是始令有司据班品置院。"(宋)程大昌著，明新安吴琯校《雍录》卷八《职官》"待漏院"条："故事建福门在大明宫丹凤门东，望仙门在丹凤门西，昏而闭五更五点而启。至德中有吐蕃自金吾仗亡命，因敕晚开。宰相待漏太仆寺车坊。元和元年初置百官待漏院各据班品为次，在建福门外候禁门启，入朝。"又刘思怡，杨希义《唐外朝听政的主要内容》，《西安年鉴》，2010。指出：唐代君臣的外朝听政和朔望朝参及常朝一样，均须在黎明时分宫门开启以后举行，故参加"外朝"听政的在京文武百官都要在黎明之前乘马赶至大明宫南丹凤门两侧的望仙门和建福门等待，时称"待漏"，而宰相们则可在光宅坊内太仆寺车坊"以避风雨"。直到唐宪宗元和初年，才在建福门外为参加朝参的官员修建了"待漏院"，作为这些官员的短暂休憩之所。

丹凤门四百余步，中无间隔，左右宽平，东西广五百步，东南有翔鸾阁，西南有栖凤阁，与殿飞廊相接，又有钟楼，鼓楼，殿左右有砌道，盘上谓之龙尾道。夹道东有通乾门，西有观象门，阁下即朝堂，肺石一如承天之制。又有金吾左右仗院。

宣政殿东有东上阁门，西有西上阁门，即正衙殿也，殿前东廊曰日华门，殿前西廊曰月华门。

紫宸殿在宣政殿北紫宸门内，即内衙之正殿也，肃宗乃崩于紫宸殿。

这则材料反映了唐代东内宫室空间格局，与后文“三朝”制度关联。唐代的朝会制度丰富：在唐代，于每年的十一月的朔旦冬至及正月元日，百官会聚于朝廷，向皇帝祝贺冬至、新年到来的所谓“朝贺”之礼。朝贺后如备酒肴，则称为“会”，与朝贺并称为“朝会”。特别是元日的朝会作为新年的仪式而备受重视，称为“元会”。唐前期由高祖和太宗创行的包括外朝听政、朔望朝参和双日常朝等多种形式的朝会制度。

唐太宗时创“入阁”廷议之制，使朔望朝参与常朝的“入阁”廷议之制合二为一。对此，后人亦多有论及。如宋人程大昌在《雍录》卷三《古入阁说》中有云：“欧文忠叙载入阁之制甚明，然有可疑者。贞观元年制：‘自今中书、门下及三品以上入阁议事，皆命谏官随之，有失辄谏。’则贞观中已有入阁之语，不得开元间退御紫宸受朝，乃云入阁也。又德宗贞元制：‘自今后五月一日御宣政殿与群臣相见。’是则贞元间五月朔日，未尝退避宣政也，玄宗时优人以伎术得服绯，而设说以求赐鱼者，玄宗曰：‘鱼袋者，五品以上入阁，则合符，汝则不可。’故武后时崔神庆上疏曰：‘今五品以上佩鱼者，为别敕宣召，恐有诈伪，故内出龟，合，然后用命。’又《六典》曰：‘鱼符以备别宣召。’则是时奏事不于正殿而于便殿，已云入阁矣。则入阁之语亦先乎开元矣。”

宋人叶梦得在《石林燕语》卷二中所云：

> 唐以宣政殿为前殿，谓之“正衙”，即古之内朝也；以紫宸为便殿，谓之“上阁”，即古之燕朝也。而外别有含元殿。古者，天子有三朝：外朝、内朝、燕朝。外朝在王宫库门外，有非常之奉，以询万民于宫中。内朝在路门外，燕朝在路门内。盖内朝以见群臣，或谓之路朝。燕朝以听政，犹今之奏事，或谓之燕寝。郑氏《小宗伯》注：以汉司徒府有天子以下大会殿，设于司徒府则为殿，则宜有后殿。大会殿设于司徒府，则为外朝。宫中有前后，则为内朝、燕朝。盖去周犹未远也。唐含元殿，宜如汉之大会殿，宣政、紫宸乃前后殿，其沿袭有自来矣。方其盛时，宣政盖常朝，日见群臣，遇朔望陵寝荐食，然后御紫宸，旋传宣唤仗入阁，宰相押之，由阁门入，百官随之入，谓之“唤仗入阁”，犹古之言“寝”。此御朝之常制也。

唐东内大明宫的南北空间序列主要是：丹凤门—含元殿—宣政殿—紫宸殿等。分析此段文字，曲解了三朝概念，矛盾有两处，一是叶氏观点：内朝＝常朝。二是外朝的地点，引文中“郑氏《小宗伯》……大会殿设于司徒府，则为外朝”。此观点也有误，汉之司徒府据其地理位置至多算是外朝的一部分空间，并非外朝全部空间。前文已指出外朝是接见臣民的大会之地。

《宋史·宋庠传》：“宝元中，以右谏议大夫参知政事。庠为相儒雅，练习故事，自执政，遇事辄分别是非。尝从容论及唐入阁仪，庠退而上奏曰：

> 入阁，乃有唐只日于紫宸殿受常朝之仪也。唐有大内，又有大明宫，宫在大内之东北，世谓之东内，高宗以后，天子多在。大明宫之正南门曰丹凤门，门内第一殿曰含元殿，大朝会则御之；第二殿曰宣政殿，谓之正衙，朔望大册拜则御之；第三殿曰紫宸殿，谓之上阁，亦曰内衙，只日常朝则御之。天子坐朝，须立仗于正衙殿，或乘舆止御紫宸，即唤仗自宣政殿两门入，是谓东、西上阁门也。

以本朝宫殿视之：宣德门，唐丹凤门也；大庆殿，唐含元殿也；文德殿，唐宣政殿也；紫宸殿，唐紫宸殿也。今欲求入阁本意，施于仪典，须先立仗文德庭，如天子止御紫宸，即唤仗自东、西阁门入，如此则差与旧仪合。但今之诸殿，比于唐制南北不相对尔。又按唐自中叶以还，双日及非时大臣奏事，别开延英殿，若今假日御崇政、延和是也。乃知唐制每遇坐朝日，即为入阁，其后正衙立仗因而遂废，甚非礼也。"

宋人叶梦得、宋庠等擅长礼学，他们在考论唐宋朝政时注意到宫内空间，也为后世三朝说张本。清代顾炎武《历代宅京记》中不少观点沿袭其说(见表2-2)。

2.2　两汉至南北朝官僚政治制度

2.2.1　两汉的中外朝官僚政治制度特点

中外朝制度是汉代以来形成的一种官僚政治制度。中(内)朝设在宫中，主要指宫内机构。外朝指在宫外的中央职官和相应的中央机构衙署。中(内)外朝制度既与先秦以来官制发展有直接联系，也与汉时的都城、宫城形制有关。

所谓中朝官的"中"，指的是宫中、宫内，所以中朝官也叫内朝官。据《汉书》记载，他们是大司马、将军、侍中、中常侍、左右曹、诸吏、散骑等职官[①]。《汉书·刘辅传》："于是中朝左将军辛庆忌、右将军廉褒、光禄勋师丹、太中大夫俱上书。"注引孟康曰："中朝，内朝也。大司马、左右前后将军、侍中、常侍、散骑、诸吏为中朝。丞相以下至六百石为外朝也。"

劳榦先生认为中朝应包括：侍中、左右曹、诸吏、散骑、常侍、给事中、尚书、大司马、前后左右将军等。当代学者亦有认为汉武之后领尚

① 《汉书·百官公卿表》王先谦注。

书事、大夫、博士、诸曹、给事中、给事黄门、符节台等亦为中朝[①]。

中朝官的性质:是皇帝任命的,为"公家"办事的国家正式官员。不同于宫城中为皇帝个人生活服务的内务官,其性质是皇帝私奴。后者即杨鸿年先生称为"省官"。

中朝官职务上的主要特点是:

1)他们都在宫中理事,值勤宿住。如昭帝年幼,外戚大将军霍光秉政时期,由于特殊的朝政格局,宫省制度随着内朝官僚制度的发展而盛极一时。《资治通鉴》卷二三:大将军霍光"初,桀子安取霍光女,结婚相亲,每休沐出(宫),桀(上官桀)常代光入(宫)决事"。胡注:"汉制:中朝官五日一下里舍休沐……"此即中朝官在宫中理事、值宿之证[②]。案:上官桀为左将军,昭帝上官皇后之祖父,见《汉书·外戚传》:"武帝疾病,以霍光为大将军,太仆桀为左将军,皆受遗诏辅少主。以前捕斩反者莽通功,封桀为安阳侯。"

武昭二帝时在中朝发展出尚书机构,逐渐取代外朝公卿机构的职权,进而形成中朝掌决策,外朝掌行政的管理机制。东汉后来发展为中朝官仅用阉宦,形成宦官专权,成为君主制的变态发展。

2)中朝官的主要特征不仅仅是居于宫省之内,还在于是否成为皇帝的亲信之臣。即人主近臣、近侍是中朝官与他官的主要区别。故中朝官最大的特点是在皇帝身边协助处理国政机要,为皇帝充当参谋、顾问、秘书等。围绕皇帝个人办公。

与中朝官对举的则是外朝官,在汉代中外朝制刚形成时,它

---

① 李宜春《论西汉的内朝政治》,《史学月刊》,2000(03):30-36。

② 《汉书·孔光传》:(孔光)为中朝官,"守法度,修故事。上(成帝)有所问,据经法,以心所安而对,不希指苟合。"可见其在宫中随时备顾问。《汉书·师丹传》:哀帝时有人上书告大司空师丹,"上以问将军中朝臣。皆对曰:……宜下廷尉治。"

主要指以丞相为首的三公九卿，及下至六百石的京城官吏，他们在宫外办公，定期或特殊情况下才入宫议事(《汉书·刘辅传》注)。《汉书·循吏传序》：汉宣帝“厉精为治，五日一听事，自丞相已下各奉职而进”。五日一听事，亦即五日一朝。这是汉长期发展形成的较固定的上朝时间规定。汉初就有五日一朝的习惯，高祖见太上皇是五日一入见，见《史记》卷八《高祖本纪》：“(高)六年，高祖五日一朝太公，如家人父子礼。太公家令说太公曰：‘天无二日，土无二王。今高祖虽子，人主也；太公虽父，人臣也。奈何令人主拜人臣！如此，则威重不行。’”

中朝官也是五日一休，《史记·万石君传》：“(石奋长子)建老白首，万石君尚无恙。建为郎中令，每五日洗沐归谒亲，入子舍，窃问侍者，取亲中裙厕牏，身自浣涤，复与侍者，不敢令万石君知，以为常。建为郎中令，事有可言，屏人恣言，极切；至廷见，如不能言者。是以上乃亲尊礼之。”本注[一]《集解》文颖曰：“郎五日一下。”《正义》孔文祥云：“建为郎中令，即光禄勋，九卿之职也。直五日一下也。”又，同卷“万石君以元朔五年中卒。长子郎中令建哭泣哀思，扶杖乃能行。岁余，建亦死”。按：石建五日一休，为武帝元朔年间事。则证武帝时中官实行五日一休假。又《史记·日者司马季主传》：“司马季主者，楚人也。卜于长安东市。宋忠为中大夫，贾谊为博士，同日俱出洗沐，相从论议，诵《易》先王圣人之道术，究遍人情，相视而叹。”本注：五日一假，沐也。汉代皇帝五日一朝，接见外朝臣，中朝官则是五日一休沐。即他们在宫中上班，五天一休假。中外朝官接近皇帝的机会多，故竞相为中官。

西汉中期中外朝的确立：西汉中期汉武帝时的朝政已有内外朝之分。汉武帝重用内侍，宫省人员除了近侍左右外，同时在政治上也开始发挥明显的作用。因此，宫省职官开始引起人们重视。司马迁、班固史书中提出“加官”，在纪传中也常常讲宫省官吏的事迹，给后人窥测宫禁内外关系提供了有利线索。清人钱大昕在《三史拾遗》中指出:"中外朝之分,汉初盖未之有,武帝始以严助、主父偃入值承明,与参谋议而其秩尚卑,卫青、霍去病虽贵幸,亦未干丞相、御史职事。至昭宣之世,大将军权兼中外,又置前后左右将军,在内朝预事,而由庶僚加侍中、给事中者,皆自托为腹心之臣矣。"①案"承明"指承明殿,在未央宫内,见《汉书·扬雄传》:"孝成帝时,客有荐雄文似相如者,上方郊祠甘泉泰畤、汾阴后土,以求继嗣,召雄待诏承明之庭。"本注[一]师古曰:"承明殿在未央宫。"可知承明殿是未央宫内一处朝议大殿,又见《汉书·霍光传》:"光即与群臣俱见白太后,具陈昌邑王不可以承宗庙状。皇太后乃车驾幸未央承明殿,诏诸禁门毋内昌邑群臣。"大将军霍光欲废黜昌邑王刘贺,假太后下诏,太后入未央宫承明殿临朝也证承明殿为宫内主殿之一。

当时的中朝职官首官大将军并未完全取代丞相、御史等外朝官的政治地位,从霍光废昌邑王事件中可体现,《汉书·霍光传》:"光与群臣连名奏王,尚书令读奏曰:丞相臣敞、大司马大将军臣光、车骑将军臣安世、度辽将军臣明友、前将军臣增、后将军臣充国、御史大夫臣谊、宜春侯臣谭、当涂侯臣圣、随桃侯臣昌乐、杜侯臣屠耆堂、太仆臣延年、太常臣昌、大司农臣延年、宗正臣德、少府臣乐成、廷尉臣光、执金吾臣延寿、大鸿胪臣贤、左冯翊臣广明、右扶风臣德、长信少府臣嘉、典属国臣武、京辅都尉臣广汉、司隶校尉臣辟兵、诸吏文学光禄大夫臣迁、臣畸、臣吉、臣赐、臣管、臣胜、臣梁、臣长幸、臣夏侯胜、太中大夫臣德、臣印昧死言皇太后陛下:臣敞等顿首死罪。……"从群臣联名奏疏看,领衔官为丞相,次为大司马大将军霍光,御史大夫、九卿诸臣皆在其内,此奏疏也反映了当时朝中职官位次轻重的一个大略。丞相仍为外朝官之首,外朝的中枢体系依然在有效地运行。且由于汉武帝本人雄才大略,能够强力御下,其重用中朝官只是他

① (清)钱大昕《廿二史考异》,上海:上海古籍出版社,2004:1434。

加强个人事权的手段而已，而这一手段在当时的情况下是起到了积极作用的。汉武帝后期，怠于政事，沉湎于后宫生活，“数宴后庭，或潜游离馆，故请奏机事，多以宦人主之”①。自此，宫省之间的空间界限也开始严格起来，禁中逐渐缩小为仅指后宫所在地区。由于宦官才能方便地出入禁中，故宦官的职责无形加重，而朝中有正式职官的士人的职责受到侵夺，其权任转轻。自汉武帝始置中书谒者令，任用宦官执掌中书之权以后，宦官的职权范围就突破了禁内杂务的传统服务性工作角色，对后世宦官专权的形成与发展产生了深远的影响。

汉宣、元帝之后，外朝官与皇帝日益疏远，宫省内宦官大量增加，内官与外官的士宦阵营区别也日趋严格分垒。内官势力迅速膨胀，在政治舞台上扮演了越来越重要的角色。内廷空间因其功能扩大而不断扩大。

西汉的中外朝官所指是明确的，基本不会发生理解上的混淆。在本书中“中朝官”概念包括“省官”概念，指三省(或后来的四省、五省等)职官等。“省”，是皇帝在宫内平居燕处的居住区，“省”的位置更靠近宫城北部后宫区，故其在宫内的地理位置更显近密。这种宫省制度孕育于先秦，至秦汉已发展得相当完备。杨鸿年先生在其著作《汉魏制度丛考》(武汉大学出版社，1985：13)一书中提出：“如以宫省制度为基点，研究两汉职官设置，则当时官吏约可分为三类：一类是在省中工作和经常居住省中，或虽不经常居住省中但其关系与省特别密切的官吏，可以叫做省官。第二类是设在省外宫内的官吏，可以叫做宫官。第三类是设在宫外的官吏，可以叫做外官。”值得商榷的是其划分的第二类职官，其称“宫官”，在宫中的地理位置在“省外宫内”，据此，则宫官必在省官之外，根据宫城坐北朝南的大方位，则宫官必在省官之南面的地理区间，南北空间划分明确，此结论与实际的宫内

① (南朝宋)范晔《后汉书》，北京：中华书局，1965：2508。

机构交叉分布并不符合。理由如下:①“宫官”的命名不审慎,由于古代皇宫已经称“宫城”,“宫官”的命名在理解上就应该是宫内官了,它应该涵盖杨氏的“省官”才符合分类标准和一般常识。省官的出现按其时间脉络,大致先是尚书省,后有中书省、门下省,依照杨氏观点宫中除了这些省官另外还有宫官,那么宫官又指哪些官呢?从汉魏官制也无法坐实。②省官之北还有后妃们的后寝区,活动在这些区域的人员也只能称省官了。因此,笔者不赞成杨鸿年关于宫省制度的概念解释和观点。本书所用“省官”概念相当于“中官”概念,不采用杨氏“宫官”概念,本书“宫官”概念指宫内所有任官,与“外官”相对,本书的“省官”是中朝官的主体。“省”为何意呢?《汉书·武五子传》:“(江)充典治巫蛊,既知上意,白言宫中有蛊气。入宫至省中,坏御座,掘地。”可见省中即禁中,又称“禁闱”、“禁省”,是皇帝和后宫妻妾们居住的地方。又,《汉书·昭帝纪》“供养省中”注引伏俨曰:“蔡邕云本为禁中,门阁有禁,非侍御之臣不得妄入。行道豹尾中亦为禁中。孝元皇后父名禁,避之,故曰省中。”师古曰:“省,察也,言入此中皆当察视,不可妄也。”[①]因此,“禁中”主要指后寝地区,其地理位置在皇宫内偏北位置。相比宫中的前廷空间

---

① 《汉书·昭帝纪》,北京:中华书局,2003:218。“禁中”的泛义指皇宫,见《三辅黄图》卷六:“汉宫中谓之禁中,谓宫中门阁有禁,非侍卫、通籍之臣不得妄入。”又《汉旧仪》卷上有:“皇帝起居仪,宫司马门内,百官按籍出入。”而《汉书·元帝纪》注引应劭曰:“籍者,为二尺竹牒,记其年纪、名字、物色,县之宫门,案省相应,乃得入也。”由此可知,这里的“宫门”指皇宫之外门——司马门,而“禁中”则是对皇宫的统称。这说明,当时宫与省之间的界线还不很严格。东汉多幼主,后宫成为皇太后主政之所,前后延续时间很长,于是“禁中”逐渐仅指后宫所在地区。《后汉书·何进传》有何进欲尽罢宦官统领禁省,而以三署郎代之,“(何)太后不听,曰:‘中官统领禁省,自古及今,汉家故事,不可废也。且先帝新弃天下,我奈何楚楚与士人共对事乎?’”据《后汉书·百官志》可知,三署郎“皆主更执戟宿卫诸殿门”。即在禁外宫内执勤。中官则在禁内。

来说，省中戒备更为严格，“非侍御之臣不得妄入”。无论前廷还是后寝，这些官都是“宫官”。宫内的“禁中”位置范围再举例证之。《史记·秦始皇本纪》：赵高说二世曰：“先帝临制天下久，故群臣不敢为非，进邪说。今陛下富于春秋，初即位，柰何与公卿廷决事？事即有误，示群臣短也。天子称朕，固不闻声。”于是二世常居禁中，与高决诸事。注[二]《集解》蔡邕曰：“禁中者，门户有禁，非侍御者不得入，故曰禁中。”同一件事，《史记·李斯列传》：“（赵高）乃说二世曰：‘天子所以贵者，但以闻声，群臣莫得见其面，故号曰‘朕’。且陛下富于春秋，未必尽通诸事，今坐朝廷，谴举有不当者，则见短于大臣，非所以示神明于天下也。且陛下深拱禁中，与臣及侍中习法者待事，事来有以揆之。如此则大臣不敢奏疑事，天下称圣主矣。’二世用其计，乃不坐朝廷见大臣，居禁中。赵高常侍中用事，事皆决于赵高。”

中朝官制度的发展才有省官制度的发展，前者是制约后者的重要原因。于海平在《省官制度述略》（《广西社会科学》，2004年第1期）中评道：“省官制度作为君主专制主义中央集权的产物，是君主以‘内’制‘外’，以‘近’制‘疏’的必然结果，本无可厚非。但省官其职掌多无常制，从家吏走向‘挟天子’是其必然结果。然而历史的悲剧总是在周期中重复，汉固有‘三公九卿’，唐亦有‘三省六部’，然皇权始终借‘省官’制外，省官坐大是数个强大王朝颓落的重要原因。”笔者认为，就省官在历史上发挥的主要作用而言，这样一个评说是极为中肯的。

2.2.2 西晋的中外朝

在西晋，内朝的变化不大，外朝则指当时八公中的太尉、司徒、司空，合称“三司”。《晋书·周顗传》：晋元帝时王敦攻入建康，问王导曰：“周顗、戴若思南北之望，当登三司，无所疑也。”导不答。又问：“若不三司，便应令、仆邪？”又不答。王敦便说：“若不尔，正当诛尔。”把二人杀掉。周、戴二人都很能干。从王敦将“三司”与“令仆”并列，“三司”并非尊崇虚衔，而有委以重任之意。《晋书·温峤传》:晋元帝时,除官不拜,“苦请北归”,“诏三司、八坐议其事”。也证明直到东晋,“三司”仍参与最高层次的议政。

同时,西晋的内朝官尚书台长官已经不仅作为皇帝近臣,在宫中与皇帝议政,而且还代替三公监督百官,处理日常政务。《晋书·刘颂传》记晋武帝太康年间上疏说:“秦汉已来,九列执事,丞相都总。今尚书制断,诸卿奉成,于古制为重,事所不须。然今未能省并,可出众事付外寺,使得专之,尚书为其都统,若丞相之为。惟立法创制,死生之断,除名流徙,退免大事,及连度支之事,台乃奏处,其余外官皆专断之,岁终台阅课功校簿而已。……于今亲掌者动受成于上,上之所失,不得复以罪下,岁终事功不建,不知所责也。”这条材料足以说明西晋的尚书已与秦汉的丞相并举。而且,从刘颂语气看,尚书不但相当于秦汉丞相,而且有超过之势。

东晋尚书台沿袭西晋尚书台的权力和职能。其权力表现在可独立下符,即颁发政令。《通典·礼典十五》记东晋康帝立,“准礼将改元。尚书台(符)下侍御史、太常主者、殿中属,应告庙,其勒礼官并太史,择吉日,撰祝文,及诸应所用备办。符到奉行。”由于这段话是节文,所以公文用语只剩下了最后的“符到奉行”,可以推想全文格式与宋初符仪大概一致。

《宋书·礼志二》载有宋文帝时皇太子监国有司仪注用语。其中的符仪和其前所引的笺仪、关事仪不同,并无“关门下位”、“尚书官署”等手续署名,但称“事诺”(即文书已经皇太子批准),“明详旨申勒,依承不得有亏,符到奉行”,显然也是尚书台执行监国太子的批示,先自行草拟了文书。当然,这是宋初仪注,时间较晚,但如考虑到宋初官制“因循”晋制,并未改弦更张,则用这符仪来理解东晋尚书符令之制,应该与事实相去不远。

南朝宋初尚书台的权力下降，但仍是中朝官。在齐仍有内台、外台之分，尚书台机构扩大，称“内台”。尚书令权限一度达到“总领尚书台二十曹，为内台主。行遇诸王以下，皆禁驻。左、右仆射分道。无令，左仆射为台主，与令同”（《南齐书·百官志》）。再举一例：王思远，琅邪临沂人，是尚书令王晏的从弟。齐高帝“建武中，迁吏部郎。思远以从兄晏为尚书令，不欲并居内台权要之职，上表固让……上知其意，乃改授司徒左长史”（《南齐书·王思远传》）。梁时尚书省仍在宫内，《资治通鉴》卷一百六十二梁纪十八，高祖武皇帝十八，太清三年条：“临贺王记室吴郡顾野王起兵讨侯景，二月，己丑，引兵来至。初，台城之闭也，公卿以食为念，男女贵贱并出负米，得四十万斛，收诸府藏钱帛五十万亿，并聚德阳堂，而不备薪刍、鱼盐。至是，坏尚书省为薪。”此也说明尚书省在宫内。

从这时期的兵制上看也有中外军之分。南朝宋永初元年，刘裕代晋，谢晦“寻转领军将军、散骑常侍，依晋羊祜故事，入直殿省，总统宿卫”（《宋书·谢晦传》）。檀道济则转护军将军，进一步健全了以领、护将军为禁卫长官的中央禁卫体制。据《宋书·百官志》：“领军将军一人，掌内军。护军将军一人，掌外军。”此“内军”指驻于建康宫城之内职掌宿卫宫殿的禁卫军，又称中军、台军[①]；“外军”当指驻于宫城之外的京师禁卫军。檀道济以护军将军“领石头戍事”（《宋书·檀道济传》），石头城是屏卫都城、控扼秦淮和长江交汇处的军事城堡，“外军”职任便是如此。刘裕以谢晦、檀道济分掌内外军，也含有相互牵制之意。

---

① 内军又称台军，刘宋台军见《宋书·黄回传》：黄回竟陵郡军人，出身经历如下：“充郡府杂役，稍至传教。臧质为郡，转斋帅，及去职，将回自随。质为雍州，回复为斋帅。质讨元凶，回随从有功，免军户。质在江州，擢领白直队主。随质于梁山败走向豫章，为台军主谢承祖所录，付江州作部，遇赦得原。”

因为,通常宫内机构外移有两种情况:第一种情况,该职官的职责发生变化,权力独立性增强故搬出宫外。出宫并不等同于权力缩小,这是权力分工的结果。但不利的是出宫的机构与皇帝在空间上有所疏远,事权可能受到影响,但并不必然削弱事权。其具体权力的扩大与缩小既可以从当时政治制度上考察,也可以从实际政务活动中考察。第二种情况,中朝官的主要特征不仅仅是居宫内,还在于是否成为皇帝的亲信之臣。即人主近臣、近侍是中朝官与他官的区别之一。故中朝官最大的特点是在皇帝身边协助处理国家政务,充当皇帝的参谋、顾问等,即有参政议政权。

2.2.3 北魏的内外朝

北魏太和改制前,登国元年(公元 386 年)拓跋珪在牛川"即代王位"后,"以长孙嵩为南部大人,叔孙普洛为北部大人,分治其众。以上谷张兖为左长史,许谦为右司马,广宁王建、代人和跋、叔孙建、庾岳等为外朝大人,奚牧为治民长,皆掌宿卫及参军国谋议。长孙道生、贺毗等侍从左右,出纳教命"(《资治通鉴》卷一零六,晋孝武帝太元十一年条)。其政治体制仍是胡族体制,胡人贵族居主导地位,中央政治体制上的内外官并行制更为明显。拓跋鲜卑内朝形成的时间,远早于登国年间。《魏书·官氏志》所言:"建国二年,初置左右近侍之职,无常员,或至百数,侍直禁中,传宣诏命。皆取诸部大人及豪族良家子弟仪貌端严,机辩才干者应选。又置内侍长四人,主顾问,拾遗应对,若今之侍中、散骑常侍也。"这种带有氏族制残余的制度经过百余年发展后,到登国元年,拓跋珪又设外官系统,"置幢将及外朝大人官"。若从拓跋什翼犍在建国二年(公元 339 年)"始置百官,分掌众职"(《魏书·序记》)算起,至此,拓跋魏最终形成了内外朝制政治体制,并以制度形式确定下来。

有关北魏初期内外官并行的政治体制,严耀中先生有深入研究①。他指出北魏建国伊始，便并存着内、外两个官员系统，各有职司，分庭抗礼，内行官的文官系统主要职责在于“主顾问，拾遗应对”；掌机密，出入诏命；“察举百僚”；“摄行祭事”；典掌内库；典诸曹；领御食、医药等事；折狱等。内行官中武职系统的主要任务是禁卫皇帝和宫室。但随着北魏版图扩大和被统治民族人数的急剧增多，外朝官的地位和作用日益重要，并成为北魏的主要行政机构。自太和之后，有关北魏的史料上就再也找不到关于内行官员的记载②。北魏初期内外朝并存的现象，在赵超先生的《汉魏南北朝墓志汇编》(天津古籍出版社，1992)一书中也有颇多墓志铭文记述，从中能清楚观察出北魏内外官制一直延续到太和官制改革之际。

2.2.4 北齐邺宫三朝之制

《历代宅京记》在叙写唐长安宫室制度时出现了“三朝”说法，但是以小字注文出现。这是古籍文献中首次把“三朝”概念和实体宫殿建筑结合使用。此前虽有“三朝”说法，但仅见于礼制典籍，并未与政治建筑实体相一一对应。《历代宅京记》卷十二对邺城的记载较多，他把内外朝这一概念用于北齐邺城(其前身是曹魏邺城)宫室，他的“内朝”、“中朝”、“外朝”

---

① 严耀中《北魏内行官试探》，《中国魏晋南北朝史国际学术研讨会论文集》，2004年。

② 俞鹿年《北魏职官制度考》，北京：社会科学文献出版社，2008。观点：就职官制度的发展而言，自皇始至孝文帝改革前是一个时期。其时由于北魏统治民族刚从原始社会脱胎未久，其职官制度保留了很多部落时期的孑遗。在太祖道武帝拓跋珪时还以鸟名官：诸曹走使谓之凫鸭，取其飞翔之迅疾；称司伺察之职的候官为白鹭，取其延颈远望。至于“事出当时，不为常目”之官名，史籍中更是随处可见。其中既有部落官制的痕迹，又有汉族官制的借鉴采用(因为在代国时代，其王府的设官即依晋制)，而且不像十六国时期有些政权那样分职官为胡汉两系。这一时期是把各种不同来源的职官杂糅在一起而成为一个统一整体的，这在中央官制尤为明显。

观点十分引人注目[①]。而该书中在叙写此前的汉长安、东汉洛阳、六朝建康、魏晋洛阳宫室时皆无此说。那么,是否意味着顾氏认为内外朝制度成型于北齐邺城的宫制中?其说的依据又是什么呢?

由于该书对北齐邺城制的记载多取材自宋代《相台志》,那么,顾氏对北齐邺城使用内外朝说法究竟是北齐(含曹魏)当时确已有的,还是唐宋修北齐史者添加的,抑或是顾氏作为经学家对历代经学观点的理解后自己添加出来的呢?

前文已假定北齐邺城当时的确已实行了三朝制度。本书拟从邺宫正殿太极殿与凉风堂的位置关系再作一细微考察。首先,北朝的几大都城(洛阳、邺城、长安)都有尊崇、强化礼制的共同特点。这也是少数民族政权汉化和自证其正统的举措之一,关于此点前已有论。正如恩格斯说:"文明较低的人民之每次侵略,当然中断了经济的发展,并破坏了许多生产力。但是在长期征服中,文明较低的征服者,在最大多数的场合上,不得不与被征服国度较高的'经济情况'相适应;他们为被征服的本地人民所同化。"(《反杜林论》人民出版社,1961:188)陈寅恪先生撰于1942年的《唐代政治史述论稿》(上海古籍出版社,1997:16),对民族同化问题又有所补充阐述,书中举《北齐书·杜弼传》和《北史·源贺传》为证,指出:"汉人与胡人之区别,在北朝时代文化较血统尤为重要。凡汉化之人即目为汉人,胡化之人,即目为胡人,其血统如何,在所

① 潘志锋《论顾炎武的经学道统观》,《江西社会科学》,2009(1):71-74。指出:顾炎武以"考据学"为手段,在浩繁的著述中以"求真务实"的特点展现着自己思想的魅力。他把儒学之精髓概括为"经世之经学",对儒学的道统作出了独特的经学化的分析和诠释。

不论。”[①]陈氏主张以一个人所接受或认同的生活方式、思想观念来判断其民族属性，比起单纯的种族论、血统论，要高明得多。不过在历史学和社会学研究中，考证统治者的血统，以姓氏来定族属分析问题，仍有必要。因为血亲和姻亲两大社会关系的建立是古代各阶层建立社会关系，维护其社会资源的主要手段，权力者重视嫡庶之别、政治联姻，正是巩固其权力和财富的必需。

其次，顾氏处于明清之异变之际，因“见明季多故，讲求经世之学”，他作为清代学风开风气之人，对经学、礼学的理解与重视已在《日知录》、《历代宅京记》等著述中体现出来。顾氏的经世致用之学体现在其治学上，“其论治综核名实，于礼教尤兢兢。谓风俗衰，廉耻之防溃，由无礼以权之，常欲以古制率天下。”又：“大抵主于敛华就实。凡国家典制、郡邑掌故、天文仪象、河漕兵农之属，莫不穷原究委，考正得失。”其思想要旨可概括为“以古礼求诸现世”，其三朝说即为此思想宗旨的体现之一。

北齐邺宫的三朝之中称外朝，即阊阖门应无疑义。

次则中朝，太极殿为朝会大殿于史可证，如东魏武定八年五月魏帝禅位礼仪在此举行。北齐文宣帝天保十年冬十月甲午暴崩于晋阳宫德阳堂，“十一月辛未，梓宫还京师。十二月乙酉，殡于太极前殿。”(《北齐书·文宣纪》)是以太极前殿为路寝和国家最高礼仪之正殿。

再次则称内朝，笔者意应指凉风殿。这样三朝之制完备，又符合其时太子监国制度的严肃性。内朝指凉风殿，考证如

---

① 陈寅恪《柳如是别传》中有云：“寅恪尝论北朝胡汉之分，在文化而不在种族。论江东少数民族，标举圣人“有教无类”之义。论唐代帝系虽源出北朝文化高门之赵郡李氏，但李虎李渊之先世，则为赵郡李氏中，偏于武勇，文化不深之一支。论唐代河北藩镇，实是一胡化集团，所以长安政府始终不能收复。今论明清之至佟养性及卜年事，亦犹斯意。”陈寅恪《柳如是别传》，上海：上海古籍出版社，1980：982。

下:北齐文宣帝以太子高殷监国,其具体时间在天保元年九月,此为文宣太子监国之制最早的记载。但《北齐书》并未对这时的太子监国明确使用“监国”字眼,《文宣纪》仅仅记载为:“庚午,帝入晋阳,拜辞山陵。是日皇太子入居凉风堂,监总国事。”太子监国为重大政治制度性安排,则其监国施政的地点应为朝非寝可知。

内朝的性质与内寝功能交叉,也是皇帝日常生活、接见大臣的场所。

文宣太子监国的地点最初在凉风堂。凉风堂是朝殿、还是寝宫?目前由于北齐邺城的宫殿位置关系文献、考古尚未取得定性的成果,对其宫殿空间位置和组合关系现在还有很多疑点,笔者只能就现有文献资料进行一点推测。

首先,凉风堂是文宣时代的重要议政场所之一。例如:《文宣纪》记:“天保七年二月,诏常山王演等于凉风堂读尚书奏按,论定得失,帝亲决之。”时常山王高演负责尚书省事务,《孝昭纪》记:“天保七年,从文宣还邺。文宣以尚书奏事,多有异同,令帝与朝臣先论定得失,然后敷奏,帝长于政术,剖断咸尽其理,文宣叹重之。八年,转司空,录尚书事。”因此,从其功能看,它具有“朝”的性质。而且,这种性质在北齐以后的历史上也比较明显,世祖时,“及世祖崩,仆射和士开先恒侍疾,秘丧三日不发。子琮问士开不发丧之意。士开引神武、文襄初崩并秘丧不举,至尊年少,恐王公有贰心,意欲普追集凉风堂,然后与公详议。”(《北齐书·冯子琮传》)武成崩,和士开欲秘不发丧,但又担心王公大臣反对,于是欲于凉风堂集会详议,从此事可推知凉风堂应是王公大臣日常议政之所,而非偏僻寝苑之所。后主时又有祖珽等人劝帝除掉外戚斛律光事件,“光至,引用凉风堂,刘桃枝自后拉而杀之,时年五十八。”(《北齐书·斛律金附光传》)也说明凉风堂是皇帝接待大臣的场所之一。

其次,《北齐书》和《北史》二书中多见凉风堂名,不见凉风殿名。据《历代宅京记》则有“凉风殿”名，邺宫名中有“含光殿凉风殿”，顾氏注引《邺中记》云：“昭阳殿东有长廊，通东阁，阁内有含光殿，四[西——笔者校改]有长廊通西阁，阁内有凉风殿，内外通廊，往还流水……”按：昭阳殿为皇后寝宫区的一部分，由于“含光殿”在南宫中，《颜氏家训集解》卷一《教子》：“(琅邪王俨)年十许岁，骄恣无节，器服玩好，必拟乘舆；常朝南殿，见典御进新冰，钩盾献早李，还索不得，遂大怒，诟曰：‘至尊已有，我何意无？’不知分齐，率皆如此。”

又，见《北齐书·琅邪王俨传》：“帝每称曰：‘此黠儿也，当有所成。’以后主为劣，有废立意。”又，“俨恒在宫中，坐含光殿以视事，和士开、骆提婆忌之，武平二年，出俨居北宫。”后主时为武成帝的太子，高俨被封为琅邪王，是太子的弟弟，武成帝宠爱琅邪王，故有琅邪王骄纵逾越之言行。

按照顾氏的理解，凉风殿、含光殿与昭阳殿为一组建筑群，皆在南宫，凉风、含光二殿是昭阳殿东西侧的附属偏殿，二者也应在“朝”的范畴，但不知此凉风殿是否与凉风堂为同一处。若是，则凉风堂作为三朝中的内朝性质更明确。

不过，凉风堂的位置或在后宫苑囿也是可能的，见《北齐书·乐陵王百年传》：

> 河清三年，博陵人贾德胄教百年书，百年尝作数“勑”字，德胄封以奏。帝乃发怒，使召百年。百年被召，自知不免，割带玦留与妃斛律氏。见帝于玄都苑凉风堂，使百年书“勑”字，验与德胄所奏相似。……

按高百年为孝昭第二子，正妃元氏所生，孝昭即位后立百年为太子。孝昭死，传位于弟弟高湛，太子遂被高湛废；武成中高百年被降封为乐陵王。古代的“勑”是多音字，既可读作 lai，勉励之义；又通“敕”，读作 chi，皇帝的诏书、诏令称“敕”。贾德胄教百年写“勑”字进而诬陷他有夺位之心以邀宠高湛。从这一事件发生的地点在“玄都苑”内来看，按照通常的理解，“苑”应属后宫禁苑的范畴,据此也可推知凉风堂属于后宫(燕寝)的一部分。一种合理的解释是:三朝制中的内朝本来就是皇帝与后妃们日常起居之地,故凉风堂在内朝。

2.3 东晋宫城形制

2.3.1 东晋建康宫城制度

东晋建康宫城制度的直接继承关系有两个源头,一是曹魏邺城宫室制度,一是东汉魏晋洛阳宫室制度。

先看曹魏邺城宫室制度。刘敦桢考察曹魏邺城的宫殿,据左思的《文选·魏都赋》记载,曹魏邺城的宫殿分为三部分:从西向东,西为内苑铜雀园,为皇家园囿空间;中间有端门[①]、正东门、文昌殿一组建筑,文昌殿为正殿即大朝之地,规模宏大,建筑华丽;其东有司马门、显阳门、听政殿一组建筑,听政殿是国家政府之核心,是常朝。常朝与大朝一东一西,曰"东西堂制"[②]。郭湖生先生进而把曹魏、北齐的邺城宫室布局制度称为"骈列制",骈列制起于曹魏邺城制度[③]。(以下所引不再注明)其主要观点是:宫城分大朝(文昌殿)、常朝(听政殿)二区。大朝与常朝东西向并列,谓之骈列制。骈列制出现的原因有二:其一是当时

---

① 端门为太极殿门,《晋书·傅玄传》:"(泰始五年)由御史中丞转司隶校尉。献皇后崩于弘训宫,设丧位。旧制,司隶于端门外坐,在诸卿上,绝席。其入殿,按本品秩在诸卿下,以次坐,不绝席。而谒者以弘训宫为殿内,制玄位在卿下。玄恚怒,厉声色而责谒者。谒者妄称尚书所处,玄对百僚而骂尚书以下。御史中丞庾纯奏玄不敬,玄又自表不以实,坐免官。"案:谒者为殿中司仪,安排官员的朝位班次。

② 刘敦桢《六朝时期之东西堂》,《刘敦桢文集》第三册,北京:中国建筑工业出版社,1987:456-463。

③ 郭湖生《论邺城制度》,《建筑师》2000年总第54期:55—61。收入氏著《中华古都——中国古代城市史论文集》,台北:台北空间出版社,1997。

政治形势，权臣当政，两套中央领导班子共存。东路的听政殿前、司马门内，有丞相属官诸曹，为曹操丞相府文官掾属；城南布防“武卫营”，为曹操相府宿卫亲兵，为许杵率。后发展为禁军统帅的中护军将军也为曹操相府之亲兵，故而《晋书·职官志》谓：领军、护军“非汉官也”，实为曹操创置。其二，曹操在宫室格局上也有创制。邺城曹魏职官执掌多依汉末，但职官名称和宫殿名称多与东汉不同。《三国志·武帝纪》注引王沈《魏书》：“太祖……及造作宫室，缮治器械，无不为之法则，皆尽其意。”曹操在政治上务实，适当创立新制符合统治形势。

邺城的营建有其总体规划构思。《魏都赋》谓邺城规划“览荀卿、采萧何”，《荀子·王制》于规划礼仪有所发挥，汉初萧何建长安亦开辟一新局面，说明邺城的规划效法先贤，以周、汉的都城构筑制度为底本，并有所创新。可见，曹操亲自干预了邺城规划。其规划思想可谓开一代风气。从其布局有文昌正殿做大朝，听政殿等建筑做常朝，两者并列布置。刘敦桢认为：此后，曹魏洛阳也将此大朝、常朝位置继承，在太极殿侧增修东西堂，即刘敦桢所说东西堂做大朝、常朝、日朝合一之用，出现三朝简化之制。郭湖生又一观点：骈列制终止于北齐邺南城宫室制度，北齐以中书、门下为机要部门而尚书则疏远见外于此时。骈列制是因宫内有尚书省为主的政府机构而开始的，又因尚书省失去核心权力被淘汰出宫而终止。其依据是：“尚书省及卿寺百司，自令仆而下之二十八曹并在宫阙之南。”（顾炎武《历代宅京记》引陆翙《邺中记》）东魏文襄（高欢子高澄）时自领职为中书监，移门下事总归中书。高澄有储君身份，任中书监，则自然中书权重于尚书，但这是非常态的、临时的。

虽然“三朝”已有明确区分，但却变成呈南北纵向延伸，即最南面为外朝阊阖门、向北往宫内依次是中朝太极殿、内朝昭阳殿[1]。这是典型的匠师视野下的三朝制度，即“匠师三朝”。按郭氏观点，则居于外朝最尊地位的阊阖门应该是邺宫的第一道门，也即是笔者所称的宫城正南门。那么，还有不能解决的问题是南北向序列的三朝制与东西向序列的骈列制之间的关系。笔者以为曹魏邺城大朝（文昌殿）、常朝（听政殿）二区并非在同一水平线上并列，前者大朝的规模比常朝大，且向南突出。

两位前贤的观点无论是“东西堂制”还是“骈列制”敏锐地把握住了宫廷的政治空间布局，注意到了此期宫城内部空间的重要特征，让晚学钦仰，也成为晚学继续研究的高起点。在此基础上，让人心存疑虑的是东晋建康台城是否也实行了骈列制？换言之，建康台城仿照了魏晋邺城宫室制度、还是仿照魏晋洛阳宫室制度？或者对二者兼有吸收和改造？从曹魏邺宫阊阖门为正南门，东晋建康宫将其降为次级宫门看，它并未直接继承邺宫制度，但东西两路骈列的痕迹保留。又从魏晋洛宫的大司马门为正南门，东晋建康也以大司马门为正南门看，东晋继承了魏晋洛宫制度中的大朝名称。直言之，东晋建康宫以大司马门为正门，门内直通太极殿；阊阖门为次级宫门，门内直通尚书省机构所在地。另一个问题需解决：魏晋洛宫与曹魏邺宫的相互关系怎样？骈列制用在洛宫形制上了吗？前文已知东汉洛宫为南北二宫

---

① 阊阖门作为外朝之性质，见《太平御览·刑法部十八》“赦”条：“《北齐书》曰：又曰：赦日，武库令设金鸡及鼓于阊阖门外之右。勒集囚徒于阙前，挝鼓千声，脱枷锁遣之。”邺城的阊阖门一直保持到十六国政权，见《太平御览·偏霸部四》后赵石虎：“崔鸿《十六国春秋·后赵录》曰：（建武）三年，太保安夔等文武五百九十人上皇帝尊号劝进，方入，而庭燎油灌下盘，死者七人。虎大怒，腰斩成公段于阊阖门。即天王位，南郊，大赦。”补充：《太平御览·居处部十》“门上”：“石虎《邺中记》曰：邺宫南面三门，西凤阳门，高二十五丈，上六层，反宇向阳，下开二门；又安大铜凤于其镇，举头一丈八尺；门窗户，朱柱白壁。未到邺城七八里，遥望此门。”案凤阳门位置或在东头，阊阖门在西。

制,二宫均无三朝制痕迹。郭湖生先生已经指出曹魏邺城的西路第二道宫门端门内为大朝(文昌殿)、东路的司马门内为常朝(听政殿)。此为现实政治制度下的“三朝”,非儒家理想观念下的“三朝”。而东晋建康宫的正南门为大司马门,正南门偏东的一门为南掖门,刘宋初时才改为阊阖门。如果建康宫殿格局也是骈列式的,则大司马门内应为大朝,南掖门内则应为常朝,但南掖门内附近并无宫殿,向北进入崇礼门后即是尚书省。由此产生的疑问点在于:朝堂、尚书朝堂、尚书省三者在规制等级、建筑体量和规模上是否可以等同视之。

此图体现了刘敦桢、郭湖生的骈列制观点。几个位置还须明确:① 宣明门外东西由北而南有御史台、符节台、谒者台。三台皆西向。② 曹魏侍中机构位置:曹丕《槐树赋》序说:“文昌殿中有槐树,盛暑之时,予数游其下,美而赋之,王粲直登贤门,小阁外亦有槐树,乃就使赋焉。”《三国志·王粲传》载王粲“魏国既建,拜侍中”。故曹丕做《槐树赋》时王粲为侍中,从其诗文看,侍中寺应在登贤门(升贤门)外,因路东置有尚书台,侍中寺则应在常朝区路西小阁。《初学记》引《齐职仪》:“侍中,掌傧赞,大驾出,则护驾,备切问进对拾仪补缺。建安十八年始置。历任有王粲、杜袭、卫觊、和洽等人。”③ 曹魏邺城时另有给事黄门侍郎,掌侍从左右,关通中外,与侍中俱出入禁中,近侍帷幄,省尚书事,有夏侯尚、王毖、董遇等曾任是官,亦在侍中寺。④ 秘书机构,或应在尚书台省与听政殿之间。

当代考古成果也可印证。1957 年俞伟超先生一行调查了邺城遗址,大略圈定了曹魏邺城的范围。20 世纪 70 年代,由临漳县文化馆、临漳县文物保管所对其进行了钻探和小范围发掘,基本准确地找到了邺北城的城址[①]。自 1983 年至今,由中国社

① 河北省临漳县文物保管所《邺城考古调查和钻探简报》,《中原文物》,1983(4):9-16。

会科学院考古研究所和河北省文物研究所组成的邺城考古队，对曹魏邺城进行了更为细致的考古钻探和发掘。对城墙、城门、道路、建筑基址进行了重点工作①。这样，曹魏邺城城墙方位、城门位置、道路分配、建筑基址的分布已基本清楚。从钻探情况看，大型夯土台基位于曹魏邺城东西大道的北部中央，与《水经注》上魏王宫为北宫相符，应为魏王宫之所在。集中有10处夯土台基，最大的为东西45米，南北75米。《魏都赋》谓文昌殿东为听政殿，西为铜雀园，夯土台应集中在两殿范围内。由于广德门和厩门之间金明门、建春门大道以北面积太小，与曹魏之宫城规模不相称，所以将此范围定为文昌殿区域，其东，隔广德门大道东为听政殿。《三国志·陈留王传》载，晋代魏后，将陈留王曹奂"改次金墉城，年五十八，太安元年崩"。《晋书·山涛传》："以山涛为大鸿胪，护送陈留王诣邺。"陈留王和曹氏宗室均被软禁在邺城后宫及听政殿处。《陆士龙集》载陆云写给陆机的家信，信中说："一日安行……文昌殿北有阁道，去殿丈，内中在东，殿东便属陈留王，内不可得见也。"陆云登三台东眺，可见文昌殿，而文昌殿东不可得见听政殿。两殿后有阁道沟通东西，亦证两殿间有道路间隔，即广德门大道。

从以上分析可知，曹魏邺城中央官署有以下特点：宫城及其他中央官署集中分布于北部；大朝正殿在西路居都城之中央，常朝、日朝在东路：三省台阁居东路常朝区宫中，三公九卿则在东路宫前区。

2.3.1.1 东晋建康宫城格局——三省位置

孙权于229年自立为吴王，建都此城，名为建业。当时的城墙未建土城，仅有竹篱笆、栅栏。孙吴建康宫门系按古代方位象征命名。赤乌十年（公元247年）孙权以拆迁武昌

---

① 邺城考古工作队《河北临漳邺北城遗址勘探发掘报告》，《考古》，1990(7)：295-300。

宫的用材建新宫城，仍造得很简朴。宫城共开八门，南面五门，由西向东分别为右掖门、明扬门、公车门、升贤门、左掖门等，公车门即公车司马门的简称，沿用汉代门名，公车门为正南门，此外，另三门分别是东门称青龙门，西门称白虎门，北门称玄武门①。宫城称“太初宫”，此名出自《周易》。不同时期的“太初”、“太极”、“太阳”、“大壮”等建筑物命名皆与易学相关。

建康宫在东晋始有“台城”异名，见《晋书》卷七《成帝纪》：“(咸和)四年春正月，帝在石头，贼将匡术以苑城归顺，百官赴焉。侍中钟雅、右卫将军刘超谋奉帝出，为贼所害。戊辰，冠军将军赵胤遣将甘苗讨祖约于历阳，败之，约奔于石勒，其将牵腾帅众降。峻子硕攻台城，又焚太极、东堂、秘阁，皆尽。”按：“城中大饥，米斗万钱”之“城”应指台城。《晋书》卷七十六《孔愉附坦传》记孔坦咸和初，迁尚书左丞，深为台中之所敬惮。苏峻反，“坦与司徒司马陶回白王导曰：‘及峻未至，宜急断阜陵之界，守江西当利诸口，彼少我众，一战决矣。若峻未至，可往逼其城。今不先往，峻必先至。先人有夺人之功，时不可失。’导然之。庾亮以为峻脱径来，是袭朝廷虚也，故计不行。峻遂破湖熟，取盐米，亮方悔之。坦谓人曰：‘观峻之势，必破台城。自非战士，不须戎服。’既而台城陷，戎服者多死，白衣者无他，时人称其先见。”

台城营建记事：晋咸和五年(公元 330 年)，“九月以王彬为大匠，造新宫，始缮苑城，修六门。”②晋咸和七年(公元 332 年)

---

① (唐)许嵩《建康实录》卷二《吴中·太祖下》。北京：中华书局，1986。

② 《晋书·成帝纪》载成帝咸和六年(公元 331 年)“正月，发王公以下余丁各运米六斛”。从时间上看正是聚集大量官吏民力修筑宫城的时候，这次普遍地征调米，或因城中筑城民力所需。

“十一月，新宫成，名建康宫”。晋咸康五年(公元339年)，“是岁始用砖垒宫城”。

宫城的建设大致分为两个时期：前期由东吴开辟的太初宫和昭明宫两部分组成；后期为东晋孝武帝时及南朝宋改造的建康宫。《晋阳秋·孝武帝》：

> 太元二年春帝正月。
>
> 七月乙亥填星摇(孙盛《晋阳秋》《占经》三十八云：应三年六日大水)。大角摇(孙盛《晋阳秋》《占经》六十五云：应三年作新宫，移会稽邸，P.207)。
>
> 太元三年春帝正月。
>
> 二月乙巳作新宫，帝及二后移居会稽王邸(孙盛《晋阳秋》《占经》65云：二年大角摇之应，P.208)。

孝武帝时是依据《占经》改作新宫殿。《占经》是古之天文星相书。天文与宫室位置格局安排，明代张瀚《松窗梦语·象纬纪》解释甚明确：

> 天道高远难窥，儒者之书，或经见，或不传，然种种备于星数家，可按策而知。总之，不离古文者近是。唐孔氏云：“积阳之热气生火，火气之精为日。”易说卦曰：“坎为水、为月。月，水之精也。”淮南子云：“日中有乌，月中有兔。”其说不经，要亦阳系于阴，阴系于阳之理尔。张衡曰：“五星乃五行之精。”三垣二十八舍为经，五星为纬。三垣居中央，二十八宿环绕于四面。一为中元紫微垣，象天子宫寝之位，北极五星居之。首前星、次帝座、次庶子、次后宫、五天枢，即语云北辰。宋人以铜仪管候之，不动处犹在枢星之末一度，以其相近，故取此名极星。极左右宰、辅、尉、丞之属，而北斗七星附焉。魁四星为璇玑，杓三星为玉衡，象号令之主，取运动之义也。一为上元太微垣，象天子殿廷之位，十星，在轸、翼北。一为下元天市

垣，象天子明堂之位，二十二星，在房星东北。宫寝所以燕息，殿廷所以听政，明堂所以巡狩。天市岁临之，太微日临之，紫微朝夕在焉。

这是对历史上的星占理论的总结。由于《考工记》是西汉武帝以后才得以重现，西汉初的宫殿制度更多地借鉴了春秋战国秦法，它们都是“法天”及实用派的实践者。《吴越春秋》卷五记范蠡筑吴城，“观天文、拟法于紫宫，筑作小城。”此为南方诸侯之城的规划思想。礼制规划或晚于“法天”规划思想。下面以秦汉都城规划为例。

《史记·秦始皇本纪》：“（始皇）焉作作信宫渭南，已更命信宫为极庙，象天极。”

《长安志》卷三《宫室一》秦：“信宫渭南史记曰秦每破诸侯写放其宫室移之咸阳北坂上，南临渭南，自雍门以东至泾渭殿屋复道周围相属，所得诸侯美人钟鼓以充之，二十七年作信宫渭南，已更命信宫为极庙，象天极，自极庙道通骊山，作甘泉前殿，筑甬道自咸阳属之。”《三辅黄图校证》：“始皇穷极奢侈，筑咸阳宫，因北陵营殿，端门四达，以则紫宫、象帝居。渭水贯都，以象天汉，横桥南渡，以法牵牛。”秦朝都城在总体布局上模仿天汉，宫殿法象紫微宫。

《史记·秦始皇本纪》：“为复道，自阿房渡渭，属之咸阳，以象天极阁道绝汉抵营室也。索隐：谓为复道，渡渭属咸阳，象天文阁道绝汉抵营室也。常考《天官书》曰：‘极紫宫后十七星绝汉抵营室，曰阁道。’”汉初营建长安，正如张衡《西京赋》所说：“乃览秦制，跨周法。狭百堵之侧陋，增九筵之迫胁。”长安城的建造，正是时人巧借渭水南部地理“法天象”而成。

《史记·天官书》：“中宫天极星，其一明者为太乙常居。”《史记·天官书》专论日月星辰之象，以中宫天极星为中枢，辅以三公，子属、正妃、后宫，旁及内宫，外职士农工商，建成一个秩序严整的天上王国。天上的星象与人间社会构成对应关系。所谓“众星列布,体生于地,精成于天,列居错峙,各有所属。在野象物,在朝象官,在人象事”《汉书·天文志》:“中宫天极星,其一明者,泰一之常居也,旁三星三公,或曰子属。后句四星,末大星正妃,余三星后(官)[宫]之属也。环之匡卫十二星,藩臣。皆曰紫宫。”紫宫即紫微宫。东汉张衡的星象说影响很大。天文星占术体现的是“天人合一”思想。

《尔雅疏·释地第九》:“极者,中宫天极星。其一明者,泰一之常居也。以其居天之中,故谓之极。极,中也。北斗拱极,故云斗极。”

汉代,人们渐以“紫宫”称呼皇宫。《晋书·天文志》更有“紫微,大帝之座,天子之常居也”。说明紫微垣在天上为天帝居所,在人间为天子皇宫。唐代宫殿也模仿紫微垣,称“紫禁”。再往后元大都皇宫在钟鼓楼正南,地当太微垣;结合大内正门崇天门东南的御史台(在肃清门内)对应的正是太微垣正门天门南端的左、右执法,可知元人是将大内作为太微垣的,可谓“太微城”①。明代成祖营建北京宫殿,又恢复了秦汉

① 史载忽必烈谋臣刘秉忠根据《易》:“大哉乾元,万物资始,乃统天。”元,大也,亨通也,利宜也,贞正而圆也,而取国号为“大元”这是国家观念上的大一统思想。他又据《易》中“至哉,乾元”的含意,建议忽必烈定年号为“至元”。以此为传统,后来的年号“至正”也来自《易》中“至正”、“乾道大,通而至正”。元代将皇宫作为太微垣,而将历代皇宫沿用的“紫宫”让予中书省办公地,《析津志辑佚》说:“置居都堂于紫微垣”,“乃望视六部之列外垣者……必中书省、枢密院、御使台、宗正府、刑部,叁伍听之,号称五府”(北京图书馆善本组辑:《析津志辑佚》,北京:北京古籍出版社,1983:8)。其位置与元代统治者的易学、佛教文化思想有关。又,元大都正门名“丽正”,取《周易·离》“重明以丽乎正”之义,把“重明”释为“日月”或“明而又明”。元大内止殿名“大明”,大明门两侧为日、月精华门,也是日月光明之义。

唐一贯崇尚"紫宫"的传统，而且模仿紫微垣格局，其后寝部分的三宫连同东、西六宫共十五宫，正合紫微垣十五星之数，皇宫重新作为"紫微城"。无论太微城、紫微城皆是"象天"的结果和表现。

《晋书·孙楚附孙绰传》：转永嘉太守，迁散骑常侍，领著作郎。时大司马桓温欲经纬中国，以河南粗平，将移都洛阳。朝廷畏温，不敢为异，而北土萧条，人情疑惧，虽并知不可，莫敢先谏。绰乃上疏曰：伏见征西大将军臣温表"便当躬率三军，讨除二寇，荡涤河渭，清洒旧京。然后神旆电舒，朝服济江，反皇居于中土，正玉衡于天极。"桓温表中"正玉衡于天极"也是用天文星象附会人事。"玉衡"为北斗七星之第五星，天极即虚拟的宇宙之天中央。南朝的天文学取得较大进步，《日知录》卷三十《天文》"太一"条："案太一九宫，占历推自汉高帝五年，至宋顺帝昇明元年，太一所在。易乾凿度曰，太一取其数以行九宫。九宫者，一为天蓬，以制冀州之野。二为天内，以制荆州之野。三为天冲，其应在青。四为天辅，其应在徐。五为天禽，其应在豫。六为天心，七为天柱，八为天任，九为天英，其应在雍，在梁，在扬，在兖。天冲者木也，天辅者亦木也。故木行太过不及，其青在青，在徐。天柱金也，天心亦金也。故金行太过不及，其青在梁，在雍。惟水无应宫焉。此谓以九宫制九分野也。"汉代人直接用天文地学成就创立了九宫分野思想，并用此思想联系人间大事，推导并解释现实事件。也是天文神学化的巨大进步。《南齐书·高帝纪》："史臣曰：案太一九宫占推汉高五年，太一在四宫，主人与客俱得吉，计先举事者胜，是岁高祖破楚。晋元兴二年，太一在七宫，太一为帝，天目为辅佐，迫胁太一，是年安帝为桓玄所逼出宫。大将在一宫，参相在三宫，格太一。经言格者，已立政事，上下格之，不利有为，安居之世，不利举动。元兴三年，太一在七宫，宋武破桓玄。"

东晋时孝武帝年幼，建康新宫实际由名相谢安主持改建而成，规模宏大，一次共建成殿宇 3500 余间。"宫的正殿称太极殿，12 开间，比北京故宫正殿还大一间。太极殿东西两侧还延伸出 7 间的殿各一座，称为太极东堂及太极西堂，是皇帝处理日常政务和赐宴群臣的地方。这三座横向排列的建筑物之前还有宽阔的月台和庭院，两侧有回廊及东西厢，前面有殿门、钟楼及朝堂，组成了一组恢廓宏大的廊院式建筑群，其规模与北京故宫的太和殿庭院相当，上朝时可供官员 3000 人登殿。"[①]目前关于东晋宫城空间分区研究成果，主要有郭湖生先生的《台城考》，他把台城内的主要建筑群分为五组：太极殿东西堂、尚书朝堂、后宫内殿、华林园、其他。本书根据宫殿的使用功能分区拟对宫城空间分为三大区：前朝、省区、后寝区。一、前朝区：具体包括以太极殿为代表的朝殿区、以尚书为主的三省区[②]。本书主要对前朝区的太极殿、东西堂及尚书朝堂加以说明。二、后宫区，含皇帝寝居区、后妃宫区、禁苑区。皇帝寝居区功能复杂，在使用上往往是前朝政务与后宫生活的过渡和交叉。除了前朝、后寝外，即省区，因为三省区有的在主殿之前，有的在主殿之后，各自权力不同。这一中间区以前无人关注，但在实际宫内活动中经常有所体现。

先看前朝区之太极殿。"台城"的主要宫殿是太极殿，又称太极前殿、前殿即正殿，是王宫的一个重要组成部分。但因按"前一后五"原则（焦循说），它本处在六寝的最南方，而在后代宫廷建筑中，又把它进一步突出，与其他诸寝（殿）形成一段距离，于是等于脱离王宫而独立。前殿正名，各朝不尽同。西汉叫未

① 潘谷西《南京的建筑》前言，南京：南京出版社，1998：6。

② 实际上不只三省，还有秘书省、集书省、西省等。三省为宫内的国家权力机构，与专门为皇帝个人服务的宫内内侍服务性机构性质不同。

央宫前殿，在未央宫。东汉叫崇德殿[①]，在南宫；后修北宫，叫德阳殿。从曹魏开始，一般都称太极殿。皇帝在这里举行即位大典，进行大朝会、元会，死后停放梓宫。曹魏还在太极殿两侧，修建了独立建筑：太极东、西堂，作为处理日常政务，接见群臣之地。

至此，建康宫内建筑群中，太极殿形制规模为诸殿之首。李文才已对太极殿考述[②]，太极殿建于曹魏时期的洛阳宫中。东汉洛阳宫城的内部布局，现存可供考证的资料极少，但南宫崇德殿和北宫德阳殿的位置是有案可查的。据"（魏明帝）建太极殿

---

① 东汉共有四次活动是在崇德殿中举行，《后汉书·殇帝纪》：孝殇皇帝八月癸丑，殡于崇德前殿。《后汉书·安帝纪》：安帝皇太后御崇德殿，百官皆吉服。《后汉书·蔡邕列传》：灵帝其年七月，诏召邕与光禄大夫杨赐、谏议大夫马日磾、议郎张华、太史令单飏诣金商门，引入崇德殿（《洛阳记》曰"南宫有崇德殿、太极殿，西有金商门"也）。此应为南宫崇德殿。《后汉书·灵帝纪》："于是虎贲中郎将袁术烧东西宫，攻诸宦者。庚午，张让、段珪等劫少帝及陈留王幸北宫德阳殿。"又《后汉书·董卓列传》："卓未至而何进败，虎贲中郎将袁术乃烧南宫，欲讨宦官，而中常侍段珪等劫少帝及陈留王夜走小平津。卓远见火起，引兵急进，未明到城西，闻少帝在北芒，因往奉迎。"同卷："明日复集群僚于崇德前殿，遂胁太后，策废少帝。"按当时事态，可推测董卓召集朝臣集议废少帝地点应在北宫崇德殿。《河南志·后汉城阙古迹》载，东汉洛阳南、北两宫均有崇德殿，且南宫崇德殿为南宫正殿，北宫的崇德殿仅为偏殿。但《河南志·后汉城阙古迹》又载南宫前殿为嘉德殿，所以在崇德殿中举行的活动有的无法判定是在哪一座宫城中举行的。简单地从使用数量上看不出谁更重要，南北宫中举行的政治活动的次数大体相当，两宫都均有着重要地位。但自明帝以后，在北宫中进行的政治活动数量明显多于在南宫进行的活动，且活动涉及皇帝即位与驾崩、朝臣对策、皇帝召见朝臣、元正会、册立皇后等重要政治内容，由此可以认为东汉明帝以后，北宫成为最主要的政治中心。

② 李文才《太极殿与魏晋南北朝政治》，《中国历史地理论丛》，2007(1)：82-89。

于汉崇德殿之故处”①的记载表明崇德殿的位置与太极殿重叠；“崇德在东，德阳在西，相去五十步”②。

东汉张衡《东京赋》节选文字两段：第1节：“逮至显宗，六合殷昌。乃新崇德，遂作德阳。启南端之特闱，立应门之将将。昭仁惠于崇贤，抗义声于金商。飞云龙于春路，屯神虎于秋方。建象魏之两观，旌六典之旧章。其内则含德章台，天禄宣明。温饬迎春，寿安永宁。飞阁神行，莫我能形。濯龙芳林，九谷八溪。芙蓉覆水，秋兰被涯渚戏跃鱼，渊游龟蠵。永安离宫，修竹冬青。阴池幽流，玄泉洌清。鹎鶋秋栖，鹘鸼春鸣。鵙鸠丽黄，关关嘤嘤。于南则前殿灵台，龢驩安福。謻门曲榭，邪阻城洫。奇树珍果，钩盾所职。西登少华，亭候修敕。九龙之内，寔曰嘉德。西南其户，匪凋匪刻。我后好约，乃宴斯息。于东则洪池清蘌，渌水澹澹。内阜川禽，外丰葭菼。献鳖蜃与龟鱼，供蜗蠯与菱芡。其西则有平乐都场，示远之观。龙雀蟠蜿，天马半汉。瑰异谲诡，灿烂炳焕。奢未及侈，俭而不陋。规遵王度，动中得趣。”第2节：“于是观礼，礼举仪具。经始勿亟，成之不日。犹谓为之者劳，居之者逸。慕唐虞之茅茨，思夏后之卑室。乃营三宫，布教颁常。复庙重屋，八达九房。规天矩地，授时顺乡。造舟清池，惟水泱泱。左制辟雍，右立灵台。因进距衰，表贤简能。冯相观祲，祈禠禳灾。”③笔者画线处，表示地名；

---

① （北魏）郦道元《水经注·谷水、甘水、漆水、浐水、沮水》。

② 张衡《东京赋》（薛综注），见（明）张溥编，殷孟伦注《汉魏六朝百三家题辞注》，北京：中华书局，2007。

③ 徐丹莉，曾广开《从张衡〈东京赋〉看东汉都城洛阳的城市建设》，《周口师范高等专科学校学报》，2001(01)：16-20。

曹胜高《汉赋与汉代制度——以都城、校猎、礼仪为例》，北京：北京大学出版社，2006。

加方框的地方突出显示方位。而且从其“旌六典之旧章”、“规遵王度”也可看出东汉洛都受礼制的影响。

西晋:“太[泰]始四年正月,上临轩,朝君臣于太极前殿,诏:安平王舆车升殿,上迎拜于阼阶。正坐,上亲奉觞上寿,皆如家人之礼。王拜,上皆跪而止之。”①《晋阳秋》卷二《武帝泰始元年》:时魏刻薄奢侈,欲矫以仁俭。武帝令“殿前织成帷不须施也”②。

东晋孙盛《晋阳秋》卷三《元帝太兴三年》:“中宗性简俭冲素,有司尝奏,旧太极殿广室施绛帐。元帝曰:‘《汉文集》上书“皂囊为帷”。’遂令:冬可青布,夏可青练帷帐。”③

太极殿的规模,见徐广《晋纪》东晋孝武帝:“孝武宁康二年,尚书令王彪之等启改作新宫。太元三年二月,内外军六千人始营筑,至七月而成。太极殿高八丈,长二十七丈,广十丈。尚书谢万监视,赐爵关内侯,大匠王安之关中侯。”④《景定建康志》卷二十一引旧志:“太极殿,建康宫中正殿也。晋初造,以十二间象十二月,至梁武帝改制十三间,象闰焉。高八丈,长二十七丈,广十丈,内外并以锦石为砌。次东有太极殿东堂,七间。次西有太极西堂七间,亦以锦石为砌。更有东、西二上阁,在堂殿之间。方庭阔六十亩。”

前文朝会仪引文所见相关礼仪活动也可见宫中太极殿庭的空间格局:

《宋书》卷十四《礼志一》:“凡遣大使拜皇后、三公,及冠皇

---

① (刘宋)刘道荟著,(清)黄奭辑。《晋起居注》,《众家编年体晋史》,天津:天津古籍出版社,1989:192。

②③ (晋)孙盛著,(清)汤球辑,(清)黄奭辑(补遗)《晋阳秋》,《众家编年体晋史》,天津:天津古籍出版,1989:103,165

④ (晋)徐广著,(清)汤球辑《晋纪》,《众家编年体晋史》,天津:天津古籍出版社,1989:404。

太子,及拜蕃王,帝皆临轩。其仪,太乐令宿设金石四厢之乐于殿前。漏上二刻……虎贲中郎将,羽林监分陛端门内。侍御史、谒者各一人监端门。廷尉监、平分陛东、西中华门。漏上三刻,殿中侍御史奏开殿之殿门、南止车门、宣阳城门。……漏上四刻,侍中奏'外办'。皇帝服衮冕之服,升太极殿,临轩南面。"

特殊事变中的进宫路线:《南史·元凶传》:"明旦,劭以朱服加戎服上,乘昼轮车,与萧斌同载,卫从如常入朝仪,从万春门入。旧制,东宫队不得入城。劭语门卫云,受诏有所收讨。令后速来。张超之等数十人驰入云龙、东中华门、及斋阁,拔刀径上合殿。……始文帝未崩前一日甲夜,太史奏,东方有急兵,其祸不测,宜列万人兵于太极前殿,可以销灾。"按"合殿"指东晋孝武帝时修建台阁宫殿,宋文帝统称东晋宫内诸殿为合殿,合即阁、閤,二者意同[①]。"晋世诸帝,多处内房,朝宴所临,东西二堂而已。孝武末年,清暑方构,高祖受命,无所改作,所居唯称西殿,不制嘉名,太祖因之,亦有合殿之称。"(《宋书·良吏传》)这是宋文帝时宫廷政变中关于宫内空间的侧记。

晋末新建的清暑殿的位置在后廷区的西部,见《晋书》卷八十三《孝武帝纪》载:"帝起清暑殿于后宫,开北上阁出华林园。"

---

① 汉代的厢,指堂的东西两侧和堂毗连平行的房子。堂的东西墙称序,序外东西各有小的夹室,叫东夹、西夹,即阁。明谢肇制《五杂俎》卷三《地部一》中:"'阁'与'閤',世人多混用之。阁,夹室也,以板为之,亦楼观之通名……閤者,门旁小户也。……然则夹室谓之阁,傍门谓之閤,义自昭然。"清人顾炎武在《日知录》卷二四《閤下》条中也说:"东晋太极殿有东西閤,唐制仿之,以宣政为前殿,紫宸为便殿。前殿谓之正衙,天子不御前殿而御紫閤,乃自正衙唤仗,由閤门而入。百官朝于正衙者,因随以入见,谓之'入閤'。盖中门不启而开角门也。《尔雅》小闺谓之'閤'。而室中之门抑或用此为称。是则二字之义,本自不同。"但阁、閤通常皆指夹室、偏屋,本书无严格区别。

华林园的位置更在清暑殿以北①。而且,从叛兵经过云龙门、东中华门、及斋阁等门才能到达位于后宫的合殿来看,宫内前朝与后宫的道路只有南北方向的通道,四周是由围墙或院落闭合的。宫内若要防备不测,只要列兵于太极诸殿门,把守要害点,就可以消灾除宫廷之患。又,东晋时的宫东门东掖门宋文帝时改为万春门②。门外跨路即太子东宫,东宫西门称奉化门与皇宫东门称万春门相对。劭入太极殿东门,云龙门,应是入阁必经之门。太史所奏云云虽为政治神学之流不可信,但列兵太极殿前则可阻止宫外来敌,亦见由外而内的进宫路线节点指示明确,即由东而进分别为:万春门—云龙门—东中华门—太极前殿门。

东西堂大约在太极前殿左右,或在其南。它是皇帝和百官每日议政之处。按晋制,为异姓公侯都督发丧举哀,在东西堂。此制西晋洛阳宫已有,见《晋书·安平献王孚传》:"泰始八年薨,时年九十三。帝于太极东堂举哀三日。"司马孚是晋武帝叔祖,为司马氏同姓王公。又见《晋书·何曾传》:"咸宁四年薨,时年八十。帝于朝堂素服举哀。"东晋继承沿用,《晋书·桓玄传》:"(桓玄)篡位……小会西堂,设伎乐殿上。"关于东西堂,前贤已有论证,此略。

宫内除了东西堂,还有后堂,应为宫殿附属建筑。但功能似与东西二堂迥异。

---

① 宋文帝于后宫的华林园听讼。

《宋书·徐羡之传》:"文帝即位,进司徒,余如故。改封南平郡公,食邑四千户,固让加封。有司奏车驾依旧临华林园听讼,诏曰:'政刑多所未悉,可如先二公推讯。'"

《宋书·张茂度传》:"子永,初为郡主簿,州从事,转司徒士曹参军,出补余姚令,入为尚书中兵郎。先是,尚书中条制繁杂,元嘉十八年,欲加治撰,徙永为删定郎,掌其任。二十二年,除建康令,所居皆有称绩。二十三年,造华林园、玄武湖,并使永监统。凡诸制署,皆受则于永。"说明华林园不断增修扩建。

② 《宋书》卷五《文帝纪》:"(元嘉)二十年春正月,于台城东西开万春、千秋二门。"

后堂:应在宫中。萧齐武帝时的事件可知。萧子响字云音,武帝第四子。帝先疑其有反心,遣丹阳尹萧顺之杀之。《南史·鱼复侯子响传》:“百日于华林为子响作斋,上自行香,对诸朝士嚬蹙。及见顺之,呜咽移时,左右莫不掩涕。他日出景阳山,见一猨透掷悲鸣,问后堂丞:‘此猨何意?’答曰:‘猨子前日堕崖致死,其母求之不见,故尔。’上因忆子响,歔欷良久,不自胜。”武帝杀亲子之后,心生悔意。这是于后苑景阳山游猎中发生的插曲。后堂丞出现在这种场合,正是其职责之内的事,由此也反映出后堂应当是在宫内。下面讨论朝堂问题。

前朝区之朝堂。《通典·礼典四一》:东晋“挚虞《决疑注》云:国家为同姓王公妃主发哀于东堂,为异姓公侯都督发哀朝堂”。又,“至尊为内族于东堂举哀,则三省从临,为外族及大臣于朝堂发哀,则八座丞郎从。”太极殿、东西二堂为帝王妃后行礼之所,朝堂则为外姓大臣行礼之地。此法颇合《周礼》古制。从礼仪等级上已知朝堂略低于太极殿、东西二堂。

学界一种观点认为朝堂与尚书台等同,即尚书朝堂简称。本书认为魏晋时期的朝堂与尚书台有区别,不能等同视之。理由是尚书台是尚书省官员办公地,单一机构。而朝堂与日常帝政之关系密切,比起最高等级的太极前殿来,其使用频率高得多,故君臣皆参与,见《世说新语·容止篇》:“海西时诸公每朝,朝堂犹暗。唯会稽王来,轩轩如朝霞举。”海西即司马奕,继哀帝后,为桓温所废。会稽王指司马昱,即后来的简文帝,时为丞相,录尚书事。“诸公”所指当是超出了尚书省内官员的范围。由此,可推断朝堂非专职的办公机构,具有朝会诸公的综合性质,不能等同于尚书台省。

而且,从如遇宫廷变乱朝堂又是敌对两方兵家必争之要害机构看,朝堂更应为综合性朝政之所。由于东晋权臣已经控制了朝权,宫廷政变相对较少,南朝宗王的争权激烈,宫廷武装事件增多可由此观之,《南史·袁粲传》:宋“升明元年,荆州刺史沈攸之举兵反。……时齐高帝入屯朝堂,彦节从父弟领军将军韫入直门下省……日谋矫太后令,使韫,伯兴率宿卫兵攻齐高帝于朝堂”。

朝堂为帝后、百官集议之所，具有兼容性的综合办公机构，它可以尚书八座为主，但不排除三公、宗王参政议政。这在北朝北魏为常例，《魏书·高祖纪下》：太和十七年“临朝堂，引见公卿已下，决疑政，录囚徒”。太和十八年，准备迁都，“临朝堂，部分迁留”；同年对百官考绩，“帝临朝堂，亲加黜陟”。同书《任城王澄传》：上表追叙宣武帝对百官黜陟，“五品以上，引之朝堂，亲决圣目；六品以下，例由敕判”。同书《皇后传》：孝明帝年幼，胡太后临朝听政，“亲策秀孝、州郡计吏于朝堂”。连皇太后都能在朝堂临朝听政，其为综合性朝政更可知了。

2.3.1.2　省区

建康宫内的权力机构主要为三省。三省源于近侍官，正式成为内朝官的主体后，以三省为主体的内朝官取代了以三公为代表的外朝官权力，成为现实相权的代表[①]。

---

① 三公制出现于西汉成、哀之际，东汉更进一步完备。西汉的三公制是当时社会复古“尚贤”思潮的产物，东汉的三公制则是一项明显的集权措施. 而三公说的最初渊源则是战国各学派根据古史所提出的一种“理想政治”，三公制是儒家“贤人”政治的一个重要方面，这是西汉晚期三公制度形成的直接原因，当儒家（含道家）学派继续发展这一理论并向实际政制转化时，已与理论上的三公说大相径庭。西汉后期阴阳灾异、谶纬之风进一步影响到东汉三公制，案儒家学说中本有三公“论道经邦，燮理阴阳”之说，丙吉、魏相亦引为己职，成帝因“灾异数见”而收丞相薛宣的印绶，开以灾异策免三公之先河，东汉则进一步形成一种制度（见赵翼《廿二史札记·灾异策免三公》）。这种制度既是东汉强化君权的一种手段，也是儒学正统化后在政治领域中的实际表现。汉宣帝以后，以儒家今文经理论指导政治实践，最典型的是丞相丙吉，他认为三公的职责只是“典调和阴阳”，“不亲小事”，并放弃了三公“案吏”之权，遂成汉世故事。丙吉的这些做法纯属受儒家思想的影响。宣帝以后，社会危机状况加深，元帝“柔仁”，成帝荒淫，今文经学更加汹涌澎湃地发展起来，谶纬和汉家“再受命”的思想也出现。在中国历史上，每有社会危机出现，多伴有复古思潮，这与儒学以古典文化为基础分不开。

清人王鸣盛在《十七史商榷》(商务印书馆,1958:165)"台阁"条中论汉代尚书:

> 以公府与台阁并称,所谓官中府中也。盖尚书令、尚书仆射与尚书,皆宦者与士人迭为之,权归于此。有事可直达上前,故三公无权,有事反藉尚书以达于上……盖尚书之官,汉以宦者、士人迭为之,公卿之权,分于近幸,而君臣不相接见,上下否隔……尚书、中书皆管机密,出纳王命,其职皆要。

王鸣盛阐明汉时尚书虽然只是少府之官属,却身为皇帝近侍,具有掌握机要以及便于使唤等得天独厚的优势,可以说尚书台专权用事,实际上就是专制皇权加强的一种表现。

王鸣盛总结道:"官不论贵贱,惟视其职之闲要,而闲要惟视时主之意向","官职之高下,系乎时主之爱憎"(《十七史商榷》,商务印书馆,1958:315,79)。这就是说,职务的高低以及权力的大小完全取决于君主的个人意志。不仅如此,王鸣盛还能用辩证的观点,对专制集权强化过程中如何导致宦官和外戚专权,及其危害性加以分析,如他论汉代"以尚书与三公对言,三公权不及尚书;以尚书与中书对言,尚书又不及中书矣……要之士人必不如宦人之犹亲密",故"宦竖挟君以制群臣,天下有不乱者乎!"可谓是一针见血指出"台官"出现的原因和危害。台官人选若与宦竖合流,则其极端为专制制度的畸形变态——宦官专权。但台官选用得当,仍可发挥国家柱石、贤相之作用。东晋的三省台官尚有一定进步性,是当时中央官制的主要表现。

东晋明帝时的温峤议论精简职官,"其四曰:'建官以理世,不以私人也。如此则官寡而材精。周制六卿莅事,春秋之时,入作卿辅,出将三军。后代建官渐多,诚由事有烦简耳。然今江南六州之土,尚又荒残,方之平日,数十分之一耳。三省军校无兵者,九府寺署可有并相领者,可有省半者,粗计闲剧,随事减之。'

议奏,多纳之。"(《晋书·温峤传》)

东晋建康宫城的平面布局和洛阳宫城相似,但更整齐,宫墙有内外两重。外重宫墙之内布置宫中一般机构和驻军。此时,把中央机构的临时性宿舍也建在这里,这是东晋与南朝所特有的。

"三省"行政空间位置,实际既为君、相分权问题又为相权制衡问题。国家中枢权力分化,变化复杂。魏晋六朝权力架构发生细微的变动,主要表现在行政、决策和驳议三省长官权位的升替变化上,特别体现在尚书权位的弱化上。

第一,尚书省位置推测

先看尚书省的职责。

尚书的设置始见于秦。《通典·职官四》载:"秦少府遣吏四人,在殿中主发书,谓之尚书。尚,主也。"可见最初的尚书仅仅是私人班子少府里选派出的近臣,负责传发文书的小吏。西汉初,仍承秦制。自汉武帝以后,随着中央集权政治的不断加强,尚书的地位开始发生变化。组织了一个自己直接掌握的中枢机构,设在宫内省中,史称中朝,其统领名目是以大司马、大将军典事尚书,自此以后"知枢要者始领尚书事。张安世以车骑将军、霍光以大将军、王凤以大司马、师丹以左将军并领尚书事"。以高官领尚书事,出入宫省。尚书为中朝小吏。

尚书地位的明显提高,是在东汉时代。仲长统《法诫篇》讲:"光武皇帝愠数世之失权,忿强臣之窃令,矫枉过直,政不任下,虽置三公,事归台阁。自此以来,三公之职,备员而已。"(《后汉书·仲长统传》)李固在阳嘉二年(公元133年)对策中说:"今陛下之有尚书,犹天衣有北斗也。斗为天喉舌,尚书亦为陛下喉舌。斗斟酌元气,运平四时。尚书出纳王令,赋政四海,权尊势重,责之所归。"(《后汉书·李固传》)这两段东汉时人的议论,说明了东汉尚书地位提高的原因和具体情况[①]。

东汉洛宫的明光殿在省中。(清)孙星衍校集《汉官六种·汉官仪》卷上:

尚书郎主作文书起草,夜更直五日于建礼门内。

尚书郎给青缣白绫被,以锦被,帷帐、毡褥、通中枕,太官供食,汤官供饼饵五熟果实,下天子一等。给尚书史二人,女侍史二人,案:初学记引作"入直台廨中,给女侍史二人"。皆选端正。从直女侍执香炉烧薰从入台护衣[②],奏事明光殿。省皆胡粉涂画古贤人烈女。郎握兰含香,趋走丹墀奏事。黄门郎与对揖。天子五时赐服。若郎处曹二年,赐迁二千石、刺史。

尚书郎奏事明光殿,省中皆胡粉涂壁,其边以丹漆地,故曰丹墀。尚书郎含鸡舌香,伏其下奏事。黄门侍郎对揖跪受。汉制:八座丞郎初拜,并集都座交礼,迁又解交[③]。

此为东汉洛宫内的尚书职责。

东晋的宰相机构为尚书省,尚书省高级长官称尚书令。东晋的尚书机构已发展为两个办公地点:一为尚书上省,一为尚书下省。它们在台城内的位置关系反映了其权力变化。

---

① (汉)应劭撰,(清)孙星衍校集《汉官六种·汉官仪》卷上:"御史大夫、尚书令、司隶校尉,皆专席,号三独坐。"又,汉议郎卫宏撰,清孙星衍校集《汉官六种·汉旧仪补遗》卷上:"御史中丞朝会独坐。出讨奸猾,内与尚书令、司隶校尉会同,皆专席,京师号之[曰]'三独坐'者也。"

② 《唐六典》卷一《三师三公尚书都省》"尚书都省":左司郎中一人,右司郎中一人,并从五品上;本注补充文句"奏事建礼门内,得神仙门;神仙门内,得明光殿、神仙殿,因得省中。"

③ 《唐六典》卷一《三师三公尚书都省》"尚书都省":左司郎中一人,右司郎中一人,并从五品上;本注:"至宋已后,唯八座解交,而丞、郎不解交也。自晋以后,八座及丞、郎多不奏事。梁武帝天监初,诏曰:'自礼闱陵替,历兹永久,郎署备员,无取职事,秕穅文案,贵尚虚闲,空有趋墀之名,了无握兰之实。曹郎可依昔奏事。'自是始奏事矣。"

尚书令职责:《御览·职官部八》尚书令:

> 《汉官仪》曰:尚书令主赞奏,总典纲纪,无所不统,秩千石;故公为之者,朝会不(阶)[陛]奏事,增秩二千石。天子所服五时衣赐尚书令。其三公、列卿、将[军]、大夫、五营校尉行复道中,遇尚书令、仆射、左右丞,皆回车豫避。卫士传[呼],不得纡台官,台官过,乃得去。汉尚书称台,魏晋以来为省。

因其为宫内官,职事重要,故其他内外官皆需避让。《晋书·熊远传》:(中兴建)“转御史中丞。时尚书刁协用事,众皆惮之。尚书郎庐綝将入直,遇协于大司马门外。协醉,使綝避之,綝不回。协令威仪牵捽綝堕马,至协车前而后释。远奏免协官。”案:尚书郎入直尚书省,是尚书省在宫内之证。尚书省有独立下符权:见《晋书·礼志下》:“太元中,尚书符问王公已下见皇太子仪及所衣服。”又《卞壸弹尚书丞郎事》曰:“旧丞、郎取急及属出,皆尚有对,使职局不废,而昨左右二丞及诸郎皆出,惟次直二郎在,设使有兵火警急,便为无复行事者。二丞顿行,无印可以封符疏。此之逋慢,莫斯之甚!”管理尚书台内事务的,则是尚书左、右丞。西晋时的尚书左、右丞皆掌台内事务,“晋(尚书)左丞主台内禁令、宗庙祠祀、朝仪礼制,选用署吏,急假;右丞掌台内库藏庐舍,凡诸器用之物及廪振人租布,刑狱兵器,督录远道文书章表奏事。”(《晋书·职官志》)西晋尚书令、仆射基本等同于宰相,左丞有弹劾其上司权。见《傅咸表》曰:“左丞职轻事重,以贱制贵,所以难居。臣以暗劣,猥忝斯任,愧于不称,惧罪之及,夙夜惶恐,寝食无宁。”《南史·王僧孺传》:“入直西省(秘书省——笔者注),知撰谱事。先是,尚书令沈约以为:晋咸和初苏峻作乱,文籍无遗。后起咸和二年以至于宋,所书并皆详实,并在下省左户曹前厢,谓之晋籍。有东西二库。此籍既并精详,宜可宝惜,位宦高卑,皆可依案。……始晋太元中……所撰十八州一百一十六郡,合七百一十二卷。凡诸大品,略无遗阙,藏在秘阁,副在左户。”

再看尚书台的位置。

尚书台的位置，在东汉洛阳宫中并不突出，且占地面积小。“《汉官仪》：尚书寺居建礼门内。”[①]西晋时尚书省已分尚书上省、下省。

东晋建康宫内，尚书上省在东掖门之西，尚书下省在东掖门之东，隔路以阁道相连。尚书下省、下舍通用。崇礼门为尚书上省的正南门，建礼门为尚书下省的正南门。东晋初期宫门营建简陋。至萧齐时期，“王俭尝问陆澄曰：崇礼门有鼓而未尝鸣，其义安在？答曰：江左草创，崇礼闼因皆是茅茨，故设鼓，有火则叩以集众，相传至今。”（《南史·陆澄传》）崇礼门是尚书朝堂前的宫门名，初期门闼犹是茅茨而设鼓防火，可见当时其制度简陋。

《晋书·五行志上》：“安帝元兴元年八月庚子，尚书下舍曹火，时桓玄遥录尚书，故天火，示不复居也。”又，《晋书·安帝纪》：元兴元年，“八月庚子，尚书下舍灾”[②]。下舍还有诸曹机构。

《文选·王文宪集序》：任彦昇（昉）

> 昉行无异操，才无异能，得奉名节，迄将一纪。一言之誉，东陵侔于西山；一眄之荣，郑璞逾于周宝。士感知己，怀此何极！出入礼闱，朝夕旧馆，《十州记》曰：崇礼闱，即尚书上省门；崇礼东建礼门，即尚书下舍门。然尚书省二门名礼，故曰礼闱也。瞻栋宇而兴慕，抚身名而悼恩。

这也说明东晋至萧齐时尚书上下省已经确然存在。又《陈书·徐陵传》：

---

① 《宋书·百官志上》。另据《太平御览·职官部八》，引《世说》曰：“崇礼在东掖门内路西，即尚书省崇礼门。东建礼门内，即是尚书下舍门。”但此则材料时间不详。又，《通典·职官四》：“宋曰尚书寺，居建礼门内，亦曰尚书省。”但成书时间较早的南齐王珪之的《齐职仪》则说：“魏晋宋齐并曰尚书台。”以理推之，魏晋时期当是“台”、“省”混用。

② 《宋书·五行志三》：“晋安帝元兴元年八月庚子，尚书下舍曹火。”

> (徐孝克)入为都官尚书。自晋以来,尚书官僚皆携家属居省。省在台城内下舍,门中有阁道,东西跨路,通于朝堂。其第一即都官之省。西抵阁道,年代久远。

这条材料可以说明:陈时尚书省在台城内原尚书下舍处。由尚书省西至尚书上省的朝堂,有阁道联结。按阁道即复道,见《史记·叔孙通传》"乃作复道"下引韦昭注。是一种架空的通道,往往联结两座宫城,其高度超越宫城城墙,专为宫内人员往来行走。同上书:汉惠帝作阁道,是联结长乐宫、未央宫。《汉书·孔光传》:汉哀帝时有阁道,沟通北宫与未央宫。蔡质《汉典职仪》:东汉建阁道,沟通南宫与北宫。又灵帝中平六年宦官段珪等劫太后与少帝等,在南宫"从复道走北宫,尚书卢植执戈于阁道窗下,仰数段珪,珪惧……"[①]从"仰数段珪",可证阁道确是凌空架设的。

东晋的阁道应与前代类似,用于联结尚书省(下舍)与朝堂,正好反映尚书省(下舍)在最内一重宫城的东门——云龙门外。而由尚书省至朝堂,中隔一道宫城城墙。大约至南朝宋尚书下省诸曹移出这重宫城,称尚书下省,尚书都坐及其附属机构在下省的西边,称尚书上省。

《宋书·刘延孙传》载:"(大明)五年,诏延孙曰:'旧京树亲,由来常准。卿前出所有别议,今此防久弭,当以还授小儿。'征延孙为侍中、尚书左仆射,领护军将军。延孙疾病,不任拜起,上使于五城受封版,乘船自青溪至平昌门,仍入尚书下舍。"

可见,至宋孝武帝大明年间,尚书下舍还在宫内。

尚书长官加上其下属、门生随从、驺卒、甲仗之类,在宫城内形成人员众多的公务兼居住区。这是汉魏以来官员携眷赴任居官府制度的延续。

东晋又有录尚书事一职,但无独立办公地。录尚书事实际为一种加官,无单独任此职者。东晋一朝,高级士族时常借助录

---

① (北宋)司马光《资治通鉴》卷五十九,汉灵帝中平六年。

尚书事制度控制朝政。从晋初到淝水之战止，东晋前后录尚书事者共十三人。除苏峻叛乱自封一例外，计皇族二人，高级士族十人。可见，录尚书事几乎为高级士族垄断，仅此一职足以与西晋、南朝的政治情况形成对比，反映东晋皇室势弱。

清人王鸣盛肯定此时宰相仍为"秉权最重者"，但已非汉代原来的三公，乃别有其人。他在《十七史商榷》"惟录尚书权最重"条总结道："夫公师等在汉，皆宰相也，其职要重无比……其后权移尚书、中书、侍中，而一切尊官显号，皆为空名矣。驯至南朝，惟录尚书权最重。"但是在东汉尚书仍然是少府的下属机构。三国时，尚书台才正式脱离少府。魏在尚书台之外复有中书省，而原来作为皇帝侍从的侍中也逐渐成为参预机密的要职，尚书台不再有独占枢机的地位。但由于全国政务首先集中到尚书台，因此它作为全国行政中枢机构的趋势仍在继续发展，执政重臣也要加上录尚书事的头衔，才能过问机密。王鸣盛认为："司徒者三公也。录尚书事，宰相之职任，六朝人以此为权要之极品，犹唐之尚书令，故每称录公也。扬州刺史者，宰相摄京尹也……盖三公最尊，无实职，但空加。"这指出了行政中枢的实职所在。

第二，中书省位置推测

魏晋的中书监、令本由东汉末的秘书令发展而成。秘书令的职责是"通掌图书秘记之事"（《晋书·职官志》），和御史职责相近，后来则主要负责草拟文书，并转为中书监、令，"掌王言"。据《晋书·职官志》说："及晋受命，武帝以秘书并中书省。"又说："魏明帝太和中，诏置著作郎，于此始有其官，隶中书省。"可证中书省始于曹魏。又《三国会要·职官上》："魏武始置秘书令丞……文帝改秘书令为中书令，又置监，并掌机密，谓之中书省。"故其具体设置时间在魏文帝时。

又见《晋书·杨骏传》：晋武帝临终命中书草拟诏书，欲以汝南王亮和杨骏为辅政大臣，"骏恐失权宠，从中书借诏观之，得便藏匿。中书监华真恐惧，自往索之，终不肯与"。可见中书监、令有“作遗诏”机密事任。

南朝时士族式微，寒门兴起，而南朝君主亦出身寒门，为了强化君权，多以寒门掌机要，出身寒素的中书舍人就是在这种背景下出现的。刘宋时品级七品的中书舍人居然已逐渐排挤品级五品的中书侍郎而掌握机要。按《宋书·百官志下》：“中书侍郎，四人。中书通事舍人，四人。汉武帝游宴后廷，始使宦者典尚书事，谓之中书谒者，置令、仆射。元帝时，令弘恭，仆射石显，秉势用事，权倾内外。成帝改中书谒者令曰中谒者令，罢仆射。汉东京省中谒者令。而有中官谒者令，非其职也。魏武帝为王，置秘书令，典尚书奏事，又其任也。文帝黄初初，改为中书令，又置监，及通事郎，次黄门郎。黄门郎已署事过，通事乃奉以入，为帝省读书可。晋改曰中书侍郎，员四人。晋江左初，改中书侍郎曰通事郎，寻复为中书侍郎。晋初置舍人一人，通事一人。江左初，合舍人通事谓之通事舍人，掌呈奏案章。后省通事，中书差侍郎一人直西省，又掌诏命。宋初又置通事舍人，而侍郎之任轻矣。舍人直合内，隶中书。其下有主事，本用武官，宋改用文吏。”

分析：建安二十一年（公元216年），汉献帝封曹操为魏王，“魏武佐汉，初建魏国，置秘书令，典尚书奏事”，下隶秘书左丞和秘书右丞两副职。秘书令统领魏王府整个秘书工作，掌管王命的撰拟、传达等事务。公元220年魏文帝曹丕废汉称帝后，把“秘书令”改为“中书令”。中书令正式成为宫中行政机构。又，《唐六典·中书省·中书舍人》引《晋令》曰：“中书通事舍人品第七”，至“宋初又置通事舍人四人，品秩同晋氏，入直阁内，出宣诏命，而侍郎之任轻矣”。

到萧齐时中书舍人的权力已经发展到“权倾天下”的地步。据《南齐书·幸臣传序》称，“齐初亦用久劳，及以亲信。关谳表启，发署诏敕。颇涉辞翰者，亦为诏文，侍郎之局，复见侵矣。建武世，诏命始不关中书，专出舍人。省内舍人四人，所直四省，其下有主书令史，旧用武官，宋改文吏，人数无员。莫非左右要密，天下文簿版籍，入副其省，万机严密，有如尚书外司。”①

由于中书舍人事任繁重，故从梁代以后颇重才能。《通典·职官典三·中书令》称中书舍人：“用人殊重，简以才能，不限资地，多以他官兼领。”以裴子野为例，据《梁书·裴子野传》载，中书舍人裴子野“敕掌中书诏诰”，即负责各种文书的起草。其人不仅文笔过人，且曾任著作郎，掌国史及起居注，故而兼任中书舍人。由此，中书舍人选任也并非全是庸才，他们是承办具体事务的干才，与身居高位，优容养位的高官有别。

再看中书省的位置。中书上省与下省何时分离？

第三，东晋中书省位置推测

《晋书·海西公纪》：“太和六年(公元 374 年)十一月己酉，百官入太极前殿。即日，桓温使散骑侍郎刘亨，收帝玺绶。帝著白袷单衣；步下西堂，乘犊车出神兽门。”按神兽门在东晋南朝原名为神虎门，后避唐先祖李虎讳而改名，与云龙门对，为太极殿后面的东西侧门。西堂与神兽门之间有道路相通，考虑到宫内同一方向的道路不可能有多条，这应是西出太极殿的必经之路。因此，东晋中书省位置首先应推定是在神虎门外。见《宋书·傅亮传》：“永初元年，迁太子詹事，中书令如故。以佐命功，封建城县公，食邑二千户。入直中书省，专典诏命。以亮任总国权，听于省见客。神虎门外，每旦车常数百两。”②神虎门在宋武帝时为Ⅱ类宫门。从上面文字可知“入”中书省须先入神兽门。郭湖生认为此中书省应为中书上省。其说甚是。故欲拜见

---

① 四省，《新唐书》卷二十三上《仪卫上》：“次门下、中书、秘书、殿中四省局官各一人，骑，分左右夹属车，各五人从，唯符宝以十二人从。”

② 《南史·傅亮传》记载与之相似：“永初元年，迁太子詹事，中书令如故。以佐命功，封建城县公，食邑二千户。入直中书省，专典诏命。以亮任总国权，听於省见客。神兽门外，每旦车常数百两。”此也说明中书省在神兽门外。

中书令者皆驻车神兽门外。如此，则中书上省当在太极殿的西侧靠后位置。

查《晋书》东晋时无中书上省、下省的区别和实例，疑中书上省、下省的区分是在南朝刘宋时期。可举刘宋中书下省几例证之：《宋书·殷淳传》："淳少好学，有美名。少帝景平初，为秘书郎，衡阳王文学，秘书丞，中书黄门侍郎。淳居黄门为清切，下直应留下省，以父老特听还家。"

又，"上（指宋文帝）西征谢晦，（王）弘与骠骑彭城王义康居守，入住中书下省，引队仗出入。司徒府权置参军。"（《宋书·王弘传》）按王弘为侍中、司徒、扬州刺史，录尚书，给班剑三十人。又见《宋书·殷景仁传》："元嘉三年，车驾征谢晦，司徒王弘入居中书下省，景仁长直，共掌留任。"

可见宋时中书上省、下省已分，各行其是。

至萧齐时仍有直接称"中书省"名的，见《南史·王融传》："（齐）武帝病笃暂绝，子良在殿内，太孙（即郁林王）未入。融（时为中书郎）戎服绛衫，于中书省阁口断东宫仗不得进，欲矫诏立子良。……太学生会稽魏准……既欲奉子良，而准鼓成其事。……及融诛，召准入（中书）舍人省诘问，遂惧而死，举体皆青，时人以准胆破。"王融于中书省阁口断东宫仗，时皇太孙欲入正殿，皇太孙由东侧的云龙门入，如果中书省位置在正殿之西，其于省阁口何能挡皇太孙进出之路？则中书省、上省、下省同时存在。故郭湖生推测"故疑此中书省为中书下省阁口，则在云龙门外"①。

---

① 中书舍人省，据《南史·吕文显传》：永明元年，为中书通事舍人。"……与茹法亮等迭出入为舍人，并见亲信。……中书舍人四人各住一省，世谓之四户，既总重权，势倾天下。"中书省内舍人四人各据一区，谓之舍人省，共有四舍人省。故《通典·职官典三·中书令》谓这四位舍人"各住一省，时谓之四户，权倾天下"。这表明，萧齐时中书省的机构和规模还在扩张，也从侧面证明中书省分上、下省之存在。

第四,门下省位置

门下省的渊源也可追溯至汉。汉代的“门下”概念较含混,当其用于都城门,则指都城门之门下;用于宫殿,则指宫殿之门下、禁门之门下①。凡值宫殿,掌管宫内事务的官吏,在汉代一般均可属门下范围。汉代的门下为泛指,非具体所指,主要负责宫内皇室、官员的宿卫、生活起居等。汉时尚不参与国政、诏书的草拟等事务。

《三国志·魏志·蒋济传》载蒋济曾上疏曰:“大臣太重者国危,左右太亲者身蔽,古之至戒也。”这里的“大臣”是指外朝的宰相诸公,“左右”即指中书。汉末魏武为相,于是门下侍中等侍从人员应运而生,形成魏晋以来中央秘书工作的又一机构:门下省。

“门下”,乃“黄门(秦朝宫门多涂以黄色)之下”的简称。门下诸职,如侍中、黄门侍郎、给事中等,总之是皇帝的亲信侍从、腹心之臣。如其中的侍中一职,古已有之,两汉基本是一种加官,有了这种加官的身份,可以“入侍天子,故曰侍中”(《汉书·百官公卿表》注引应劭语)。不但“得出入禁中”,甚至可以一直到皇帝的卧榻之旁照管皇帝的许多生活事务,如“分掌乘舆服物,下至亵器虎子之属”,且“赞导众事,顾问应对”等。得到这种加官荣誉的多为外戚和勋臣之子,或儒师重臣。

《三国志·华歆传》注引华峤《谱叙》曰:“歆有三子,表字伟容,年二十余为散骑侍郎(亦门下诸官)。时同僚诸郎共平尚书事,年少,并兼厉锋气,要召名誉,尚书事至,或有不便,故遗漏不视,及传书者去,即入深文论驳。惟表不然,事来有不便,辄

① 《太平御览·居处部十》门上:“汉制,内至禁省为殿门,外出大道为掖门。” 应劭注《汉书》曰:掖者,言在司马门之旁掖。王者行幸,设车宫辕门,帷宫旌门,无宫则供人门。郑玄注《周官》云:次车为藩,则仰车辕以表门。张帷为宫,则树旌以表门。陈列周卫,则立长人以表门。

与尚书共论，尽其意。主者固执，不得已，然后共奏议。”华表的同僚们少年意气，专门找尚书所上奏章的碴。华表则少年宽厚，并不动辄驳尚书奏，有异议多与尚书商议，表现其谦逊持重的品质。

门下正式设为省，始于西晋。见《初学记·职官下》：“门下省，自晋以来名之。”即认为自西晋以后方正式设门下省。西晋时正式设立门下省，以侍中为其正长官，黄门侍郎为副。到了东晋时，门下省不仅对尚书奏事进行封驳，还发展为对中书所草诏令进行封驳。《文馆词林》残卷所载魏晋南北朝时期 135 首诏令中，曹魏和两晋时期的 44 首是以“制诏”为起首的，东晋南北朝时期的 89 首则以“门下”为起首 28 例。这些数据表明，魏晋时期继承汉制，诏书直接下达而尚无专职之封驳机构及相关制度，从东晋开始皇帝诏书要经过门下省封驳和颁布，而到南北朝时则成为定制。这是中枢决策中制约机制强化和制度化的表现，是决策制度进一步提高和完善的标志①。

见《晋书·礼志中》：东晋元帝因为温峤不肯拜散骑侍郎，建武元年诏“其令三司八座、门下三省，外内群臣，详共通议……”。

《晋书·王述附王坦之传》：王坦之为侍中，“简文帝临崩，诏大司马(桓)温依周公居摄故事。坦之自持诏入，于帝前毁之”。因侍中为门下省长官，门下有驳诏奏的职权，王坦之抵制桓温弄权，驳诏时态度愤激，竟然当面撕毁诏。

《通典·职官典三·中书令》曰：“门下省汉谓之侍中寺。《晋志》曰：给事黄门侍郎俱管门下众事，或谓之门下省。”《南齐志》“侍中”条也云：“汉世为亲近之职。魏晋选用，稍增华重，而大意不异。”

---

① 黎虎《汉唐中央决策制度的演进及其特点》，《河北学刊》，1998(6)：61-67。

这几条材料中的“三省”与“门下三省”同，其制始于西晋。东晋初建元帝即位，多沿西晋旧制。西晋不但门下设省，且机构已发展、扩大为三省之一。

再说“管门下众事”，“门下众事”里，除负责其他众多的生活服务事项外，黄门之下，内外文书、信息交通之地，自然就要做一些文件收发、传达工作，这本身就与出令纳奏的秘书工作有关联。魏晋以后，在皇帝的信任与委命下，形成以侍中为首官的门下省，正式地直接地插入文书来往的程序环节之中，担负了相当的秘书枢要工作，这便是“稍增华重”的含义。史书上多次记载的“门下封驳”即封驳诏奏，所谓“审署奏抄，驳正违失”(《通志略》)。其工作职责和程序大致应是如下情况：① 工作职责。封，指对诏书奏章的弥封，是为了保密。对皇帝诏命的弥封，叫做封诏，须用玺，故称“玺封”；对臣下奏章的弥封，叫做封奏，门下先署，故称省封。② 工作程序。出令：皇帝面授机宜，中书承旨草诏，诏令由内而外，必经门下，门下玺封，下达尚书，尚书执行，是为封诏；诏令有所违失，可退回中书，或提出异议，是为驳诏。纳奏：尚书或其他臣下上报奏章，须经门下，由门下官员省封，呈奉皇帝，是为封奏；奏章有所违失，可退还尚书或其他臣下，或提出异议，是为驳奏。由此可见，门下具有对国家公文运转的签发和审核权力。其中的封诏封奏，大致为用印签署，故魏晋以后的诏令多以“敕门下”开头。而驳议诏奏，具备封还和异议的责权，则明显使门下成为秘书工作中重要的环节，故与中书、尚书已然成三足鼎立之重。

门下省的人员设置，首官是侍中，地位与中书令相等；门下省次长，是黄门侍郎，其地位与中书侍郎比肩，其余如散骑常侍、给事中等，其职掌地位亦时有损益，大致是“平尚书奏事”，与尚书六曹职位相对应。

《南史·江夏王义恭传》：“孝武入讨，劭疑义恭有异志，使入住尚书下省。分诸子并住神兽门外侍中下省。”侍中下省，亦即门下下省,二者合称。

门下与中书、尚书权力演替的关系,《通典·门下》说得很清楚:

> 自魏晋重中书之官,居喉舌之任,则尚书之职,稍以疏远。至梁陈举国机要,悉在中书,献纳之任,又归门下,而尚书但听命受事而已。

这就是魏晋以来所谓中书承旨、门下封驳、尚书执行的三省分职格局。

总之,自魏晋始,门下省诸职与尚书、中书省一样皆以宫官身份居宫内,三者皆是围绕着皇帝这个最高权力中心而设置的一整套辅助性的工作班子,而尚书最先被疏隔,其机构移至宫外,实际的秘书工作则由中书、门下二机构承担。

第五,侍中省

《后汉书·百官三》对侍中省所属主要职官有载,下面加以引录。少府:"侍中,比二千石。掌侍左右,赞导众事,顾问应对。法驾出,则多识者一人参乘,余皆骑在乘舆车后。本有仆射一人,中兴转为祭酒,或置或否。"本注[二]蔡质《汉仪》曰:"侍中、常伯,选旧儒高德,博学渊懿。仰占俯视,切问近对,喻旨公卿,上殿称制,参乘佩玺秉剑。员本八人,陪见旧在尚书令、仆射下,尚书上;今官出入禁中,更在尚书下。司隶校尉见侍中,执板揖,河南尹亦如之。又侍中旧与中官俱止禁中,武帝时,侍中莽何罗挟刃谋逆,由是侍中出禁外,有事乃入,毕即出。王莽秉政,侍中复入,与中官共止。章帝元和中,侍中郭举与后宫通,拔佩刀惊上,举伏诛,侍中由是复出外。"

中常侍,千石。本注曰:宦者,无员。后增秩比二千石。掌侍左右,从入内宫,赞导内众事,顾问应对给事。

黄门侍郎,六百石。本注曰:无员。掌侍从左右,给事中,关通中外。及诸王朝见于殿上,引王就坐。

本注[一]《汉旧仪》曰:"黄门郎属黄门令,日暮入对青琐门拜，名曰夕郎。”《宫阁簿》青琐门在南宫。……《献帝起居注》曰：“帝初即位，初置侍中、给事黄门侍郎，员各六人，出入禁中，近侍帷幄，省尚书事。改给事黄门侍郎为侍中侍郎，去给事黄门之号，旋复复故。旧侍中、黄门侍郎以在中宫者，不与近密交政。诛黄门后，侍中、侍郎出入禁闱，机事颇露，由是王允乃奏比尚书，不得出入，不通宾客，自此始也。”

小黄门，六百石。本注曰：宦者，无员。掌侍左右，受尚书事。上在内宫，关通中外，及中宫已下众事。诸公主及王太妃等有疾苦，则使问之。

黄门令一人，六百石。本注曰：宦者。主省中诸宦者。丞、从丞各一人。本注曰：宦者。从丞主出入从。

中黄门冗从仆射一人，六百石。本注曰：宦者。主中黄门冗从。居则宿卫，直守门户；出则骑从，夹乘舆车。

掖庭令一人，六百石。本注曰：宦者。掌后宫贵人采女事。左右丞、暴室丞各一人。本注曰：宦者。暴室丞主中妇人疾病者，就此室治；其皇后、贵人有罪，亦就此室。

永巷令一人，六百石。本注曰：宦者。典官婢侍使。丞一人。本注曰：宦者。

御府令一人，六百石。本注曰：宦者。典官婢作中衣服及补浣之属。丞、织室丞各一人。本注曰：宦者。

祠祀令一人，六百石。本注曰：典中诸小祠祀。丞一人。本注曰：宦者。

钩盾令一人，六百石。本注曰：宦者。典诸近池苑囿游观之处。丞、永安丞各一人，三百石。本注曰：宦者。永安，北宫东北别小宫名，有园观。苑中丞、果丞、鸿池丞、南园丞各一人，二百石。本注曰：苑中丞主苑中离宫。果丞主果园。鸿池，池名，在雒阳东二十里。南园在雒水南。濯龙监、直里监各一人，四百石。本注曰：濯龙亦园名，近北宫。直里亦园名也，在雒阳城西南角。

中藏府令一人，六百石。本注曰：掌中币帛金银诸货物。丞一人。

内者令一人，六百石。本注曰：掌［宫］中布张诸（衣）［亵］物。左右丞各一人。

以上是据《后汉书·百官志》罗列出的六百石以上的侍中职官，从其事任、员额数可见他们在东汉时已形成宫中庞大的内官群。

《晋书·华表传》："表年二十，拜散骑黄门郎，累迁侍中。正元初，石苞来朝，盛称高贵乡公，以为魏武更生。时闻者流汗沾背，表惧祸作，频称疾归下舍，故免于大难。"按：侍中省也有上、下舍之分。

东晋三省权力变化：《太平御览·职官部一》"总叙官"引《桓温集·略表》文："愚谓门下三省、秘书、著作，通可减半。……古以九卿综事，不专尚书，故重九棘也。今事归内台，则九卿谓虚设之位，惟太常、廷尉职不可阙。"桓温为东晋中期的疆场之臣，提到"古"时是以三公九卿综合参理国事，"今"即东晋时"事归内台"，"内台"有两种理解，一种单指尚书台，一种指包括尚书台在内的三省。引文中的内台所指，猜测文意，应指后者。故"内台"所任为"内官"，"外台"所任为"外官"。内官凌驾于外官之上的局面至东晋并没有大的改变。

桓温专政时，仍有一批忠于王室与桓温周旋掣肘的朝臣，如侍中王坦之，《晋书·王述附王坦之传》：王坦之为侍中，"简文帝临崩，诏大司马（桓）温依周公居摄故事。坦之自持诏入，于帝前毁之"。王坦之居侍中职，故能直接见到并掌握简文帝的诏书，又因其有驳诏的职权，故他在帝前毁诏，拒不执行诏书旨意，也不传递诏书给尚书等其他机构。这是其愤激之举、忠于王室的表现，从中可以看出门下侍中的职权。

宫内政治权力的敏感决定了宫内空间的敏感。南朝政局的明显变化是寒门素族的崛起。南朝皇帝为了加强皇权，大多排挤朝臣，改用身边卑职近臣、佞幸。鼓励他们与外臣周旋国事，中书、侍中等内官地位迅速上升。

中书权力扩张从汉至魏经历了较长的变化过程。自东汉以令仆用事、魏置中书监，中书成为皇帝喉舌，专掌诏命的草拟、保存，身份比尚书更为近密。其处禁中，极方便接近皇帝。南齐时，置中书舍人四人，值班于四省，权倾天下，凌驾于尚书之上。尚书则日益成为颁发诏令的执行机构而非参与最高决策的谋议机构。同时，在中书省内与尚书省内一样也集中了全国的政务档案。由于中书省已取得了“天下文簿版籍，入副其省”的职权，也就在事实上取代了尚书的日常政务。因此，至齐中书省成为宫内中枢机构应是无疑。

以上为中书省及中书下省、门下省及门下下省等见于史籍之例。总体位置关系是：太极殿廷居中，中书在西侧前，门下在东侧前；门下下省、侍中省在殿西，在神兽门外，离太极殿稍远。中书下省在殿东，在云龙门外，与散骑省为邻。与郭湖生图略异的是：中书省靠近神兽门，门下省靠近云龙门；东西中华门北移至与云龙门、神兽门相对的位置。太极殿前有一条东西向的横道，供人员出入(如图 2-2)。

中书、门下上下省之间机构的地理位置在宫中呈东—西交叉安排。其原则是什么呢？而且二省活动空间分割不明确。这应是缓慢发展的结果。尚书省先在太极殿前，前殿区南面地带。由于中书、门下产生、扩张于禁中，于是尚书省稍靠边，向宫城东前方位移，成为与外官沟通的桥梁。相对而言，尚书靠边、靠外，与内省(主要是门下、中书)配合，共同辅佐皇帝，治理国家。

第六，东省、西省问题

东、西省具体所指在史学界甚有争议，一说指秘书省，陈书镇持论。二说指永福省。西省指永福省为祝总斌持论。笔者同意祝总斌的观点。

西省应是一个泛指，大约凡是居太极殿之西的机构在当时

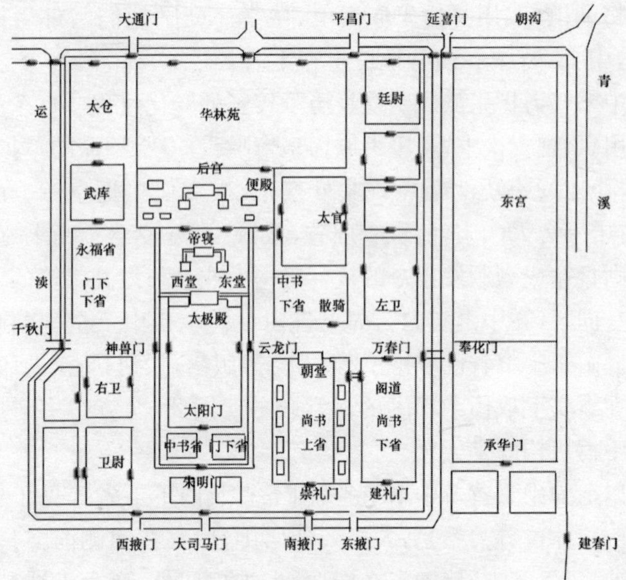

图 2－2　刘宋建康宫城布局推测图

采自郭湖生《中华古都——中国古代城市史论文集》台城示意图，台北：台北空间出版社，1997：215。

皆可称为西省，是一个习惯称法。

笔者又认为西省不仅可以指永福省，同时也可指中书省、侍中下省，其根据，见《晋书·徐邈传》："年四十四，始补中书舍人，在西省侍帝。虽不口传章句，然开释文义，标明指趣，撰正《五经》音训，学者宗之。迁散骑侍郎，犹处西省……甚见宠待。"按此帝指孝武帝。中书舍人侍帝读书之类的事理应在帝寝内殿、便殿进行。东晋的中书下省在禁中、内殿，中书舍人侍帝西省符合当时宫制。此为东晋后期事。

南朝至唐代中书仍可以西省代指。

《世说新语》卷上之下，注引《续晋阳秋》曰："（顾恺之）为散骑常侍，与谢瞻连省，夜于月下长咏，自云得先贤风致。瞻每遥赞之。恺之得此，弥自力忘倦。瞻将眠，语捶脚人令代，恺之不觉有异，遂几申旦而后止。"《晋书·文苑传》记顾恺之此事在东晋末义熙初。顾恺之时为散骑常侍，在散骑省；谢瞻时为中书郎，宿中书下省。散骑亦为皇帝近侍，散骑省称“东省”，当以其在宫殿区之东，并与中书下省相邻。

宋之西省：《宋书·江夏王义恭传》：“世祖入讨，劭疑义恭有异志，使入住尚书下省，分诸子并住神虎门外侍中下省。……劭大怒，遣始兴王浚就西省杀义恭十二子。”可见侍中(门下)下省即西省。

《南齐书·百官志》：“晋世以来，谓领、护至骁、游为六军。……自二卫、四军、五校已下，谓之西省，而散骑为东省。”东西省应在禁中。既在禁中，就应在太极殿的侧后方，即在太极殿的北面[1]。东省、西省皆是以太极殿为参照，对宫中诸省的简称。

第七，散骑省

散骑省从中书省分离出来的，东晋时“兼黄门郎徐应祯出为散骑。著屐出省阁，有司奏，乃免官。”[2]按黄门郎在禁内皇帝身边侍臣，是中书省属官，《晋书·职官志》：“中书侍郎，魏黄初初，中书既置监、令，又置通事郎，次黄门郎。黄门郎已署事过，通事乃署名。已署，奏以入，为帝省读，书可。及晋，改曰中书侍郎，员四人。中书侍郎盖此始也。及江左初，改中书侍郎曰通事郎，寻复为中书侍郎。”中书侍郎为散骑省长官，而散骑省在宫城内之南，故从中书省的黄门侍郎改任散骑省职，谓为“出”。又，《宋书·百官志下》：“给事黄门侍郎，四人。与侍中俱掌门下众事。郊庙临轩，则一人执麾。《汉百官表》秦曰给事黄门，无员，掌侍从左右，汉因之。汉东京曰给事黄门侍郎，亦无员，掌侍从左右，关通中外，诸王朝见，则引王就坐。”应劭曰：“每日莫[暮]向青琐门拜，谓

---

① 但西省在陈又可具体指某个殿所辖的机构，见《陈书·侯安都传》：“自京口还都，部伍入于石头，世祖引安都宴于嘉德殿，又集其部下将帅会于尚书朝堂，于坐收安都，囚于嘉德西省，又收其将帅，尽夺马仗而释之。”

② (东晋)李轨著，(清)黄奭辑《晋义熙起居注》，《众家编年体晋史》，天津：天津古籍出版社，1989：520

之夕郎。”史臣按刘向与子歆书曰：“黄门郎，显处也。”然则前汉世已为黄门侍郎矣。董巴《汉书》曰：“禁门曰黄闼，中人主之，故号曰黄门令。”然则黄门郎给事黄闼之内，故曰黄门郎也。魏、晋以来员四人，秩六百石。《宋书》卷五十七《蔡廓传》：“迁司徒左长史，出为豫章太守，徵为吏部尚书。廓因北地傅隆问（傅）亮：‘选事若悉以见付，不论；不然，不能拜也。’亮以语录尚书徐羡之，羡之曰：‘黄门郎以下，悉以委蔡，吾徒不复厝怀；自此以上，故宜共参同异。’廓曰：‘我不能为徐干木署纸尾也。’遂不拜。干木，羡之小字也。选案黄纸，录尚书与吏部尚书连名，故廓云“署纸尾”也。”时（傅）亮为尚书令，徐羡之为录尚书事，尚书省高官，主选。蔡廓徵为吏部尚书，顾虑权限虚实，故有问傅亮之语，而徐羡之的话中以黄门郎五品官为界，黄门以下才轮到蔡廓行使铨选权。《南齐书》卷二十三《王晏传》：“晏弟诩，永明中位少府卿。六年，敕未登黄门郎，不得畜女伎，诩与射声校尉阴玄智坐畜伎免官，禁锢十年。”[①]。

2　后廷区

后（妃）宫是皇后、嫔妃寝息之地，一般地处宫城内最北方地带，按《周礼·内宰》：“宪禁令于王之北宫。”郑注：“北宫，后（妃）之六宫。”孙诒让《周礼正义》解释为：“古者宫必南向，王路寝在前，谓之南宫。……后（妃）六宫在王六寝之后，对南宫言之，谓之北宫。”后代宫廷建筑虽未尽依从周礼模式，但就每一宫城而言，后妃居住地都在皇宫正殿的后面。因而，前文所言“禁中”有广义、狭义之分。

广义的禁中，即宫中，与宫城外的空间对应，包括后（妃）宫、皇宫正殿和内省地区。在汉代，和广义“禁中”相类似的另一个概念是“门下”，凡在宫内掌管内勤事务的官吏，一般可称“居门下”。

狭义的禁中，则仅指后（妃）宫区内的空间。禁门以内，除了皇

① 又，《文献通考·乐考二》“历代乐制”：（齐武帝建元）六年，制“位未登黄门郎，不得畜女伎。黄门，班在五品”。

帝外,宦者可以居留,外臣不得擅自进入。最高行政机构朝堂,处在最内一重宫城中,然又在禁中以外。本书所言后廷均为狭义。

东晋建康宫的后宫由于地理环境优越,宫廷范围比较大,皇家苑囿在宫北,即包括玄武湖,和其东的鸡笼山一带建有的华林园。《南北史续世说》"谢朏不入凤庄门":"宋明帝尝敕谢庄子出与谢凤子超宗,从凤庄门入。二人俱至。超宗曰:'君命不可以不往。'乃趋而入。朏曰:'君处臣以礼。'遂退不入。时人两称之,以比王尊、王阳。"凤庄门是华林园内门,属于皇帝后宫禁苑门,大臣通常不能入,故谢朏以礼不入。华林苑,由孙吴内苑发展而来(《景定建康志·城阙志三·园苑》)。西园,晋元帝以冶城为西园。乐游苑,在宫城北三里,东晋时为药园,刘宋文帝以其为北苑,筑有亭台楼阁[①]。建康宫自东晋以后,宋、齐、梁、陈诸朝,皆以此为基础加以改建或加建。如《景定建康志》载:刘宋明帝泰始元年以东府城为未央宫,石头城为长乐宫[②];后宫苑囿有北苑(又叫乐游苑),苑中建正阳殿、林光殿等。南齐时加建城东青溪宫以及仙华、神仙、玉寿等殿宇,又造芳乐苑,"山石皆涂以五彩,跨池水立紫阁诸楼观"。建康宫制远效汉长安城的多宫制,呈现自由松散的宫室布局。与汉魏晋洛阳的整齐的南北宫制不同。

后廷宫殿又可分为三种:第一种是皇帝内殿,如魏、西晋的式乾殿,见《三国志·魏书四·三少帝纪》:"(正始八年)秋七月,尚书何晏奏曰:"可自今以后,御幸式乾殿及游豫后园,皆大臣侍从,因从容戏宴,兼省文书,询谋政事,讲论经义,为万世法。"

---

① 范晔《乐游应诏诗一首》注引,萧统编、李善注《文选》卷二零,上海:上海古籍出版社,1986:287。

② 《景定建康志·建康表四》"宋"。但《景定建康志·城阙志二》"古宫殿"条:《南史宋前废帝》景和元年以东府城为未央宫,以石头城为长乐宫,以北邸为建章宫,南第为长杨宫,东府城在古青溪桥东。同书所记东府城为未央宫,以石头城为长乐宫的时间有出入。

《晋书·王浑附子济传》:"(济)起为骁骑将军,累迁侍中,与侍中孔恂、王恂、杨济同列,为一时秀彦。武帝尝会公卿藩牧于式乾殿,顾济、恂而谓诸公曰:'朕左右可谓恂恂济济矣!'每侍见,未尝不咨论人物及万机得失。从帝在殿中会公卿藩牧看,此内殿也为议政之所。又见《晋书·愍怀太子传》记载惠帝时愍怀太子将被废,帝后于式乾殿举行公卿集议,"帝幸式乾殿,召公卿入,使黄门令董猛以太子书及青纸诏曰:'遹书如此,今赐死。'"①

东晋沿用此殿名,见《晋书·康帝纪》:"(建元二年九月)帝崩于式乾殿。时年二十三,葬崇平陵。"

东晋穆帝时还有显阳殿,见《晋书·穆帝纪》:"升平五年五月丁巳,帝崩于显阳殿,时年十九。葬永平陵,庙号孝宗。"孝武帝时的含章殿、清暑殿也应为内殿,《晋书·孝武帝纪》:"太元五年六月甲寅,震含章殿四柱,并杀内侍二人。"又至"太元二十一年春正月,造清暑殿。……秋九月庚申,帝崩于清暑殿,时年三十五。葬隆平陵。"皇帝内殿见于东晋的记载不多,南朝渐多。

---

① 《册府元龟·宰辅部·谏诤第二》:"张华为司空时,贾后欲废太子,惠帝会群臣于式乾殿,出太子手书,遍示群臣,莫敢有言者,惟华谏曰:此国之大祸,自汉武以来每废黜正嫡,恒至丧乱,且国家有天下日浅,愿陛下详之。尚书左仆射裴頠以为,宜先检校传书者,又请比较太子手书,不然恐有诈妄,议至日西不决,贾后知华等意坚,乃表乞为庶人,帝可其奏。"式乾殿议政非临时场所,内朝路寝之所。《册府元龟·帝王部·恶直》:"晋武帝知太子弗克负荷,然恃皇孙聪睿,故无废立之心,复虑非贾后所生,终致危败,时朝廷咸知不堪政事,帝亦疑焉,尝悉召东宫官属使以尚书事令太子决之,太子不能对,贾妃遣左右代对,多引古义,给使张泓曰:太子不学陛下所知,今宜以事断不可引书,妃从之,泓乃具草令太子书之,帝览而大悦,太子遂安,又贾充既为帝所遇,欲专名势而庾纯张华温颙向秀和峤之徒皆与任恺善,杨珧王恂华广等充所亲敬,于是朋党纷然,帝知之,召充、恺宴于式乾殿而谓充等曰:朝廷宜一,大臣当和。充恺各拜谢而罢。"

如齐武帝永明十一年七月，临崩之前，下诏曰："诸主六宫，并不须从山陵。内殿凤华、寿昌、耀灵三处，是吾所治制。夫贵有天下，富兼四海，宴处寝息，不容乃陋，谓此为奢俭之中，慎勿坏去。"(《南齐书·武帝纪》)

第二种宫殿是后妃居住的内宫，见于东晋的记载不多，从南朝可以略窥一二。刘宋文帝袁皇后居徽音殿，"此殿有五间，自后崩后常闭。"但袁皇后却"崩于显阳殿，年三十六岁。"(《宋书·后妃·袁皇后传》)显阳殿在文帝时为内殿，当是皇后随皇帝所居之宫。

昭阳殿，汉魏两晋皆有，南朝沿用。如萧齐皇后居昭阳殿，见《南齐书·皇后·武穆裴皇后传》："升明三年，为齐世子妃。建元元年，为皇太子妃。三年，后薨，谥穆妃，葬休安陵。……旧显阳、昭阳殿，太后、皇后所居也。永明中无太后、皇后，羊贵嫔居昭阳殿西，范贵妃居昭阳殿东，宠姬荀昭华居凤华柏殿。官内御所居寿昌画殿南阁，置白鹭鼓吹二部。乾光殿东西头，置钟磬两厢，皆宴乐处也。"

第三种为皇太后所居宫，见《晋书·穆帝纪》："升平元年春正月壬戌朔，帝加元服，告天太庙，始亲万机。大赦，改元，增文武位一等。皇太后居崇德宫。"

宫殿是宫内的主要建筑，除此之外，当然还有帝后、侍者、内官等的其他空间，余皆从略。

2.3.2 微观考察：宫城正南门问题的提出

由于东汉以来的宫城道路以南北为轴线，宫城的正门为南门，而正南门其名则因时代而异。具体到东晋建康大司马门乃整个宫城外门。由于太极殿为宫内正殿，从正宫门大司马门到太极殿还有数重殿门。从《酉阳杂俎》中有关北使朝见梁武帝的记载中也可知梁时建康宫门制秩序。

那么，对于宫殿的各重宫殿门之内外、南北位置关系应如何分辨？下面仅就东晋一朝宫门南面的端门、止车门、大司马门等门的排列和位置加以考察。在探讨建康宫的正南门之前，先对此前汉魏长安、洛阳宫的宫城朝位、宫门信息做一简单回溯。

由于汉长安宫城、都城格局皆在不同时期逐步形成，主要宫殿数量多，分布并无统一规划思想，且宫殿的方位朝向与东汉及以后朝代的不同①。史称"汉七年，长乐宫成，诸侯、群臣皆朝十月"(《史记·叔孙通列传》)。汉七年叔孙通所订朝仪是怎样的呢？

在汉七年朝会中负责陈设"九宾"之"大行"，为典客之属官大行。张家山汉简出土的《朝律》，为我们提供了这方面更确凿的证据和重要补充。汉简《朝律》曰：

(1) 趋。下就立(位)少府中郎进

(2) 並(跪)大行左。大行进(跪)曰

(3) 后五步、北上，谒者一人立东陛者，南面、立定，典客言具，谒者以闻，皇帝出房，宾九宾及朝者②

案汉简《朝律》于1986年出土于湖北江陵张家山336号汉墓，大约是文帝时期物。《史记·叔孙通传》："传言'趋'。殿下郎中侠陛，陛数百人。功臣列侯诸将军军吏以次陈西方，东乡；文官丞相以下陈东方，西乡。大行设九宾，胪传。"③《三国会要·舆地五》"洛宫苑"条："高贵乡公见太后于太极东堂，即位于前殿。本

---

① 杨宽的观点：长安未央宫的东司马门为正门，诸侯王朝谒天子进宫的门，为礼仪正门。文武百官出入则经过北司马门。因宫殿的地势处渭水之南，北向渭水为正。杨宽认为宫殿坐西朝东，与东边的国道有关。但未央前殿却坐北朝南。笔者从西汉高祖七年的朝会仪中也可得知宫廷礼仪皇帝坐北朝南位。

② 引自胡平生《中国湖北江陵张家山汉墓出土竹简概述》，(日)大庭修主编《汉简研究国际シンポジウム92报告书——汉简研究の现状と展望》，大阪：关西大学出版部，1993：273。简文中的标点，引者作了一些改动。

③ 《汉书·叔孙通传》文字同。

注《决疑要注》曰：'其制有陛，左灭右平，九锡纳陛以登。'"[①]曹魏明帝青龙三年，大治洛阳宫，起昭阳、太极殿。太极前殿为朝政大殿，前殿其制如上。《决疑要注》为挚虞著。挚虞《决疑要注》较完整记载云："其制有陛，右墄左平。平以交塼相亚次，墄者为阶级也。九锡之礼，纳陛以登，谓受此陛以登殿。"

《史记》、《汉书》所载汉七年叔孙通所订朝仪与此《朝律》多有吻合。从朝礼的排位知道皇帝南向，大臣分东西两列。此制应糅合继承了周制和秦制的内容和礼仪精神。

西周康王即位后发布《康王之诰》："王出，在应门之内，太保率西方诸侯，入应门左，毕公率东方诸侯，入应门右。"孔氏传曰：王"出毕门，立应门内之中庭，南面"[②]。郑司农云："王有五门，外曰皋门，二曰雉门，三曰库门，四曰应门，五曰路门。路门一曰毕门。外朝在路门外，内朝在路门内。"[③]王出路门，即赴外朝。其北面朝觐之臣的排位站队方式，西方诸侯立于西方，东方诸侯立于东方。西周朝礼亦将朝臣分为东西两列。《周礼》载："朝士掌建邦外朝之灋，左九棘，孤卿大夫位焉，群士在其后。右九棘，公侯伯子男位焉，群吏在其后。"[④]则西列为孤卿大夫、群士等，东列为公侯伯子男、群吏等。汉七年排列于西方者，与前者相应，排列于东方者，与后者相应。但是汉初的百官体系所继承的不是周制而是秦制，而且西周尚无文武之分，战国后期始见，汉七年的文武之分亦为秦制。故汉七年的这种排列方式和内涵，应当是秦代朝礼中的排列方式与

① 《初学记》二十四："历代殿名或沿或革，惟魏之太极，自晋以降，正殿皆名之。挚虞《决疑要注》云：其制有陛，右墄左平。平以文塼相亚次，墄者为阶级也。九锡之礼，纳陛以登，谓受此陛以登殿。"

② 《尚书正义·康王之诰》，《十三经注疏》，杭州：浙江古籍出版社，1998：243。

③④《周礼注疏》卷三五《秋官司寇·朝士》，《十三经注疏》，杭州：浙江古籍出版社，1998：877。

内涵的承袭[①]。对此《通典》记载更完整。

《通典》卷七十《礼三十·嘉礼十五》"元正冬至受朝贺"条："汉高帝十月定秦，遂为岁首。七年，长乐宫成，制诸侯群臣朝贺仪：先平明，谒者治礼，引以次入殿门，庭中陈车骑步卒卫宫，设兵张旗帜。传言'趋'。殿下郎中夹陛，陛数百人。功臣列侯诸将军军吏以次陈西方，东向；文官丞相以下陈东方，西向。大行设九宾，胪句传。于是皇帝辇出房，百官执职传警，引诸侯王以下至吏六百石以次奉贺。礼毕，复置法酒。诸侍坐殿上皆伏抑首，以尊卑次起上寿。觞九行，谒者言'罢酒'。御史执法举不如仪者辄引去，群臣莫不振恐肃敬。"

东汉的元正礼仪在北宫的德阳殿举行，前文已述，此略。

东汉的都城与宫城皆进行了统一规划，南北二宫殿皆坐北朝南，故我们先从东汉洛阳宫制考察。

东汉洛阳的宫殿有南宫、北宫等。南宫为西汉之旧宫，北宫为汉明帝时增建的新宫，两宫分依都城南墙、北墙，中隔市区，以三条阁道相连，两宫中各有前殿。东汉末桓帝、灵帝时又增筑东宫、西宫。东汉洛阳南、北两宫皆四面开门，并于宫门前分置青龙、白虎、朱雀、玄武等四阙。二宫形制大致相同。

北宫德阳殿为元正仪式的举行处，其作为礼仪大殿的性质较南宫崇德殿更明朗，前文已述。《后汉书·礼仪志》中：大傩："其仪：……中黄门行之，冗从仆射将之，以逐恶鬼于禁中。"行礼之后"嚾呼，周遍前后省三过，持炬火，送疫出端门；

---

① 黎虎《汉代典客、大行、鸿胪递嬗与朝会司仪》，《东岳论丛》，2010，10：59－69。文中观点：《史记·景帝本纪》和《汉书·百官公卿表》关于景帝中元六年（前144年）改典客为大行，武帝太初元年（前104）改大行为大鸿胪的记载是符合历史事实的。汉简《朝律》的发现可以证明汉七年朝会中的"大行"为"典客"之属官，他们分工合作为朝会司仪。笔者认为：考察大行的职责与朝会司仪的过程同时也间接揭示了当时朝会礼皇帝、朝臣的朝向问题。

门外驺骑传炬出宫，司马阙门门外五营骑士传火弃洛水中”。本注《文选东京赋》注曰：“卫士千人在端门外，五营千骑在卫士外，为三部，更送至洛水，凡三辈，逐鬼投洛水中。”这则材料说明端门与司马门是宫城南向的两道重要宫门。二者的关系：① 端门在司马门之内，居北面。② 端门外有两千名重兵驻扎，传令兵可以骑马，传递凭信、物品、文书等。司马门是东汉洛阳宫城的正南门吗？

2.3.3　比较：礼制空间与现实政治空间视野下的宫城正南门

中国传统建筑将具有实用性质的“空间”及具有“意义”内涵的礼制规则作为基本目标，从而将建筑的着眼点落在建筑之空间、体量与装饰的等级差别（度）上[①]。

建康宫经东晋后期孝武帝时的名相谢安主持改建，规模宏大，一次共建成殿宇 3500 余间，如以每间 30 平方米计算，则建筑面积达 10 万余平方米。

礼制宫门：“在都城正门的前面有一条沿城市中轴线的御道向南延伸直至秦淮河边高大的朱雀门，御道两侧排列着中央政府的各种衙署，路旁用整齐的槐树、柳树作为行道树。这条轴线的位置就在今天的中华门—东南大学一线上。可以想见，当年的建康御道宽阔笔直，林木葱郁整齐，两旁衙宇林立，气象十分壮观。在五里长的御道最北端，就是都城前的正门——宣阳门，门下有三个通道，门上有巍峨的城楼，楼上刻木为青龙白虎饰于柱间。”[②]御道再沿宣阳门北进二里，就到达宫城正门。宫城正

---

① 王贵祥《中西方传统建筑：一种符号学视角的观察》，《建筑师》，2005(4)：42－49。西方传统建筑—造型艺术—重在形式创造——艺术创作层面的追求，其主旨在于观察者在视觉上的愉悦感创造。中国传统建筑—礼的象征—重在规制有度——社会等级层面的限定，其主旨在于居住者在身份上的等级感约定。

② 潘谷西《南京的建筑》前言，南京：南京出版社，1998：5－6。

门称大司马门，门前有石阙一对。

可见，东晋宫城正南门称大司马门。

2.3.3.1 宫城正南门的名称问题

首先看曹魏邺城。曹魏的邺城，根据左思《魏都赋》之《赋文昌殿》："长庭砥平，钟簴夹陈。……"张载注："文昌，正殿名也。"又知"殿前值端门，端门之前，南当南止车门"。曹魏正殿为文昌殿，按此文理解南止车门在端门（太极前殿正南门）之南。关于这些门的位置，先看《历代宅京记》的解释：

《历代宅京记·邺下》：端门，本注：文昌殿前正门，盖凡南方正门皆曰端门。

止车门，本注：在端门文昌殿前。

司马门，本注：在端门东，北直听政殿。注引《史记》曰：凡言司马门者，宫垣之内兵卫所在，四面皆有，司马主武事。总言之，外门为司马门也。

司马门的作用是"主武事"，自汉代如此。其秦咸阳宫内置有此门。《史记·项羽本纪》："章邯军棘原，项羽军漳南，相持未战。秦军数却，二世使人让章邯。章邯恐，使长史欣请事。至咸阳，留司马门三日，赵高不见，有不信之心。"本注：裴骃《集解》凡言司马门者，宫垣之内，兵卫所在，四面皆有司马，主武事。总言之，外门为司马门也。司马贞《索隐》按：天子门有兵阑，曰司马门也（《史记》）。

西汉沿用此门名称。《史记·张释之传》："顷之，太子与梁王共车入朝，不下司马门，于是释之追止太子、梁王无得入殿门。遂劾不下公门不敬，奏之。薄太后闻之，文帝免冠谢曰："教儿子不谨。"薄太后乃使使承诏赦太子、梁王，然后得入。文帝由是奇释之，拜为中大夫。本注：集解如淳曰："宫卫令'诸出入殿门公车司马门，乘轺传者皆下，不如令，罚金四两'。"张释之时为公车令，故有权劾奏太子和梁王。《史记·滑稽·东方朔传》："武帝时，齐人有东方生名朔，以好古传书，爱经术，多所博观外家之语。朔初入长安，至公车上书，凡用三千奏牍。公车令两人共持举其书，仅然能胜之。”本注[二]《正义百官表》云卫尉属官有公车司马。汉仪注云：“公车司马掌殿司马门，夜徼宫，天下上事及阙下，凡所征召皆总领之。秩六百石。”又，司马门，又称公车司马门：据孙星衍校集本《汉官仪》：“公车司马令，周官也，秩六百石，冠一梁，掌殿司马门，夜徼宫中，天下上事及阙下，凡所征召，皆总领之。”西汉初沿用秦官设置，四面皆置门，加以四方位名，如东司马门、西司马门、南司马门、北司马门等。《汉书·元帝纪》中颜师古注曰：“司马门者，宫之外门也。卫尉有八屯，卫候司马主卫士徼巡宿卫。每面各二司马，故谓宫之外门为司马门。”汉末平帝时执政王莽复古改制，现就其宫殿门改制略举数条，以供后文参考。“始建国元年春正月，改明光宫为定安馆，定安太后居之。改公车司马曰王路四门……”①公车：“主受章书之处。”又“汉未央、长乐、甘泉宫四面皆有公车。”(《历代宅京记·关中二》)王莽又改公车司马曰王路四门，长乐宫曰常乐室，未央宫曰寿成室，前殿曰王路堂②。王路堂，即路寝之义。

《初学记·职官下》引《汉旧仪》曰：“御史大夫寺在司马门内，门无扁题，署用梓板，不起郭邑，题曰御史大夫寺。”(《太平御览》卷二二五引略同)汉代的御史大夫寺本设于宫中司马门内，离正殿较远，汉成帝改革，将御史中丞留中为御史台率，御史台更北移至殿内兰台处。御史大夫则因“俱为三公”，搬出宫城，另建新府。《通典》将留中的御史台和搬出宫城的御史大夫府位置

---

① (清)顾炎武《历代宅京记·关中一》，北京：中华书局，1984：50。

② (清)顾炎武《历代宅京记·关中二》，北京：中华书局，1984：59。《汉书·王莽传》：“令王路设进善之旌，诽谤之木，(欲)[敢]谏之鼓。谏大夫四人常坐王路门受言事者。”

颠倒[①]。御史中丞在殿中兰台掌管文书，也是其为内朝官之一证。《汉书·成帝纪》："永始四年，……未央宫东司马门皆灾。"师古曰："东面之司马门也。"《三辅黄图》卷二："司马主武事，故谓宫之外门为司马门。"必须指出的是《历代宅京记》卷十二所记邺城材料的时代不明确，是曹魏邺城还是北齐邺城的信息内容笼统含糊。这一点中华书局在《历代宅京记》的点校本中提醒读者注意了，见其出版说明："卷十二所录邺城资料，全卷皆录自明嘉靖《彰德府志》卷八《邺都宫室志》，此卷应出自宋《相台志》，是目前所知关于邺城的最重要的史料。"《历代宅京记》中多取材于《邺中记》，该书是西晋陆翙所作，但史家认为此书掺入了西晋以后十六国北朝时期邺城的历史。在内容上是托西晋陆翙的名字、后人的著述居多的地理类史书。其以地名为纲领，介绍其从汉至北朝邺城的变迁史。故应分析、谨慎地对待《历代宅京记》卷十二的相关史料。

曹魏邺宫：端门在止车门的北面，止车门又在阊阖门的北面，阊阖门—止车门—端门一条南北轴线[②]。而司马门—听政门在另一条南北轴线上，司马门与端门在同一水平线上。曹魏洛阳宫：《三国志》卷十九《魏书》十九《陈思王植传》：(建安)二十二年，增置邑五千，并前万户。植尝乘车行驰道中，开司马门出。太祖大怒，公车令坐死。由是重诸侯科禁，而植宠日衰。注[二]魏武故事载令曰："始者谓子建，儿中最可定大事。"又令曰："自临菑侯植私出，开司马门至金门，令吾异目视此儿矣。"又令曰："诸侯长史及帐下吏，知吾出辄将诸侯行意否？从子建私开司马门来，吾都不复信诸侯也。恐吾适出，便复私出，故摄将行。不

① 《通典·职官六》："及御史大夫转为司空，而中丞出外为御史台率，即今之御史大夫。"

② 《太平御览·火部四》"庭燎"条载《石虎邺中记》曰："石虎正会，殿庭中、端门外及阊阖门前设庭燎各二，合六处，皆六丈。"

可恒使吾(尔)[以]谁为心腹也!"按:司马门为洛宫正门,故临菑侯植从司马门出为越制。曹魏文帝时的宫殿不多,主要沿用东汉宫殿,魏明帝时始大筑宫室。"是时方营修宫室,朗上疏曰:'今当建始之前足用列朝会,崇华之后足用序内官,华林、天渊足用展游宴,若且先成阊阖之象魏,使足用列远人之朝贡者,修城池,使足用绝逾越,成国险,其余一切,且须丰年。'转为司徒。"(《三国志·王朗传》)按:建始,即北宫建始殿[①]。崇华,即崇华殿。宋代叶寘《爱日斋丛钞》卷一:"铜人凡四铸,秦始皇收天下兵聚咸阳,销以为钟,铸金人十二,重各千石。"[②]《史记·索隐》:长人见临洮,故销兵器铸而象之,汉在长乐宫前,董卓坏其十为钱,余二犹在,此秦铸也。汉灵帝中平三年,使掖庭令毕岚铸四铜人,列苍龙、玄武阙外,此汉铸也。魏明帝景初元年,徙长安钟簴骆驼、铜人承露盘,盘折,铜人重不可致,留霸城南,大发铜铸作铜人二,号曰翁仲,列坐司马门外。郦氏《水经》以为文帝黄初元年,小异,李长吉以为明帝青龙九年八月,《缃素杂记》辨明帝青龙五年三月改景初元年,至三年而崩,无青龙九年,李集一本自云青龙元年,后石虎使牙将张弥徙洛阳钟簴、九龙、翁仲、铜驼、飞廉入邺,苻坚又徙邺

---

① (东晋)干宝《搜神记》卷六:"建安二十五年正月,魏武在洛阳起建始殿,伐濯龙树而血出。又掘徙梨,根伤,而血出。魏武恶之,遂寝疾,是月崩,是岁,为魏文黄初元年。"《三国志·魏书·文帝纪》:"(黄初元年)十二月,初营洛阳宫,戊午幸洛阳。"裴松之注:诸书记是时帝居北宫,以建始殿朝群臣,门曰承明,陈思王植诗曰"谒帝承明庐"是也。至明帝时,始于汉南宫崇德殿处起太极、昭阳诸殿。魏书曰:以夏数为得大,故即用夏正,而服色尚黄。《魏略》曰:诏以汉火行也,火忌水,故"洛"去"水"而加"隹"。魏于行次为土,土,水之牡也,水得土而乃流,土得水而柔,故除"隹"加"水",变"雒"为"洛"。此制仿西汉长安未央宫承明殿旧制。

② (宋)叶寘《爱日斋丛钞》,北京:中华书局,2010。又,(清)况周颐《餐樱庑随笔》:"铸铜像以旌功绩,或志哀慕,亦欧俗也,吾中国古亦有之。"太原:山西古籍出版社,1995。

铜驼、铜马、飞廉、翁仲于长安，此魏铸也。”于此也可见，大司马门为其南面的正宫门。

曹魏一直有此门，齐王芳时期仍有，见《晋书·景帝纪》：“魏景初中，拜散骑常侍，累迁中护军。为选用之法，举不越功，吏无私焉。宣穆皇后崩，居丧以至孝闻。宣帝之将诛曹爽，深谋秘策，独与帝潜画，文帝弗之知也，将发夕乃告之。既而使人觇之，帝寝如常，而文帝不能安席。晨会兵司马门，镇静内外，置阵甚整。宣帝曰：‘此子竟可也。’”

西晋洛阳宫的正门是大司马门。见《晋书·汝南王亮传》：（咸宁中）“帝崩，亮惧骏疑己，辞疾不入，于大司马门外叙哀而已，表求过葬。”《晋书·王隐传》：“隐兄瑚，字处仲。少重武节，成都王颖举兵向洛，以为冠军参军，积功，累迁游击将军，与司隶满奋、河南尹周馥等俱屯大司马门，以卫宫掖。”

《晋书·忠义·王豹传》：“豹将死，曰：‘悬吾头大司马门，见兵之攻齐也。’众庶冤之。”王豹初为豫州别驾，齐王冏为大司马，以豹为主簿。冏骄纵，豹谏冏，冏奏报朝廷定王豹死罪，故王豹临刑前愤言“悬吾头大司马门，见兵之攻齐也”。从用语常识可据此，西晋的正宫门是大司马门无疑。

其次，东晋宫城的正南门也是大司马门。《晋书·熊远传》：“转御史中丞。时尚书刁协用事，众皆惮之。尚书郎卢綝将入直，遇协于大司马门外。协醉，使綝避之，綝不回。协令威仪牵捽綝堕马，至协车前而后释。远奏免协官。”按：尚书郎卢綝将入值是骑马而来，时尚书令刁协坐车而来，协醉，在大司马门外撒野，故御史中丞熊远纠劾刁协违纪。从此事件中可见大司马门外还为可骑马乘车区间，入门后还可骑乘，到止车门停止一切交通工具，改为步行入内。“止车”的含义即官员下车、下马之意。由于宫区范围大，代步交通工具仍可以入内，就如当代的公车可以驶入行政办公地一样。据此也可知止车门的位置应在大司马门内、但在端门之南的宫内区①。

东晋初建康宫前置有阙门,《晋书·周顗传》:"初,敦之举兵也,刘隗劝帝尽除诸王,司空导率群从诣阙请罪,值顗将入,导呼顗谓曰:'伯仁,以百口累卿!'顗直入不顾。"阙门既为宫前重要的建筑标志物,"诣阙"即为进宫赴中央机构的代指,《晋书·列女·张茂妻陆氏》:张茂妻陆氏,吴郡人也。茂为吴郡太守,被沈充所害,陆氏倾家产,率茂部曲为先登以讨充。充败,陆诣阙上书,为茂谢不克之责。"《晋书·外戚·王蕴传》:"(王蕴)补吴兴太守,甚有德政。属郡荒人饥,辄开仓赡恤。主簿执谏,请先列表上待报,蕴曰:"今百姓嗷然,路有饥馑,若表上须报,何以救将死之命乎! 专辄之愆,罪在太守,且行仁义而败,无所恨也。"于是大振贷之,赖蕴全者十七八焉。朝廷以违科免蕴官,士庶诣阙讼之,诏特左降晋陵太守。"以上三例,可见大司马门为宫正门,阙在大司马门两侧。

刘宋事件:《宋书·傅亮传》:"少帝废,(傅)亮率行台至江陵奉迎太祖。既至,立行门于江陵城南,题曰"大司马门"。率行台百僚诣门拜表,威仪礼容甚盛。太祖将下,引见亮,哭恸甚,哀动左右。既而问义真及少帝薨废本末,悲号呜咽,侍侧者莫能仰视。"太祖时为藩王镇江陵,傅亮等人废少帝后,率百官迎驾刘义隆,立行门,题名"大司马门",象征皇宫皇权正统所在,此应是大司马门为宫正门之又一证。

---

① 大司马门与止车门的关系,《三国志·高贵乡公髦纪》:文帝孙,东海定王霖之子。正始五年,封郯县高贵乡公。少好学,夙成。齐王废,公卿议迎立公。十月己丑,公至于玄武馆,群臣奏请舍前殿,公以先帝旧处,避止西厢。群臣又请以法驾迎,公不听。庚寅,公入于洛阳,群臣迎拜西掖门南,公下舆将答拜,傧者请曰:"仪不拜。"公曰:"吾人臣也。"遂答拜。至止车门下舆。左右曰:"旧乘舆入。"公曰:"吾被皇太后徵,未知所为。"遂步至太极东堂,见于太后。其日即皇帝位于太极前殿,百僚陪位者欣欣焉。

东晋正宫门为大司马门应无疑义。

其次，回到宫城另一重要宫门阊阖门问题上。《太平御览·居处部十》"门上"条载《说文》曰："门，扪也；在外为人所扪摸也。从二户，象形也。阊阖，天门也。阖，门扉也。"此为用天人学解释人间宫室阊阖门的神圣[1]。

西汉的阊阖门为宫墙西面的三座城门之一。《艺文类聚·居处部二》"阙"条载《关中记》曰："未央宫东有青龙阙，北有玄武阙，汉书所谓北阙者也。建章宫圆阙，临北道，风在上，故曰风阙也。阊阖门内东出，有折风阙，一名别风阙。"

东汉沿其旧名。《太平御览·居处部十》"门上"条载《水经注》曰："穀水东流建春门石桥下，即上东门也。一曰上升门，又曰阊阖门，汉之西上门。"按东汉的上东门与上西门相对，阊阖门不可能同时既为上东门又为上西门。北魏改名后，上东门为建春门，上西门为阊阖门，即东汉之西上门，即下边第一门。

曹魏洛阳宫有阊阖门，《晋书·荀勖传》："迁廷尉正，参文帝大将军军事，赐爵关内侯，转从事中郎，领记室。高贵乡公欲为变时，大将军掾孙佑等守阊阖门。帝弟安阳侯干闻难欲入，佑谓干曰：'未有入者，可从东掖门。'及干至，帝迟之，干以状白，帝欲族诛佑。勖谏曰：'孙佑不纳安阳，诚宜深责。然事有逆顺，用刑不可以喜怒为轻重。今成倅刑止其身，佑乃族诛，恐义士私议。'

---

① 《白虎通义》卷六"八风"："风者何谓也？风之为言萌也，养物成功，所以象八卦。阳立于五，极于九，五九四十五日变，变以为风，阴合阳以生风。距冬至四十五日条风至。条者，王也。四十五日明庶风至。明庶者，迎众也。四十五日清明风至。清明者，青芒也。四十五日景风至。景大风，阳气长养。四十五日凉风至。凉，寒也，行阴气也。四十五日昌盍风至。戒收藏也。四十五日不周风至。不周者，不交也，阴阳未合化也。四十五日广莫风。广莫者，大也，同阳气也。"

乃免佑为庶人。”

西晋宫门有阊阖门名，《晋书》卷二十八《五行志中》“羽虫之孽”：“武帝泰始四年八月，有翟雉飞上阊阖门。天戒若曰，阊阖门非雉所止，犹殷宗雉登鼎耳之戒也。”

《太平寰宇记》三《西京洛阳县》：“《晋书》……又云：洛阳十二门，皆有双阙石桥，桥跨阳渠水。”按此指都城门双阙。又《水经注·谷水注》：“今阊阖门外夹建巨阙，以应天宿。虽不如礼，犹象而魏之，上加复思（复思即是屏）以易观矣。”此指北魏洛宫宫门外双阙（《洛阳伽蓝记校注·例言》注释[二九]）。

另，吴国建邺宫继承春秋吴国宫殿名也有阊阖门：《艺文类聚》卷六十三《居处部三》“门”：“《吴地记》曰：阊阖门者，吴王阖闾所作也，名为阊阖门。高楼阁道，后由此出伐楚，改曰破楚门。”又，《太平御览·居处部十》“门上”：“《吴志》曰：初平中，谣曰：‘黄金车，班兰耳，阊阖门，出天子。’阊阖，吴西郭门，夫差所作。”按：阊阖门为孙吴的西郭门之一。但在东晋前期阊阖门已经变为宫城南面的一座侧门，在正宫门大司马门的东路，其地位为次级宫门。见《晋书》卷七《康帝纪》：初即位，“时帝谅阴不言，委政于庾冰、何充。秋七月丙辰，葬成皇帝于兴平陵。帝亲奉奠于西阶，既发引，徒行至阊阖门，升素舆，至于陵所。”康帝去都城外西面的鸡笼山兴平陵区，最便捷的方式应是从宫城西门出，但按照丧制，大行皇帝出殡应从宫城、都城的正南门出，故此阊阖门应为宫城南门之一（见图 2-3、图 2-4）。

结论：大司马门为东晋宫门骈列制的西路，阊阖门为骈列制的东路。

《宋书》卷三十二《五行志三》：晋安帝“义熙中，宫城上御道左右皆生蒺藜。草妖也。蒺藜有刺，不可践而行，生宫墙及驰道，天戒若曰，人君拱默不能听政，虽居宸极，犹若空宫，虽有御道，未尝驰骋，皆生蒺藜若空废也。”这说明东晋时已有御道，而

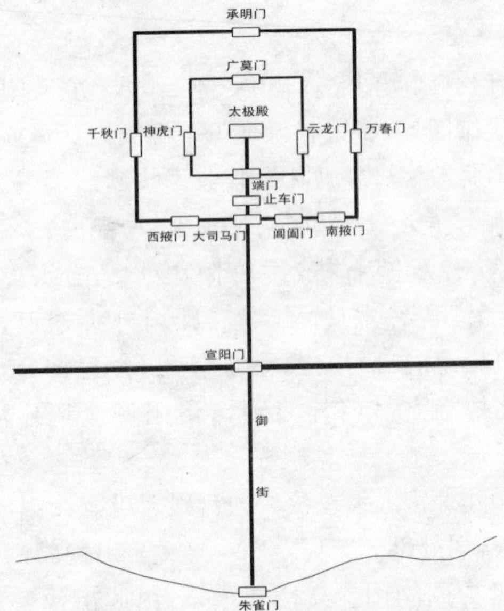

图 2-3　东晋前期宫城门示意图

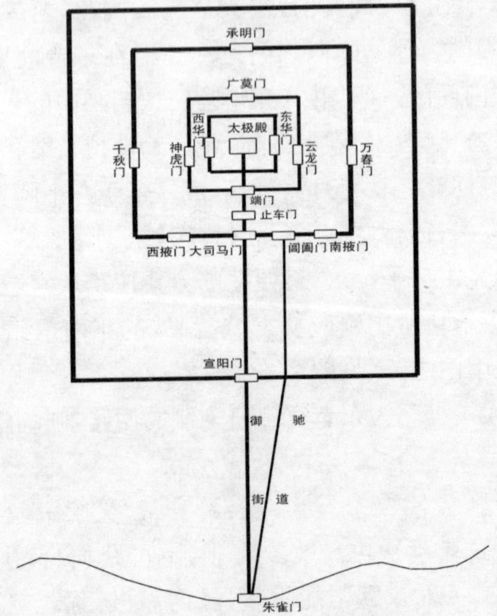

图 2-4　东晋后期宫城门示意图

且御道和驰道同时存在，二者是南北延伸不同的道路。《宋书》卷六《孝武帝纪》："（孝建五年九月）闰月丙申，初立驰道，自阊阖门（由南掖门改名）至于朱雀门，又自承明门至于玄武湖。"此则材料非常明确地反映了刘宋驰道的起止点，也明确告诉我们它与御道从大司马门直到宣阳门不同。御道、驰道在秦淮河岸的朱雀门相交。这样的宫门及道路走向或对北魏洛阳产生影响。《宋书》卷五十七《蔡廓子附兴宗传》："先是，大明世奢侈无度，多所造立，赋调烦严，征役过苦，至是发诏悉皆削除。由此紫极殿南北驰道之属皆被毁坏，自孝建以来至大明末，凡诸制度，无或存者。兴宗于都坐慨然谓颜师伯曰：'先帝虽非盛德，要以道始终。三年无改，古典所贵。今殡宫始撤，山陵未远，而凡诸制度兴造，不论是非，一皆刊削，虽复禅代，亦不至尔，天下有识当以此窥人。'师伯不能用。"蔡兴宗议事在前废帝时，前废帝辄兴废立，如南北驰道时罢时复[①]。

2001—2002 年，中国社会科学院考古研究所洛阳汉魏故城队发掘了曹魏洛阳城宫城阊阖门遗址，它在太极殿南 500 米处。城门地面台基东西长 44.5 米，南北宽 24.4 米，台基上的建筑由三门道、门道间的东西间墙和东西门道两侧的东西墩台组成。中门道面阔 6 米，东、西门道面阔 5.7 米。阊阖门、阙的基本规模与形制是沿用魏晋时代就已经建造好的城门、阙基址面形成[②]。阊阖门遗址的发掘说明它不仅是北魏洛阳城宫城的宫门，它始建于曹魏时代，更是西晋洛阳城宫城的宫门[③]。在确定此门址的早期为魏晋时期洛阳宫阊阖门后，进而印证北魏宫

---

① 《宋书·前废帝纪》：大明八年，"秋七月乙卯，罢南北二驰道。孝建以来所改制度，还依元嘉。"永光元年秋八月"己丑，复立南北二驰道。"

② 钱国祥《由阊阖门谈汉魏洛阳城宫城形制》，《考古》，2003(7)：55-56。

③ 中国社会科学院考古研究所洛阳汉魏城工作队：《河南洛阳汉魏故城北魏宫城阊阖门遗址》，《考古》，2003(7)：22-43。

城是沿用魏晋宫城，而魏晋宫城又建于汉代北宫故地这一推论，由此对魏晋时期已经实行单一宫城制也得到进一步的确认。

北魏宫门与路线根据文献和考古所示，阊阖门直对太极殿，南对铜驼街，故为宫城正南门；阊阖门东面的大司马门为次一级侧门。笔者试在阊阖门至太极殿这一段路上加了止车门和端门两道门，形成南北向的多重宫门序列，也就此解决止车门和端门的相互位置。即其宫城门制主线由南而北：阊阖门—止车门—端门—太极殿，形成现实门制序列组合。

这样就可以理解《魏书》上的一段文字了。《魏书》卷六十四《郭祚传》："故事，令仆、中丞驺唱而入宫门，至于马道。及祚为仆射，以为非尽敬之宜。言于世宗，帝纳之，下诏：'御在太极，驺唱止车门；御在朝堂，至司马门。'驺唱不入宫，自此始也。"世宗为孝文帝之子，因而此事应发生在孝文帝迁都洛阳之后，可以确定此处的宫城在洛阳。郭湖生先生认为朝堂即尚书朝堂，它与太极殿为骈列式的，是典型的骈列制。驺唱：驺，騶 zōu，古代养马的人（兼管驾车），当皇帝上朝接见大臣，大臣们的骑卒引马开道的传呼工作由驺唱负责，报告某臣到、提醒他人回避的作用。

而另一种情况是：止车门、端门俱在大司马门之正北的宫内区，直对朝堂。而朝堂至太极殿的横向联系则另有宫中大道相连。祝总斌先生正是这样推测的，他认为北魏的朝堂应在太极前殿的南方，在大司马门内至止车门之间的宫区，朝堂与太极殿两者似乎也还隔着一段宫区和距离①。笔者更倾向于祝总斌先生所推测的这种情况。因为，东晋建康宫与北魏洛阳宫前皆有多座宫门，双行路线是存在的，而且，或与北魏仿写南朝建康制度有直接关系。太极殿为主殿，与主道路相通；朝堂与副道相通，理论上可以认为是骈列的，但是实际上，太极殿、朝堂是不同等级的建筑

---

① 祝总斌《两汉魏晋南北朝宰相制度研究》第八章《两汉魏晋南北朝的门下》第一节"门下"之义和禁中范围的演变。北京：中国社会科学出版社，1990：251。

物，二者既是不同等级的建筑，则在建筑高度、体量上就不一样，加之二者并不在同一水平线上，骈列的格局就更不易形成。

北魏的阊阖门为礼仪性正宫门，是大会、大赦、大刑之处。事例甚多，如其为大赦之处：《太平御览》卷一百四《皇王部二十九》后魏节闵皇帝："《后魏书》曰：及庄帝崩，尔朱世隆等以元晔疏远，又非人望所推，以王（指节闵皇帝元恭）潜默晦身，有过人量，将谋废立，恐实不语，乃令王所亲申其意旨，且兼迫胁。王遂答曰：'天何言哉！'世隆等大悦。春三月，晔迫至邙南，世隆等奉王东郭之外，行禅让之礼。太尉公尔朱度律进玺绶衮冕之服，及就辂车，百官侍位，入自建春、云龙门，开[升]太极殿前，群臣拜贺。礼毕，遂登阊阖门，诏大赦天下，以魏为大魏，改建明二年为普泰元年。"《魏书》卷十一《废出三帝·前废帝广陵王纪》有载，《太平御览》此处记载更为简略。

又《魏书》卷五十九《萧宝夤传》："永安三年，都督尔朱天光遣贺拔岳等破丑奴于安定，追擒丑奴、宝夤，并送京师。诏置阊阖门外都街之中，京师士女，聚共观视，凡经三日。"按：齐梁改朝换代变乱之际，齐明帝皇次子萧宝夤避难归顺北魏，为长安镇将，战败后叛魏归丑奴，丑奴以宝夤为太傅。后被魏将尔朱天光俘获，置于阊阖门外都街之中。这也证实阊阖门此处为国家扬威行刑之重地。通过比较可知，东晋建康宫的正宫门是大司马门，次一级宫门是阊阖门，一西一东并列。北魏洛阳宫把两座宫门的等级、方位对调，改阊阖门为正宫门，在西；大司马门为次宫门，在东，保留东西两路门制。

2.3.3.2 礼制空间：宫前南北中轴线上的门阙制度

门阙制度自汉代已有，如长安未央宫东西阙，武帝建章宫阙。西晋洛阳也有，《九家旧晋书辑本·臧荣绪晋书》卷一："（元）帝为晋王，立宗庙社稷。元帝渡江草创，欲立石阙于宫门，未定。王导随驾出宣阳门，乃遥指牛头山两峰为天阙，中宗从之。孙氏无阙，大晋南都亦不暇立，门阙遂废矣。"

但实际上东晋建康存在门阙规划，尤其是南北中轴线上的门阙规制明显。

建康都城中轴线上的门阙，既体现了都城范围的不限定性，也构成了都城规划体系中的另一特征即中轴线上的序列性。

建康都城的中轴线实际就是御道所在，它北始宫城正中大司马门，向南延伸遥以牛首山双峰为阙，因其与都城中轴线重合，故除宫城外，它比都城体系中其他部分更易体现皇权的神秘和权威。

建康宫城外的御道上共设有三座门楼，分别是宣阳门、朱雀门和梁代新建的国门，除此之外，梁时还在大司马门外建有两石阙，一为神龙，一为仁虎(《南史·梁武帝纪》)。阙“高五丈，广三丈六寸”①，以今尺度换算，高达 12 米以上，宽超过 10 米，气势雄伟，它们与御道上的其他门楼一起共同组成了中轴序列上的各个层次。这种序列性对于实现古代都城“壮丽”和“重威”的目标是颇起作用的。它突出了都城的轴线及都城的中心即象征皇权的宫城，且通过层层序列性加强了皇权的威慑作用，并强化了臣民对皇权的膜拜心理。在整体规划上，门阙形成的序列同时也加强了都城中轴轴心上的分量，使城门序列更富整体性。

建康城的御街是南北向的，儒学三朝观念下“五门”也是南北纵向延伸的，那么，同为南北向的御街与五门之间有何关系呢?

御街为都城主街，向南延伸至郭区，而“五门”体现臣子入宫朝觐路线和礼制，更多的是宫殿规划的理想模式。汉末郑玄更有九门说。九门说打破了都城内、外空间界限，甚至向城郊、自然关隘延伸，是体现中央集权威势的虚拟路线。见《后汉书·冯绲传》：

> 拜京兆尹，转司隶校尉，所在立威刑。迁廷尉、太常。延熹五年，零陵蛮、武陵蛮夷等悉反。……于是拜绲为车骑

① (宋)张敦颐《六朝事迹编类》，南京：南京出版社，1989。

将军，将兵十余万讨之，诏策绲曰："蛮夷猾夏，久不讨摄……今非将军，谁与修复前迹？进赴之宜，权时之策，将军一之，出郊之事，不复内御。"已命有司祖于国门。

《后汉书》本注引郑玄注《礼记》云："天子九门：路门也，应门也，雉门也，库门也，皋门也，国门也，近郊门也，远郊门也，关门也。"此诏书有激励将军英勇杀敌之意。延熹五年(公元162年)为东汉桓帝年号。此天子九门体现了大都城的概念，在纵向空间序列上是以王宫为核心，以南面为正位的交通路径。"祖"，皇帝为官员离京赴任举行的饯行礼，国门为都城最后一道门，出此门即为离开京城。

郑玄九门说，并无实际都城规划依据。例如皋门：《后汉书·皇后纪》："灵帝宋皇后讳某，扶风平陵人也，肃宗宋贵人之从曾孙。建宁三年，选入掖庭为贵人。明年，立为皇后。父酆，执金吾，封不其乡侯。"又，"后无宠而居正位，后宫幸姬众，共谮毁。初，中常侍王甫枉诛勃海王悝及妃宋氏，妃即后之姑也。甫恐后怨之，乃与太中大夫程阿共构言皇后挟左道祝诅，帝信之。光和元年，遂策收玺绶。后自致暴室，以忧死。在位八年。父及兄弟并被诛。诸常侍、小黄门在省闼者，皆怜宋氏无辜，共合钱物，收葬废后及酆父子，归宋氏旧茔皋门亭。"[本注《诗》云："乃立皋门。"注云："王之郭门曰皋门。"]按：东晋南朝的郭门指篱门。

《汉官六种·汉官仪卷上》："洛阳十二门，东面三门，最北门名上东门，次南曰中东门。每门校尉一人，秩二千石；司马一人，秩千石；侯一人，秩六百石。"东汉洛阳有十二城门。郑玄注《周礼》"天子城十二门，通十二子"①。又，每门有亭，同书曰："十二门皆有亭。"《考工记》中王城门即国门，郭门即皋门，皋门亭即郭

---

① 其他建筑物也有十二门，如灵台，见《汉宫阁疏》曰："灵台高三丈，十二门。天子曰灵台，诸侯曰观台。"《后汉书·祭祀中》：章帝即位，元和二年四月，"又为灵台十二门作诗，各以其月祀而奏之。和帝无所增改。"

门亭。

《梁书·元帝纪》:"大宝三年(即武帝太清六年)三月,王僧辩等平侯景,传其首于江陵。戊子,以贼平告明堂,太社。己丑,王僧辩等又奉表曰:……旧郊既复,函、雒已平。高奴,栎阳,宫馆虽毁,浊河清渭,佳气犹存。皋门有伉,甘泉四敞,土圭测景,仙人承露。斯盖九州之赤县,六合之枢机。"按:"伉"通亢,高。《诗经·大雅·县》:"皋门有亢。"形容其高大。另见《南史》卷八《梁本纪下》之《元帝纪》也有类似记载,此略。

"皋门有伉,甘泉四敞"是大臣认为是新君登基的吉祥之兆,"土圭测景,仙人承露"借助神秘的天文地学术语来暗示都城建设。

陈也有皋门记载,《隋书·五行志下》"常风":"陈宣帝太建十二年六月壬戌,大风吹坏皋门中闼。十二年九月,夜又风,发屋拔树。始兴王叔陵专恣之应。"另见《陈书》卷五《宣帝纪》:"太建十二年六月壬戌,大风坏皋门中闼。"

《隋书》卷七《礼仪志二》:"是岁(天监三年),都令史王景之,列自江左以来,郊庙祭祀帝已入斋,百姓尚哭,以为乖礼。之等奏:'案《礼》国门在皋门外,今之篱门是也。今方殊制,若禁凶服不得入篱门为太远,宜以六门为断。'诏曰:'六门之内,士庶甚多,四时蒸尝,俱断其哭。若有死者,棺器须来,既许其大,而不许其细也,到斋日,宜去庙二百步断哭。'"

可见,"皋门"在东晋南朝系列的建康都城中一直沿用,并有实体宫门与之对应。

2.3.4 南朝建康的中外朝与宫中政治

前文已述,建康宫南面有大司马门和南掖门。大司马门内为太极殿,大司马门东侧的南掖门内为尚书朝堂。前者为礼仪大朝会之地,后者为中央机构日常议政之地。宫前道路格局显示是骈列式的,是曹魏邺城骈列制的延续。

太极殿东、西堂之面积推测,据《晋书·伏滔传》:"豫宴者几达百人”；而《宋书》礼志云，“在京二千石以上皆豫会”；《梁书》则载侯景之乱时，于子悦屯兵东堂等。刘敦桢认为：东堂形体之巨，似难附于太极殿之内，应为独立的建筑体①。

唐段成式《酉阳杂俎》卷一“忠志”，载北使（指东魏）觐谒梁主时见到的宫内物事，出自使臣亲历，应是极为可贵之史料，故治史之家多引用之。现据《四库全书》摘录原文，并加上笔者释读后的断句、标点，其文如下：

> 梁正旦使，北使乘车至阙下，入端门。其门上层题曰：朱明观。次曰应门，门下有一大画鼓。次曰太阳门，左有高楼，悬一大钟。门[左]（——此“左”字为笔者加）右有朝堂。门阙，左右亦有二大画鼓。北使入门，击钟磬，至马道，北悬钟内，道西北立。引其宣城王等数人后入，击磬，道东北面立。其钟悬外东西厢皆有陛臣，马道南，近道立。东有茹茹昆仑客。道西，近道，有高句丽、百济客，及其升殿之官三千许人。位定，梁主从东堂中出，云斋在外宿，故不由上阁来。击钟鼓，乘舆，警跸。侍从升东阶，南面幄内坐。……坐定，梁诸臣从西门入。

刘敦桢先生通过这段文字对东西堂的理解是：东西堂为独立建筑，其理由是“若其为太极殿之一部，则其内部必联属贯通，无出堂入殿之烦，一也。外臣朝觐，乃国之大典，岂宜一殿之间，出此入彼，形同儿戏，二也。殿宇之宽，阶陛之深，依建筑常规，皆有限度，决难容纳多数侍从卤簿，周旋殿前，

① 西晋洛宫内已有东堂，见《晋书·挚虞传》：“武帝诏曰：‘省诸贤良答策，虽所言殊涂，皆明于王义，有益政道。欲详览其对，究观贤士大夫用心。’因诏诸贤良方正直言，会东堂策问，曰：‘顷日食正阳，水旱为灾，将何所修，以变大眚？及法令有不宜于今，为公私所患苦者，皆何事？凡平世在于得才，得才者亦借耳目以听察。若有文武器能有益于时务而未见申叙者，各举其人。及有负俗谤议，宜先洗濯者，亦各言之。’”

三也。”另，梁之太阳门即最内一重宫门内，门右有朝堂，按《四库全书》版的原文中无门“左”有朝堂的记载，或为使臣误记，或为读者误解，郭湖生先生进而认为此门左右对称的“朝堂”即为中书、门下二省。可见对原文的断句与释读是理解当时宫内布局的关键。

此段文字由于是据北使所见的回忆性描述，并非客观地记述宫内建筑格局，比如端门、应门、太阳门三门的名称，“应门”的位置描述有误。又如，“门右有朝堂”，此朝堂或为殿房，并非专指皇帝和大臣议政办公之“尚书朝堂”的简称，因其在有限空间似不可能有如此重要行政建筑。而且，此位置或可能为中书、门下省的位置，但非尚书省或尚书朝堂的位置前文已述，此略。

下面对上引材料分析说明：

1．关于“正旦”，朝会兼古之聘礼。南北朝时，南北政权有战争也有缓和时期，在和平时期南北遣使交聘为友好外交之主要内容。“正旦使”即来参加梁朝的北使。礼仪的仪式与场地皆在建康宫中。使臣的记载关键点是“马道”，以“马道”为观察宫内情形的中心点。马道为正殿前庭院中之固定设施，也为先秦古制之一。《晋书·张华传》：“须臾，使者至曰：‘诏斩公。’华曰：‘臣先帝老臣，中心如丹。臣不爱死，惧王室之难，祸不可测也。’遂害之于前殿马道南，夷三族，朝野莫不悲痛之。时年六十九。”按：式乾，即式乾殿，宫中一偏殿，“前殿”应指太极前殿，可知马道的位置在太极前殿之南面[①]。

---

① 关于“马道”的其他材料还出现在后赵邺城，《晋书·石季龙载记上》：“建元初，季龙飨群臣于太武前殿，有白雁百余集于马道南。季龙命射之，无所获。既将讨三方，诸州兵至者百余万。太史令赵揽私于季龙曰：‘白雁集殿庭，宫室将空，不宜行也。’季龙纳之，临宣武观大阅而解严。”

2. 宫中置马道应是一种先秦古制，理由推测如下：

其一，马的神秘性。上古有以马为龙的原形或变形的说法，《周礼·夏官司马第四》："马八尺以上为龙，七尺以上为騋，六尺以上为駥。"騋、駥皆是龙的别称。《周易·说卦》曰："乾为马。"《白虎通义·封公侯》："司马主兵，言马者，马阳物，乾之所为，行兵用焉，不以伤害为度，故言马也。"此为讲动物的文化属性。又，《周礼·夏官下》曰："校人，掌脱许之政……辨六马之属。种马一物，戎马一物，齐马一物，道马一物，田马一物，驽马一物。天子有十二闲，马六种；邦国六闲，马四种；家四闲，马二种。凡马，特居四之一。春祭马祖，执驹；夏祭先牧，秋祭马社，臧仆；冬祭马步，献马，讲驭夫。"此为讲马政。

其二，马的实用性。一可别尊卑之序，一为骑乘工具。见《册府元龟》卷一百六十八《帝王部·却贡献》："汉文帝时曾有献千里马者，诏曰：鸾旗在前，属车在后，吉行五十里，朕乘千里马，独先安之？于是还马、道里费而下诏曰：朕不受献也，其令四毋求来献。"此意思说千里马虽跑得快，但皇帝骑它独自在前，把鸾旗车属抛在后面，岂不乱了出行的礼制章法？故文帝下诏不受献马。

3. 钟楼位置，在殿西。

《南齐书·郁林王纪》："高宗虑变，定谋废帝。二十二日壬辰，使萧谌、坦之等于省诛曹道刚、朱隆之等，率兵自尚书入云龙门，戎服加朱衣于上。比入门，三失履。王晏、徐孝嗣、萧坦之、陈显达、王广之、沈文季系进。帝在寿昌殿，闻外有变，使闭内殿诸房阁，令阉人登兴光楼望，还报云：'见一人戎服，从数百人，急装，在西钟楼下。'"

笔者对其感兴趣的更是北使进宫时反映出的宫城内的门制序列，根据《梁书》、《建康实录》及当代学者的研究，梁代建康宫的城门序列似应是如下，见图 2-5，图中宫门名称与《酉阳杂俎》所记的宫内门名不同，关于这一点笔者将在后文作一些猜测性解释，此略。

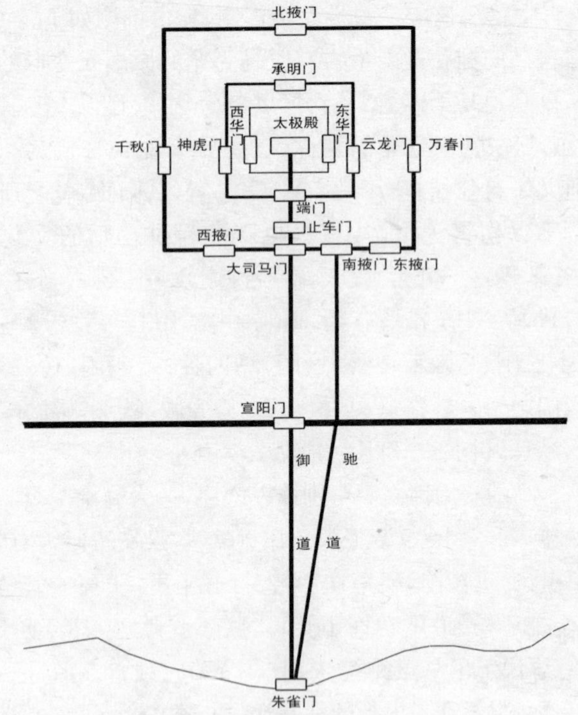

图 2-5　梁代建康宫城门推测图

2.4　儒学三朝与匠师三朝

2.4.1　儒学观念变迁史下的三朝制度

2.4.1.1　"三朝"概念何时出现?

什么是"三朝"?三朝概念,散见于早期儒家经典及各家注疏之中,并无明确的界定,东汉古文经学家郑玄注《周礼·秋官·朝士职》:"王五门:皋、库、雉、应、路也。"又曰:"天子诸侯皆有三朝:外朝一、内朝二。"其天子外朝一者,在皋门之内、库门之外,大询众庶之朝也,朝士掌之。内朝二者,正朝在路门外,司士掌之;燕朝在路门内,大仆掌之。诸侯之外朝一者,在皋门内、应门外;内朝二者,亦在路寝门之外内,以正朝在应门内,故谓应门为朝门也。郑玄通过对三礼作注,成三礼学,也成为后世三礼学的主流。三朝通常是指:外朝、治朝、燕朝。外朝即大朝,治朝即常朝,燕朝即小朝,是皇帝燕居之地。治朝、燕朝合起来又泛称内朝。

唐贾公彦《周礼注疏》引郑众语说:"王有五门,外曰皋门,二曰雉门,三曰库门,四曰应门,五曰路门。路门一曰毕门。外朝在路门外,内朝在路门内。"郑众认为库门为中门,但同页郑玄注贾公彦疏都认为雉门为中门[①],库门应在雉门之前,后世儒学家多赞同郑玄这种观点(郑众的观点称"先郑说",郑玄的观点称为"后郑说"。下同,以后不再说明)。后郑说的影响最大,是历代经学的主流,如北宋聂崇义的《三礼图》[②]是在郑玄的《三礼图》基础上编著的,也可视为后郑说一脉。

先郑说提到了两朝,其内朝当为狭义的内朝概念,即指燕朝。唐儒贾公彦在此注疏:"周天子诸侯皆有三朝,外朝一,内朝二。内朝之在路门内者,或谓之燕朝。"宋朝叶时著《礼经会元》载:"周有三朝,一曰燕朝,在路门之内,王国宗人嘉事之朝也,太宰小臣掌焉。一曰治朝,在路门之外,王日听治之朝也,宰夫司士掌焉。一曰外朝,在库门之外,询万民听政之朝也,小司寇朝士掌焉。"宋儒眼中的西周都城从内到外有五道门,分为燕朝、治朝、外朝三部分,重申了三朝之义。笔者以为,治朝、燕朝皆是西周两分法之下的内朝,这是相对于外朝而言。汉儒将其内朝再一分为二,遂成三朝制度。故而广义的"内朝"概念包括治朝、燕朝,狭义的"内朝"概念则单指燕朝。

---

① 《白虎通义·五祀》:社稷"社稷在中门之外、外门之内何?尊而亲之,与先祖同也。不置中门内何?敬之,示不亵渎也。《论语》曰:'譬诸宫墙,不得其门而入。不见宗庙之美,百官之富。'《祭义》曰:'右社稷,左宗庙。'"

② (北宋)聂崇义著,丁鼎解说《新定三礼图》,北京:清华大学出版社,2006:115。

《周礼注疏·夏官司马下》:“正朝仪之位,辨其贵贱之等。王南乡;三公北面东上;孤东面北上;卿大夫西面北上;王族故士、虎士在路门之右,南面东上;大仆、大右、大仆从者在路门之左,南面西上。此王日视朝事于路门外之位。王族故士,故为士,晚退留宿卫者。未尝仕,虽同族,不得在王宫。大右,司右也。大仆从者,小臣、祭仆、御仆、隶仆。”

儒家三礼学对三朝的表述很多。《周礼》、《仪礼》和《礼记》简称“三礼”,是保存中国古代礼制以及中华传统礼仪文明的精髓所在。“三礼”名目正式出现于史籍中,据今所见以《后汉书·儒林传》为最早,《经典释文序录》即引《后汉书》之文而曰“通为三礼焉”。王先谦《后汉书集解》引惠栋曰:康成《自序》云:“凡著《三礼》七十二篇。”吴承仕则曰:盖《三礼》之名上承卢植,而《三礼》之学自郑氏集其大成[①]。故三礼之学成于郑玄,而“三礼”之名早于郑玄。其中《周礼》偏重于典章制度的原始记载,《仪礼》侧重于规定人们的日常行为规范,《礼记》更多地阐述各种古礼的“礼义”。

《周礼》是三礼中争议最大的一部书,关于其作者和成书年代现在一般有两种说法,一种认为《周礼》系战国时人参考西周、春秋时代的文献以及当时的现行制度,又掺合作者的理想写成的;另一种说法认为《周礼》成书于汉初。唐贾公彦撰《周礼义疏》,至宋时与郑玄注合刻为《周礼注疏》。清孙诒让著《周礼正义》。葛志毅指出:“由于《周礼》的介入,使原来与周代礼制一体结合的礼学,从制度上被改造得更加接近于同三代有异的秦汉政治现实,并因其可供取资借鉴的价值而促使礼学获得新生。”[②]三礼学对三朝制度的记载很多,基本上是以对后郑说的观点相承为主。

---

① (清)吴承仕《经典释文序录疏证》,北京:中华书局,1984:107。

② 葛志毅《郑玄三礼学体系考论》,《中华文化论坛》,2007(3):42-57。

三朝的含义在汉代却各有不同：

其一，在西汉指元旦日。读音为 zhao，早晨之义。见《汉书·孔光传》西汉哀帝时，“会元寿元年正月朔日有蚀之，后十余日傅太后崩。是月，征光诣公车，问日蚀事。光对曰：‘臣闻日者，众阳之宗，人君之表，至尊之象。君德衰微，阴道盛强，侵蔽阳明，则日蚀应之。……岁之朝曰三朝，其应至重。乃正月辛丑朔日有蚀之，变见三朝之会。上天聪明，苟无其事，变不虚生。’”本注颜师古曰：“岁之朝，月之朝，日之朝，故曰三朝。”

其二，三朝即三雍。西汉有祀“三雍”礼：“三雍”指辟雍、明堂、灵台。“武帝时，献王来朝，献雅乐，对三雍宫。”注引应劭曰：“辟雍、明堂、灵台也。雍，和也，言天地君臣人民皆和也。”（《汉书·景十三王传》）在东汉，三朝之礼为在明堂、辟雍、灵台举行的三种礼仪，又称“三雍”。光武帝有议，但未实行。见《后汉书》卷二《显宗孝明帝纪》：“永平二年冬十月壬子，幸辟雍，初行养老礼。诏曰：‘光武皇帝建三朝之礼，而未及临飨。眇眇小子，属当圣业。间暮春吉辰，初行大射。令月元日，复践辟雍。尊事三老，兄事五更……’”本注：三朝之礼谓中元元年初起明堂、辟雍、灵台也（《后汉书·明帝纪》）。《后汉书·礼仪志》还详细记载了举行这类礼仪的具体过程。此三处建筑为政治性、文化性典礼场所。“三雍”礼有着源远流长的历史。“周公相成王，王道大洽，制礼作乐，天子曰明堂辟雍，诸侯曰泮宫。郊祀后稷以配天，宗祀文王于明堂以配上帝”（《汉书·郊祀志上》）。及至“汉承秦灭学，庶事草创，明堂、辟雍阙而未举。武帝封禅，始立明堂于泰山，犹不于京师。元始中，王莽辅政，庶绩复古，乃起明堂、辟雍。”①可知西

① 《太平御览·礼仪部十二·明堂》引蔡邕《礼乐志》。据《汉书·平帝纪》：元始四年（公元 4 年）“安汉公奏立明堂、辟雍。”元始五年（公元 5 年）“春正月，袷祭明堂。诸侯王二十八人、列侯百二十人、宗室子九百余人徵助祭。礼毕，皆益户，赐爵及金帛，增秩补吏，各有差。”

汉时期祀“三雍”之礼已经兴起，但尚未完善，及至东汉时期而得到进一步的发展，故光武帝“中元元年，初建三雍。明帝即位，亲行其礼。”(《后汉书·儒林传上》)这是东汉祀“三雍”礼兴起之标志。明帝继位后之第三年，即永平二年(公元59年)正月辛未，“宗祀光武皇帝于明堂……礼毕，登灵台……三月，临辟雍，初行大射礼”(《后汉书·明帝纪》)。此即明帝“亲行其礼”之事实。史家将东汉“三雍”礼之创设归功于光武帝和明帝两代前后相继之努力，“至世祖践祚，都于土中，始修三雍，正兆七郊。显宗遂就大业，初服旒冕，衣裳文章，赤舄絇屦，以祠天地，养三老五更于三雍，于时致治平矣”(《续汉书·舆服志》)。此后，明帝即以亲祀“三雍”为常制。三雍礼制建筑也是东汉洛阳儒学化的体现。

2.4.1.2　儒家仁政德制观念下的三朝

三礼学中的三朝观念，《周礼·秋官司寇》：“小司寇之职掌外朝之政，以致万民而询焉。一曰询国危，二曰询国迁，三曰询立君。”郑氏注，贾公彦疏《附释音周礼注疏》卷三十五：小司寇之职，掌外朝之政，以致万民而询焉。一曰询国危，二曰询国迁，三曰询立君。外朝，朝在雉门之外者也。国危，谓有兵寇之难。国迁，谓徙都改邑也。立君，谓无冢适选于庶也[①]。

[疏]“小司”至“立君”。释曰：“外朝之职，朝士专掌。但小司寇既为副贰长官，亦与朝士同掌之耳，故云‘掌外朝之政’。以

① 郑氏注，贾公彦疏《周礼注疏》卷十二《乡大夫》：大询于众庶，则各帅其乡之众寡而致于朝。大询者，询国危、询国迁、询立君。郑司农云：“大询于众庶，《洪范》所谓‘谋及庶民’。”贾公彦疏支持后郑说的外朝界定，除了三询功能，还增加其一断狱弊讼功能：例见《附释音周礼注疏》第三十一夏官司马下：“正朝仪之位，辨其贵贱之等。王南乡；三公北面东上；孤东面北上；卿大夫西面北上；王族故士、虎士在路门之右，南面东上；大仆、大右、大仆从者在路门之左，南面西上。”贾氏[疏]《朝士职》曰：库门外有外朝而言也。但彼外朝，断狱弊讼并三询之朝，有诸侯在焉。

致万民者，案下文，群吏并在内，而此经独云致万民者，但群吏在朝是常，万民不合在朝，惟在大事及疑狱乃致之，故特言之也。”

按：朝士掌三询，小司寇则主断狱，两者皆为外朝官。《礼记》所记载的内容，多是现实政治制度的反映。

《礼记·文王世子》：“（世子）庶子之正于公族者，教之以孝弟睦友子爱，明父子之义，长幼之序。其朝于公，内朝，则东面北上，臣有贵者以齿。其在外朝，则以官，司士为之。其在宗庙之中，则如外朝之位，宗人授事，以爵以官。其登馂献受爵，则以上嗣。庶子治之，虽有三命，不踰父兄，其公大事。则以其丧服之精粗为序。虽于公族之丧亦如之，以次主人。若公与族燕，则异姓为宾，膳宰为主人，公与父兄齿。族食世降一等。”

王文锦《礼记译解·文王世子第八》：“其朝于公，内朝则东面北上，臣有贵者，以齿。其在外朝，则以官，司士为之。其在宗庙之中，则如外朝之位，宗人授事，以爵以官……”[①]大体意思是：臣子朝见公族（小君），如果在路寝门内的内朝朝见，就排列西方，面朝东，根据年龄大小自北而南，朝臣中虽有爵位尊贵的，也要毫无例外的根据年齿顺序站位。如果在外朝朝见，那就要根据官位尊卑顺序排班站立，外朝朝仪的位置，由司马的属官——司士掌管。公族在国君宗庙中参加祭祀，就像外朝朝见时那样排班站立，由掌管礼仪和宗庙事务的官员——宗人分派祭祀中的各种职务，根据爵位尊卑、官职大小而分派重轻不同的职务。

三礼之外，历代春秋学也对三朝制有不同解释。杜氏注，孔颖达疏《附释音春秋左传注疏》卷二十六：“韩献子将新中军，且为仆大夫。兼大仆。公揖而入，献子从。公立于寝庭，路寝之庭。”

杨伯峻在其《春秋左传注·凡例》中说：“《春秋》经传，礼制

① 王文锦译解《礼记译解》上《文工世子第八》，北京：中华书局，2001：277－278。

最难。以校《周礼》、《仪礼》、《礼记》,有合有不合。"[①]在具体论述之前先需要说明的是:历来学者对"三礼"产生的时代以及其真实性有所怀疑,本文认为礼书产生的时代与礼实行的时代并不一定吻合,后者往往早于前者,当然并不排除后人的伪造。而《左传》则属于史书,尽管不乏作者的虚构成分,大体上是春秋时期真实的社会生活写照。

何休《春秋公羊注疏·僖公》卷十二:"然则何言尔?近正也。此其为近正奈何?古者大夫已去,三年待放。"[疏]解云:此《坎卦》上六爻辞也。郑氏云"系,拘也。爻辰在巳,巳为蛇,蛇之蟠屈以徽纆也。三五互体,艮文与震同体,艮为门阙,于木为多节。震之所为,有丛拘之类。门阙之内有丛木多节之木,是天子外朝左右九棘之象也。外朝者,所以询事之处也。左嘉石平罢民焉,右肺石达穷民焉。罢民,邪恶之民也。上六乘阳,有邪恶之罪,故缚约徽纆,置于丛棘,而后公卿以下议之。其害人者,置之圜土而施职事焉,以明刑耻之。能复者,上罪三年而赦,中罪二年而赦,下罪一年而赦。不得者,不自思以得正道,终不自改而出圜土者杀,故凶"是也。按:何氏其外朝位置同于后郑说,外朝空间的名物配置各有其义。关于此段在后文肺石、嘉石设置中有相近内容,此略。

2.4.1.3　唐代经学家与史学家对三朝制度的理解如下

"三朝"观念在汉代以后历代礼学家中争论不断。唐代杜佑《通典》卷七十五《宾礼二》"天子朝位":

> 周制,天子有四朝。恒言三朝者,以询事之朝非常朝,故不言之。一曰外朝,在皋门内,决罪听讼之朝也[②]。秋官

① 杨伯峻《春秋左传注·凡例》,北京:中华书局,2000:2。

② 古代帝王德政表现(1)大赦。(2)观礼。(3)刑牲誓师。刑例:历代大刑问斩,皆在外朝处,"都街",即在宫外御街,即首都最庄重威严的地点,如明清北京的菜市口。

朝士掌之。左九棘，孤卿大夫位焉，群士在其后。右九棘，公侯伯子男位焉，群吏在其后。面三槐，三公位焉，州长众庶在其后。左嘉石，平罢人焉。右肺石，达穷人焉。斯听狱之时，所列位也。树棘以为位者，取其赤心而外刺，象以赤心三刺也。槐之言怀也，怀来人于此，欲与之谋也。嘉石，文石也。平，成也，成人之善也。肺石，赤石也。罢人，不昏作劳，有似于疲，谓惰慢人。穷人，夫人之穷无告者。群吏，府史也。州长，乡遂之官也。王之五门，雉门为中门，雉门设两观，与宫门同，阍人讥出入者，穷人盖不得入。罢音疲。二曰中朝。在路门外。夏官司士正其位，辨其贵贱之等。朝夕视政，公卿大夫辨色而入应门，北面而立，东上。王揖，孤卿以上特揖，大夫旅揖，士旁三揖，各就位。特揖，一一揖之也。旅，众也。大夫爵同者众揖之。公卿大夫，王揖之乃就位。群士及故士太仆之属，发在其位，群士东面，王西南面而揖之。三揖者，士有上中下。王南向，三公北面东上，孤东面北上，卿大夫西面北上。王族故士、武士在路门之右，南面东上；太仆、太右、太仆从者在路门之左，南面西上。此王日视朝事于路门外之位。王族故士，故为士，晚退留宿卫者。未尝为士，虽同族，不得在王官。太右，司右也。太仆从者，小臣、祭仆、御仆、隶仆也。三曰内朝，亦谓路寝之朝。人君既从正朝视事毕，退适路寝听政。使人视大夫，大夫退，然后适燕寝释服。四曰询事之朝，在雉门外。小司寇掌其政，以致万人而询焉。一曰询国危，二曰询国迁，三曰询立君。

按：杜佑天子四朝说与后郑说异。杜氏的“其四询事之朝”与后郑说的外朝性质一致，其四朝之说无根据。杜氏说、后郑说外朝的地点皆在雉门外，见前文后郑说。

（同书）说曰：天子路寝门有五焉，其最外曰皋门，二曰库门，三曰雉门，四曰应门，五曰路门，路门之内则路寝也。皋门之内曰外朝，朝有三槐，左右九棘，近库门有三府九寺。库门之内，有宗庙、社稷。雉门之外，有两观连门；观外有询事之朝，在宗庙、社稷之闲。雉门内有百官宿卫之廨。应门内曰中朝，中朝东有九卿之室，则九卿理事之处。《考工记》曰"有九室，九卿理之"，朝则入而理事，夕则归于库门外。外朝之法，朝有疑狱，王集而听之，故礼云王命三公会其朝者，诸侯未去，亦于此也。广问之义，询于刍荛之谋，三刺三问以定其法。燕朝者，路寝之朝。群公以下，常日于此朝见君，位其位，太仆掌之。初入之时，亦门右，北面东上。王揖之，三公则阶前北面东上；孤东面，卿大夫西面，皆北上；士则门外之西，北面东上。凡射，先用燕礼，其位亦然。所以每朝列位所向不同者，皆以事异，故变其位。三公之位常北面不变者，以三公内臣，位尊，故屈之使常北面。其余诸侯孤卿大夫，皆以地道尊右，故尊者东面，卑者西面，是以于外朝之时，诸侯东面，尊于孤卿也。故于内朝，孤卿东面，尊于卿大夫也，时亦无诸侯故也。唯询事之朝，非常朝之限，故不与三朝同。或云客有诸侯之位，故孤卿在东也。

按：此段为杜佑对《周礼》的解说。但其中内容自相矛盾，如既言"天子路寝门有五"，即皋库雉应路五门，又言"路门之内则路寝"，此路寝到底指何处就不明了，故笔者取"路门之内则路寝"小概念作为内朝的代称。

杜佑的观点为唐代时人的一种代表性观点。

宋元马端临《文献通考》卷一百六《王礼考一》"朝仪"条：陈氏《礼书》曰："《周官》：太仆掌燕朝之服位，宰夫掌治朝之法，司士掌朝仪之位，朝士掌外朝之法。……"按：陈氏《礼书》指宋陈祥道《礼书》一百五十卷，其基本抄写儒家经典文字，并没有多少新见。三朝与西周的内外朝关系：内外二朝为西周现实政治制度，西汉武帝借鉴周制在政治上实行中外朝制度，也为二朝制，这给东汉末的诸儒设计三朝准备了现实参照条件。汉末儒者们在对经典的注释中再分中外朝的内朝为二，与外朝合，则为三朝。三朝观念的出现是东汉末儒者们顺应时代对西周、西汉的内外朝现实政治制度的改造和创新。

当代学者的研究有助于我们理解这一制度观念形成的过程。郝铁川指出西周以后的历代封建王朝，皆有内朝、外朝之分。其发展趋势，一般都是君主重用近臣、微职、宦官等内朝官而抑制外朝大臣，以内朝侵夺外朝实权，等到内朝官掌握朝政，权势渐重而有震主之威时，君主便引用新的心腹近臣，组成新的内朝，抑压旧权臣。如此循环往复，长达数千年之久。而这种内朝与外朝的对立、演化，肇始于西周[①]。也有对三朝的存在持否定意见的，如刘敦桢《六朝时期之东西堂》认为此期的东西堂为常朝，兼大朝、治朝、日朝三合一。“前殿者，与后寝对立而言，未闻所谓三朝之法。其时元会、登临，婚丧诸典，俱于前殿举行。殿之东厢，则为召见臣工，岁旱祈雨，及白事，待驾及太子视膳之所，足徵汉之前殿，实兼大朝、常朝、日朝为一。”并援引大量史实证之[②]。其并对东晋建康宫的三朝不存而持三朝合一的态度。刘思怡，杨希义《唐大明宫含元殿与外朝听政》文：大明宫含元殿建于唐高宗龙朔年间，位于隋唐长安城东北隅，为高宗以后的政治中心。含元殿是唐代君臣举行元日、冬至大朝会和接受四夷及外国君长、使者朝贡等重大国事活动的外朝听政之处。含元殿宏大的规模以及外朝听政隆重的礼仪，正是唐王朝显示国威之所[③]。张邦炜《两宋无内朝论》文指出，两宋时期大体无内朝[④]。

---

① 郝铁川《西周春秋的内朝与外朝》，《史林》，1991(02)：3-9。

② 刘敦桢《六朝时期之东西堂》，《刘敦桢文集》第四本。北京：中国建筑工业出版社，2007：456。

③ 刘思怡，杨希义《唐大明宫含元殿与外朝听政》，《陕西师范大学学报》(哲学社会科学版)，2009(01)：44-48。

④ 张邦炜《两宋无内朝论》，《河北学刊》，1994(01)：88-95。

2.4.1.4　儒家经典《三礼图》、《宫室图》中的三朝

宫室制度是礼的物质载体，行礼施政的条件，宫室制度是经学家们研究的重要内容之一。"朝"是以皇帝莅临朝政的办公所在地，亦即政治活动场所。例如外朝在库门外说：见《附释音周礼注疏》卷三十四《秋官司寇》第五："朝士，中士六人，府三人，史六人，胥六人，徒六十人。朝士主外朝之法。天子诸侯皆三朝：内朝二，路门外与路寝庭是也；外朝一，此朝在皋门内、库门外是也。"杜氏注，孔颖达疏《春秋左传注疏》也持外朝在库门外说。

西周在政治制度上实行分封制，把同姓王、异姓功臣分封到各地，然后规定了诸侯入朝朝觐周天子的制度。诸侯朝觐天子为重要的古礼。王文锦《礼记译解·文王世子第八》："公族朝于内朝，内亲也。虽有贵者以齿，明父子也。外朝以官，体异姓也。宗庙之中，以爵为位，崇德也。宗人授事以官，尊贤也。登馂、受爵以上嗣，尊祖之道也。"公族朝君于内朝，公族是内亲，所以在内朝朝见。在内朝虽有地位尊卑，但也依年齿辈分排列位序，是为了表明族里如同父子的情谊。在外朝，则根据官爵高低排定班序，是为了团结异姓官员，使他们感到没有被疏远。宗人根据官职高低来分配祭中职责，是表示尊重贤能。祭祀中国君的嫡长子吃用先祖神灵及其装扮者"尸"享用过的祭祀用的珍馐，接受尸的送酒，体现尊崇祖先[①]。这里体现的原则是：外朝接待异姓，以官位高低排定班序；内朝接待宗亲，以年龄长幼顺序排位再转化为君臣亲疏关系。

后人根据《周礼·考工记》所记及个人的理解，对周王城的格局进行了勾绘，其中宋聂崇义在《三礼图》一书中勾绘的"王城

① 王文锦译解《礼记译解·文王世子第八》，北京：中华书局，2001：281。

图”与清戴震在《考工记图》[1]中勾绘的“王城图”比较具有代表性，二者相同（见图 2－6）。戴震《考工记图》中仍然将城市的每面按三座门设置，相对的城门用干道连通，这样城内仅有纵横六条干道，但绘图者在城墙以内设置了一条顺城街，因而形成了四经四纬的格局。这样一种分割，显然与《周礼·考工记》的记述相去甚远。此图中三朝与宫城的关系并不清楚，具体地说就是外朝的位置是在宫内还是宫外不明确。儒家经典中，宫室、器用、车马、服食皆有礼法来规范，宫室制度为其礼制内容之一。

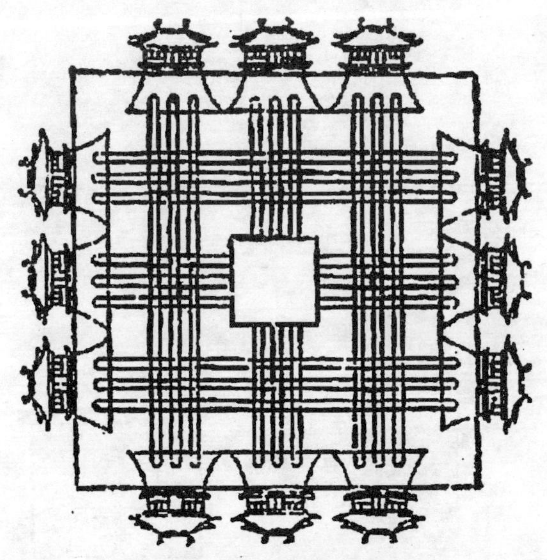

图 2－6 王城想象图

采自（宋）聂崇义著，丁鼎解说《新定三礼图》卷四《王城》，北京：清华大学出版社，2006：115。

① （清）戴震《考工记图》，上海：上海古籍出版社，1995。戴震是乾隆时著名经学家，是音韵学家江永的弟子，乾隆年间为《四库全书》纂修官。

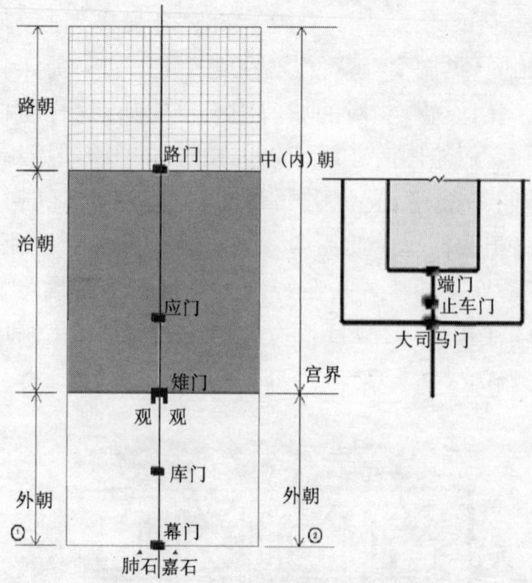

图 2－7　儒学三朝五门示意图(郑玄说)

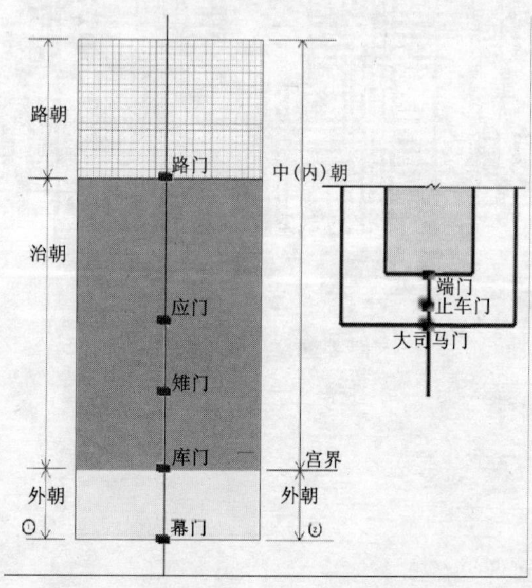

图 2－8　儒学三朝五门示意图(贾公彦说)

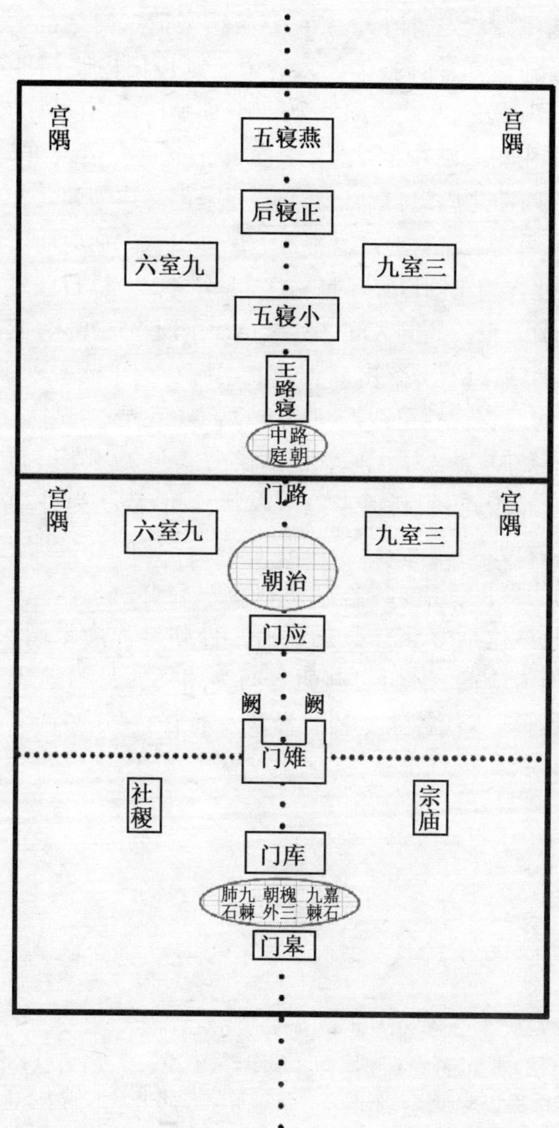

图 2-9 儒学三朝五门想象图(洪颐煊说)

底图采自(清)洪颐煊《礼经宫室答问》卷下,《续修四库全书》经部,礼类。上海:上海古籍出版社,1994:178。笔者合成自绘。

清儒焦循:“先儒谓天子五门,戴氏震谓三门是也。《顾命》‘康王出路门立应门内,诸侯入应门。’则应门内路门外有朝无疑。应门内为燕朝,此应门外为治朝,而皋门内应门外为外朝亦无疑。周礼阍人掌中门之禁,中门,天子应门,诸侯雉门。《尔雅》云:正门谓之应门,名曰正门者,以皋门之内外朝之左右有宿卫之次舍通达之涂官府之宫室可通民庶出入。而应门之内庙社所在,至此方为正门以夹于皋路之中,谓之中。以自此之内为人君所居,谓之正。故阍人守之禁之也。皋门得通出入,应门不得通出入,两阙在应门之外,外朝之北,县鼓,令于此平讼狱,于此正门之内,岂容百姓至哉。《明堂位》云:(诸侯)雉门天子应门,库门天子皋门,是天子无库、雉,诸侯无皋、应也。”[①]焦循实际持“三朝三门”观点:古代天子王宫内置三朝,依次为外朝、治朝、燕朝,其后为六寝、六宫。外朝为九棘三槐所在,其地万民可至;治朝为群臣治事之朝;燕朝则为朝会群臣之所,或为天子处理完政事之后宴寝休息的场所。外朝之前为皋门,外朝与治朝之间为应门,治朝与燕朝之间为路门。吕思勉先生也支持此观点[②]。古代各家三朝注释涉及职官、宫廷布局大有同异(见表2-1)。

---

① (清)焦循《群经宫室图》上《宫图二》解说。光绪乙酉(1885年)七月梁溪朱氏重刊本,南京:东南大学建筑系藏。此书是清儒为数不多的经学宫室制度研究专著,并附插图。但其说与他人观点多有不同。焦氏语中“此应门外为治朝,而皋门内应门外为外朝亦无疑”有误,它与焦氏一贯观点相矛盾,应门外只能是外朝所在。

② 吕思勉《中国制度史》,上海:上海教育出版社,2002。

表 2-1 儒家经典解释中的"三朝"空间推测

内外朝	三朝礼制观念	异名	负责职官	资料出处	宫殿建筑实体	空间范围
外朝	外朝	大朝	秋官朝士	《周礼·秋官》	大朝	宫内正南中区，宫前区
			夏官司士	《礼记·文王世子》		
			秋官小司寇	掌外朝之政。《周礼注疏》卷三十五		
内朝一	治朝	正寝、路寝、大寝一	夏官司士	《周礼注疏》卷二、卷三	常朝、正殿	属于宫内前朝区
			宰夫	掌治朝之法，正其位，掌其禁令。《周礼注疏》卷三		
内朝二	燕朝	燕寝、小寝五	夏官大仆	《周礼·夏官》	内朝、内殿、便殿	部分属于宫内前朝区，部分属于宫内禁中（后寝）区

《周礼·冬官·考工记》的内容不涉及三朝制度，西周的内外朝制度本色是外朝——沟通天与民，内朝——王朝行政治理。其发展有三个重要时期：东汉儒者（郑玄为代表）的三朝制度发现时期、隋唐的三朝制度实用时期、元明清的三朝制度强化时

期。三朝制度应是汉末儒家的杰作,借复古以创新,为不断强化的皇权服务。两汉都城无三朝特征,长安、洛阳的大规划依照道家的象天法地、阴阳五行思想规划。两晋宫城建筑空间组合也并未依照三朝布置,儒学中衰,但南朝有尊三朝的意图和对应名物出现,梁武帝时表现得尤其明显。北朝尊三朝意图反而明显,北齐邺城,北周长安复古周制,延续到隋唐的都城,三朝制度被重新发现出来,运用于现实政治空间中。三朝五门观念在元明清时代更受重视。但此三朝非彼三朝,儒学三朝并不等同于建筑实体所称的三大殿,即本书所称匠师三朝。元明清时代的三朝仍被“误读”,而且随时代还在被放大、强化。在文化复古思潮中,这种误读的价值,是对政权合法性问题的一种回应,合法性建设是长久持续的过程,体现在都城的建设上就是不断地“添加”与“去色”。

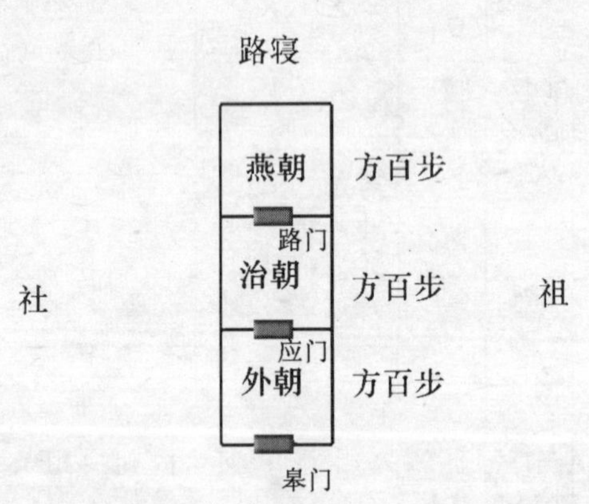

图 2-10　(清)焦循《群经宫室图》“三朝三门”示意图

2.4.2　三朝五门与宫城内外的南北空间序列结合关系

2.4.2.1　三朝与内外朝的关系

首先,三朝究竟是儒家政治观念性名词(理想空间),还是具体的建筑实体空间指示名词需在具体时代区分。三朝初为儒学观念性名词，秦汉以后与宫殿实体结合。但其本身是对西周现实政治权力空间划分的反映，在西周时应为实指名词。三朝与宫殿建筑实体的结合，它需要一个中间环节：先秦古制与后代现实政治的结合问题，即二者如何"落地"对接的问题。由于秦代儒家思想和上古礼学中衰，东汉礼学才使其重现，但真正再现于宫殿制度中，并非在东汉而是在东汉以后的曹魏邺城中首现，这应是受到后郑说的影响。不过它淹没了后郑说的原真内涵，而且三朝在具体使用过程中比较含混。由于古代宫城内部事务、空间复杂化，宫内建筑空间的功能增多，帝制时代尊君抑臣、应时创新的内容也多在治朝、内朝，外朝的开放和亲民精神反倒削弱，多成为一种礼仪文化表演。

一方面，三朝观念是随着君主制加强而不断被强化的一种建筑规划思想观念，三朝是天子处理国家大政的地方，是皇权的象征。另一方面，部分富有社会理想的思想家为解决君主制合法性危机，不断修复这个象征系统，采用三朝这一重要礼制工具。

其次，三朝制度中对外朝位置的解释有两种：

一种是外朝在宫城外，外朝空间指宫城外的宫前区，此说保留了外朝的性质和原始使用功能。从《周礼·考工记》"面朝后市，左祖右社"行文中将居于中央的"宫城"置一处，作为一个确定存在的处所。宫城居于王城中央，而"朝"与"市"则是指置于宫城前后的两个辅助性的空间，即宫前区和宫后区。代表性观点是南宋朱熹的观点，见《朱子语类》卷五十二《孟子三·公孙丑上之下》"尊贤使能章"：

> "市廛而不征"。问："此市在何处？"曰："此都邑之市。人君国都如井田样，画为九区：面朝背市，左祖右社，中间一区，则君之宫室。宫室前一区为外朝，凡朝会藏库之属皆在焉。后一区为市，市四面有门，每日市门开，则商贾百物皆

入焉。赋其廛者，谓收其市地钱，如今民间之铺面钱。盖逐末者多，则赋其廛以抑之；少则不廛，而但治以市官之法，所以招徕之也。市官之法，如周礼司市平物价，治争讼，讥察异服异言之类。市中惟民乃得入，凡公卿大夫有爵位及士者皆不得入，入则有罚。如"国君过市，则刑人赦；夫人过市，则罚一幕；世子过市，则罚一梁；命夫、命妇过市，则罚一盖、帷"之类。左右各三区，皆民所居。而外朝一区，左则宗庙，右则社稷在焉。①

按：此为朱子理解的周代王城格局。在这一王城格局下，外朝的位置在宫城正前方，属于宫前区，故朱子的三朝说是跨宫城内外。

明代王圻，王思义《三才图会》中的国都之图，也对《周礼·考工记》中的说法作一种推测和理解，它把"朝"与"宫"区分开来，而将"朝"与"市"布置在"宫"的前后，这一点与朱子的理解是一致的，它还把"祖"与"社"分置于宫前"朝"的左右，这显然只是明代的规制，是明代人以本朝的规制比附周礼的结果。

这是对《周礼·考工记》文字理解的一种传统观点，当代贺业钜先生也持此说。

另一种观点为清代戴震、焦循等人认为外朝在宫城内，此说法为晚出新观点。

三朝制或许正是借着这股复古思潮再现于现实政治文化中，魏晋南北朝处于一个特殊的时期，儒学式微，但礼学繁盛，为三朝制观念的保存提供了历史文化土壤；北朝由于其民族政权的特殊性，汉化与崇儒尊周相一致，尤其是在北周尊崇周制的影响下，宫廷建筑在反映礼制思想的同时也得到体现，隋唐的继往开来使得自隋唐以后这一礼制内容得到强化。陈寅恪在《论韩

① (南宋)朱熹，王星贤注释，黎靖德编《朱子语类》，北京：中华书局，1986。

愈》一文中说："综括言之，唐代之史可分为前后两期，前期结束南北朝相承之旧局面，后期开启赵宋以降之新局面，关于政治、社会、经济者如此，关于文化学术者亦莫不如此。"[①]三朝观念的复兴正是在继往开来的有唐一代，这并非偶然。

中国当代几本中国古代建筑史学书中指出，除了魏晋南北朝的"三朝"制不明确外，隋以后的宫室普遍使用"三朝"概念：如隋文帝建新都，以大兴门（唐改名承天门）为大朝，大兴（唐改名太极）、中华（唐改名两仪）二殿为常朝、日朝。唐代长安的东内大明宫，有含元、宣政、紫宸三大殿；宋之大庆、文德、紫宸三大殿；明之奉天、华盖、谨身三大殿；清之太和、中和、保和三大殿，因袭相承周三朝制[②]。三朝逐渐演变成三大主殿之讹。

唐之三朝与宫室建筑分布相联系，也是唐代史家的看法。《唐六典》卷七《尚书工部》：

> 宫城在皇城之北。南面三门：中曰承天，东曰长乐，西曰永安。承天门，隋开皇二年作。初曰广阳门，仁寿元年改曰昭阳门，武德元年改曰顺天门，神龙元年改曰承天门。若元正、冬至大陈设，燕会，赦过宥罪，除旧布新，受万国之朝贡，四夷之宾客，则御承天门以听政。盖古之外朝也。其北曰太极门，其内曰太极殿，朔、望则坐而视朝焉。盖古之中朝也。隋曰大兴门、大兴殿。炀帝改曰虔福门，贞观八年改曰太极门。武德元年改曰太极殿。有东上、西上二合门，东、西廊，左延明、右延明二门。次北曰朱明门，左曰

① 陈寅恪《金明馆丛稿初编》，上海：上海古籍出版社，1980：296。

② 刘敦桢主编《中国古代建筑史》（第二版），北京：中国建筑工业出版社，1984：118。潘谷西《中国建筑史》（第五版），北京：中国建筑工业出版社，2004：117。上述两部代表作中的所有版本对这一概念的表述基本相同。而梁思成《中国建筑史》，北京：中国建筑工业出版社，2001。该书中尚未涉及"三朝"。

虔化门,右曰肃章门,肃章之西曰晖政门,虔化之东曰武德西门。其内有武德殿,有延恩殿。又北曰两仪门,其内曰两仪殿,常日听朝而视事焉。盖古之内朝也。隋曰中华殿,贞观五年改为两仪殿。

此段文字非常重要,它把唐之宫城形制与三朝明确对应。又,《唐会要·大内》:"武德元年五月二十一日,改隋大兴殿为太极殿,改隋昭阳门为顺天门。至神龙元年二月,改为承天门。"诸多史籍证明,承天门是外朝所在,每逢国家大典,如大赦、改元、元旦、冬至大会,以及阅兵、受俘等,皇帝都登承天门举行。

2.4.2.2　五门制与都城南北中轴线空间序列的延伸

五门所指和排序各有不同。

五门的第一种排列顺序是:一曰皋门,二曰雉门,三曰库门,四曰应门,五曰路门。支持此观点以库门为中门。先郑持库门为中门的观点。《周礼》郑司农云:"王有五门,外曰皋门,二曰雉门,三曰库门,四曰应门,五曰路门。路门一曰毕门。"郑玄、孔颖达、焦循等都反对此观点,以焦循观点为例,见焦循注:"中门,是指天子的应门,诸侯的雉门。《尔雅》云:正门谓之应门,名曰正门,以皋门之内外朝之左右有宿卫之次舍、通达之东涂,官府之宫室可通民庶出入。而应门之内,庙社所在,此方为正门,以夹于皋路之中。"又,"皋门内应门外为外朝"(焦循《群经宫室图·宫图二》)。焦循此观点为南宋以来朱熹等说的继续,即三朝皆在宫城内说。与唐代以前三朝跨宫城内外说不同,其关键分歧在外朝的位置。

五门的第二种排列顺序:一曰皋门,二曰库门,三曰雉门,四曰应门,五曰路门。其以雉门为五门制之中门。后郑说及焦循持此说。当代刘敦桢也持此观点①。

《周礼·天官冢宰》载:"阍人掌守王宫之中门之禁,丧服、凶

① 刘敦桢《六朝时期之东西堂》,《刘敦桢文集》第四本,北京:中国建筑工业出版社,2007:456。

器不入宫，潜服、贼器不入宫，奇服怪民不入宫。凡内人、公器、宾客，无帅则几其出入。以时启闭。”

郑氏注，孔颖达疏《周礼注疏卷》第七：“阍人掌守王宫之中门之禁，中门，于外内为中，若今宫阙门。玄谓雉门，三门也。”此即以雉门为中门。

按：结合五门制度，经学家们对外朝空间关系的理解可归纳为三说，一说：皋门内、库门外为外朝，唐代贾公彦持说；一说为皋门内、雉门外为外朝，杜佑等持说。第三说：皋门内、应门外为外朝，朱熹、焦循等持说①。

上述三种观点都毫无疑义地认为路寝在路门之内，此说为多数礼家、经学家所认同。路门内的路寝即路朝、燕朝、小朝等，皆名异义同。路寝明了，而位于路门外的治朝、外朝无论名称还是其位置则多生歧义。西汉刘向认为：天子诸侯三寝，高寝居中，路寝居左右(《说苑》)。郑玄注《周礼》观点：王六寝，路寝一，小寝五。后象王立六宫，亦正寝一，燕寝五(《周礼·天官·内宰》)②。其后何休认为：“天子诸侯三寝，

---

① 若视应门为中门，观照明清故宫，则天安门相当于应门，那么太庙出在整个皇宫(即路寝)的大门外，庙与寝的总体位置关系的确维持了三代古礼精神，使人们的确看到了符合礼制精神的“前朝(庙)后寝”宫殿格局。明清宫殿的“五门制”：宫城前与城门最为接近的门为正阳门内的大清门，此为宫殿的外门，其由外而内依次是天安门、端门、午门、太和门而达天子的正衙—太和殿，恰好是五座门。

② 《周礼·天官·内宰》：“六宫——若今称皇后为中宫矣。”“六宫”，本指王后及王妃等所居住的六处寝宫，古代皇后的寝宫，正寝一、燕寝五，合为六宫；后来代指后宫妇人、后宫嫔妃。“以阴礼教六宫”郑司农云：“阴礼，妇人之礼。六宫，后五前一。王之妃百二十人，后一人，夫人三人，嫔九人，世妇二十七人，女御八十一人。”郑玄谓：“六宫谓后也。妇人称寝曰宫，宫隐蔽之，言后象王立六宫而居之，亦正寝一、燕寝五，教者不敢斥言之，谓之六宫，若今称皇后为中宫矣。”后郑申先郑之言，“六宫”代指后宫夫人，并据汉代习俗以证之。

一曰高寝，二曰路寝，三曰小寝。”其观点又不同，清儒黄以周认为郑玄注为是。黄以周《礼书通故》第二《宫室通故二》云：“天子诸侯之寝，见于经传者，止有路寝、小寝，所谓燕寝、高寝，皆小寝也。”[①]故君主所居宫通称“路寝”，小寝又称“燕寝”。路寝的主要作用是居住，辅助作用之一是停放亡君灵柩。对于《尚书·顾命篇》所载顾命典礼的行礼场所，郑玄以为在路寝（前殿）堂上的周成王殡宫前。现代史学大师王国维否定后郑说，以为应在宗庙，而非路寝殡所，此观点的影响很大。当代刘起釪认为周成王殡宫应在路寝，并对三朝、五门的空间范围进行了具体分析[②]。这对旧说大有突破。笔者同意后郑说、刘氏说。五门揭示的南北空间序列与天人关系指向更深远，若把外朝的作用“顺天应民”的地位，那么三朝五门所揭示的正是都城设计的天人相通的宇宙模式，其在天地人间的宇宙意义也直观地显示出来了。

路寝在路门内。或者可以认为“路门”、“路寝”之得名正是因为“路”的本身含有“大”的涵义。历史上也有把宫内正殿视作路寝的情况，如曹魏的文昌殿，两晋南朝的太极殿等。东晋太极殿之东西堂为古路寝功能的延伸，例如君臣有丧事，在太极殿东西堂举哀、设置殡宫、灵堂等，刘敦桢已举出若干例子，此不赘言。究其原因，与这一时期实行一宫制有关，由于正殿仅有一处，只能一殿多用。与明清时期确然出现的三大殿不同。故正殿承担了三朝合一的功能，这或也是刘敦桢三朝合一说的由来吧。

再对五门制度“中门”名加以分析：中门实际指哪一门？以郑玄为代表的观点，中门指应门。应门为王宫正门，即治朝门，

① （清）黄以周《礼书通故》，北京：中华书局，2010:67。

② 刘起釪《〈尚书·顾命〉行礼场所在路寝在宗庙异说考》，《中国史研究》，2002(1):3-10。

见郑玄笺，孔颖达疏《附释音毛诗注疏》卷第十六：

> 毛诗大雅：乃立皋门，皋门有伉。乃立应门，应门将将。王之郭门曰皋门。王之正门曰应门。将将，严正也。美大王作郭门以致皋门，作正门以致应门焉。笺云：诸侯之宫，外门曰皋门，朝门曰应门，内有路门。天子之宫，加以库、雉。

但郑玄说矛盾，中门究竟指应门、雉门摇摆不定，后世基本持雉门为中门说。清代以焦循为代表。

郑注《周礼·秋官·小司寇》："小司寇之职，掌外朝之政，以致万民而询焉。一曰：询国危。二曰：询国迁。三曰：询立君。其位，王南乡，三公及州长百姓北面，群臣西面，群吏东面。小司寇摈以叙进而问焉，以众辅志而弊谋。"按：国有大疑、国家迁都、立君等大事而询众。是谓外朝在雉门之外，而郑注《礼记·文王世子》，又谓外朝在路门之外，其矛盾异同处黄以周已辨，此略。郑注思想本身驳杂，时有首尾难顾，但其说对后世影响巨大。自汉以后治礼者皆宗郑注，唐孔颖达《仪礼》、《礼记》疏，陆德明《经典释文叙录》，清皮锡瑞《经学通论》，无不对郑玄的礼学贡献给予充分肯定。正如清人潘祖荫所概括："郑玄注礼之功如江河日月，不复可泯。"

周制外朝究竟是以哪一门为断？后郑其实有两说，前文已述其以雉门外为外朝，后郑实又有另一说：以路门—库门之间为治朝，则库门外应为外朝，即库门外为外朝。皋门的位置也有二说：一说远出在都城郭外，此为后郑独创一说[①]。在《仪礼》系统也有此说，认为外朝当在皋门外，《仪礼注疏》卷二十四《聘礼第

---

① 天子宫与诸侯宫的对应关系：天子的正（皇）宫，南北中轴线上有五座大门，即皋门、库门、雉门、应门、路门。诸侯国代表以鲁国王宫为例，中轴线上只有三座大门，即库门、雉门、路门。亦即上引所示鲁国的库门，相当天子的皋门；鲁国的雉门，相当天子的应门；鲁国的路门则为当时诸侯、天子所共有的门名称。诸侯宫制从略。

八》:"归,介复命,柩止于门外。门外,大门外也。必以柩造朝,达其忠心。[疏]国君有三门:皋、应、路;又有三朝:内朝在路寝庭,正朝在路门外,应门外无朝,外朝当在皋门外。"据此说,若视雉门为中门,则应门、路门均在宫内,而皋门、库门皆在宫外,尤其是皋门,既然又被称为郭门,推知此门制序列已不再是宫殿内的宫门空间序列,而是向南纵向延伸更远的都城门,使都城的南北空间序列加长加远,更符合"法天"思想和宇宙意识①。与西方相比,中国古代虽然没有像西方一样有过理想城市的设想,但《周礼·考工记》中所记载的王城营建模式对中国古代的城市建设有着重大的影响。某种意义上说,《周礼·考工记》中的王城营建模式可作为中国古代早期的理性城市设想模式。但它并不成熟,缺少微观空间的设计,微观的设计即是以"三朝五门"为代表的核心权力空间规划思想。而这种多重门的构成,正是合院式建筑组群的基本原型和特征。这与横向展开的另一种宫殿建筑序列不同,后者以东宫、皇宫(中宫)、西宫命名,横向铺排形成横三路。宫殿建筑群正是在纵、横不同方向的延伸宫殿的"大壮"之势。

隋唐儒学三朝的实用性才真正出现,隋唐复古周礼,在继统问题上忽略汉魏,直溯西周,唐初王勃提出"唐承汉统"说,就是说唐朝当跨越魏晋北周隋杨,直接承继汉朝的正统。现代史家称之为"越代"②,这体现了在文化上对周汉文化正统的

① 都城作为多功能的人居环境,其营建受到"理想主义"与"现实主义"的双重影响。中西方皆有"理想城市"开创者和思想传统,例如西方古罗马时期维特鲁威的理想城市方案和中国《考工记》中的王城营建模式。武廷海的文章认为《周礼·考工记》中"匠人营国"就具有"理想城"性质,其空间结构蕴涵着"宇宙图式",可能是王莽时期以西汉都城长安为蓝本,糅合汉朝时的宇宙观念而描绘的都城布局的理想蓝图。见武廷海,戴吾三《"匠人营国"的基本精神与形成背景初探》《城市规划》,2005(2)。

② 饶宗颐《中国史学上之正统论·结语》上海:上海远东出版社,1996。

执著追求①。

隋代外朝的一个明证是正月举行的大型接待"万国"(含四夷)的礼仪活动。隋代从宫内延伸至宫外御街还有隆重的文娱表演。见《隋书·音乐志下》:"每岁正月,万国来朝,留至十五日,于端门外,建国门内,绵亘八里,列为戏场。百官起棚夹路,从昏达旦,以纵观之。至晦而罢。伎人皆衣锦绣缯彩。其歌舞者,多为妇人服,鸣环佩,饰以花毦者,殆三万人。初课京兆、河南制此衣服,而两京缯锦,为之中虚。三年,驾幸榆林,突厥启民,朝于行宫,帝又设以示之。六年,诸夷大献方物。突厥启民以下,皆国主亲来朝贺。乃于天津街盛陈百戏,自海内凡有奇伎,无不总萃。崇侈器玩,盛饰衣服,皆用珠翠金银,锦罽絺绣。其营费钜亿万。关西以安德王雄总之,东都以齐王暕总之,金石匏革之声,闻数十里外。弹弦擫管以上,一万八千人。大列炬火,光烛天地,百戏之盛,振古无比。自是每年以为常焉。"②隋炀帝时政权强盛、天下一统,"万国来朝",中央政权这种"文化路演"也起着重大政治宣传的作用。其戏场从殿前端门至建国门,长达八里,盛况可见一斑。

---

① 后来的明朝建立者朱元璋以火德自居,目的也是承袭周、汉、唐、宋之运,确立明王朝的正统之位是从宋朝继承下来的,干脆抛开了元朝的水德。《明实录·明太祖实录》卷五三,明太祖:"[元末]盗贼蜂起,群雄角逐,窃据州郡。朕不得已,起兵欲图自全,及兵力日盛,乃东征西讨,削除渠魁,开拓疆域。当是时,天下已非元氏有矣。……朕取天下于群雄之手,不在元氏之手。"他强调自己的天下不是取自元氏之手,不承认元朝之水德。同卷,开国谋士刘基说:"自古夷狄未有能制中国者,而元以胡人入主华夏,几百年腥膻之俗,大实厌之。"元朝的合法性自证是成功的,但在其继统者明朝的眼中其并不具有合法性,是为"他证"途径不成功的又一例。

② (清)顾炎武《日知录·场屋》条:"场屋者于广场之中而为屋,不必皆开科试士之地也。《隋书音乐志》,每岁正月,万国来朝,留至十五日,于端门外建国门内绵亘八里,列为戏场。百官起棚夹路,从昏达旦,以纵观之,至晦而罢。故戏场亦谓之场屋。"

隋唐外朝向宫内包括宫城正南门和正殿之间空间区域。以唐大内为例，在承天门—太极殿之间；以东内为例，在丹凤门—含元殿之间。

唐东内丹凤门从唐后期的使用功能看，其外朝性质确定，是皇帝行大赦、改元之处。大赦为君主实施仁德之政、改元为颁新政纪时年重要内容，皆为国家大政。

下面从《册府元龟》中罗列唐代皇帝在丹凤门的下诏、大赦诸条事例以证明之。

《册府元龟》卷八十《帝王部·庆赐第二》：

肃宗至德元年十二月戊午，帝御丹凤门大赦天下，诏五品以上清资官，及三品以上官，上郡太守父见任无官、及官卑、并与五品官及祖先亡没者，赠一人官……

（肃宗）乾元元年四月甲寅，郊庙礼毕，乙卯，御丹凤门大赦天下。诏曰：……

《册府元龟》卷八十七《帝王部·赦宥第六》：

唐肃宗至德二年十二月戊午，御丹凤楼门下，诏曰……

乾元元年二月丁未，御明凤门大赦。诏曰……

乾元元年四月甲寅，亲行享庙之礼，乙卯，御丹凤门大赦天下。诏曰……

上元元年闰四月己卯，御鸣凤门，诏曰……[①]

（肃宗李亨）元年[②]建卯月，辛亥朔，御鸣凤门。诏曰：……

《册府元龟》卷八十九《帝王部·赦宥第八》：

---

① 鸣凤门即丹凤门，见《册府元龟》卷六十八《帝王部·求贤第二》："乾元元年四月郊祀，礼毕，翌日御丹凤门，大赦天下。诏曰：草泽及卑位之间有不求闻达未经推荐者，一艺以上恐遗俊乂，令兵部吏部作征召条目奏闻。"上引"明凤门"也即丹凤门之误。

② 肃宗李亨废年号，仅称元年，此年即公元761年，以十一月为岁首，月以斗所建辰为名。事见《新唐书》卷六《肃宗纪》。

唐德宗以大历十四年五月癸亥即位，六月己亥朔，御丹凤楼大赦天下。……

兴元元年七月辛卯，御丹凤楼大赦天下。诏曰……

（唐德宗）贞元四年五月庚戌朔，御含元殿受朝贺毕，御丹凤门楼大赦天下①。

贞元六年十二月庚午，南郊礼毕，御丹凤门下。制曰……

九年十一月乙酉日，南至郊祀，礼毕御丹凤楼，大赦天下。制曰……

宪宗元和元年正月丁卯，御含元殿受朝贺，礼毕御丹凤楼，大赦天下。制曰……

（宪宗元和）二年正月辛卯，有事于南郊，还御丹凤楼，大赦天下。制曰……

（宪宗元和）十三年正月乙酉朔，帝御含元殿受朝贺，礼毕御丹凤楼，大赦天下。诏曰……

（宪宗元和）十四年七月己丑，御宣政殿，群臣册上尊号，礼毕御丹凤楼，大赦天下。制曰……

以上诸例下诏、大赦的地点皆在丹凤门，丹凤门的外朝性质应无疑义。而丹凤门与含元殿的距离，相距四百余步。见《太平御览》卷四十四《地部九》"龙首山"：

> 《辛氏三秦记》云：龙首山长六十里，头入渭水，尾连樊川，头高二十丈，尾渐下，高五六丈，土赤不毛。昔有黑龙从山出饮水，其行道成土山。今长安城即疏山为台殿，基址不假筑，其含元殿，即龙首山之东麓，高敞为京之城最，阶高于平地三十余尺。南去丹凤门四百余步，中无间隔，左右宽平，东西广百步。《两都赋》云："汉之西都，实曰长安，左据函谷、二崤之岨，右界褒斜、龙首之险，表以太华、终南之山，带以洪河、泾、渭之川。"即此山之形势也。

① （宋）王钦若等编修《册府元龟》卷一百七《帝王部·朝会第一》。

在这样一个相距四百余步的阔大空间中，丹凤门（含楼）与含元殿中无间隔，因地制宜，实为一体，同为外朝所在。

由于大明宫的三朝制比太极宫的三朝制向北向后撤了一路[①]，三朝区一度有向宫城内空间集中收缩的趋势，但前引诸条文献已经证明到了唐后期外朝又回到宫城南门丹凤门。宫前横街为礼仪大街，形成一丁字街广场。据杨宽研究：“这种大规模对君王朝贺的仪式，战国时代已开端，秦始皇正式推行。先只是元旦举行，到魏晋时期扩展为元旦和冬至两次，到唐代，又加上千秋节（玄宗皇帝寿辰）一次，后来称为三大节，成为定制，一直流行到清代。隋唐宫城建筑的布局，就是为了适应‘三朝’的需要。承天门及其前面横街的建设，就是适应三大节大朝会的需要。”[②]

当代几部主要中建史编纂中都提到隋唐以后的宫室制度中出现的三朝，并简化理解为三座主要宫殿的对应，实际上是对西周三朝制度的简单比附和“误读”。借用文化学概念，“误读”（misread）是文化传播和涵化（acculturation）中的一种普遍现象。指不同文化在相互接触时，会出现激烈的冲突和潜渐的涵化两种状况。就制度史研究而言，探求制度之正解虽属理所当

---

① 刘晓东，李陈奇《渤海上京城“三朝”制建制的探索》，《北方文物》，2006(01)：38－47。作者认为渤海上京城的“三朝”制不大可能游离于太极宫和大明宫之间，时而仿自西内太极宫，时而仿自东内大明宫。而应是二者取一，要么取太极宫制度，要么取大明宫制度。但即便取大明宫制，也不能把1号殿和宫城正南门同时作为“三朝”之一——元旦冬至日之朝来应用。因为大明宫的三朝制没有把含元殿与大明宫正南门丹凤门一起作为“三朝”之一——元旦冬至日之朝来应用的记载，事实上也无法在含元殿和丹凤门同时举行元旦冬至日之朝的朝仪。

② 杨宽《中国古代都城制度史研究》前编第十三，上海：上海古籍出版社，1993。作者的“三朝”即三大节朝会，与本书的三朝空间制度有区别。因为这三大节基本是在承天门、宫外横街上举行，略相当于在外朝空间范围。

然,梳理历代对此制度或观念的误读却也有另外一番趣味。三朝作为儒家仁政观念误读为帝王宫殿中的三处施政建筑,是缩小了概念内涵,抽干了三朝制度中丰富的"顺天应民"儒家思想内涵。

周制和周礼为汉族儒家的主脉,后世追奉有正本清源的寓意,谁追奉周制谁似乎即自动升级为正统。后世的官僚化政治制度,虽然有复杂变化,但总预留出部分空间恢复三朝制度,为统治者的仁政作美化。

借用当代合法性理论来解释,那就是:皇权统治者试图把都城、皇宫建设得符合天道、人道,但早已异化的权力空间承载不了如此崇高的道义,于是简单比附的做法反成常式,这种常式又经古代匠师们技艺的保持而被进一步误读,以至三朝制的初始本义反被淡化,三朝遂成三大殿之讹。

下面再对三朝制演变史中的元明清时期加以考察。

元大都宫城位于全城中部偏南地区,关于其形制,《南村辍耕录》中记载:"宫城周回九里三十步,东西四百八十步,南北六百十五步,高三十五尺,砖瓷。"[①]而明初测量的结果则与此稍有出入:"洪武元年八月壬辰,大将军徐达遣指挥张焕计度故元皇城,周围一千二十六丈。"(《明太祖实录》)参考其他古籍,如《日下旧闻考》、《春明梦余录》等,除《春明梦余录》所引《明实录》作"一千二十六丈"外,他书皆作"一千二百六丈",这应是文字书写时之误所致。据当代考古实测,宫城南北长约1000米,东西宽约740米。

宫城的城门规制是:一共有六门,南面为三门,东西及北面各一门:正南为崇天门,阔十一间,五个门道,高八十五尺;崇天门左边为星拱门,右边为云从门,各阔三间,一门,高五十尺;东

① (元)陶宗仪《南村辍耕录》卷二一《宫阙制度》。北京:中华书局,1959。

西两面为东华门与西华门，各阔七间，三门，高八十尺；北边为厚载门，阔五间，一门，高八十尺。其规制与北宋宫城如出一辙，唯名字略有不同。宫城的四隅均设角楼，上下三层，琉璃瓦覆盖①。

大都宫城内的主要宫殿，分为南北两大组，分别以大明殿和延春阁为中心。宫城正南崇天门内为大明门，左右有日精门和月华门，大明门内有主要建筑大明殿，地点约在今故宫乾清宫附近，这是皇帝登极和元旦、寿节举行大朝会的正衙，大殿十一间，东西二百尺，进深一百二十尺。后一组宫殿以延春阁为中心，横贯东华门和西华门的御道之后，正门为延春门，左右分别为彭范门和嘉则门，门内为延春阁，面阔九间，东西一百五十尺，进深九十尺，高一百尺，三檐重屋，地点约在今景山公园南部。

但在元大内里，施政和居处区域没有严格的区分，如登极、正旦、万寿、朝会等重大典礼，帝、后是并列御大明殿的。大明殿左右文思、紫薇二殿，后殿“攀头殿”，“殿前宫东西相向”的左右配殿，围绕前后殿的东、北、西三面“长庑”，都是帝后妃嫔们的寝宫。延春阁后宫及北、东、西三面长庑等，“皆以处嬖幸”、“处嫔嫱”等②。元代皇帝理政大致也在这些地方，但元朝宫室并无三朝制度。

明代明太祖斟酌元代和唐宋宫室制度，对应天(今南京)宫的前朝、后寝分工异常明确。前朝是施政场所，凡大朝均于奉天殿举行，每日“御门听政”也在奉天门举行。武英殿也是处理日常政务的便殿，内阁中枢衙署则在午门内东侧。后寝

---

① 王璞子《元大都平面规划述略》，见《北京考古集成6》，北京：北京出版社，2000：327－328。

② 傅熹年《元大都大内宫殿的复原研究》，《考古学报》，1993(01)，111－153。

是居处场所，皇帝居乾清宫，皇后居坤宁宫，二宫共处一院中。前朝与后寝之间有一条不可逾越的礼制鸿沟，那就是乾清门前横街，后妃是绝不能到前朝的，外臣也不得入内①。宫室之称谓比较混乱，见《明会典》："吴元年（公元 1367 年）作新内。正殿曰奉天殿，后曰华盖殿，又后曰谨身殿，皆翼以廊庑。……洪武十八年，建北京，凡宫殿、门阙规制，悉如南京，壮丽过之。中朝曰奉天殿……"②。

清代为了实用和方便，将理政处所内移，前朝实际变成礼制的象征性活动场所。太和殿只在登极、元旦、冬至、万寿、命将出师、殿试传护等重大典礼时使用，常朝议事等变成在养心殿或乾清宫举行。御门听政则北撤至乾清门，内阁变成象征性机关，真正中枢机构移到乾清门西的军机处。而乾清宫庭院成为异常繁忙的政务中心。乾清宫正殿名义上仍是皇帝正寝，举行重大典礼时钦天监到乾清门报时，皇帝从乾清宫起驾，亡故皇帝的灵柩也停放在此处，但此处又是皇帝召见大臣和日常批阅章奏的处所之一。康熙时以乾清宫西庑懋勤殿、南庑南书房官员为辅弼，以后南书房一直由翰林官侍值。南庑的上书房为皇子读书处，每日都由师傅授课。从这方面看，清代又恢复了元代朝寝不分的一些做法③。

---

① 潘谷西《明代南京宫殿与北京宫殿的形制关系》，见单士元、于倬云主编：《中国紫禁城学会论文集》第一辑，北京：紫禁城出版社，1997 年。

② 《明太祖实录》卷二十六，"吴元年十月丙午"条也载。

③ 姜舜源《论北京元明清三朝宫殿的继承与发展》，《故宫博物院院刊》，1992(03)：79－89。

表 2-2 儒学三朝观念与部分朝代建筑实体关系对应表

朝代	都城	宫室	三朝							观点代表
			外朝			内朝一		内朝二		
			大朝			治朝、常朝、中朝、路寝、正殿、正衙		燕朝、燕寝、内朝		
			地名1	地名2	活动	殿名	活动	殿名	活动	
西汉	长安	未央宫		/	/	/	/	/	/	/
东汉	洛阳	北宫	司马门			德阳殿	元正			/
		南宫	平城门/司马门	/	/	崇德殿	元正	/	/	/
曹魏	邺城	邺宫	阊阖门	文昌殿	元正	听政殿	常朝	/	/	郭湖生三朝说
	洛阳	洛宫	司马门	/	/	太极殿	元正	/	/	/
西晋	洛阳	洛宫	司马门	/	/	太极殿	元正	/	/	/
吴	建业	太初宫		/	/	神龙殿	元正	/	/	/
		昭明宫		/	/	赤乌殿	元正	/	/	/
东晋	建康	建康宫		/	/	太极殿东西堂	元正	/	/	刘敦桢三朝合一说
南朝	建康	同上	司马门	/	/	太极殿	元正	/	/	/
北魏	洛阳	洛宫	阊阖门	/	/	太极殿	元正	/	/	/
北齐	邺南城	南宫	阊阖门	/	/	太极殿	元正	昭阳殿	常日听朝	郭湖生三朝说

续 表

朝代	都城	宫室	三朝							观点代表
			外朝			内朝一		内朝二		
			大朝			治朝、常朝、中朝、路寝、正殿、正衙		燕朝、燕寝、内朝		
			地名1	地名2	活动	殿名	活动	殿名	活动	
北周	长安	正阳宫	正阳门	/	/	正武殿	听讼	紫极殿	/	/
		武帝时正阳宫		/	/	露门	朝百官	/	/	周武帝复古露门
		宣、静帝居天台正宫		/	/	天德殿	朝百官	/	/	/
隋	西京大兴城	大兴宫	/	大兴门(广阳门)	元正冬至朝贡觐礼等	大兴殿	朔望视朝	中华殿	常日听朝	李林甫三朝说
唐	西京长安	大内太极宫	/	承天门	元正冬至朝贡觐礼等	太极殿	朔望视朝	两仪殿	常日听朝	李林甫三朝说
		东内大明宫	丹凤门	含元殿	元正冬至朝贡觐礼等	宣政殿	朔望视朝	紫宸殿(“上阁”)	常日听朝	李林甫三朝说。吕大防三朝说。叶梦得三朝说
北宋	汴梁	大内	宣德门	大庆殿	大朝贺	文德殿正衙	朔望视朝	紫宸殿	常日听朝	宋庠三朝说

续 表

<table>
<tr><td rowspan="4">朝代</td><td rowspan="4">都城</td><td rowspan="4">宫室</td><td colspan="7">三朝</td><td>观点代表</td></tr>
<tr><td colspan="3">外朝</td><td colspan="2">内朝一</td><td colspan="2">内朝二</td><td></td></tr>
<tr><td colspan="3">大朝</td><td colspan="2">治朝、常朝、中朝、路寝、正殿、正衙</td><td colspan="2">燕朝、燕寝、内朝</td><td></td></tr>
<tr><td>地名 1</td><td>地名 2</td><td>活动</td><td>殿名</td><td>活动</td><td>殿名</td><td>活动</td><td></td></tr>
<tr><td>元</td><td>大都</td><td>大内</td><td>崇天门</td><td>大明门、大明殿</td><td>登极正旦寿节会朝</td><td>宝云殿</td><td>朔望视朝</td><td>/</td><td>/</td><td>陶宗仪三朝说</td></tr>
<tr><td>明</td><td>南京</td><td>大内</td><td>奉天门</td><td>奉天殿</td><td>大朝贺</td><td>华盖殿</td><td>朔望视朝</td><td>谨身武英等殿</td><td>常日听朝</td><td>匠师三朝说</td></tr>
<tr><td>明清</td><td>北京</td><td>紫禁城</td><td>午门</td><td>太和殿</td><td>大朝贺</td><td>中和殿</td><td>朔望视朝</td><td>保和殿</td><td>常日听朝</td><td>匠师三朝说</td></tr>
</table>

表中内容出自各朝史书相关礼志记载，见正文，归类方式是笔者观点。

从上表可以看出，两汉无三朝制，自魏以后、隋以前三朝观念与三朝实体关系不明朗。隋以后二者结合得越来越密切，三朝观念与实体的偏离也越来越大，以至于到了当代长于“图证”的建筑史家更有把此问题引向歧途的端倪。儒学三朝与匠师三朝试图从两个层面解决这一问题，即作为观念的三朝不晚于东汉出现，以后一直存在；但作为三朝观念与微观建筑实体相结合的匠师三朝则不早于曹魏邺城时期，且因不同时代的宫室规划、建筑设计而异，“三大殿”更是晚出的匠师三朝的认知和表现形式之一种。

具体的宫殿建筑空间格局形成过程表示：儒学三朝观念在先，三朝建筑制度居次，具体实体空间表现在最后出现。东汉时的三朝制度在其宫殿制度上无表现正说明礼制观念转化为现实政治制度是在东汉以后，而与宫殿空间结合则更晚。隋唐时二者的结合表现才明显。这也是儒学三朝与匠师三朝的区别之所在，它们从理论与实践、观念与实体不同层面揭示了三朝概念内涵。

2.4.3 外朝空间

2.4.3.1 外朝的宫前区装置

双阙

阙的政治象征：《后汉书·独行列传》："周嘉字惠文，汝南安城人也。高祖父燕，宣帝时为郡决曹掾。太守欲枉杀人，燕谏不听，遂杀囚而黜燕。囚家守阙称冤。"从"囚家守阙称冤"，冤讼在宫城外两阙下，此应为外朝之地。汉刘熙《释名》也说："阙，阙也，在门两旁，中央阙然为道也。"晋崔豹《古今注》："阙，观也。古每门树两观于其前，所以标表宫门也。其上可居，登之则可远观，故谓之观。人臣将朝，至此则思其所缺，故谓之阙。其上皆丹垩，其下皆画云气、仙灵、奇禽怪兽，以昭示万民焉。"这些都说明宫门外立阙的最初目的是居高观望以防卫宫城，而宫正门前立阙也表示此宫门的重要性。

阙前为政治重地，举行的活动如下：

刑牲告天礼：梁末晋安王即位，改承圣四年为绍泰元年（公元555年），授陈霸先为侍中、大都督中外诸军事、车骑将军、扬南徐二州刺史，持节、司空、班剑、鼓吹并如故。陈霸先时为朝廷主将，四月于大司马门外白兽阙下刑牲告天，誓师抗击北齐的兵临建康城下。事见《陈书·高祖纪上》："（同年）四月丁巳，高祖诣梁山军巡抚。五月甲申，齐兵发自芜湖，景申，至秣陵故治。高祖遣周文育屯方山，徐度顿马牧，杜棱顿大航南。己亥，高祖率宗室王侯及朝臣将帅，于大司马门外白兽阙下刑牲告天，以齐人背约，发言慷慨，涕泗交流，同盟皆莫能仰视，士卒观者益奋。"按："白兽阙"即"白虎阙"，避唐先祖李虎讳改，后同。白兽阙的位置在正门大司马门外，这种城门的形式一直被后来的唐宋明清宫殿沿用，称"阙门"，阙门实际上是天子宫廷政治活动与民众活动的地理分界处，阙门是一种标志。《后汉书·五行志第一七》刘昭注引《风俗通》应劭之言："夫礼设阙观，所以饰门，章于至尊，悬诸象魏，示民礼法也。"所以"章于至尊、示民礼法"是阙门的基本政治功能，同时阙门又是民与君沟通的必至场所。《水经注·谷水注》引《白虎通》："门必有阙者，何？阙者所以饰门，别尊卑也。"吕思勉先生进一步明确指出："阙在应门之两旁，即观也。"①

北齐时把良吏事迹"图形于阙"，也是因阙的公共性空间而起彰示民众的作用，见《北齐书》卷四十三《许惇传》："许惇，字季良，高阳新城人也。稍迁阳平太守。当时迁都邺，阳平即是畿郡，军国责办，赋敛无准，又勋贵属请，朝夕征求，惇并御之以道，上下无怨。治为天下第一，特加赏异，图形于阙，诏颁天下。"

华表

华表，在上古称"进善之旌，诽谤之木"。《史记·孝文本纪》载："上曰，古之治天下，朝有进善之旌，诽谤之木，所以通治道而来谏者。今法有诽谤妖言之罪，是使众臣不敢尽情，而上无由闻过失也。将何以来远方之贤良？其除之。"旌即是旌旗，其主要作用是让人们评价统治者哪一政策好，因此称为"进善"。对于其设置地点，《史记集解》应劭曰："尧设之五达之道，令民进善也。"即是设在交通发达之地，以方便人们"进善"。"进善"的方式，《史记集解》如淳曰："欲有进善者，立于旌下言之。"就是站在旌旗下发表言论。至于诽谤之木则是批评政策失误。《史记集解》服虔曰："尧作之，桥梁交午柱头。"应劭曰："桥梁边板，所以书政治之愆失也。至秦去之，今乃复施也。"可见，类似诽谤之木的设置在秦代曾经被废除，但在汉代则重新设置。《史记集解》中韦昭云："虑政有阙失，使书于木，此尧时然也，后代因以为饰。今宫外桥梁头四植木是也。"郑玄注礼云："一纵一横为午，谓以木贯表柱四出，即今之华表。"由此，诽谤之木的设置成为华表的源头。崔豹在《古今注》中说，程雅问曰："尧设诽谤之木，何也？"答曰："今之华表木

① 吕思勉《中国制度史》，上海：上海教育出版社，2002：108。

也。以横木交柱头，状如华也。形如桔槔，大路交衢悉施焉。或谓之表木，以表王者纳谏也，亦以表识衢路。秦乃除之，汉始复修焉。今西京谓之交午柱也。”因此，华表亦是宫前装置之一。

行马

行马是建筑物周围或门前的一种空间屏障设施，它本是战国时期的军事防御设施，至汉魏六朝逐渐演变成都城诸门、宫城诸门、公卿府邸、官署、帝陵、宗庙等重要建筑物门外的空间屏障物，其功能也转化成分隔建筑物内外空间及政治权限的实物标志。东晋建康都城六门外设行马的直接事例不见，在南朝有一则，《南史》卷四十七《虞悰传》记载：“永明八年，大水，百官戎服救太庙，悰朱衣乘车卤簿，于宣阳门外入行马内驱逐人，被奏见原。”

在宫城门外置行马的情况则多。早在西晋洛阳宫城门外已经置有行马，见《晋书》卷四十七《傅玄附子傅咸传》：“咸上事以为‘按令，御史中丞督司百僚。皇太子以下，其在行马内，有违法宪者皆弹纠之。虽在行马外，而监司不纠，亦得奏之。如令之文，行马之内有违法宪，谓禁防之事耳。宫内禁防，外司不得而行，故专施中丞。……司隶与中丞俱共纠皇太子以下，则从皇太子以下无所不纠也。得纠皇太子而不得纠尚书，臣之暗塞既所未譬。皇太子为在行马之内邪，皇太子在行马之内而得纠之，尚书在行马之内而不得纠，无有此理。’咸累自上称引故事，条理灼然，朝廷无以易之。”（《晋书》）按上下文义，此处“行马之内”是指宫城六门内。

东晋建康宫城有六门，且六门外设置行马，是宫城外部空间颇具特色的重要设施，具有划分空间界限和行为约束的双重功能[①]。与宫城六门相关的最富特色的空间管理制度即是“行马”

① 庞骏《晋宋建康城市空间管理制度》，《扬州大学学报（人文社会科学版）》，2006，(2)：87－92。

制度。宫城城门与置于门外的行马是宫城内外的两个建筑标志物，人们通常重视前者——门，而忽视了后者——行马。而在当时城门与行马是必备的两种建筑配套设施，而且由于宫城四周皆有行马，事实上行马作为空间屏障的功能比城门更明显、更突出其禁戒观念。

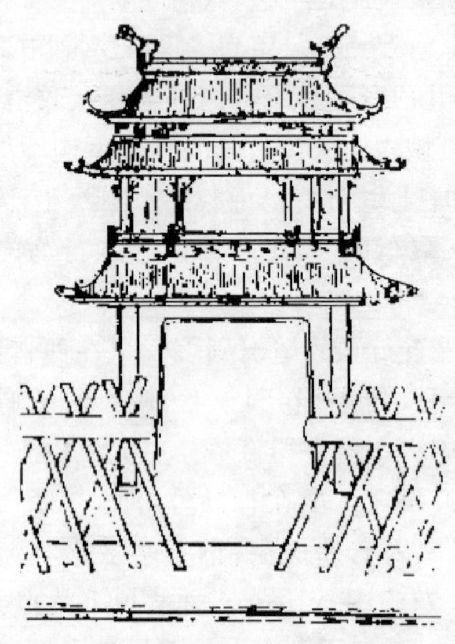

图 2-11　明代建筑物门前行马

采自（明）王圻，王思义《三才图会》，上海：上海古籍出版社，1988。

2.4.3.2　*嘉石、肺石*

（1）嘉石、肺石设置位置

嘉石肺石的位置，西周最初是设置在外朝空间，路鼓设置在路门之外，是在内朝空间，二者位置毫不相关。《周礼·秋官司寇》："大司寇之职，掌建邦之三典，以佐王刑邦国，诘四方。一曰刑新国用轻典。二曰刑平国用中典。三曰刑乱国用重典。以五刑纠万民：一曰野刑，上功纠力。二曰军刑，上命纠守。三曰乡刑，上德纠孝。四曰官刑，上能纠职。五曰国刑，上愿纠暴。以圜土聚教罢民,凡害人者,寘之圜土而施职事焉,以明刑耻之,其能改过,反于中国,不齿三年,其不能改而出圜土者杀,以两造禁民讼,入束矢于朝,然后听之,以两剂禁民狱。入钧金三日,乃致于朝,然后听之,以嘉石平罢民。凡万民之有罪过,而未丽于法,而害于州里者,桎梏而坐诸嘉石,役诸司空。重罪,旬有三日坐,期役。其次九日坐,九月役。其次七日坐,七月役。其次五日坐,五月役。其下罪三日坐,三月役。使州里任之,则宥而舍之,以肺石远穷民。凡远近茕独老幼之欲有复于上,而其长弗达者,立于肺石。三日,士听其辞,以告于上而罪其长。"这是周礼刑罚制度中涉及的嘉石肺石。

又,《周礼·夏官司马》:"大仆掌正王之服位,出入王之大命,掌诸侯之复逆。王视朝,则前正位而退,入亦如之。建路鼓于大寝(路寝)之门外,而掌其政,以待达穷者与遽令。闻鼓声,则速逆御仆与御庶子,祭祀、宾客、丧纪,正王之服位,诏法仪,赞王牲事,王出入,则自左驭而前驱。凡军旅田役,赞王鼓,救日月,亦如之。大丧、始崩,戒鼓传达于四方。窆亦如之。县丧首服之法于宫门。掌三公孤卿之吊劳。王燕饮。则相其法。王射,则赞弓矢。王视燕朝,则正位,掌摈相。王不视朝,则辞于三公及孤卿。"①服位:王穿的衣服和站位。大寝,郑玄说:"大寝,路寝也。其门外,则内朝之中,如今宫殿端门下矣。"意思是说凡已离职的官吏,有冤屈者,可在宫廷路门外击鼓:"建路鼓于大寝之门外,而掌其政,以待达穷者与遽令。闻鼓声,则速逆御仆与御庶子。"郑司农曰:"穷谓穷冤失职,则来击此鼓,以达于王,若

---

① 《太平御览·职官部二十八·太仆卿》:"《周礼》曰:太仆正,掌正王之服位,出入王之大命,掌诸侯之复逆。王视朝,前正位而退,入亦如之。建路鼓于大寝之门外而掌其政,以待达穷者与遽令;闻鼓声则速逆御仆与御庶子。祭祀、宾客、丧纪,正王之服位,诏法仪,赞王牲事。王出入,则自在左驭而前驱。"

今时上变事击鼓矣。遽，传也。若今时驿马军书当急闻者，亦击此鼓，令闻此鼓声，则速逆御仆与御庶子也。大仆主令此二官，使速逆穷遽者。”至此可知，“路鼓”设置的位置在路门外①。

宋朝王与之《周礼订义》卷五十八“以肺石达穷民”条下中引季氏言论说：“考之周礼，阍人掌王宫中门之禁，则是雉门已有禁矣。而路鼓在路门外，穷民安得入也，盖朝士之职，以肺石达穷民，而肺石乃在外朝，外朝在皋门之内，库门之外。则是穷民得至于库门之外，而朝士乃为之达于路门耳。然则大仆之所待者，乃待朝士之所达也。”②明朝王志长《周礼注疏删翼》中又引用《杂说》曰：“故成周之民，所以自达于上，由肺石而听于朝士，由朝士而达于路鼓，听掌有其人，而先后有其序也。”这种说法，代表了宋代之后大部分经学家的看法。

但是，也有人认为路鼓和肺石分属两个系统，大致是议论朝政者，击路鼓，由御仆以及掌政的太仆处理；有冤抑之穷民欲申诉，立肺石以应对接待，由负责刑狱的朝士和司寇负责。

观《周礼》所载太仆、朝士、小司寇等的职责，结合西周的都城布局，笔者认为肺石只能是设置在外朝处，且只有遇到在外朝处理不了的情况，才有可能允许其进入内朝，敲击路鼓以最后解决。

(2) 肺石与路鼓—登闻鼓的关系

肺石渊源于“进善之旌，诽谤之木”。《周礼·秋官朝士》：“右肺石，达穷民焉。”贾公彦疏：“阴阳疗疾法，肺属南方火，火

① 《周礼·地官司徒》：司救掌万民之邪恶过失，而诛让之。以礼防禁而救之。凡民之有邪恶者，三让而罚，三罚而士加明刑，耻诸嘉石，役诸司空。其有过失者，三让而罚，三罚而归于圜土。凡岁时有天患民病，则以节巡国中及郊野，而以王命施惠。

② (宋)王与之《周礼订义》,《四库全书》卷九十四，上海：上海古籍出版社，2003。

色赤，肺亦赤，故知名肺石是赤石也。必使之坐赤石者，使之赤心，不妄告也。”这说明肺石是因其色红及形状如肺而得名，“原其义，乃申冤者击之立其下，然后士听其辞，如今之挝‘登闻鼓’也。所以肺形者，便于垂。又肺主声，声所以达其冤也。”（《梦溪笔谈·器用》）外朝门外的右边设有肺石，由朝士负责。这样穷民冤民可直达天子了。

宋代吕大防《长安志·宫室四》“唐上”：“西内南面有六门，正殿南承天门隋开皇二年作，初名曰广阳门，仁寿元年改曰昭阳门，唐武德元年改曰顺天门，神龙元年改为承天门，外有朝堂，东有肺石，西有登闻鼓，龙朔后天子常居大明宫，乃谓此宫曰西内。神龙元年又改曰太极宫。”

上引材料中对唐长安西内外朝进行了描述，前文 2.1.3 节 3)已对唐东内的外朝、肺石等有所介绍。从中可见西内嘉石肺石的位置与东内的不同。前者在承天门外，后者在丹凤门内东西二阁前，后者的位置当与东内的外朝内移至丹凤门—含元殿这一宽阔空间有关，且嘉石已被登闻鼓取代。

再看路鼓。鼓本身有多种用途，《太平御览·兵部六十九》“金鼓”：“《周礼》曰：鼓人掌教六鼓：以雷鼓鼓神祀，雷鼓，八面鼓也。以灵鼓鼓社祭，灵鼓，六面鼓也。社祭，祭地祇也。以路鼓鼓鬼享，路鼓，四面鼓也。享宗庙也。以贲鼓鼓军事，大鼓谓之贲鼓，长八尺。以鼖鼓鼓役事，鼖，大鼓也，长丈二尺也。以晋鼓鼓金奏，晋鼓，长六尺六寸，谓乐正击编钟也。”郑玄注：“路鼓，四面鼓也。鬼享，享宗庙也。”击路鼓就可以使进谏直达于周王。路鼓四面，有使之达于四方的意思。《周礼订义》卷五二引王昭禹的话说：“路鼓，王鼓也，必建路鼓，示欲四方无所不达。”对于路鼓四面的说法，《宋书·符瑞志下》载：“孝武帝大明七年六月，江夏蒲圻获铜路鼓，四面独足，郢州刺史安陆王子绥以献。”虽然古代所谓的“符瑞”有编造虚假的成分，但却反映出当时人们对路鼓四面已有认识，而这种认识必定有其历史渊源。路鼓最初是一种礼乐器,《隋书·音乐志中》:“天神悬内加雷鼓,地祇加灵鼓,宗庙加路鼓。”[①]后来才演变成一种直诉司法工具。

元胡三省对路鼓的起源和名字的由来亦做过推断,他说:“古者,设谏鼓、立谤木,所以通下情也。《周礼》:太仆建路鼓于大寝之门外,以待达穷者……此则登闻鼓之始也。登闻鼓之名,盖始于魏、晋之间。”胡三省认为西周的路鼓就是魏晋登闻鼓的渊源,登闻鼓产生大概在魏、晋之间,并且他认为这种鼓之所以叫做登闻鼓,是因为它有“登时上闻”的意思。胡三省对登闻鼓所做的这些推断,基本上是正确的,即路鼓、登闻鼓同源,它是古代直诉工具,也是王朝统治表现公平正义的象征。

宋高承《事物纪原·登闻鼓》中说:“昔尧设敢谏之鼓即其始也,用下达上而施与朝,故曰登闻。”登闻鼓制度主要用于“击鼓鸣冤”,体现朴素的民主理想追求。在古代中国,王(皇帝)是“公平正义”最高的司法裁判者。正史中对登闻鼓的记载,最早见于西晋武帝泰始五年(公元269年)六月,“西平人麴路伐登闻鼓,言多妖谤,有司奏弃市。帝曰:‘朕之过也。’舍而不问。”可见,至迟到西晋,登闻鼓才正式形成。《晋书·卫瓘传》记载的卫瓘之女为其父申冤,引起钟繇等挝登闻鼓向皇帝上言;《晋书·王坚传》中记东晋时事,“时廷尉奏殿中帐吏邵广盗官幔三张,合布三十匹,有司正刑弃市。广二子,宗年十三,云年十一,黄幡挝登闻鼓乞恩,辞求自没为奚官奴,以赎父命。尚书郎朱暎议以为天下之人父,无子者少,一事遂行,便成永制,惧死罪之刑,于此而弛。坚亦同

---

① 《隋书·音乐志下》:“(北周)祭天用雷鼓、雷鼗,祭地用灵鼓、灵鼗,宗庙用路鼓、路鼗。各两设在悬内。”《旧唐书·音乐志二》:“鼓,动也,冬至之音,万物皆含阳气而动。雷鼓八面以祀天,灵鼓六面以祀地,路鼓四面以祀鬼神。夏后加之以足,谓之足鼓;殷人贯之以柱,谓之楹鼓;周人县之,谓之县鼓;后世从殷制建之,谓之建鼓。晋鼓六尺六寸,金奏则鼓之。旁有鼓谓之应鼓,以和大鼓。……”

暵议……成帝从之，正广死刑。”可见，两晋都城中皆置登闻鼓。北魏登闻鼓的位置在宫外阙左，即古之嘉石的位置。《魏书·刑罚志》记载世祖“阙左悬登闻鼓，人有穷冤则挝鼓，公车上奏其表”。此处“公车”当指公车司马令，掌正宫门大司马门的官员，这说明在北魏时期已有专人管理挝鼓申冤之事。

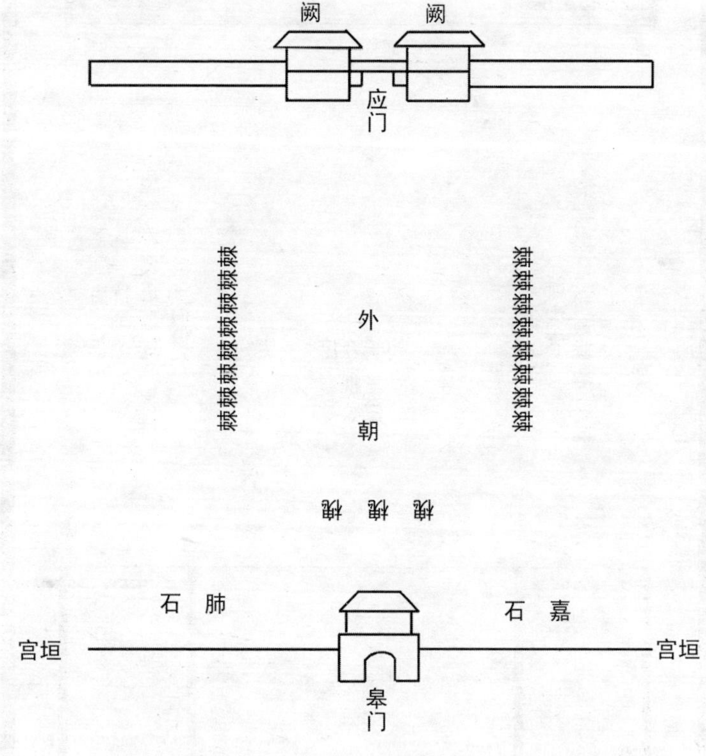

图 2-12 肺石嘉石示意图一

采自(清)焦循《群经宫室图》，光绪乙酉朱氏重刊本，东南大学建筑系藏书。

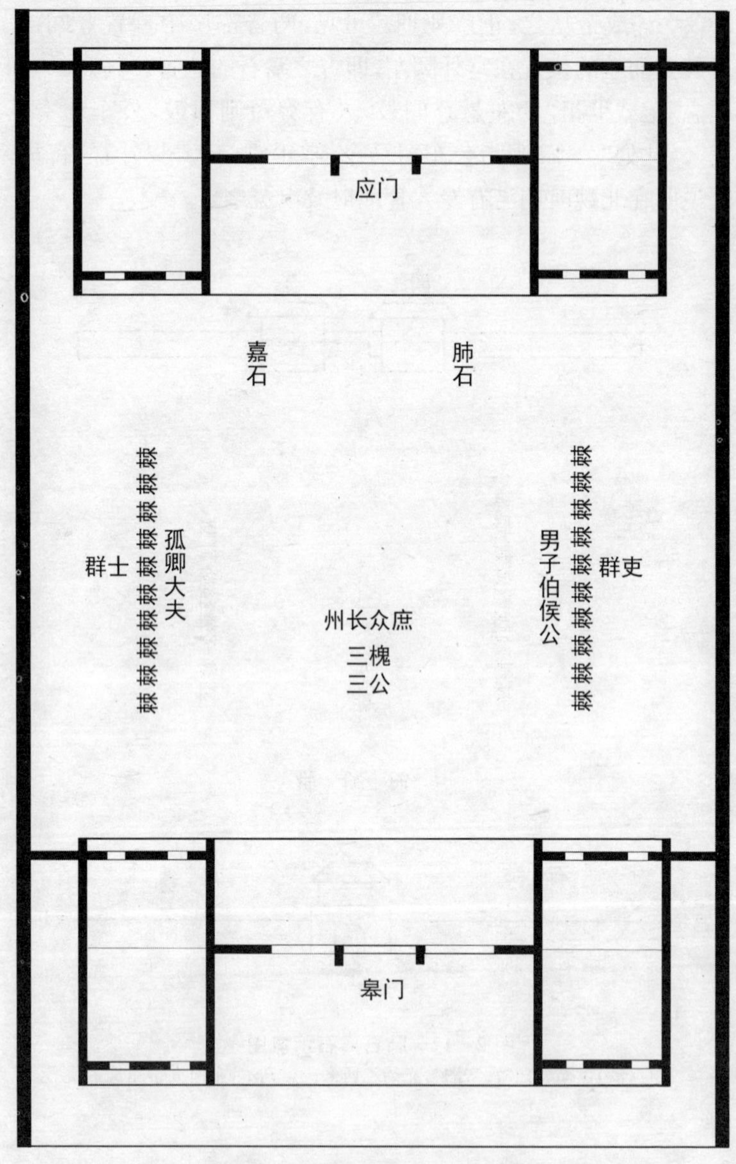

图 2-13　肺石嘉石示意图二

采自(清)黄以周《礼书通故》礼节图二,觐,北京:中华书局,2010:2199。

从登闻鼓设置的位置可看出，外朝空间有由外向内移入宫城内的趋势。这也是清代经学家戴震、焦循等学者把三朝置于宫内的一个现实原因。焦循图中嘉石在东，肺石在西（见图 2-12），继承汉学（后郑说）。黄以周图中嘉石在西，肺石在东（见图 2-13），似更接近唐宋理学。笔者认同焦循图。登闻鼓体现的政治文化思想是听天视民，皇帝有最后替天行道的司法终审权。以宫城门为界，中国古代帝国被分为权力与社会两大部分，作为沟通权力与社会的工具，登闻鼓成为一般民众接近最高权力的应急通道，在中国古代特有的家国一体的集权政治模式下，登闻鼓制度承载了法治文化功能。按照美国人类学家霍贝尔的观点，制度作为文化的一部分，是无法从全部人类行为方式中截然分割开来的[①]，行为方式的完整一致是通过社会选择进行的。而选择"总有某些选择的标准左右或影响着选择"，这些标准就是"公规"或者"价值"，按照"公规"或者"价值"进行选择后，一些习俗文化不断沉淀和重复就构成了社会规范。法律正是社会规范的一种，"法律规范如同其他社会规范一样，是选择的产物"[②]。中国古代的登闻鼓制度作为一项文化"选择"的结果，成型于两晋，规范于唐代，成熟于宋，延及明清，其强大的生命力与中国古代的儒家化法律运作模式有紧密关系[③]。

路鼓—登闻鼓的制度化具有缓解社会矛盾调节功能，却降低了它最初的原始民主精神内涵。由于日趋严格的程式化的法律诉讼形式，在官僚主义时代，这种变化与其说是方法手段的改良，不如说是其不断丧失原始品质的一种蜕变。因为在君主制不断强化、官僚制不断腐化的社会，民众寻求公平公正的权力的

①② （美）霍贝尔著；严存生，等译《原始人的法》，北京：法律出版社，2006：7。

③ 吴晓志《登闻鼓制度研究》，西南政法大学硕士学位论文，2010。

伸张在实践中已变得何其难。

从上述几处礼制小品建筑的设置可看出外朝除了举行大礼仪式、大赦、改元等,它还有为民众决讼、纳言等寻求公正的朴素作用。

2.4.4 内朝空间

内朝的位置和功能不断裂变,其内部空间随时代膨胀,越到君主制社会晚期,内朝空间越发达。而且,朝、寝空间穿插交错其间。《周礼》天子六寝制度对"前朝后寝"之制的影响主要在宏观层面,《周礼注疏》卷六:"宫人掌王之六寝之脩,六寝者,路寝一,小寝五。《玉藻》曰:'朝,辨色始入。君日出而视朝。退适路寝听政。使人视大夫,大夫退,然后适小寝,释服。'是路寝以治事,小寝以时燕息焉。《春秋》书鲁庄公薨于路寝,僖公薨于小寝,是则人君非一寝明矣。"六寝之中,路寝一,小寝五,则此路寝为三朝之一。东汉郑玄注礼持此说,东晋南朝经学家坚持此说。《隋书·礼仪志四》:

> (梁元会之礼)天监六年诏曰:"顷代以来,元日朝毕,次会群臣,则移就西壁下,东向坐。求之古义,王者谦万国,唯应南面,何更居东面?"于是御坐南向,以西方为上。皇太子以下,在北壁坐者,悉西边东向。尚书令以下在南方坐者,悉东边西向。旧元日,御坐东向,酒壶在东壁下。御坐既南向,乃诏壶于南兰下。又诏:"元日受五等贽,圭璧并量付所司。"周捨案:"周礼冢宰,大朝觐,赞玉币。尚书,古之冢宰。顷王者不亲抚玉,则不复须冢宰赞助。寻尚书主客曹郎,既冢宰隶职,今元日五等奠玉既竟,请以主客郎受。郑玄注觐礼云:'既受之后,出付玉人于外。'汉时少府,职掌圭璧,请主客受玉,付少府掌。"帝从之。又尚书仆射沈约议:"正会仪注,御出,乘舆至太极殿前,纳舄升阶。寻路寝之设,本是人君居处,不容自敬宫室。案汉氏,则乘小车升殿。请自今

元正及大公事，御宜乘小舆至太极阶，仍乘版舆升殿。”制：“可。”

此材料反映南朝梁武帝元会礼仪中的诸多礼制细节，透露出梁时渐渐浓厚的复古气氛，其对路寝的理解也甚合古义，突出路寝本为“人君居处”基本功能，但又同时为朝会之所。

2.4.4.1 路寝概念

路寝又称正寝、大寝、露寝等。《礼记·玉藻》曰：“天子玉藻，十有二旒，前后邃延，龙卷以祭。玄端而朝日于东门之外，听朔于南门之外。闰月，则阖门左扉，立于其中，皮弁以日视朝，遂以食，日中而馂，奏而食，日少牢，朔月大牢。五饮：上水、浆、酒、醴、酏。卒食，玄端而居，动则左史书之，言则右史书之。御瞽几声之上下。年不顺成，则天子素服，乘素车，食无乐。”①周天子朝日、听朔的建筑地点并未明确，郑玄认为是在明堂②，“东门”、“南门”皆是明堂的东门、南门之处。“三朝五门”之制中的路寝之庭，即“路寝庭朝”，也为朝政治理之内朝一处。小寝，才为真正意义上的皇帝休息之地，位置更在路寝之后。

2.4.4.2 路寝的空间形制

唐代贾公彦《周礼注疏》等古籍中描写的路寝建筑南北二十一丈，东西二十七丈，室居六丈，为五架梁结构。其可能为四阿

---

① (魏)何晏集解，(宋)邢昺疏《论语注疏解经·八佾第三》：“子贡欲去告朔之饩羊，郑曰：“牲生曰饩。礼，人君每月告朔，于庙有祭，谓之朝享。鲁自文公始不视朔。子贡见其礼废，故欲去其羊。”子曰：“赐也！尔爱其羊，我爱其礼。”包曰：“羊存犹以识其礼，羊亡礼遂废。”本[疏]：“郑玄以为，明堂在国之阳。南门之外，谓明堂也。”

② 《大戴礼记·明堂》第六十七：“明堂者，古有之也。凡九室：一室而有四户、八牖，三十六户、七十二牖。以茅盖屋，上圆下方。”又“或以为明堂者，文王之庙也，朱草日生一叶，至十五日生十五叶；十六日一叶落，终而复始也。周时德泽洽和，蒿茂大以为宫柱，名蒿宫也。此天子之路寝也，不齐不居其屋。待朝在南宫，揖朝出其南门。”

重檐顶，高度按明堂制为三丈六尺。也有说不及三丈，用夏屋制当卑于明堂。建筑前堂后室，东西两厢，为五室之制。《尚书·顾命》中描绘周康王受命登基于大殿，按郑玄注解，其典礼的行礼场所在路寝殿堂上的周成王殡宫灵柩前[①]。其描写的宫殿巍峨，陈设华丽，彰其尊贵："西序东向，敷重底席，缀纯，文贝，仍几。东序西向，敷重丰席，画纯，雕玉，仍几。西夹南向，敷重笋席，玄纷纯，漆，仍几。……"

清代学者黄以周《礼书通故》对《尚书·顾命》的阐释告诉我们信息：路寝建筑的前方为堂，后面为室，堂东西墙为"序"。室之左右为东西房，北为北堂，中堂的左右叫做东西夹，其前空间为东西堂。堂前东西二阶，北堂有侧阶。这与前文皮锡瑞论宫室形制一致。《礼书通故》曰："天子路寝以太室最尊，北堂之翼室次之。"太室即为堂，翼室即为北堂，建筑空间尊卑分明。与这种西周宫室空间形式相近的实例，是陕西扶风召陈村西周中期的宫殿遗址。这里是岐周的所在地，在武王定都丰、镐之后，岐周作为周公姬旦的采邑[②]。考古发掘所见与文献记载中的宫殿形制大致吻合，至少应是当时的一种宫寝形制。《周礼》中记载天子、诸侯、卿大夫、士的寝宫数量还有着明确的规定。唐代贾公彦《周礼注疏》曰："侯当三寝，亦路寝一，燕寝一，侧室一。《内则》所云者是也。"卿大夫、士又次之。礼制规定，诸侯以天子燕寝形制等级为其路寝形制等级[③]；大夫、士又以诸侯路寝形制等级为其庙寝形制等级。这种根据身份等级规定的降级享用

---

① 诸侯丧葬礼若薨于路寝为符合丧礼，见《春秋左氏传·庄公三十二年》经："八月癸亥，公薨于路寝。"《成公十八年》传："公薨于路寝，言顺也。"《礼记·丧大记》："君夫人卒于路寝。"可见据当时之礼制，以诸侯及其夫人死于路寝为符合礼仪。

② 杨鸿勋《建筑考古学论文集》，北京：文物出版社，1987：145、147。其F3和F8建筑遗址复原图。

③ 程尔奇《胡培翚〈燕寝考〉考论》，《中国典籍与文化》，2009，2。

生活起居待遇正是“礼有降杀”的体现。所以，礼制规定了“天子六寝”形制为王室的专利，直至春秋战国时礼坏乐崩才被破坏。

路寝兼有起居和“内朝”性质的建筑[①]，具有行政、礼仪、寝居的功能，政治职能的需求导致了路寝建筑既不同于外朝“三询”、“合民事”的开阔宏大，又有别于燕寝的“燕息”休憩之便生实用。故隋代匠师宇文恺甚至主张太庙、路寝与明堂同制，见《隋书·宇文恺传》：“自永嘉之乱，明堂废绝，隋有天下，将复古制，议者纷然，皆不能决。博考群籍，奏明堂议表曰：

> 《考工记》曰：“殷人重屋，堂脩七寻，堂崇三尺，四阿重屋。”注云：“其脩七寻，五丈六尺，放夏周则其博九寻，七丈二尺。”又曰：“周人明堂，度九尺之筵，东西九筵，南北七筵。堂崇一筵。五室，凡室二筵。”《礼记·明堂位》曰：“天子之庙，复庙重檐。”郑注云：“复庙，重屋也。”注《玉藻》云：“天子庙及露寝，皆如明堂制。”《礼图》云：“于内室之上，起通天之观，观八十一尺，得宫之数，其声浊，君之象也。”《大戴礼》曰：“明堂者，古有之。凡九室，一室有四户八牖。以茅盖，上圆下方，外水曰璧雝。赤缀户，白缀牖。堂高三尺，东西九仞，南北七筵。其宫方三百步。凡人民疾，六畜疫，五谷灾，生于天道不顺。天道不顺，生于明堂不饰。故有天灾，则饰明堂。”《周书·明堂》曰：“堂方百一十二尺，高四尺，阶博六尺三寸。室居内，方百尺，室内方六十尺。户高八尺，博四尺。”《作洛》曰：“明堂太庙露寝，咸有四阿，重亢重廊。”孔氏注云：“重亢累栋，重廊累屋也。”《礼图》曰：“秦明堂九室十二阶，各有所居。”《吕氏春秋》曰：“有十二堂。”与《月令》同，并不论尺丈。“臣恺案，十二阶虽不与《礼》合，一月一阶，非无理思。”

---

① （清）黄以周《礼书通故》，北京：中华书局，2007：23－30。

隋初匠师在营造国家礼制建筑时通过对殷周以来明堂形制的讨论，最后选择了重檐四阿、九室十二阶的形制，结束了历代明堂形制神秘难测的聚讼。这是一种简化的建筑设计思想，但若采取太庙、路寝与明堂同制的设计，的确便于实际操作和短期修建成事。太庙、路寝与明堂同制，体现的是形制等级一致，三者皆是最高等级的权力建筑。但从庙、室轻重、先后关系演变看，先秦时庙重于室，秦汉以后由于君权扩张，其居住空间与国家核心权力空间重合，从现实需要看居室的建造已优先于庙。而庙、室又优先于明堂。

2.4.4.3　汉晋现实宫殿制度中的路寝名称和用途

《汉书·五行志》第七中之上："成帝元延元年正月，长安章城门门牡自亡，函谷关次门牡亦自亡。京房易传曰：'饥而不损兹谓泰，厥灾水，厥咎牡亡。'妖辞曰：'关动牡飞，辟为亡道臣为非，厥咎乱臣谋篡。'故谷永对曰：'章城门通路寝之路，函谷关距山东之险，城门关守国之固，固将去焉，故牡飞也。'本注[一]晋灼曰：'西出南头第一门也。牡是出籥者。'此中路寝当指未央宫。"又，《后汉书·袁绍传》："建安元年，曹操迎天子都许，乃下诏书于绍，责以地广兵多而专自树党，不闻勤王之师而但擅相讨伐。绍上书曰：……时(何)进既被害，师徒丧沮，臣独将家兵百余人，抽戈承明，竦剑翼室，虎叱群司，奋击凶丑，曾不浃辰，罪人斯殄。此诚愚臣效命之一验也。"本注[四]《山阳公载记》曰："绍与王匡等并力入端门，于承明堂上格杀中常侍高望等二人。"《尚书》曰："延入翼室。"孔安国注："翼，明也。室谓路寝。"此中路寝当代指洛阳北宫。

又，《晋书》卷二《景帝纪》："(咸熙二年)秋八月辛卯，帝崩于露寝，时年五十五。"又，《文献通考·王礼考十六》"国恤"："晋尚书问：'今大行崩含章殿，安梓宫宜在何殿？'博士卞榷、杨雍议曰：'臣子尊其君父，必居之以正，所以尽孝敬之心。今太极殿，古之路寝，梓宫宜在太极殿，依周人殡于西阶。'"又，《陈书·高祖纪下》："(永定二年)冬十月，甲寅，太极殿成，匠各给复。十二月庚申,侍中、安东将军临川王茜率百僚朝前殿,拜上牛酒。甲子,舆驾幸大庄严寺,设无碍大会,舍乘舆法物。群臣备法驾奉迎,即日舆驾还宫。景[丙,避唐帝讳]寅,高祖于太极殿东堂宴群臣,设金石之乐,以路寝告成也。"此三条材料为魏晋南朝时事,又是视太极殿为古之路寝,按照儒学"三朝"观念即属于治朝路寝,但太极殿在现实政治中却为正殿[①],儒学三朝与匠师三朝的矛盾已然明显。如何解释这种矛盾现象?或以为基于道义的儒家理想社会中的朝会与基于维护皇权专制的朝会有质的区别,儒学三朝因历代经学家的理解和阐释,保留在经典文本和人们的意识中,体现人们对社会基本价值的普遍追求,因其高尚、正义而美好。出于顺应天心民意的需要,历代多数统治者也试图恢复、效仿三朝制,但在现实政治制度和有限的场地制约下不可能出现这样的礼制空间,正如刘敦桢先生所说:"江永论三朝唯路寝有堂,余皆平庭;黄氏以周更谓三朝俱无堂室,是置大朝、日朝、内朝于风雪雨露中,徒滋后人之惑矣。"[②]江永、黄以周的理解直追三朝本义,然而,卑宫菲食、茅茨土阶的朴素时代早已不复返,儒学三朝的追求,不仅易滋后人之惑,恐更滋统治者之畏。在不能真正恢复三朝制时,赋予宫室建筑三朝之名,虽不能至,必向往之,这种姿态是正当而向善的,也值得肯定。

由于内朝空间与皇宫内部空间多有重合,治朝、燕朝皆在其中,历代皇宫内部格局文献研究已多,本书不再重复赘述。

---

① 陈朝重修太极殿之前已经有重云殿,见《陈书·高祖纪下》:"高祖永定二年四月,戊辰,重云殿东鸱尾有紫烟属天。"又,《景定建康志·建康表七》:"高祖永定二年,四月戊辰重云殿东鸱吻有紫烟出属天。"同卷:"(六月)新作太极殿欠一柱,忽有樟木大十八围,长四丈五尺,自流泊陶家后渚,监军邹子度以闻。诏起部尚书蔡俦兼将作大匠,取木以构之。"陈以新建太极殿为正殿。

② 刘敦桢《东西堂史料》,《营造学社汇刊》第五卷第二期,第106-115。

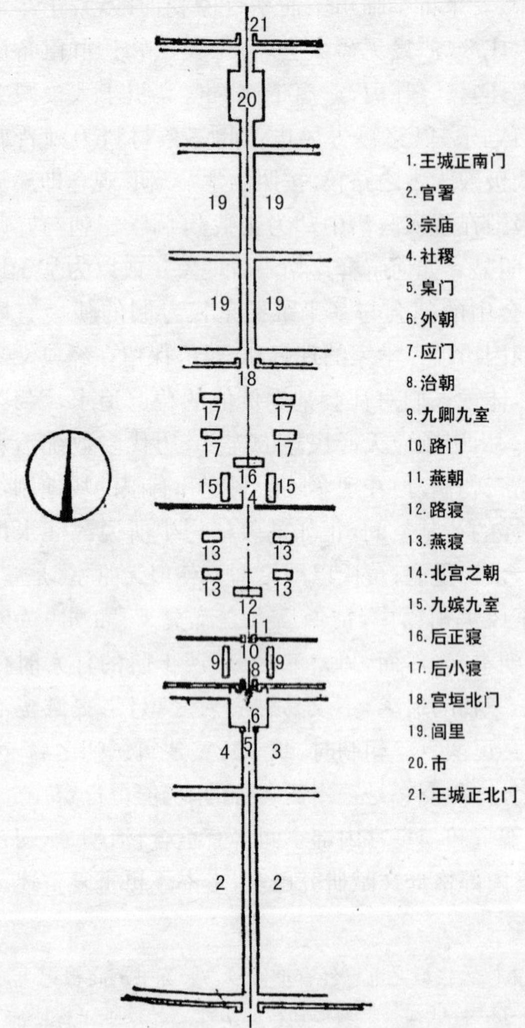

图 2－14　王城南北序列图

采自贺业矩《考工记营国制度研究》,北京:建筑工业出版社,1985:98。

帝出乎震。

——《周易·说卦》

3　东宫城

中国古代君主专制时代，皇位继承关系着专制皇权的稳定和延续，皇位继承者称储君、皇太子、东宫等，储君名位强重，以多种物质媒介或制度形式呈现，宫室制度仅是其中之一。由于大多数统治者在预立储君后为其设置一套仿帝宫中朝体制的官署，即东宫官，让太子"预治"其国。东宫[①]遂成为储君生活、实践的主要场所。

---

① 东宫其他含义：1. 妃嫔所居之宫，因而又作为妃嫔的别称。《公羊传·僖公二十年》何休注："夫人居中宫，少在前；右媵居西宫，左媵居东宫，少在后。"2. 汉又称太后所居宫为"东宫"，因太后所居长乐宫在未央宫之东，故名。例一：《汉书》卷九七《外戚传上·孝文窦皇后传》："遗诏尽以东宫金钱财物赐长公主嫖。"窦太后，景帝母，元光六年崩。颜师古注："东宫，太后所居。"例二：《汉书·楚元王传》刘向遂上封事极谏曰："大将军秉事用权，五侯骄奢僭盛，并作威福，击断自恣，行污而寄治，身私而托公，依东宫之尊，假甥舅之亲，以为威重。"颜师古注："东宫，太后所居也。"此种用法是对长乐宫的简便称呼，并不正式。汉代的后宫、太后宫一般以其所居宫名为名，而且通常情况下，宫名与居者身份相对应，如：长信宫——帝祖母宫，长乐宫——帝母宫，长秋宫——皇后，又称中宫。即《汉官仪》所载："帝祖母称长信宫，帝母称长乐宫。"汉代有时会出现多位太皇太后、皇太后并立的特殊情况，如汉哀帝时四位太后级人物并立，如《汉书》卷九七下《外戚传·孝元傅昭仪传》所记载："……皇太太后，称永信宫，帝太后称中安宫……"但不管哪种情况，《汉书》所记载的涉及方位的宫殿名如东、西、北宫，其命名方式是根据建筑之间实际的相互位置关系而定的，这只是一种简便的称呼。与本文所探讨的储君宫室概念不同。

东宫作为居住处，在先秦时期除了天子、诸侯的后妃宫寝名称外，就是君位继承人储君及其宫室的代称。如《诗经·国风·硕人》："卫侯之妻，东宫之妹。"《毛传》曰："东宫齐太子也。"唐孔颖达疏曰："太子居东宫，故以东宫表太子。"又如《吕氏春秋·审应》载魏昭王问于田诎曰："寡人之在东宫之时，闻先生之议曰：'为圣易。'有诸乎？"高诱注曰："昭王，襄王之子也；东宫，世子也。"①据此，先秦时代因太子一般居东宫，习惯上人们以东宫代表太子。至秦，秦始皇虽有统一六国之功，但由于秦祚短暂且未立皇后及储君，使作为皇帝制度组成部分中的重要内容后宫制度和储君制度严重缺失，弥补这两制缺失的是两汉，并影响至整个君主制时代。

两汉时期的"东宫"一词，指代两种不同身份的人。

3.1　前朝储君宫室简况

3.1.1　西汉储君宫室不固定

一种情况：西汉的储君宫室直接称太子宫。

《汉书·王褒传》曰："王褒，字子渊，蜀人也。宣帝时为谏议大夫。帝太子体不安，苦忽忽善忘，不乐。诏使褒等皆之太子宫虞侍太子，朝夕诵读奇文及自所造作。疾平复，乃归。太子喜褒所为甘泉及洞箫颂，令后宫贵人左右皆诵读之。"

太子宫有甲观画堂。《汉书》卷十《成帝纪》："孝成皇帝，元帝太子也；母曰王皇后，元帝在太子宫生【成帝于】甲观画堂，为世嫡皇孙。"本注[二]应劭曰："甲观在太子宫甲地，主用乳生也。画堂画九子母。"如淳曰："甲观，观名。画堂，堂名。《三辅黄图》云太子宫有甲观。"师古曰："甲者，甲乙丙丁之次也。元后传言见于丙

---

① 黄晖《论衡校释·实知篇》(中华书局，2006)：魏昭王问于田诎曰："寡人在东宫之时，闻先生之议曰：'为圣易。'有诸乎？"田诎对曰："臣之所举也。"昭王曰："然则先生圣于？"田诎曰："未有功而知其圣者，是尧之知舜也；待其功而后知其舜也，是市人之知圣也。今诎未有功，而王问诎曰：'若圣乎？'敢问王亦其尧邪？"夫圣可学为，故田诎谓之易。

殿,此其例也。而应氏以为在宫之甲地,谬矣。画堂,但画饰耳,岂必九子母乎?霍光止画室中,是则宫殿中通有彩画之堂室。"①

宋程大昌著,明吴琯校《雍录》卷九《太子宫》:"元帝在太子宫生成帝于甲观画堂,又元后初入宫见太子丙殿,则是太子别有一宫矣,成帝为太子而在桂宫,出龙楼门,龙楼门者桂宫之门,太子适居于此。非本宫也。武帝为戾太子立博望苑,使通宾客,苑在汉长安城外漕渠之北,至唐则为长安县北五里,此特招致宾客之所耳,太子之奔湖也,斫覆盎城门而出,覆盎门者汉城南面东头第一门也,苑在门外而太子斫门以出者,则知博望非常居之地也,此苑直至成帝乃始撤去。"除了甲观、丙殿,还有桂宫、博望苑也为储君生活休憩、接待客宾之地。又《艺文类聚》卷十六引梁陆倕《为豫章王庆太子出宫表》有"甲观惟新,桂宫告始,朱班徒次,翠盖移阴"之语,诗文为梁武帝昭明太子天监六年出居东宫时陆倕代豫章王庆贺昭明太子出宫之事而作。豫章王即萧综,梁武帝第二子,天监三年封豫章王。表中诗文引用典故甲观、桂宫,也即太子宫之义。

西汉太子宫的地址文献不载,但可间接推测,根据长安"斗城"形制,太子的位置大致应在未央宫之北的桂宫地带。这一地域范围仍很大,但《三辅黄图·汉宫》:"桂宫,汉武帝造,周回十余里。《汉书》曰:'桂宫有紫房复道,通未央宫。'"②

同书载:"北宫,在长安城中,近桂宫,俱在未央宫北。周回十里。高帝时制度草创,孝武增修之,中有前殿,广五十步,珠帘玉户如桂宫。《汉书》曰:'吕太后崩……独置孝惠皇后,废处北宫……'又曰:'哀帝崩……贬皇太后赵氏为孝成皇后,退居北宫,哀帝皇后

---

① 顾炎武《历代宅京记》记载同。见(清)顾炎武《历代宅京记》之四,关中二,北京:中华书局,1984:68。但《三辅黄图》:"桂宫在城中,近北宫,非太子宫。"《汉书》卷十一《哀帝纪》:"癸卯,帝太太后所居桂宫正殿火。"帝太太后即哀帝祖母傅太后,这说明其时桂宫一度又成为太后宫。

② 陈直《三辅黄图校证》。直按:《太平寰宇记》卷二十五,引《庙记》云:"桂宫,汉武帝造。"

傅氏退居桂宫。'"(《三辅黄图校证》)

西汉的太子尚无固定宫室,桂宫、北宫及皇宫内的别殿都曾作为储君的居所。这种情况下的储君宫室是临时性的,不固定于某一处。可见储君宫室制度并未与皇帝制度的发育同步,其原因固然与储君的政治地位既敏感且不稳定有关系,实际上也与西汉长安都城的规划较粗疏、宫殿选址并无必然的技术标准有关。长安有未央宫、长乐宫、建章宫等重要宫殿,也有北宫、南宫、桂宫等次一级宫殿。当时是多宫格局,也无严格的中轴线规划,所以储君宫室不固定也就在情理之中。

3.1.2 东汉储君宫室

东汉皇太子宫室大量使用"东宫"之名,例见《后汉书》卷三十二《阴识传》:"建武十五年,定封原鹿侯。及显宗立为皇太子,以识守执金吾,辅导东宫。帝每巡郡国,识常留镇守京师,委以禁兵。"显宗母亲阴氏,阴识为外戚,故能辅导太子。故东宫与太子活动场所的再次结合当在东汉初。再略举一二:《后汉书》卷四十上《班彪列传》:光武帝时"彪复辟司徒玉况府。时东宫初建,诸王国并开,而官属未备,师保多阙。"建武十九年明帝被立为太子。同书卷二十九《申屠刚传》:光武帝时,"拜侍御史,迁尚书令。……时内外群官,多帝自选举,加以法理严察,职事过苦,尚书近臣,至乃捶扑牵曳于前,群臣莫敢正言。刚每辄极谏,又数言皇太子宜时就东宫,简任贤保,以成其德,帝并不纳。"周天游辑注《八家后汉书辑注·司马彪续汉书》卷二《邓禹传》:"孝明皇帝以禹先帝名臣,拜太子太傅,进见东宫,甚优宠。"从上述材料内容可推断此东宫应为储宫。周天游辑注《八家后汉书辑注·司马彪续汉书·后妃传》记孝明明德马皇后入选太子宫事,"建武二十八年,年十三,以选入太子宫。接待同列,如承至尊,先人后己,发于至诚,由是见宠。"又见《东观汉记·显宗孝明皇帝纪》:"永平十八年八月,帝崩于东宫前殿,在位十八年,时年四十八,谥曰孝明皇帝,葬显节陵。"[①]上

---

① (东汉)刘珍等,吴树平《东观汉记校注》(上下),北京:中华书局,2008。又见《后汉书》卷二《显宗孝明帝纪》所记同。

述诸材料中太子宫即东宫，二者等同。唯此“东宫”所指不明。一种是指太子宫，一种是指长乐宫，东汉仍有长乐宫，太后所居宫①。

《后汉书·宗室·北海敬王睦传》：“睦少好学，博通书传，光武爱之，数被延纳。显宗之在东宫，尤见幸待，入侍讽诵，出则执辔。”北海靖王兴子敬王睦，博通女子学，出入东宫与太子游处。

《全后汉文》卷二十三，班彪《上言选置东宫及诸王国官属》：

> 汉兴，太宗使晁错导太子以法术，贾谊教梁王以《诗》《书》。及至中宗，亦令刘向、王褒、萧望之、周堪之徒，以文章儒学，保训东宫以下，莫不崇简其人，就成德器。今皇太子诸王虽结发学问，修习礼乐，而傅相未置贤才，官属多阙旧典。宜博选名儒有威重明通政事者，以为太子太傅，东宫及诸王国，备置官属。又旧制，太子食汤沐十县，设周卫交戟，五日一朝，因坐东箱【厢】，省视膳食，其非朝日，使仆、中允旦旦请问而已，明不媟黩，广其敬也。

从其建武三十年卒官可知班彪为光武帝时人。班彪所言回顾了前汉文帝、宣帝二位皇帝对太子诸王教育的情况，今皇太子的教育更应引起重视。

---

① 《资治通鉴》卷四十五《汉纪》三十七《显宗孝明皇帝下》永平十八年：八月，壬子，帝崩于东宫前殿，年四十八。遗诏：“无起寝庙，藏主于光烈皇后更衣别室。”案光烈皇后即光武皇后阴丽华，显宗母亲。东汉太后宫仍有长乐宫名，见周天游辑注《八家后汉书辑注》之《司马彪续汉书》卷一《后妃传》：“〇九〇　孝桓窦皇后，章帝窦后之族孙，大将军武之女也。孝灵皇帝尊皇后为皇太后，临朝。武以宦者放纵日久，谋悉诛除，废其官。上欲获忠节，下副论者。数入禁中，进白太后。太后以为‘此皆天所生，汉元以来，世世用事，国典常故，何可废邪？但当诛恶耳’。中常侍管霸颇闻其语，结谋诛武。武自杀，太后归长乐宫。熹平元年六月崩，合葬宣陵。”又一例，同上：“〇六九　孝章章德窦皇后，右扶风平陵人，窦勋之女。后生二岁，呼卜相工见后，皆言大贵。有容貌才能，母沘阳公主欲内之，帝闻后有才色，数以问诸家。建初二年，后与女弟随主入见长乐宫，进止得适，人事脩备，奉事长乐宫，下至侍御贡献问遗，皆得其忻心。”

东汉洛阳有南、北宫，皆根据相互位置而得名，南北宫之东北有永安宫①，东宫的具体位置不详，或就在北宫之东面②。东汉北宫为施政的主宫，南宫为副宫。由于西汉长安的宫殿以长乐、未央为主，二宫排列方位与东汉洛阳以北宫、南宫

---

① 永安宫为太后宫名之一，西汉长安、东汉洛阳皆置。《前汉纪·孝哀皇帝纪》："御史大夫朱博为丞相。少傅赵玄为御史大夫。博奏言：尊恭皇太后号曰帝太皇太后，称永信宫，恭皇后曰帝太后，称永安宫。立庙于京师，赦天下徒，罢州牧，复刺史。"《后汉书·孝献帝纪》："孝献皇帝讳协，灵帝中子也。母王美人，为何皇后所害。中平六年四月，少帝即位，封帝为勃海王，徙封陈留王。九月甲戌，即皇帝位，年九岁。迁皇太后于永安宫。"注引《洛阳宫殿名》曰："永安宫周回六百九十八丈，故基在洛阳故城中。"《后汉书·灵帝纪》："熹平六年十二月，永安太仆王旻下狱死。"即永安宫太仆。永安宫在西汉都城中的位置不详，在东汉洛阳宫城的东北位，文献和考古资料所证。六朝建康又有永安宫，但使用者身份不同，且与宫城的位置也不同。吴时永安宫作为太子宫，在远离宫城的东南面，《景定建康志·城阙志二》"古宫殿"："《宫苑记》永安宫在台城东华门外。"东华门：《景定建康志·城阙志一》"门阙"："【古建康宫门】东面正中曰东华门，门三道，晋本名东掖门，宋改万春门，梁改东华门。"《文献通考·经籍考三十二》史："《南朝宫苑记》二卷。陈氏曰：不知何人所作，记六朝故都事迹颇为详。"南朝的永安宫或应在吴旧地。《晋书》卷九《孝武帝纪》："(太元)二十一年夏四月，新作永安宫。"

② 张鸣华《东汉南宫考》一文指出：人们通常认为，东汉洛阳的宫城由北宫及南宫组成，整个宫城几乎从洛阳的北城墙延伸到南城墙；北魏时城市布局发生重大变化，其宫城只包括东汉北宫，东汉南宫所在地已被改建为铜驼街及其两侧的中央官署。许多学者认为这是都城布局的一种历史性变迁。张鸣华文则另辟新说，认为东汉与北魏的都城布局基本上是一样的，东汉的南宫实际上也位于洛阳城北部，而且北魏也有南、北宫。北魏洛阳并不是一种新的都城布局。见张鸣华《东汉南宫考》，《中国史研究》，2004(2)：25－34。其分论点：第一，东汉宫城的范围与北魏宫城一样，都在西阳门—东阳门一线的北边。也就是说，东汉的南宫位于洛阳城的北部，远离洛阳城的南墙。第二，东汉时从南宫的南大门到洛阳的平城门也有一条一两千米长的南北大道，这条大道也叫铜驼街，与北魏时一样，大道两侧也有三公府。第三，魏晋、北魏也有南、北宫。第四，南北宫之间不过隔一条马路，东汉也是如此。

为主的南北排列方位不同①，洛阳东宫的位置至今还存疑点。《考古学报》1959年第2期发表了《古代洛阳图十四幅》，其中有《后汉京城图》，描绘了东汉洛阳城的布局，或以为永安宫实际即是东宫。

3.1.3 西晋洛阳储宫位置进一步固定在皇宫之东

曹魏储宫制度甚简，西晋确定东宫之制②。西晋洛阳确定储宫在宫城的东面。《晋书·惠帝纪》："帝之为太子也，朝廷咸知不堪政事，武帝亦疑焉。尝悉召东宫官属，使以尚书事令太子决之，帝不能对。"

愍怀太子居东宫：《晋书·愍怀太子传》："时望气者言广陵

---

① 杨宽的观点：未央宫的东司马门为正门，是诸侯王朝谒天子进宫的门，为礼仪正门。文武百官出入则经过北司马门。因宫殿的地势处渭水之南，宫区正门北向渭水为正。杨宽认为未央宫坐西朝东，与东边的国道有关。但宫内前殿却坐北朝南。见杨宽《中国古代都城制度史研究》，上海：上海古籍出版社，1985。

笔者不同意此说。西汉例证一：西汉平帝崩后，王莽摄政事中也可见未央宫殿大致朝向，见《汉书》卷九十九上《王莽传》："臣请安汉公居摄践祚，服天子韨冕，背斧依于户牖之间，南面朝群臣，听政事。明年，改元曰居摄。"例证二：应劭《汉官六种·汉官仪》卷上："皇太子五日一至台，因坐东厢，省视膳食，以法制敕大官尚食宰吏。其非朝日，使仆、中允[旦旦]请问，明不媟黩，所以广敬也。太子仆一人，秩千石；中允一人，四百石，主门卫徼巡。"太子至台，台即皇宫，太子坐东厢，表明当时建筑的朝向是坐北朝南。如果皇宫正殿是坐西朝东，太子就应坐北厢，才符合储君尊君居偏位的朝觐礼制。

② 曹魏洛阳无储宫。其原则：有皇后则有后宫及后宫官，无则省罢。同样，有储君太子则有东宫和东宫官署，无则省。魏文帝曹丕即位后，不建东宫，魏明帝是在其临崩前才被确立为太子的。起初，魏文帝嫌长子曹睿才智不行，欲另立他子京兆王礼为太子，但此事未明确，故太子人选迟迟未定。明帝在位时，仿效其父亲，也只在临崩之日才选定出生来历不明的八岁孩童曹芳为太子。明帝生前未立太子，曹芳、髦、奂之立，皆年幼，故三少帝年幼继位，也不可能预立太子，故曹魏文帝之后，洛阳城中无储宫。

有天子气,故封为广陵王,邑五万户。……元康元年,出就东宫,又诏曰:‘遹尚幼蒙,今出东宫,惟当赖师保傅群贤之训。其游处左右,宜得正人使共周旋,能相长益者。’”

《宋书·五行志一》“服妖”:

> 晋武帝太康后,天下为家者,移妇人于东方,空莱北庭,以为园囿。干宝曰:“夫王朝南向,正阳也;后北宫,位太阴也;世子居东宫,位少阳也。今居内于东,是与外俱南面也。亢阳无阴,妇人失位而干少阳之象也。贾后谗戮愍怀,俄而祸败亦及。”

由以上可知,魏晋东宫内涵再度缩小为特指太子宫,并最终完成了宫殿命名与皇储名号之间的衔接。东宫居东的规划思想和原则延续后世,经历了整个君主制社会。

3.2 东晋建康东宫

3.2.1 东宫位置变迁

东晋储宫位置自汉魏以来几经变迁、摇摆后仍然固定在皇宫之正东位。前文已述东晋建康城周围二十里十九步。有一条东西大道从西明门直达建春门,把建康城分为南北两个部分,而宫城在北部。宫城周围八里,主殿是太极殿。从宫城的南门有一条御道直达建康城的南大门宣阳门,御道两侧是中央官署。《晋阳秋·元帝》:“敦将还武昌,谢鲲劝敦朝天子,不从。鲲随王敦下,入朝见太子于东宫,语及夕。”[①]说明元帝时已经有东宫。又《晋阳秋·明帝》:“明帝文武鉴断初在东宫,经理贤士,昵近明德,自王导、庾亮、温峤、桓彝、阮放皆见亲待,分好绸缪。雅好辞章谈论,辩明理义,与二三君子并着诗论,粲然可观。于时东宫号为多士。”说明东晋初元帝为太子建有东宫,东宫位置不见记载。推测应在宫城之东面。

① (晋)孙盛著,(清)汤球辑,(清)黄奭辑(补遗)《晋阳秋·元帝》,页163。

孝武帝太元二十一年(公元 396 年)四月“新作永安宫。”永安宫为汉晋洛阳宫名,在旧北宫之东。东晋新作永安宫,其地址仍在皇宫之东。不过,东晋皇权衰落,储君地位相应偏低,东宫空间一度迁徙到皇宫的西南位,西临皇宫护城河运渎。孝武帝太元十七年将太子东宫迁至宫城的东南位,成为名副其实的东宫。东晋孝武帝太元年间皇权复兴,兴建宫室、复东宫武官等举动先后出现。《晋书·职官志》:“左右卫率,案(晋)武帝建东宫,置卫率,初曰中卫率。泰始五年,分为左右,各领一军。惠帝时,愍怀太子在东宫,又加前后二率。及江左,省前后二率,孝武太元中又置。”

《晋书·舆服志》:“太元中,东宫建,乘路有青赤旂,致疑。徐邈议,太子既不备五路,赤旂宜省。汉制,太子鸾路皆以安车为名。自晋过江,礼仪疏舛,王公以下,车服卑杂,惟有东宫礼秩崇异,上次辰极,下纳侯王。而安帝为皇太子乘石山安车,制如金路,义不经见,事无所出。”从“东宫礼秩崇异”看,东晋后期储君问题受到空前的重视。

周应合修纂《景定建康志·城阙志二》“古宫殿”条:

> 【晋永安宫】即吴东宫在台城东南。
>
> 【考证】《舆地志》吴东宫在城之南,晋初东宫在城之西南,其后移于宫城之东南,宋齐梁陈又在宫城之东北。〇《宫苑记》永安宫在台城东华门外,孝武太元二十一年新作东宫。本东海王第,安[哀]帝立,以何皇后居之,桓元拆其材木移入西宫,以其地为细射官。至宋元嘉十五年筑为东宫,陈太建九年移皇太子居之。

案吴东宫旧址,晋哀帝时改为永安宫[①]。哀帝(升平五年哀帝继

---

① 孙吴太子宫在宫城太初宫的南面,又称南宫:周应合修纂《景定建康志·城阙志二》“古宫殿”条:“【吴南宫】吴太子宫在南,大帝赤乌二年适南宫,宋置欣乐营丁其地,今在旧江宁县北二里半。”赤乌十年(公元 247 年)吴国修筑太初宫时,孙权曾出居于此。

位)“九月戊申,立皇后王氏。穆帝皇后何氏称永安宫。”穆帝何皇后依制升级为皇太后,居永安宫。(清)汤球辑《众家编年体晋史》之刘道荟《晋起居注》:“孝武太元十二年,有司奏:储宫初建,未有漏刻,参详永安宫铜漏刻,置漏刻史。”又《晋书》卷十《安帝纪》:(元兴二年)“冬十一月壬午,(桓)玄迁帝于永安宫。”案桓玄逼安帝禅位,迁帝于永安宫。说明:永安宫不同于东宫,二者各自为宫。二者似乎很容易混淆,原因在于东汉有永安宫,在皇宫之东。孙吴时太子东宫所在地是东晋后来重修的永安宫,在同一地址先后修了不同名称的宫室。永安宫简称东宫,太子宫也简称东宫,但前者多是皇太后所居宫名,后者是储君太子专用宫名。由于东晋实行一宫制,东宫的位置得以固定。周应合《景定建康志》卷七《建康表三》“东晋”:“(武帝太元)十七年【壬辰】八月新作东宫徙左卫营。(武帝太元)二十年【乙未】三月皇太子出就东宫,以丹杨尹王雅领少傅。”晋孝武帝时,徐邈为太子师。时皇太子尚幼,帝以邈为太子前卫率,授太子经。“邈虽在东宫,犹朝夕入见,参综朝政,修饰文诏,拾遗补阙,劬劳左右。帝嘉其谨密,方之于金霍,有托重之意,将进显位,未及行而帝暴崩。”(《晋书·儒林·徐邈传》)储君活动于《晋书》相关史籍中记载极少。因此,东晋东宫建筑的内部空间实无法直接考求。

3.2.2 南朝的东宫制度

南朝宋文帝元嘉十五年新作东宫移至宫城的东北位,周应合《景定建康志》卷八《建康表四》:“宋元嘉十五年【戊寅】秋七月新作东宫,赐将作大匠布帛有差。”其制:据周应合《景定建康志》卷二十《城阙志一》:“【东宫城】案《宫苑记》宋元嘉十五年修永安宫为东宫,城四周土墙,堑两重,在台城东门外南,东西开三门。”即宋文帝修的东宫位置在台城的东南位,“东西开三门”即东、西面各开三道门,南北门制情况不明。案元嘉十五年为宋文帝年号,已立太子刘劭,太子刘劭所居宫即是这个宫室。

萧齐霸府时期暂时以石头城为世子萧赜的宫殿,作为太子东宫的过渡场所。“齐台建，王俭迁尚书右仆射，领吏部，世子镇石头城，仍以为世子宫，俭又曰：‘鲁有灵光殿，汉之前例也。听事为崇光殿，外斋为宣德殿，以散骑常侍张绪为世子詹事，车服悉依东宫制度。’”[①]按石头城在建康宫的西南位，地势显要，凭靠长江，是拱卫都城建康最重要的军事城堡。齐高帝以此城为临时性的储宫，也出于对此军事要地的掌控。

齐国建立后，东宫又移回到宋时东宫处。《梁书》卷五十一《处士·阮孝绪传》：“初，建武末，青溪宫东门无故自崩，大风拔东宫门外杨树。或以问孝绪，孝绪曰：‘青溪皇家旧宅。齐为木行，东者木位，今东门自坏，木其衰矣。’”齐末东宫毁于大火。梁天监五年、中大通三年两次重建东宫。梁天监五年(公元506年)太子六岁。八月，筑太子宫，《梁书·武帝纪中》：“天监五年秋八月辛酉，作太子宫。”如前引《建康实录》卷二十注引《舆地志》：“其地本晋东海王第，后筑为永安宫，穆帝何皇后居之。宋文帝元嘉十五年，始筑为东宫，齐末为火灾焚尽。梁天监五年，更筑于齐故地，盛加结构。”天监六年丁亥(公元507年)六月，昭明太子自禁中出居东宫。《梁书》卷八本传：“(天监)五年六月庚戌，始出居东宫。太子性仁孝，自出宫，恒思恋不乐。高祖知之，每五日一朝，多便留永福省，或一日三日乃还宫。”《南史》文字同。按天监五年八月始筑太子宫，而此云：“五年六月出居东宫。”宫未建而出居，有悖事理，疑“五年”当做“六年”。考《通典》卷一四七“东宫宴会奏金石轩悬及女乐等议”条下云：“梁武帝天监六年，东宫新成，皇太子出宫。”其事在六年，可证诸史所载皆误。故天监六年六月即为昭

① 《南史·王昙首传附传王俭传》。另据《后汉书》卷五十四《杨震孙赐传》：“建宁初，灵帝当受学，诏太傅、三公选通《尚书》桓君章句宿有重名者，三公举赐，乃侍讲于华光殿中。”华光殿位置，上引《洛阳宫殿名》曰：“华光殿在崇光殿北。”

明太子出居东宫之时①。

东宫具体位置在皇宫的东北面。见《梁书·昭明太子传》:"太子孝谨天至,每入朝,未五鼓便守城门开。东宫虽燕居内殿,一坐一起,恒向西南面台。"②梁末侯景之乱中宫室多被焚,东宫也未幸免兵燹。《梁书》卷五十六《侯景传》载:"侯景率军又登东宫墙,射城内,至夜,太宗募人出烧东宫,东宫台殿遂尽。"③

陈宣帝太建九年再度重建。《全陈文》卷三宣帝"创筑东宫诏太建四年十二月丁卯梁氏之季,兵火荐臻,承华焚荡,顿无遗构。宝命惟新,迄将二纪,频事戎旅,未遑修缮。今工役差闲,椽楹有拟,来岁开肇,创筑东宫,可权置起部尚书、将作大匠,用主监作"。

① (南宋)周应合《景定建康志》卷四八《孝悌传》:"【萧统】字德施,梁武帝长子也,以齐中兴元年九月生于襄阳少日而建鄴平,天监元年十一月立为皇太子。五年出居东宫,生而聪慧三岁受孝经、论语,五岁遍读五经,悉通讽诵,性仁孝,自出宫常思恋不乐,帝知之,每五日一朝,多便留永福省,或五日三日乃还宫。八年九月于寿安殿讲孝经,尽通大义,讲毕亲临释奠于国学。普通七年十一月母丁贵嫔有疾,太子还永福省,朝夕侍疾,衣不解带,及薨,步从丧还宫,至殡,浆水不入口,每哭辄恸绝。"出居东宫时间有误。

② (南宋)周应合《景定建康志》卷十《建康表六》梁:"中大通三年四月己巳太子统薨,太子自加元服,上即使省录朝政,百司奏事填委于前,太子辨析诈谬,秋毫必睹,但令改正不加案劾,平断法狱多所全宥,宽和容众,喜愠不形于色,好读书属文,引接才俊,赏爱无倦,出宫二十余年,每霖雨积雪遣左右周行闾巷,视贫者赈之,天性孝谨,在东宫虽燕居坐起常西向,或宿被召当入,危坐达旦。及寝疾恐贻帝忧,敕参问辄自力手书。"案此处只言"西向"。

③ 《南史》卷八十《贼臣·侯景传》:"侯景又登东宫墙射城内。至夜,简文募人出烧东宫台殿遂尽,所聚图籍数百厨,一皆灰烬。"

表 3-1 东宫方位示意图

朝代	都城名	皇宫数量	皇宫名	正殿名	储宫名	与皇宫位置关系
西汉	长安	多宫	未央宫	前殿	太子宫、北宫、桂宫	未央宫的北位
东汉	洛阳	多宫	北宫	德阳殿	东宫	北宫的东位
			南宫	崇德殿		
曹魏	邺城	一宫	邺宫	文昌殿	东宫	邺宫的东位
	洛阳	一宫	洛阳宫	太极殿	无	
西晋	洛阳	一宫	洛阳宫	太极殿	东宫	洛阳宫的东位
吴	建业	多宫	太初宫	神龙殿	又称南宫	太初宫的东南位
			昭明宫	赤乌殿		
东晋	建康	一宫	建康宫（显阳宫、台城）	太极殿	东宫	先在建康宫的西南位，后在其东南位
宋	建康	一宫（一度多宫）	建康宫	太极殿	东宫	先在建康宫的东南位，后在东位
齐 高帝	建康	一宫	建康宫	太极殿	世子宫（石头城）	建康宫的西南位
武帝以后	建康	一宫	建康宫	太极殿	东宫	建康宫的东位
梁	建康	一宫	建康宫	太极殿	东宫	建康宫的东位
陈	建康	一宫	建康宫	太极殿	东宫	建康宫的东位

3.2.3 东晋东宫主体建筑格局略考

3.2.3.1 东宫城墙及宫城门

东宫城门有四：西晋洛阳东宫承华门，正南门。见《文选·赠答二》录陆机《赠冯文罴迁斥丘令》：阊阖既辟，承华再建。谓惠帝也。晋宫阁名曰：洛阳城阊阖门。陆机《洛阳记》："太子宫在大宫东簿室门外,中有承华门。再建,谓立愍怀太子国储,以对阊阖,故谓之再也。”①又《文选·公讌》录陆士衡《皇太子讌玄圃宣猷堂有令赋诗》:“弛厥负檐,振缨承华。《洛阳记》曰:太子宫在大宫东,中有承华门。匪愿伊始,惟命之嘉。”案时太子即愍怀太子遹,字熙祖,惠帝即位,立为皇太子。”

西晋八王时期愍怀太子居东宫被废,东宫宿卫将士议立淮南王允为太弟,时有太子左率陈徽,在淮南王允与赵王伦交兵时“勒东宫兵鼓噪于内以应(允),允结陈于承华门前,弓弩齐发,射伦,飞矢雨下。”(《晋书·武十三王·淮南王允传》)此期东宫城门出现了特殊形制。见《晋书》卷五十九《赵王伦传》:“增相府兵为二万人,与宿卫同,又隐匿兵士,众过三万。起东宫三门四角华橹,断宫东西道为外徼。”赵王伦专权,愍怀太子所居东宫处于赵王伦的操控之下。“华橹”指望楼,作瞭望、警戒之用。此为西晋东宫城门特殊形制。赵王伦时为执政权相,控制二宫,故有加强东宫城防之举。

六朝建康东宫常制为四门。先看两则材料:周应合《景定建康志·城阙志一》“门阙”:“【古东宫门】案《宫苑记》南面正中曰承华门,直南出。路东有太傅府,次东左詹事府,又次东左率府。路西有少傅府,次西右詹事府,又次西右率府。东面正中曰安阳门,东直对东阳门,西对温德门,西面正中曰则天门,西直对台城东华门,东率更寺、西家令寺,次西太仆寺,更西有典客省。”②不

① 此处的阊阖门也应为皇宫的正南门之证,陆机文的意思是说东宫的承华门,制度上与阊阖门对等。见《昭明文选·赠答二》。

② (元)张铉《至大金陵新志·古迹志》文字同:“古东宫门案《宫苑记》:南面正中曰承华门,直南出。路东有太傅府,次东左詹事府,又次东左率府,路西有少傅府,次西右詹事府,又次西右率府,东西[面]正中曰安阳门,西对温德门,西西[面]正中曰则天门,西直对台城东华门,东率更寺、西家令寺,次西太仆寺,更西有典客省。”东宫官署设置在东宫城外的南面。

知此为何时何朝情况。查六朝史籍，当时东宫诸门中并无安阳门、温德门等。类似记载，又见更晚的清代顾祖禹《读史方舆纪要》卷二十引《建康记》："六朝宫门正南曰端门。梁时又置石阙于端门外，又有东宫城在台城东，其南门曰承华，东门曰安阳，西门曰则天，或曰奉化。宋元凶劭弑逆，呼左卫率袁淑停车奉化门，即西门也。"《建康记》应指许嵩的《六朝建康记》，此书已佚。后出材料明显接受前一材料中的东宫四门信息。

温德门考：《景定建康志·城阙志二》"古宫殿"："【惠轮殿】亦供养佛事，宋于台城立正福、清曜等殿，又台城温德门内有永正、温文、文思、寿安等殿，又陈永定中于台城起昭德、嘉德、寿安、乾明、有觉等殿，又台城温德门内起三善、长春、胜辩等殿，又有嘉禾、崇政、承香、柏梁、延昌、神仙、永寿、七贤、璇明、延务、龙光、至敬、璇玑、光昭、大政、柏香诸殿。自林光殿以下皆建康宫阙簿所载。"据此温德门应为台城东面城门，但前文已揭台城东门为东掖门，宋文帝时改名万春门（《宋书·文帝纪》）。此温德门何时设置，存疑。

南门——承华门

东晋建康东宫也有承华门。《世说新语笺疏·方正篇》："王大将军当下，时咸谓无缘尔。伯仁曰：'今主非尧、舜，何能无过？且人臣安得称兵以向朝廷？处仲狼抗刚愎，王平子何在？'《颢别传》曰：'王敦讨刘隗，时温太真为东宫庶子，在承华门外，与颢相见，曰：'大将军此举有在，义无有滥。'"伯仁指周颢，字伯仁。王大将军，即王敦，字处仲，王平子指王澄，字平子。王敦是王衍的族弟，王衍曾以其弟王澄为荆州刺史，王敦为青州刺史，为狡兔三窟之计。以后王敦又调任扬州刺史，永嘉初，东海王越叫司马睿移镇建业，其时中原板荡，朝廷已在为南退做准备。王敦是晋武帝女襄城公主之夫，性情残忍，先杀族兄王澄，始盘踞荆州。东晋之初，遂有王敦之乱。

承华门后因避讳改名,《南齐书·礼志上》:“其有人名地名犯太常府君及帝后讳者,皆改。宣帝讳同。二名不偏讳,所以改承明门为北掖,以榜有‘之’字与‘承’并。东宫承华门亦改为宣华云。”

西门——奉化门

奉化门,《宋书·五行志三》“羽虫之孽”记载:“晋孝武帝太元十六年正月,鹊巢太极东头鸱尾,又巢国子学堂西头。十八年,东宫始成,十九年正月,鹊又巢其西门。此殆与魏景初同占。学堂,风教所聚。西门,金行之祥也。”又,宋时台城的东门为万春门,东晋时称东掖门。门外跨路即太子东宫,东宫西门奉化门与之相对。宋文帝时太子劭发动宫廷政变时,劭由此门入云龙门等[①]。奉化门又别称则天门。

宫门管理主要由太子门大夫、太子卫率、太子中盾警戒担任。《后汉书·百官志四》太子少傅:“太子门大夫,六百石。本注曰:旧注云职比郎将。旧有左右户将,别主左右户直郎,建武以来省之。”汉卫宏撰《汉官六种·汉官旧仪》卷下:

> 门大夫比郎将。
>
> 卫率,秩比千石。丞一人,主门卫。
>
> 中盾,秩四百石,主周卫徼循。

清孙星衍辑《汉官六种·汉官一卷》:“太子门大夫,二人,选四府掾属。”《后汉书·舆服志下》:“安帝立皇太子,太子谒高祖庙、世祖庙,门大夫从,冠两梁进贤;洗马冠高山。罢庙,侍御史任方奏请非乘从时,皆冠一梁,不宜以为常服。事下有司,尚书陈忠奏:‘门大夫职如谏大夫,洗马职如谒者,故皆服其服,先帝之旧也。

---

① 《宋书·袁淑传》:“劭将出,已与萧斌同载,呼淑甚急,淑眠终不起。劭停车奉化门,催之相续。徐起至车后,劭使登车,又辞不上。劭因命左右:‘与手刃。’见杀于奉化门外,时年四十六。”

方言可寝。'奏可。谒者,古者一名洗马。"[1]太子门大夫、太子洗马皆随侍东宫。

《宋书·礼志五》:"诸门仆射、佐史、东宫门吏,皂零辟朝服。仆射、东宫门吏,却非冠。佐史,进贤冠。"《宋书》卷四十《百官志下》:"门大夫,二人。汉东京置,职如中郎将,分掌远近表笺。秩六百石。"太子门大夫职比郎将,除了守卫东宫门,还掌"远近表笺",即传达文书等职。

3.2.3.2 宫内主体建筑

正殿——崇正殿

西晋有崇正殿名,在东宫内。《九家旧晋书辑本》之臧荣绪《晋书·世祖武帝》:"泰始七年,皇太子冠。世祖以皇太子富于春秋,初命讲《孝经》于崇正殿。"

《晋书》卷五十五《潘岳传附从子尼传》:"元康初,拜太子舍人,上《释奠颂》。其辞曰:元康元年冬十二月,上以皇太子富于春秋,而人道之始莫先于孝悌,初命讲《孝经》于崇正殿。实应天纵生知之量,微言奥义,发自圣问,业终而体达。三年春闰月,将有事于上庠,释奠于先师,礼也。……"时晋惠帝为太子,讲《孝经》于东宫崇正殿。

南朝宋有东宫崇正殿,见《宋书·礼志二》:"宋文帝元嘉十七年七月壬子,元皇后崩。兼司徒给事中刘温持节监丧。神虎门设凶门柏历至西上阁,皇太子于东宫崇正殿及永福省并设庐。诸皇子未有府第者,于西廨设庐。"元皇后指文帝袁皇后,与太子

---

① 《后汉书·舆服志下》:进贤冠,古缁布冠也,文儒者之服也。前高七寸,后高三寸,长八寸。公侯三梁,中二千石以下至博士两梁,自博士以下至小史私学弟子,皆一梁。同卷记高山冠:"高山冠,一曰侧注。制如通天,[顶]不邪却,直竖,无山述展筒,中外官、谒者、仆射所服。太傅胡广说曰:'高山冠,盖齐王冠也。秦灭齐,以其君冠赐近臣谒者服之。'"说明这类宫臣地位甚高。

为母子关系，母后崩，故太子于东宫崇正殿设祭奠之庐所。太子在崇正殿设丧庐，也因崇正殿为东宫正殿之故[①]。

《宋书·前废帝纪》："前废帝讳子业，小字法师，孝武帝长子也。元嘉二十六年正月甲申生。世祖镇寻阳，子业留京邑。三十年，世祖入伐元凶，被囚侍中下省，将见害者数矣，卒得无恙。世祖践祚，立为皇太子。始未之东宫，中庶子、二率并入直永福省。大明二年，出东宫。四年讲《孝经》于崇正殿。"

齐建国号后又沿用宋东宫，齐也有崇正殿。《南齐书·文惠太子传》："初，太祖好《左氏春秋》，太子承旨讽诵，以为口实。既正位东储，善立名尚，礼接文士，畜养武人，皆亲近左右，布在省闼。永明三年，于崇正殿讲《孝经》，少傅王俭以摘句、令太[子]仆周颙撰为义疏。"[②]《南齐书·郁林王》："昭业，文惠太子长子也。先被封为南郡王，永明五年十一月，冠于东宫崇政殿。"[③]

崇正殿的功能与皇宫太极殿相类似，为皇太子政治活动的主要场所。其涉及活动因皇太子身份关系，增加了释奠讲经论学等内容。见下：

《通典·乐七》"东宫宴会奏金石轩悬及女乐等议"条："梁武帝天监六年，东宫新成，皇太子出宫后，于崇正殿宴会。兼殿中郎司马褧议谓：'既于崇正殿宴会，太子临座，其事重，宜依礼会奏金石轩悬之乐。'……"

《隋书·礼仪志四》：梁天监八年，皇太子释奠。周捨议，以为："释奠仍会，既惟大礼，请依东宫元会，太子著绛纱襮，乐用轩

① 《通典·凶礼二》总论丧期"文帝元嘉十七年七月，元皇后崩。兼司徒给事中刘温持节监丧。神武门设凶门柏历至西上阁，皇太子于东宫崇正殿及永福省并设庐。诸皇子未有府第者，于西廨设庐。"

② 又见《南史·齐武帝诸子·文惠太子传》："永明三年，于崇正殿讲《孝经》，少傅王俭令太子仆周颙撰为义疏。"

③ 《南史·齐本纪下·废帝郁林王纪》："永明五年十一月戊子，冠于东宫崇正殿。"

悬。预升殿坐者,皆服朱衣。”帝从之。又有司以为:“礼云:‘凡为人子者,升降不由阼阶。’案今学堂凡有三阶,愚谓客若降等,则从主人之阶。今先师在堂,义所尊敬,太子宜登阼阶,以明从师之义。若释奠事讫,宴会之时,无复先师之敬,太子升堂,则宜从西阶,以明不由阼义。”吏部郎徐勉议:“郑玄云:‘由命士以上,父子异宫。’宫室既异,无不由阼阶之礼。请释奠及宴会,太子升堂,并宜由东阶。若舆驾幸学,自然中陛。又检东宫元会仪注,太子升崇正殿,不欲东西阶。责东宫典仪,列云‘太子元会,升自西阶’,此则相承为谬。请自今东宫大公事,太子升崇正殿,并由阼阶。其预会宾客,依旧西阶。”①

以上可见,崇正殿是储君举行元会、元服加冠、讲经议学、举丧停柩等的重要场所,其地位相当于皇宫正殿太极殿。

崇正殿之东西厢

西晋东宫有西厢,见《晋书》卷二十八《五行志中》“草妖”记载的两条材料:“元康九年六月庚子,有桑生东宫西厢,日长尺余,甲辰枯死。……永康元年四月,立皇孙臧为皇太孙。五月甲子,就东宫,桑又生于西厢。”

同卷“(永康元年)五月,伦与太孙俱之东宫,太孙自西掖门出,车服侍从皆愍怀之旧也。到铜驼街,宫人哭,侍从者皆哽咽,

---

① 北朝北齐也有崇正殿,《隋书·礼仪志四》:“后齐册皇太子,则皇帝临轩,司徒为使,司空副之。太子服远游冠,入至位。使者入,奉册读讫,皇太子跪受册于使,以授中庶子。又受玺绶于尚书,以授庶子。稽首以出。就册,则使者持节至东宫,宫臣内外官定列。皇太子阶东,西面。若幼,则太师抱之,主衣二人奉空顶帻服从,以受册。明日,拜章表于东宫殿庭,中庶子、中舍人乘轺车,奉章诣朝堂谢。择日斋于崇正殿,服冕,乘石山安车谒庙。择日群臣上礼,又择日会。明日,三品以上笺贺。”案此崇正殿应为东宫正殿。同卷:“(后齐)皇太子冠,则太尉以制币告七庙,择日临轩。有司供帐于崇正殿。……”案北齐的太子元服也是在东宫正殿举行。

路人抆泪焉。桑复生于西厢,太孙废,乃枯。”案桑生于东宫西厢,按照神学解释即为“草妖”,预示政治上也有变故。

根据当时宫室建筑呈中轴对称原则,西厢既有,东厢也应存在。“厢”指同一个屋顶建筑内的侧间。东晋建康宫内的太极殿内“四厢”,见《晋书·乐志下》:“太元中,破苻坚,又获其乐工杨蜀等,闲习旧乐,于是四厢金石始备焉。”四厢即大殿的四个侧间角落。

《景定建康志·城阙志二》古宫殿:

> 【太极殿】建康宫内正殿也,晋初造以十二间象十二月,至梁武帝改制十三间,象闰焉,高八丈,长二十七丈,广十丈,内外并以锦石为砌,次东有太极东堂七间,次西有太极西堂七间,亦以锦石为砌,更有东西二上阁在堂殿之间,方庭阔六十亩。
>
> 【考证】山谦之《丹阳记》曰太极殿周制路寝也,秦汉曰前殿,今称太极东西堂,亦魏制,于周小寝也。按《史记》秦始皇改命宫为庙以拟太极,魏号正殿为太极盖采其义,晋成帝咸康中庾阐议改太为泰,谬矣。

徽光殿

宋有徽光殿:《宋书·后妃传》:“前废帝何皇后讳令婉,卢江灊人也。孝建三年,纳为皇太子妃,大明五年,薨于东宫徽光殿,时年十七。”

崇明殿

齐有崇明殿,见《南史·齐武帝诸子·文惠太子传》:“永明十一年春正月,太子有疾,上自临视,有忧色。疾笃,上表告辞,薨于东宫崇明殿,时年三十六。”

临云殿

梁有临云殿:《梁书》卷七《高祖丁贵嫔传》:“普通七年十一月庚辰薨,殡于东宫临云殿,年四十二。”

以上三殿或为东宫内殿,多为太子妃所居。

3.2.3.3 东宫园囿

东宫园囿本是储君养德、学习之处，储君幼年，多习玩于宫苑。孙吴时建业有太子西池，苑城凿西池。玄圃园，《宋书·符瑞志下》："西晋泰始七年六月己亥，东宫玄圃池芙蓉二花一蒂，皇太子以献。"同卷记宋文帝时"元嘉二十二年七月，东宫玄圃园池二莲同干，内监殿守舍人宫勇民以闻。"同卷记宋明帝"泰始六年六月壬子，嘉莲生东宫玄圃池，皇太子以闻。"见《南史·齐武帝诸子·文惠太子传》："明年，上将讯丹阳所领囚及南北二百里内狱，诏太子于玄圃园宣猷堂录三署囚，原宥各有差。上晚年好游宴，尚书曹事，亦分送太子省视。"玄圃园呈现皇家园林气象。《南齐书·文惠太子》："太子与竟陵王子良俱好释氏，立六疾馆以养穷民。风韵甚和，而性颇奢丽。宫内殿堂，皆雕饰精绮，过于上宫。开拓玄圃园，与台城北堑等。"可见，西晋、宋、齐东宫内皆有园囿，而且齐文惠太子通过开拓玄圃园，使东宫北面范围得到拓展，"与台城北堑等"，表明东宫平面趋于规整，其南北基线与皇宫保持在同一水平线上，东面临青溪，北面临潮沟，西面与皇宫东城墙隔墙相邻，为后世东宫成为皇宫东面的固定宫室打下了基础。东晋东宫内园林虽不见直接记载，推测也有类似园囿。

3.2.4 东宫官署机构建筑

前文已提及东宫官署机构，宫外机构，如东宫六傅府、卫率，府等，与东宫职官发展直接相关。东宫官因其位置分宫外官、宫内官两大类。东宫宫内机构有哪些？要弄清这个问题首先要明白东宫官制，依据官制推断宫内官署机构。东宫官制是皇权政治制度的重要内容，魏晋南北朝时的东宫官制文献保存甚丰富。首先是《礼记》、《周礼》、《尚书·周官》等典籍追溯职官之源，如东宫二傅，《汉书·百官公卿表》、《后汉书·百官志》叙两汉东宫官制，这是中国皇权时期东宫职官初步形成时期，规模粗具，为后世官制的发展奠定了基础。《晋书·职官志》(简称晋志)、《宋书·百官志》(简称宋志)、《南齐书·百官志》(简称南齐志)、《魏书·官氏志》(简称魏志)、《隋书·百官志》(简称隋志)等书记载了魏晋南北朝时期的东宫官制发展情况,但由于《三国志》、《梁书》、《陈书》、《北齐书》、《周书》[①]无职官志,使这五朝的东宫官制不存,只有通过后来之书补遗。除去隋志,首先是唐代成书的《通典·职官十二》东宫官、《唐六典》在叙唐代官制时追溯了魏晋南北朝时期的东宫官制。唐代以后宋元时期的类书如《通志》、《文献通考》以及《册府元龟·宫臣部》也对历代东宫官制进行了总结,由于其内容皆以唐代所修史书为基础,内容虽有增补,多大同小异,后史引用前史者居多,故本书一般采用较早成书之说,对说法有不同之处稍加辨析。清代考订颇详的两部书,如孙逢吉《职官分纪》、纪昀等《历代职官表》上册卷二十六《詹事府》、下册卷六十七《师保傅加衔》等也对历代东宫官制进行了记录。这些都是考察这一时期的重要文献。

3.2.4.1　魏晋以前的东宫职官简介

秦朝的东宫官制甚简,秦始皇帝权强重,中央官设立三公九卿,但由于其未立储君,与储君相应的东宫官制也没有纳入帝国职官序列。但就东宫官制而言,最高级别的职官如太子太傅、太子少傅却早在先秦时代已经设置,对于辅佐储君、幼主起着师长辅导的作用。儒家经典把东宫三傅追溯到周制。《大戴礼记·保傅》第四十八:"古之王者,太子乃生,固举之礼,使士负之。有司参夙兴端冕,见之南郊,见之天也。过阙则下,过庙则趋,孝子之道也。故自为赤子时,教固以行矣。昔者,周成王幼,在襁褓之中,召公为太保,周公为太傅,太公为太师。保,保其身体;傅,傅其德义;师,导之教顺,此三公之职也。于是为置三少,皆上大夫也。曰少保、少傅、少师,是与太子宴者也。"这是保傅的作用。

---

① 王仲荦《北周六典》对北周官制、东宫官制进行了整理性研究。

天子三傅的职责：

《大戴礼记·保傅》第四十八："天子不论先圣王之德，不知国君畜民之道，不见礼义之正，不察应事之礼，不博古之典传，不闲于威仪之数，诗书礼乐无经，学业不法，凡是其属，太师之任也。天子无恩于父母，不惠于庶民，无礼于大臣，不中于制狱，无经于百官，不哀于丧；不敬于祭，不信于诸侯，不诚于戎事，不诚于赏罚，不厚于德，不强于行，赐予侈于近臣，邻爱于疏远卑贱，不能惩忿窒欲，不从太师之言，凡是之属，太傅之任也。天子处位不端，受业不敬，言语不序，声音不中律，进退节度无礼，升降揖让无容，周旋俯仰视瞻无仪，安顾咳唾，趋行不得，色不比顺，隐琴瑟，凡此其属，太保之任也。"①

《尚书·周官》："立太师，太傅，太保，兹惟三公。论道经邦，燮理阴阳，官不必备，惟其人。少师，少傅，少保，曰三孤，贰公弘化，寅亮天地，弼予一人。"以上经典对太子师傅的作用、职责介绍得很清楚，当然需在儒家仁政语境中去理解它才更贴切。

师保傅主要承担太子的道德教育，用道德风范来影响和教育太子，以适应其将来作为天子，顺应臣民们心中的至高至尚之贤德君主的政治和心理需求。

太子师保傅请职中，太子二傅即太子太傅、太子少傅是东宫最高级别的常见职官，以后历代沿用。其他如太子二师、太子二保等则有废罢。

---

① 天子三少职责：《大戴礼记·保傅》第四十八："天子宴瞻其学，左右之习反其师，答远方诸侯，不知文雅之辞，应群臣左右，不知已诺之正，简闻小诵，不传不习，凡此其属，少师之任也。天子居处出入不以礼，冠带在服不以制，御器在侧不以度，纵上下杂采不以章，忿怒说喜不以义，赋与集让不以节，凡此其属，少傅之任也。天子宴私安如易，乐而湛，饮酒而醉，食肉而馂，饱而强，饥而惏，暑而暍，寒而嗽，寝而莫宥，坐而莫侍，行而莫先莫后。天子自为开门户，取玩好，自执器皿，亟顾环面，御器之不举不藏，凡此其属，少保之任也。"

太子太傅之名远可上溯到春秋时期，职责为辅导诸侯王国太子，西汉时称为太子太傅，秩二千石，仍以辅导太子为职，但不具体执掌太子官属和日常事务。

汉初高祖时，太傅位次太常后，汉高祖以博学儒士叔孙通为太子太傅、张良为少傅。可见东宫师傅的入选条件是通经、博学者。从汉初惠帝之太子地位的确立和巩固来看，太子太傅是有较大发言权的①。又在汉宣帝时疏广、疏受叔侄皆拜东宫师傅，也是以博通五经入选的，疏广“少好学，明《春秋》，家居教授，学者自远方至。征为博士太中大夫。地节三年，立皇太子，选丙吉为太傅，广为少傅。数月，吉迁御史大夫，广徙为太傅，广兄子受字公子，亦以贤良举为太子家令。受好礼恭谨，敏而有辞。宣帝幸太子宫，受迎谒应对，及置酒宴，奉觞上寿，辞礼闲雅，上甚欢说。顷之，拜受为少傅。”(《汉书·疏广传》)

对太子师傅人选的入选标准，疏广说得更明确，“太子国储副君，师友必于天下英俊。”只有这样才能广太子之德。从以上所引材料可见西汉的太子二傅主要是道德、学问教育类官员，东汉也与其相似，汉代以后太子二傅由权臣兼任，其职、事权始加重。

从疏广谏言中也说明了汉代东宫师保傅用人的标准。西晋时荀勖《荐三公保傅表》:“三公保傅宜得其人，若使杨珧参辅东宫，必当仰称圣意。”

清孙星衍叙录《汉官六种·汉官解诂》“御史”条:“太子太

---

① 《汉书·叔孙通传》:“(高帝)十二年，高帝欲以赵王如意易太子，叔孙通谏曰:‘昔者晋献公以骊姬故，废太子，立奚齐，晋国乱者数十年，为天下笑，秦以不早定扶苏，胡亥诈立，自使灭祀，此陛下所亲见。今太子仁孝，天下皆闻之。吕后与陛下攻苦食啖，其可背哉。陛下必欲废适而立少，臣愿先伏诛，以颈血污地。’高帝曰:‘公罢矣，吾特戏耳。’通曰:‘太子天下本，本一摇天下震动，奈何以天下戏。’高帝曰:‘吾听公。’及上置酒，见留侯所招客从太子入见，上遂无易太子志矣。”

傅，日就月将，琢磨玉质。言太子有玉之质，琢磨以道也。位次太师。少傅琢磨玉质，永承无疆。言太子者，圭玉也。”视太子为璞玉，二傅为琢磨玉质之师，这种譬喻更形象。

二傅的政治地位，见汉魏故事：“太子于二傅执弟子礼，少傅称臣，太傅不臣。”

《三国志·何夔传》：“二傅同尚书东曹，并选太子诸侯官属。”（《三国志·魏书·何夔传》）太傅为太子师，其地位最尊。

太子少傅，秩二千石，具体职掌为辅导太子、并管理太子官属。西汉时太子少傅员额不定，到东汉时太子少傅下所属职官增加，有太子率更令、太子庶子、太子舍人、太子家令、太子仓令、太子食官令、太子仆、太子厩长、太子门大夫、太子中庶子、太子洗马、太子中盾、太子卫率等十五个（《汉书·百官志四》）。这十五个官职的共同特征是皆为秦官，初为詹事官的属官，到汉代成为太子少傅之属官，其职官名称、职掌在两汉基本稳定，无大的变化（见附表 1）。

表 3-1　东汉东宫职官表

东宫官名	员额	品秩	职能
太子太傅	一人	中二千石	职掌辅导太子，礼如师，不领官属
太子少傅	一人	二千石	亦以辅导太子为职，悉主太子官属
太子詹事（家府）	一人	比二千石	主太子官属
太子率更令	一人	千石	主庶子、舍人更直，职似光禄
太子家令	一人	千石	主仓谷饮食，职似司农、少府
太子仆	一人	千石	主车马，职如太仆

续 表

东宫官名	员额	品秩	职能
太子仓令	一人	六百石	主仓谷
太子食官令	一人	六百石	主饮食
太子中庶子	员五人	六百石	职如侍中
太子门大夫	二人	六百石	旧注云职比郎将。旧有左右户将，别主左右户直郎，建武以来省之
太子洗马	员十六人	比六百石	职如谒者。太子出，则当职者在前导威仪
太子家狱	不详		
太子庶子		四百石	如三署中郎
太子厩长	一人	四百石	主车马
太子中盾	一人	四百石	主周卫徼循
太子卫率	一人	四百石	主门卫
太子舍人	无(定)员	二百石	更直宿卫，如三署中郎

说明：据汉应劭撰《汉官六种・汉官仪》、卫宏撰《汉官六种・汉官旧仪》卷下、范晔《后汉书・百官志》东宫官。

以上职官除了太子太傅，其余皆属太子少傅，说明太子二傅职责、分工各有不同，太傅职能比较单一，为有崇高德望的道德示范官员，更多情况下是作为储君师的象征人物。而少傅负责东宫具体庶务，是东宫的实际最高政务长官。当然，从《后汉书》又可知东汉的东宫职官比较简单，后世大量出现的职官名这时候大多数都还没有，与隋唐的东宫官制相比，此时十分简略。而西汉已有的太子詹事一职在东汉、曹魏时期也一度被罢废了。而后世出现的数量众多的东宫武职在此时也还没有，故此时的东宫建制还不能与后世相提并论。

这说明东汉东宫职官不可能超出时代所能提供的限度，当时中国官僚制正在形成中，职官正处于探索时期，因此各项制度从总体上看比较简单，储君制度也是如此；但此时的储君问题较复杂,统治者思考应对的能力有限,故解决问题的方式还比较单一,反映在东宫官职上则不免粗略。尤其是如何通过强化东宫官制的制度建设来保护太子的权力和地位就更显不足。袁宏《后汉纪》之《后汉孝和皇帝纪》下卷十四:

> 十二月辛未,帝崩于嘉德殿。
>
> 初,数失皇子,养于民间,群臣无知者,莫不惶惧。邓后乃收皇(太)子于民间。皇子胜长,有疾;皇子隆生百余日,后养之。太后乃引兄等定策禁中,立隆为皇太子。是日,即皇帝位,太后摄朝。赐天下男子爵各有差;鳏寡孤独笃癃不能自存者粟,人三斛。封皇子胜为平原王。诏曰:"昔唐虞之盛,犹待四辅;周文之宁,实在多士。汉兴,旧制咸宜保傅,并建左右,以参听断。太尉禹三世在位,黄发罔愆;司徒防竭力致身,先帝嘉之。其以禹为太傅,防为太尉,参录尚书事,百官总己以听(政)。"

在东汉奇特的皇帝子嗣凋零现象中,帝室对储君保傅的期待就显得尤为迫切。

两汉东宫官制的发展与天朝官制同步,是随着天朝官的增加而增加。总体言之,两汉东宫官制比较简略,但对后代的东宫制度起奠基之功,因此有对这一时期的东宫官职简述之必要。

3.2.4.2 魏晋时期情况①

曹魏国祚短暂,东宫制度只魏文帝为太子时比较齐全,明帝、三少帝时皆缺,但也并非没有②。因此,曹魏在此制度上也做得不够,此制直到西晋时才得到恢复与稳定发展。而对后代

---

① 魏晋南朝东宫官制沿革笔者将其分为三个阶段,第一阶段:魏晋时期;第二阶段:南朝前期,即宋、齐时期;第三阶段:南朝后期,即梁、陈时期。这种分法借鉴了陈寅恪先生《隋唐制度渊源略论稿》中"官职"对此期职官沿革的认识。(陈寅恪《隋唐制度渊源略论稿》,北京:中华书局,1982。)

② 如高贵乡公时有太子舍人成济于阵前弑君。见《三国志·魏书·高贵乡公曹髦》。

影响较大的是西晋的官制，笔者以《宋书·百官志下》所载为例专门探讨之。

晋武帝重东宫之选。如太子太傅、少傅于泰始三年恢复，到咸宁元年，东宫始设太子詹事，分担了二傅的职责，詹事下的设置与东汉的大体相同。

西晋詹事以下的正式职官与汉官的职能变化："家令，一人，丞一人，晋世置。汉世太子食汤沐邑十县，家令主之，又主刑狱饮食，职比廷尉、司农、少府，汉东京主食官令。食官令，晋世自为官，不复属家令。"①

率更令，一人。主宫殿门户及赏罚事，职如光禄勋、卫尉。汉东京掌庶子、舍人，晋世则不也。自汉至晋，家令在率更下。宋则居上。

中舍人，晋初置，职如黄门侍郎。

庶子四人，职比散骑常侍、中书监令，晋制也。汉西京员五人，汉东京无员，职如三署中郎。古者诸侯世子有庶子之官，秦因其名也，秩四百石。

舍人，十六人。职如散骑、中书侍郎，晋制也。二汉无员，掌宿卫，如三署中郎②。

在武官方面，名称、建制则有所增加，这是西晋明显特点之一。《晋志》："左右卫率，案武帝建东宫，置卫率，初曰中卫率。泰始五年，分为左右，各领一军。惠帝时，愍怀太子在东宫，又加前后二率。及江左，省前后二率，孝武太元中又置。"晋武帝知其太子衷愚笨，故欲加强太子的兵卫，来保证太子的地位和威势。因此，把东宫卫率从一个卫率建制分裂为左、右卫率。到惠帝

---

① 《宋书·百官志下》。汉卫宏撰《汉官六种·汉官旧仪卷下》："皇后、太子各食四十县，曰汤沐邑。"按：《艺文类聚》引此文作"三十县"。《汉书·平帝纪》："太皇太后省所食汤沐邑十县，属大司农，常别计其租入，以赡贫民。"

② 《宋书·百官志下》。案：《宋书》误，曹魏有。

时，忠于王室的大臣们为了确保愍怀太子的储君地位，又增前、后二卫率，使东宫建制增到了四个卫率。这是汉魏以来东宫建制最多、兵力最盛的时期之一①。

太子前卫率一职在这期间，史籍不见记载，只是到了东晋孝武帝时方有儒者徐邈以中书侍郎兼任此职，“时皇太子尚幼，帝甚钟心，文武之选皆一时之后。以邈为前卫率，领本郡大中正，授太子经。帝谓邈曰：‘虽未敕以师礼相待，然不以博士相遇也。’古之帝王，受经必敬，自魏晋以来，多使微人教授，号为博士，不复尊以为师，故帝有云。”此职由授太子经的儒者兼领，其兵权究竟有多大，不得而知（《晋书·儒林·徐邈传》）。

太子后卫率，也不见有任此职者的记载，只知道由裴頠提议增置，其后无闻。时裴頠以贾后姻亲在朝居官为侍中，身居高官，但政治上仍支持王权，反对贾后干政。故其对愍怀太子的地位不无忧虑，“裴頠以贾后不悦太子，抗表请增崇太子所生谢淑妃位号，仍启增置后卫率吏，给三千兵，于是东宫宿卫万人。迁尚书，侍中如故，加光禄大夫”（《晋书·裴頠传》）。太子宿卫兵力达到万人，对庞大的兵员的管理刺激东宫官署机构的膨胀。

3.2.4.3 东晋南朝东宫官制

东晋官制沿袭西晋，有罢废无增。南朝的东宫官制则在此基础上进行了调整和发展。刘宋之制于魏晋原有的职官没有太大的变化，对此宋志记载较详。但此期有所增加，新增职官主要在武官方面，如东宫三校，即屯骑、步兵、翊军校尉，“三校尉各七人，并宋初置。屯骑、步兵，因台校尉。翊军，晋武帝太康初置，始为台校尉，而以唐彬居之，江左省。太子冗从仆射，七人，宋初置。太子旅贲中郎将，十人，职如虎贲中郎将，宋初置。”需要说明的是屯骑、步兵校尉是西汉时就有的台官，见清孙星衍辑《汉官六种·汉官一卷》：

---

① 惠帝为太子时，东宫兵力不详；愍怀太子时，据《晋书·裴頠传》，东宫兵力达到万人。

屯骑校尉员吏百二十八人，领士七百人。

步兵校尉员吏七十三人，领士七百人。

可见，西汉最早设置校尉官，此后东汉、曹魏皆有此二官。东宫同名职官自刘宋始置，此后萧齐、北朝皆有实例。

太子左积弩将军，十人。太子右积弩将军，二人。汉东京积弩将军，杂号也，无左右之积弩。魏世至晋江左，左右积弩为台职，领营兵。宋世度东宫，无复营矣。

东宫又有殿中将军，十人。殿中员外将军，二十人。皆宋初置①。

关于“台”、“台职”等名称，史书中有时又称“宋台”、“台兵”，现对这些概念略加说明：“台”，本书专指皇帝禁台，“台兵”则指皇帝身边的中央禁卫系统，皇帝禁卫官兵的简称。南朝刘宋始有此称谓②。“宋台”为《宋书》中常见名词，即是刘宋禁卫军的别名。见《宋书·谢瞻传》：谢瞻，卫将军谢晦之兄，“弟晦时为宋台右卫，权遇已重，于彭城还都迎家，宾客辐辏，门巷填咽。时瞻在家，惊骇谓晦曰：‘汝名位未多，而人归趣乃尔。吾家以素退为业，不愿干豫时事，交游不过亲朋，而汝遂势倾朝野，此岂门户之

---

① 东宫仿效皇帝天台宫的武官之职设置，《宋书·百官志下》：“晋武帝时，殿内宿卫，号曰三部司马，置此二官，分隶左右二卫。江右初，员十人。朝会宴飨，则将军戎服，直侍左右，夜开城诸门，则执白虎幡监之。晋孝武太元中，改选，以门阀居之。宋高祖永初初，增为二十人。其后过员者，谓之殿中员外将军、员外司马督。其后并无复员。”

② 或称台府、台官，有时泛指中央政府及其分属机构，如西晋八王时期，“齐王冏既诛赵王伦，因留辅政，坐拜百官，符敕台府，淫蕾专骄，不一朝觐，此狂悠不肃之咎也。天下莫不高其功而虑其亡也，冏终弗改，遂致夷灭。”（《晋书·五行志上》）又见《宋书·武帝纪下》：“永初元年，武帝即位，秋七月丁亥，原放劫贼余口没在台府者，诸流徙家并听还本土。……台府所须，皆别遣主帅与民和市，即时裨直，不复责租民求办。”《南齐书·齐高帝纪》：“建元元年高帝即位，秋七月丁亥，原放劫贼余口没在台府者，诸流徙家并听还本土。又运舟材及运船，不复下诸郡输出，悉委都水别量。台府所须，皆别遣主帅与民和市，即时裨直，不复责租民求办。”

福邪。'乃篱隔门庭，曰：'吾不忍见此。'及还彭城，言于高祖曰：'臣本素士，父、祖位不过二千石。弟年始三十，志用凡近，荣冠台府，位任显密，福过灾生，其应无远。特乞降黜，以保衰门。'前后屡陈。"本处即取此意。又见《宋书·武帝纪》：永初三年五月，武帝临崩前手诏曰："朝廷不须复有别府，宰相带扬州，可置甲士千人。若大臣中任要，宜有爪牙以备不祥人者，可以台见队给之。有征讨，悉配以台见军队，行还复旧。后世若有幼主，朝事一委宰相，母后不烦临朝。仗既不许入台殿门，要重人可详给班剑。"在宋武帝临终遗诏中透露的多条信息中，"宋台"即皇帝控制的中央禁卫兵，可由皇帝调拨、差遣，这也是刘宋初皇权恢复的明证。东宫武官在此期的变化较曲折，如南齐郁林王之废事件中，鄱阳王锵、东昏侯鸾二王都有兵权，铿为领军将军，鸾握有禁军兵权，但铿仍以兵不如鸾而作罢。《南齐书·高帝十二王·鄱阳王锵传》："制局监谢粲说锵及随王子隆曰：'殿下但乘油壁车入宫，出天子置朝堂，二王夹辅号令，粲等闭城门上仗，谁敢不同？东城人政共缚送萧令耳。'子隆欲定计，锵以上台兵力既悉度东府，且虑事难捷，意甚犹豫。"此"上台兵力"也应是台兵的一部分。

但以上武官的官品品秩，《宋书》缺载，下面试先对东宫三校尉的品秩进行推测，然后运用类似方法对其他武官的品秩进行类推。笔者以为有两种可能：

第一种它为五品官，理由如下：(1) 东宫三校尉多由台官名称、职掌变化而来，而台职五校尉，《宋书》记为四品，按照皇帝与太子身份的差异，若是同一种职官名，则东宫官一般应比台官低一个品秩[①]，因此，太子三校尉可能为五品。(2) 又根据《宋书》

① 北齐的东宫三校尉为正五品下，查《隋书·百官志中》可知，与之同时的台府校尉如步兵、越骑、射声、屯骑、长水校尉，皆为从第四品，以及将军系统的朱衣直阁、直阁将军，也为从第四品。而相应的太子旅骑、屯卫、典军校尉，则为正五品下。按照北齐的情况看，台府官比东宫官高一品秩是成立的，故刘宋的三校尉初设之时可为五品。

提供的另一种推断方法："凡新置不见此诸条者，随秩位所视，盖［晋］［江］右所定也。"①西晋东宫最高武官太子左右卫率的官品为五品，则太子三校尉最高品秩只可能是五品。

第二种，三校尉官也可能为六品。

按照《宋书》所记，东宫最高武官太子左右卫率的官品为五品、"秩旧四百石"，一般情况下新增的武职应该比这一品秩低，则可能是六品。又由于新增的武官不止一个，而东宫三校排序在其他武官之前，按照史书由高到低之书写惯例，书写在先者应该比书写在后者品秩稍高，则应排除最高五品和最低其为七品的可能（刘宋东宫职官最低品秩是七品）。

另外，根据《梁书·百官志上》记："五校，东宫三校，为七班。"即梁代东宫三校与台府五校班秩一样，皆为七班，若按九品制度换算，比五品略高。因此，从这一点来看，东宫三校的品秩处于变化之中，其或为五品、或为六品都有可能。

宋东宫新增武官吸收了汉晋台府武官的名称、职掌与建制。反映了东宫职官受帝宫制度的影响与制约，东宫储君的权力首先受制于皇帝这一普通事实。它的扩大是随着皇帝的权力与服务于皇帝的机构的扩大而扩大。

萧齐制官甚简。据《南齐书·百官志》所载东宫职官非常简单，与宋没有什么变化。

3.2.5 东宫官制发展趋势及特征对东宫官署建筑的影响

通过以上勾勒，现对魏晋及南朝东宫官制变化特征总结之。

第一，由于魏晋南朝职官制度的延续性较强，承接两汉之制，其间虽经周边民族入主中原、汉民族文化重心南移等历史变迁，但汉族政治制度终得以完整、持续的保存。西晋对汉魏制度进行了恢复性的重建，并有所增加，从而奠定了东晋南朝东宫官制的基本框架。南朝前期在总体上与魏晋的变化不大，在保持

① 《宋书·百官志下》品秩表后附言。

稳定数量的基础上，武官的数量增加了一些。刘宋的武官制度变化较大，萧齐则由于政权短暂，本身变化不大。南朝后期，梁代的官制改革使这一系列的制度又具有新特点，但陈并未继承梁的成果，而是又回复到了南朝前期。

第二，从数量上看，魏晋南朝职官系列的正式职官总量变化不大，据统计，曹魏20个，西晋20个、东晋21个，宋22个、梁23个，陈23个①。东宫职官增置的主要表现：(一)文武官都有增加，但文官数不如武官数增加得多，主要是属吏增加、官署机构扩大。如太子二傅属官五官、功曹、主簿自西晋时设置，南朝沿置，西晋、宋时太子二傅为七品，梁太子二傅班秩分别为十六班、十五班，属官皆为三班；陈太子二傅班秩升为二品，其属官则降为八品。这也是其具体事务增多之反映。其职能的变化则是分工越来越细，事务增多。(二)东宫禁卫武官职能强化，在刘宋时表现得尤其明显。相对而言，此期罢省的官职数较少。如太子侍讲，六品；东宫摘句郎，八品；太子掌故，九品。这三职原只在曹魏时有，此后至唐皆罢。另有时罢时废的职官。如太子食官令、中盾、典仓令，本为汉官，魏晋南朝时皆罢。又如太子仆，魏晋时有，宋废，“宋元嘉二十九年秋七月丁酉，省大司农、太子仆、廷尉监官”(《宋书·文帝纪》)。太子常从虎贲督、司马督在魏晋时有，此后南朝无。

但总的来看，增置的数量大于罢废的数量，这是与古代官制发展的总趋势相适应的，也是古代官僚政治制度发展的必然趋势，其原因在于东宫官制的发展主要是受中央官制的影响，此期中央官制数量增加，职能更细，故而引起东宫官制的相应变化。东宫职官数量的大量增加对东宫官署建筑的影响明显。

---

① 笔者《南北朝储君制度浅析》北京师范大学博士学位论文，2001。

表 3-2　西晋东宫官制表

官名		品秩	员额	职掌与下属机构	官署
太子六傅①	太子太傅	三品	1	以辅导太子为职，悉主太子官属	宫外置署
	太子太师	三品	1		
	太子太保	三品	1		
	太子少傅	三品	1		
	太子少师	三品	1		
	太子少保	三品	1		
太子詹事	太子詹事	三品	1	掌统东宫三寺、率府总事	宫外置署
	中庶子	五品	4	职如侍中，掌侍从、献纳、启奏	宫内置署
	庶子	五品	4	职比散骑常侍、中书监令	宫内置署
	中舍人	五品	4	咸宁四年置，以舍人才学美者为之，与中庶子共掌文翰，职如黄门侍郎，在中庶子下，洗马上	宫内置署
	率更令	五品	1	主宫殿门户及赏罚事，职如光禄勋、卫尉（后者掌宗族次序、礼乐、刑罚及漏刻之政）	宫内置署
	仆	五品	1	主车马、亲族，职如太仆、宗正（后者掌车舆、乘骑、仪仗、丧葬，辖厩牧署）	宫外置署
	舍人	七品	16	掌行令书、表启。职比散骑、中书等侍郎（后者掌）	宫内置署
	洗马	七品	8	掌图籍。释奠讲经则掌其事，出则直者前驱，导威仪。职如谒者秘书（后者掌）	宫内置署
	食官令	七品	1	掌膳食。职如太官令。（后者掌）	宫内置署
	家令	五品	1	主刑狱、穀货、饮食，职比司农、少府。（后者掌饮膳、仓储。总食官、典仓、司藏三署）	宫外置署
卫率	左右卫率②	五品	2	东宫宿卫（后者掌）	宫外置署

说明：此表据《晋书·职官志》整理而成。注：① 太子六傅人选不必全备，西晋愍怀太子时六傅齐备。② 左右卫率，案《晋书·职官志》："武帝建东宫，置卫率，初曰中卫率。泰始五年，分为左右，各领一军。惠帝时，愍怀太子在东宫，又加前后二率。及江左，省前后二率，孝武太元中又置。"

小结

上面主要对皇宫与东宫的位置关系、东宫建筑空间格局两方面进行考察。

东宫作为储宫建筑概念最迟是在东汉时形成的，储宫位置最终固定在皇宫之东是政治性建筑与君主制度密切结合的产物。东宫的方位最终固定于皇宫之东源于维护君臣之间的等级制度和儒家礼制精神的需要，也是阴阳五行学说在此期兴盛的又一实证。

通过皇宫与东宫的位置关系考察可得出如下两点：1. 从东宫、中宫、西宫[①]的三分制度，体现了东西向延伸的横向式宫城布局思想也在发展。如果说三朝五门制度是官城纵向展开的理论依据的话，东中西三宫制度则是宫城横向展开的依据。思想可以宏阔，制度可以繁缛，但在真实的物质空间，其扩展受着场地空间本身的制约，或平面展开、或立体升高、或开发地下空间等，都需依托物质空间。借此也可了解中国古代社会的都城形态发展与规划思想，因为东宫是宫殿建筑群这一母体中的一个子要素，它的方位观的出现与定位从侧面也反映了政治性宫殿建筑的整体构想和演变规律。在主体居中、两翼为辅并列式的空间组合关系中东宫、中宫、西宫的三分制度，体现了东西向延伸的横向式宫城空间布局思想。它按照皇帝家族中身份最重的三者的身份划分出三个横向空间，使宫殿在横向空间上的扩展具备了充分的理论依据，并赋予它丰富的政治文化内涵。2. 从宫殿扩展模式上看，这种在横向上多路并列扩展的观念先于纵向上的扩展，后者如三朝五门

① 西晋皇后宫称"西宫"，见《晋书·和峤传》："太康末，为尚书，以母忧去职。及惠帝即位，拜太子少傅，加散骑常侍、光禄大夫。太子朝西宫，峤从入。贾后使帝问峤曰：'卿昔谓我不了家事，今日定云何？'峤曰：'臣昔事先帝，曾有斯言。言之不效，国之福也。臣敢逃其罪乎！'"

制的形成在事实上也更晚。从而使庞大的宫殿区在纵向、横向上都依托于特定的民族文化精神,通过严密的秩序规范,体现其古代王朝政权的权威精神和人伦序列。

南驿开途，阳路修远。宜移郊正午，以定天位。

——《宋书·礼志一》

4　都城郊祀礼仪与礼制建筑

4.1　都城礼仪

4.1.1　东晋的礼仪制度内容与特点

礼仪具有多功能：如政治、宗教、娱乐、审美、伦理教化等。宗庙、二郊是王朝正统、合法性的标志之一。中国古代长期以来形成的社会态势是政治与文化的关系处于互相干预的关系：建立二郊可以引导和左右社会舆论和人情心理。需要注意的是立国江南的政权在初期多不立郊庙，如孙吴初不立宗庙、二郊。东晋初也未立北郊。

宗庙礼、郊礼二者地位不同。前者属于皇家礼仪，后者是王朝礼仪，国家的象征，郊礼中又以南郊祭天礼最重要。

对祭祀活动的专门记载始于汉代《史记·封禅书》，但《封禅书》仅以汉武帝封禅泰山，候神求仙为主，顺便记载历代类似性质的活动。其开篇辞曰：

"自古受命帝王，曷尝不封禅？盖有无其应而有用事矣，未有睹符瑞见而不臻乎泰山者也。虽受命而功不至，至梁父矣而德不洽，洽矣而日有不暇给，是以即事用希。《传》曰：'三年不为礼，礼必废；三年不为乐，乐必坏。'每世之隆，则封禅答焉，及衰而息。厥旷远者千有余载，近者数百载，故其仪阙然堙灭，其详不可得而记闻云。”

这里除了封禅之外并没有出现“郊祀”这样的字眼，反映了在司马迁的著述年代，还没有产生为后世所知晓的丰富的王朝祭礼特定概念，或说它还没有成型。到了《汉书》情况大变，其《郊祀志》虽然大部分沿袭了《史记·封禅书》的内容，但以“郊祀”作为该部分典志的名称，本身就反映了东汉王朝祭礼已经成型这样一个事实。其开头曰：“洪范八政，三曰祀。祀者，所以昭孝、事祖、通神明也。旁及四夷，莫不修之，下至禽兽，豺獭有祭，是以圣王为之典礼……”

这反映了汉代儒家思想定型之后，祭祀在这一正统的政教领域中开始有了一席合法的位置。以后《后汉书》称这部分内容名为《祭祀》，《三国志》缺表和志，其后的正史则无不有这部分记载，只是一般不再分门别类，而是并入“礼”或“礼仪”之中。到典志专著《通典》那里，所有礼仪制度按照《周礼》所言“吉、凶、军、宾、嘉”五礼分类，祭祀天地神祇之礼被归入“吉礼”。这一体例的变化提醒我们自周代古礼湮废之后，经历两汉到魏晋南北朝，对礼仪的认识是一个逐渐丰富、整合成型的漫长过程。

关于东晋礼仪的历史地位，唐人段成式《酉阳杂俎》有论：“今阁门有宫人垂帛引百僚。或云自则天，或言因后魏。据《开元礼疏》曰：‘晋康献褚后临朝部坐，则宫人传百僚拜。有虏中使者见之，归国遂行此礼。’时礼乐尽在江南，北方举动法之。周隋相公，国家承之不改。”[①]按“晋康献褚后”即指东晋康帝褚皇后在康帝崩后临朝听政，正是东晋中期的故事。因此，“礼乐尽在江南，北方举动法之”正可印证东晋礼仪的历史地位与高度评价；而都城礼仪是国家礼仪的集中代表和体现。下面略加考察之。

东晋礼仪内容较之西晋相对简略，但又有新的变化。同时，礼仪空间的位置与城市的整体规划思想相关，礼仪路线常常与

---

① （唐）段成式《酉阳杂俎》卷三，支诺皋下。

城市的主要交通路线结合。通过对礼仪建筑与路线的考察，有助于我们形成完整的城市空间观念。

4.1.2　郊坛的起源

首先，郊坛是构成古代都城三大功能性主体建筑之一，也是都城的具象。以宫殿为中心，宫前区是左祖右社，都城外则是郊坛环绕，形成对都城的围护。空间上的直观感受是，以宫城为核心，郊坛为散点，形成向心围合，众星拱月的形式，是"天人合一"哲学观在都城空间上的直观反映。

郊坛与郊礼对应，其形制决定于郊礼的内容与作用。中国古代国家级礼仪渊源于原始宗教，后改造为国家级祭礼，略相当于礼仪文献所说的"吉礼"范畴。中国古代每个王朝都有一整套国家级礼仪。如《周礼》将礼仪分为吉、凶、军、宾、嘉五礼，它不仅包括了对各种神灵的祭祀，而且包括逐渐完善的敬天、勤农、养老、礼贤、尊祖等各种仪式，它还深入规范了各个社会阶层的社会生活与等级秩序。郊礼在吉礼的范畴下行使。

古人如何表达这一思想？《礼记·中庸》说："郊社之礼，所以事上帝也，宗庙之礼，所以祀乎其先也，明乎郊社之礼，禘尝之义，治国其如示诸掌乎！"东晋大臣议郊礼在郊野之地。《晋书》卷八五《江逌传》：

> 哀帝以天文失度，欲依《尚书》洪祀之制，于太极前殿亲执虔肃，冀以免咎，使太常集博士草其制。（江）逌上疏谏曰："臣寻《史》、《汉》旧事，《艺文志》刘向《五行传》，洪祀出于其中。然自前代以来，莫有用者。又其文惟说为祀，而不载仪注。此盖久远不行之事，非常人所参校。案《汉仪》，天子所亲之祠，惟宗庙而已。祭天于云阳，祭地于汾阴，在于别宫遥拜，不诣坛所。其余群祀之所，必在幽静，是以圆丘方泽列于郊野。今若于承明之庭，正殿之前，设群神之坐，行躬亲之礼，准之旧典，有乖常式。"

齐高帝"建元元年夏四月甲午，上即皇帝位于南郊，设坛柴燎告天。礼毕，大驾还宫，临太极前殿。"（《南齐书·高帝纪》下）

《周礼·考工记》中的学说对后代建都立国的影响较大，但是《考工记》是讲王城制度的书，若是按照后代城市发展的规模看，王城只是内城，只相当于宫城范围的小城，还没有涉及对城、郊的规划和规定。因此成书于汉代的《周礼·考工记》中既无三朝思想，也无城郊规划思想。而且西汉对郊区的规划，主要是为了适应礼仪制度的需要而建立起来的，满足帝国在礼仪、祭祀观念上的需要。

4.1.2.1 汉代郊礼与南北郊坛制的定型

汉代郊礼观念发展，郊坛分布在都城的四个不同的方位，作为都城特殊的礼制建筑和礼仪活动场所而存在。汉代以后遂成为各朝建都立国必备的实体性建筑物之一，成为都城的特有物质载体和皇权象征。五郊中的四郊位置被定于都城东西南北的四个方向，这一设置方法反映了中国古代早期的都城空间形态及规模控制理念。从城、郊空间关系可探讨中国古代的都城规模控制理念。

西汉初期全盘继承了秦朝国家祭祀的格局。直到西汉武帝时期，各种数术、方技充斥民间和诸侯、帝王的宫廷，因战国时数术、方技和神仙家说的兴盛而增加的许多杂神也乘机进入了国家祭祀的范围，国家祭祀呈现出异常繁杂的状况。与汉武帝时代儒家大一统思想的兴起相关联，祭祀礼在政教领域中开始有了一席合法的位置。

西汉郊坛制的具体确立过程简述如下。西汉长安城的总体布局为：由横门至西安门的南北大道为其中轴线，作为宫城的未央宫位居这条中轴线上。中轴线贯穿未央宫的北宫门和南宫门。出北宫门连接横门大街，其东为“北阙甲第”和北宫，西为桂宫，再北的东市和西市分列横门大街的东西两侧。出南宫门至西安门，西安门外宗庙在其左，社稷居其右[①]。

西汉对郊区的规划，主要是为了适应礼仪制度的需要而建立起来的，满足大帝国在礼仪、祭祀活动上的需要。

西汉初高祖以叔孙通定礼，“大抵皆袭秦故，自天子称佐僚及宫室官名，少所变改”。秦祭祀四帝的做法被汉代因袭并发展完善为五郊、五帝祭祀礼。

至文、景时国家无为而治，节省民力，大型工程建设不多。

文帝时于长门立五帝祠。“文帝出长门，若见五人于道北，遂因其直立五帝坛，祠以五牢。”长门即长门亭，在城东南。见《汉书》卷六十五《东方朔传》如淳注曰：“窦太主园在长门，长门在长安城东南。”此五帝祠是五帝合祭一祠，无方位分别，且祠所在城东南。

汉武帝大兴宫室馆阁，汉城营建思想与布局模式发生了重大变化。考古发现所见的长安城中的诸多建筑大多是在武帝时期完成的。一是都城的规模突破了汉初旧城墙的限制，西苑区建章宫的修建使城市重心西移，以西安门、未央宫前殿、北阙、横门大街、横桥组成的中轴线趋于定型。城市设计思想在“象天”思想上也得到了进一步发展，神仙方术思想在城市规划中得到充分的体现。建章宫的神明台、太液池、凤阙及阊阖门、未央宫的柏梁台、上林苑的飞廉馆和桂宫等都是神仙思想的体现。武帝关心的是便于施展其政治权力的宫殿类建筑，对郊坛的重视还不够。现仅知立太一祠于长安东南郊，后又立后土祠于汾阴，按汾阴即汉汾阴县，在今天山西万荣县西南部。

汉元帝时期形势有所改观，“元帝好儒，贡禹、韦玄成、匡衡等相继为公卿。”（《汉书·郊祀志下》）贡禹、韦玄成、匡衡为当朝儒士，参与厘定国家礼仪的活动。成帝时期继承并发展

① 刘庆柱《汉长安城的考古发现及相关问题研究——纪念汉长安城考古工作四十年》，《考古》，1996(10)。

了这一治礼兴儒趋势。

南北郊的出现即始于汉成帝时期建始元年。《汉书·成帝纪》:"十二月,作长安南北郊,罢甘泉、汾阴祠。"甘泉畤为仿秦旧礼而作,用于祭天;汾阴祠为后土祠,用于祭地。至此,祭祀天地二神的地点转移到了都城长安近郊地带的南北郊。但成帝是否在当年亲自举行了南北郊礼则不可考,有明确可考的时间是在成帝建始二年。《汉书》同卷记载:"(建始)二年春正月,罢雍五畤。辛巳,上始郊祀长安南郊。诏曰:'乃者徙泰畤、后土于南郊、北郊,朕亲饬躬,郊祀上帝。皇天报应,神光并见。三辅长无共张徭役之劳,赦奉郊县长安、长陵及中都官耐罪徒。'又,'三月辛丑,上始祠后土于北郊。'"其具体地点据《汉书》应劭注曰:"天郊在长安城南,地郊在长安城北长陵界中。二县有奉郊之勤,故一切并赦之。"《汉书·地理志(上)》记载:"长安县,高帝五年置。惠帝元年初城,六年成。户八万八百,口二十四万六千二百。在京兆尹辖区内。"[①]同卷:"长陵(县),高帝时置。户五万五十七,口十七万九千四百六十九。在左冯翊辖区内。"[②]长陵设置的目

---

① 汉高帝五年(公元前 202 年)置长安县,高帝七年,定都于此。刘邦开始在渭河南岸、阿房宫北侧、秦兴乐宫的基础上重修宫殿,命名为长乐宫。高祖七年(公元前 200 年)建造了未央宫,同一年由栎阳城迁都至此,因地处长安乡,故命名为长安城。汉惠帝元年(公元前 194 年)至五年(公元前 190 年)建造城墙。汉武帝设京兆尹治理长安,对长安城进行了大规模扩建,兴建北宫、桂宫和明光宫,并在城西扩充了上林苑,开凿昆明池,建建章宫等。

② 陈直《三辅黄图校证》西安:陕西人民出版社,1982。史书记载,刘邦称帝后第二年开始营建长陵。长陵东西并列着两座陵墓,高祖陵在西,吕后陵在东。陵园略呈方形,是仿照西汉都城长安建造的。"长陵城周七里百八十步",折合今天长度为 3150 米。围绕陵园有高大的墙垣,东西南北四面墙均于正中开门。已有考古成果。吕后陵在高祖陵东南 280 米,封土形状与高祖陵相同。其封土底部东西 150 米、南北 130 米,硕部东西 50 米、南北 30 米,封土高 30.7 米。

的主要在于就近控制秦时残留的六国旧贵豪侠等，意在“强干弱支”，消弭潜在地方反叛势力。见《汉书·地理志下》：“汉兴，立都长安，徙齐诸田，楚昭、屈、景及诸功臣家于长陵。后世世徙吏二千石、高訾、富人及豪桀并兼之家于诸陵。盖亦以强干弱枝，非独为奉山园也。”可见，两县设置的目的不仅仅在守陵，也在安置潜在敌对势力。

长陵，位于今陕西省咸阳市秦都区窑店镇三义村之北的咸阳原上，坐北朝南，长陵北依奇峰林立的九嵕山，南与富丽堂皇的长乐宫、未央宫隔渭水相望，气势雄伟，规模宏大。整个长陵陵区由陵园、陵邑和功臣陪葬墓三大区域组成。

长陵邑所在地，位于今咸阳市韩家湾乡怡魏村。陵邑略呈长方形，城墙用夯土筑成，南北长，东西宽。《关中记》载：“长陵城有南、北、西三面城，东面无城，随葬者皆在东，徙关东大族万家，以为陵邑。”

元帝以后，因儒风日甚，且经学经历汉初以来上百年的发展，又吸收阴阳五行之说，谙熟经学的公卿们托古改制，郊坛及宗庙等国家重要礼制建筑按经书的记载重建、并投入现实政教礼仪活动中。成帝时作南北二郊应该是在此风气下进行的。

汉平帝元始年间，王莽多次上奏改定郊礼，重振礼仪，“于是定郊祀，祀长安南北郊，罢甘泉、河东祀。”[①]王莽观点承袭儒士匡衡等人的观点，这就是著名的“元始之礼”。后世修礼多以参仿“元始中故事”为礼制损益的依据。元始年间王莽定礼是中华礼制变革的关键期，过去由于王莽篡位，史家对其贬抑居多，但从其对礼制的变革对后世影响来看并不亚于汉武帝时代的董仲舒。这点在城市礼制建筑的规划上表现得尤其明显。

元始五年，王莽上奏言：

> “臣前奏徙甘泉泰畤、汾阴后土皆复于南北郊。谨案周

① 《汉书·平帝纪》：元始三年臣瓒注。

官‘兆五帝于四郊’，山川各因其方，今五帝兆居在雍五畤，不合于古。又日月靁风山泽，易卦六子之尊气，所谓六宗也。星辰水火沟渎，皆六宗之属也。今或未特祀，或无兆居。谨与太师光、大司徒宫、羲和歆等八十九人议，皆曰天子父事天，母事墬，今称天神曰皇天上帝，泰一兆曰泰畤，而称地祇曰后土，与中央黄灵同，又兆北郊未有尊称。宜令地祇称皇墬后祇，兆曰广畤。《易》曰‘方以类聚，物以群分’。分群神以类相从为五部，兆天墬之别神：中央帝黄灵后土畤及日庙、北辰、北斗、填星、中宿中宫于长安城之未墬兆；东方帝太昊青灵勾芒畤及靁公、风伯庙、岁星、东宿东宫于东郊兆；南方炎帝赤灵祝融畤及荧惑星、南宿南宫于南郊兆；西方帝少皞白灵蓐收畤及太白星、西宿西宫于西郊兆；北方帝颛顼黑灵玄冥畤及月庙、雨师庙、辰星、北宿北宫于北郊兆。”奏可。于是长安旁诸庙兆畤甚盛矣。

至此由于祭五帝于都城五郊，五帝与五郊的关系和方位固定了。汉末逐渐确定了郊坛制，而这仅是其托古改制的一部分。又，《汉书·王莽传上》：“居摄元年正月，莽祀上帝于南郊，迎春于东郊，行大射礼于明堂，养三老五更，成礼而去。”王莽改制将周代古礼杂糅进了现实政治文化中，其郊礼制度成为后代定礼的重要参照。例如，王莽“以冬至使有司奉祠南郊高帝配而望群阳，夏至使有司奉祠北郊高后配而望群阴”（《汉书·郊祀志》）。由上可知，西汉成帝时的南、北郊礼的地点分别在长安、长陵县境内。这两县是汉高祖时已规划好的郊县，但无具体的距离数据和地点记载，只知其大致区域。

再看东汉郊坛制。

东汉政治虽然大多是对汉末王莽政治进行了改良，但包括王朝祭礼在内的意识形态领域大致继承了新莽故旧，并且套用《月令》的格式形成一个完整体系，在形式上恢复了“周礼”以礼治民的格局。

东汉洛阳都城制的形成对郊坛制的影响非常大。

东汉建武元年(公元25年)六月,刘秀在群臣的拥戴下称帝于鄗(今河北柏乡以北),重建汉政权,初定礼仪。《后汉书·祭祀志上》:"建武元年,光武即位于鄗,为坛营于鄗之阳。祭告天地,采用元始中郊祭故事。"同年八月,光武大军攻取洛阳。十月,光武由河北至洛阳,定都于此。建武二年正月又按照西汉平帝"元始故事"在洛阳城南七里建立郊坛。即同书《祭祀志上》:"(建武)二年正月,初制郊兆于雒阳城南七里,依鄗。采元始中故事。"而所谓"元始中故事"即是王莽当时一系列改定礼仪的举措。可见东汉初年郊礼一依王莽礼制。

《后汉书·郊祀志上》记光武帝所立郊坛的形制:

> 圆坛八陛,中又为重坛,天地位其上,皆南乡,西上。其外坛上为五帝位。青帝位在甲寅之地,赤帝位在丙巳之地,黄帝位在丁未之地,白帝位在庚申之地,黑帝位在壬亥之地。其外为土壝,重营皆紫,以象紫宫;有四通道以为门。日月在中营内南道,日在东,月在西;北斗在北道之西,皆别位,不在群神列中。八陛,陛五十八醊,合四百六十醊。五帝陛郭,帝七十二醊,合三百六十醊。中营四门,门五十四神,合二百一十六神。外营四门,门百八神,合四百三十二神。皆背营内向。中营四门、门封神四,外营四门,门封神四,合三十二神。凡千五百一十四神。背中营神,五星也,及中宿五官神及五岳之属也;背外营神,二十八宿外星,雷公、先农、风伯、雨师、四海、四渎、名山、大川之属也。

这个郊兆之坛继承了元始郊天坛的形制,又有所改进。圆坛八陛,是继承元始郊坛"圆坛八觚",但天祇、五帝合坛则与元始郊坛异。此郊坛附近无竹宫,有众神之营,但未分茅营、土营,而是分中营、外营。虽然没有元始郊坛大,但从祭祀对象和空间分割看更为规整均衡。所祀诸神:日在东,月在西,是按《礼记·祭义》"祭日于东,祭月于西",把祭祀日月的地点都统一在坛的中营内南道，星辰则按其尊卑各在北道（北斗）、背中营（五星）、背外营（二十八宿），而不在祭星的"幽宗"（《礼记·祭法》郑玄注）。此坛不是单一的神祇祭坛，带有总坛的性质，天、日、月、星辰等各类天界神祇都居其中了。

除了洛阳城南设郊天之坛外，后来在洛阳城北四里又建了北郊地坛[①]。光武帝中元二年初立北郊，其形制为方坛四陛，以象天圆地方。地祇为北郊的最高神，"位南面西上，高皇后配，西面北上，皆在坛上；地理群神从食，皆在坛下，如元始故事。中岳在未，四岳各在其四方孟辰之地，中营内。海在东，四渎：河西、济北、淮东、江南。他山川各如其方，皆在外营内。四陛醊及中外营门封神如南郊。奏乐亦如南郊。既送神，埋俎食于坛。"地坛还附祭五岳、四渎、众山川等地界神祇。

东汉的郊礼更符合周礼精神。《史记·封禅书》："周官曰，冬日至，祀天于南郊，迎长日之至；夏日至，祭地祇。皆用乐舞，而神乃可得而礼也。天子祭天下名山大川，五岳视三公，四渎视诸侯，诸侯祭其疆内名山大川。四渎者，江、河、淮、济也。"东汉采用正月郊天礼，与周礼"冬日至，祀天于南郊"时间大致相合。为什么冬至祭祀天？《汉书》记载："冬至阳气生，君道长，故贺。"古人认为，过了冬至，白天时间日渐变长，阳气上升，冬天很快过去，春季即将到来，是值得庆贺的节日。南朝宋范晔《后汉书》记："冬至前后，君子安身静体，百官绝事，不听政，择吉辰后省事。"可见冬至这一节气在古人看来是十分重要的，不仅把它当做重大节日对待，而且还能顺应天时，养生静体。

东汉的郊祀制度既是汉代阴阳五行观念盛行的产物，又是向传统礼经回归的结果（图 4-1）。

以上是两汉天地郊坛的形制和祭法。汉代的"郊"与先秦时

---

① 《汉官仪》卷下："北郊在城西北角，去城一里所。"位置不同。

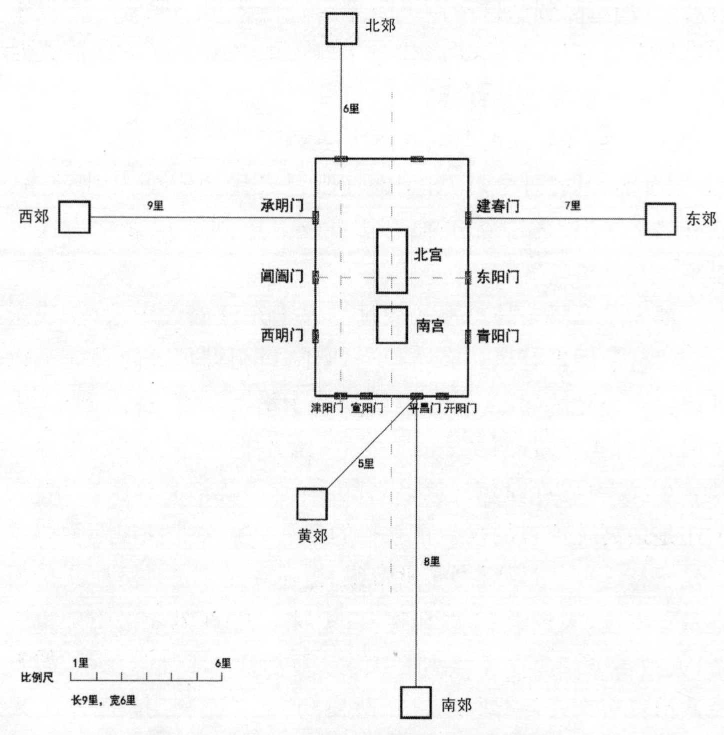

图 4－1　东汉五效距离示意图

期商、周已有的“郊”礼不同[①]，它虽然与商周时的郊有渊源关系，但在西汉“郊”的内涵已发生了巨大的变化，这种变化表现在：其一、它与都城东、南、西、北四个地理方位相对应，而在此之前无此固定对应关系；其二、先秦以前的郊礼祭祀的对象庞杂，缺少严密体系，两汉的四郊祭祀对象相对单一、稳定，为魏晋以后规范礼仪提供了参考。从文献记载看，五郊坛制最迟出现于西汉元帝时，这是汉代世俗皇权进行统一神权的重要措施之一。此后又经成、哀、平帝，尤其是平帝元始年间王莽对其修改发挥，

① 杨天宇《西周郊天礼考辨二题》，《文史哲》，2004(3)：91－96。

最后形成五郊之制，这一制度到东汉进一步得到确定。东汉末郑玄等人对三礼作注，对后代产生巨大的影响。汉文化范式对魏晋六朝的影响则是直接的。

4.1.2.2　魏晋郊坛制与礼仪路线

“汉明帝据《月令》有五郊迎气服色之礼，因采元始中故事，兆五郊于洛阳，祭其帝与神，车服各顺方色。魏、晋依之。江左以来，未遑修建。”(《宋书·礼志三》)

郊天是天子至高无上的象征。整个东汉或天子亲行，或派有司代行。后世有议：“高帝建元四年，世祖即位。尚书令王俭补议：‘……光武建武二年，定郊祀兆于洛阳。魏、晋因循，率由汉典，虽时或参差，而类多间岁。’”(《南齐书·礼志三》)

东汉末年黄巾起义、董卓之乱后，东汉统治名存实亡，名义上还是最高统治者的汉献帝举行的郊天礼则是曹操挟天子以令诸侯所行之事。《后汉书·献帝纪》记建安元年正月癸酉，“郊祀上帝于安邑，大赦天下，改元建安；七月丁丑，车驾至洛阳郊祀上帝，大赦天下。建安八年冬十月，“公卿初迎冬于北郊总章，始复备八佾舞”，李贤注“斯礼久废，故曰初”。曹操利用献帝郊天来证明自己的“勤王”义举，在政治上取得更大的优势。郊礼发展的趋势是南郊重于北郊，其原因主要在于天子即位、受禅举行的祭天礼在南郊进行。

4.2　东晋郊坛制与礼仪路线

东晋郊坛设置情况。东晋四郊礼以南、北二郊礼重要。晋元帝时大臣们对是否立郊坛事各持己见。有的主张待还复旧都后再设立，大多数认为既已立国定都就应立郊。骠骑王导、仆射荀崧、太常华恒、中书侍郎庾亮赞同荀组的看法，于是晋太兴二年(公元319年)三月建康立郊坛，南北郊合祀。南北郊合祀，其制度皆是太常贺循所定，多依魏晋之仪(《晋书·礼志上》)。同时，确立了两年一郊的制度，废除了冬至日的祭祀。金子修一认为这项制度被南朝遵循，并为北朝郊礼吸收[①]。

当时对于在何处设立郊兆（祭坛）议论纷杂，加上"南出道狭，未议开阐"，东晋政权于是在东南巳地创立郊坛（《宋书·礼志一》）。"东南巳地"究竟在哪里？《建康实录》卷五记载："在（建康）宫城南十五里，郭璞占立之。"同书注引《图经》记载："在今县城东南十八里长乐桥东，篱门外三里，今县南有郊坛村，即吴南郊也。"至东晋成帝时，另立北郊，南、北郊才正式分开。

东晋明帝始南郊。邓攸，明帝时为太常，"时帝南郊，攸病不能从。车驾过攸问疾，攸力病出拜。有司奏攸不堪行郊而拜道左，坐免。"（《晋书·良吏传·邓攸传》）

南朝时南郊时废，《南齐书·明帝纪》明帝"性猜忌多虑，故亟行诛戮。潜信道术，用计数，出行幸，先占利害，南出则唱云西行，东游则唱云北幸。简于出入，竟不南郊。"不南郊是因为政治未稳定，见《南齐书·王晏传》："……时帝常遣心腹左右陈世范等出涂巷采听异言，由是以晏为事。晏轻浅无防虑，望开府，数呼相工自视，云当大贵。与宾客语，好屏人清间。上闻之，疑晏欲反，遂有诛晏之意。伧人鲜于文粲与晏子德元往来，密探朝旨，告晏有异志。世范等又启上云：'晏谋因四年南郊，与世祖故旧主帅于道中窃发。'会虎犯郊坛，帝愈惧。未郊一日，敕停行。元会毕，乃召晏于华林省诛之。"此事反映明帝在位政局不稳定。

新近的考古发现"六朝祭坛"遗址可能为南朝刘宋北郊坛。北郊坛的位置成为大家关注的热点问题之一[②]。本书拟从建都建康的具体地形、地势对东晋南朝北郊坛的设置情况以及北郊坛

---

① （日）金子修一《关于魏晋到隋唐的郊祀宗庙制度》，载《日本中青年学者论中国史》（六朝隋唐卷），上海：上海古籍出版社，1995：350－352。

② 刘巍《紫金山六朝祭坛遗存考证与原状研究》，东南大学硕士学位论文，2002。卢海鸣《六朝建康礼制建筑考略》，《洛阳工学院学报》，2001(4)：18－22。

的建筑位置再进行一些蠡测。

最新的研究认为，建康宫城和御街不是正南北方向，而是东西偏离 25 度，即南北向的城中主街御街是南偏西 25 度，御街是建康城的中轴线，这样，在城东北方向的紫金山祭坛应是在城的北方。它为北郊坛的可能性就更大些。

理由：钟山是主要的传统的宗教活动地点，建康处于宁镇丘陵，这一带山岭不高，钟山最高峰约 448 米，雄居第一。高山崇拜在中国远古时代有很大影响，它是原始崇拜中的一种。原始人类认为，高山是神灵的居处，高山是通往天界仙境的途径之一，它具有神秘和灵验，故人们对高山满怀敬畏之情。不同地区人们通常选择一座本地最高的山峰作为祭祀对象，钟山是南京地区的圣山，各种宗教信仰活动的繁衍地之一。

据当代考古成果知刘宋时的北郊坛建在钟山，北郊为耀武扬威、大阅三军之地，北向宣誓，同仇敌忾，更能显王朝声势。

魏晋时期伴随着政治的分裂、疆土的局蹙，王朝祭礼明显地变得俭朴。但这一时期政治、文化、科技的新发展影响到祭礼的内容和格局。国家礼仪转为更集中地宣扬天命有加、王朝正统等思想。汉魏晋至唐，礼仪的治世功能经历由实而虚化的过程，《新唐书·礼乐志》："由三代而上，治出于一，而礼乐达于天下；由三代而下，治出于二，而礼乐为虚名。……自汉以来史官所记事物名数、降登揖让、拜人挽伏之节，皆有司之事尔，所谓礼之末节也。然用之郊庙朝廷，自缙绅大夫从事其间皆莫能晓习，而天下之人至于老死未尝见也。"而从郊坛建筑实物形态看：坛是一种低平的建筑，体现一种开放的亲近天地自然的氛围，与宫殿的高墙深池形成另一种视觉效应，显示了两者各自的功能：宫殿要求安全坚固，并享尽奢华机巧。而后者则敬事神灵，追求朴素简洁、意象取胜。这种建筑从其宗教祭祀功能的发挥看，自然也就具有一定的恒久性。

刘宋初年，南郊坛沿袭未改。宋孝武帝大明三年（公元 459

年)九月,尚书右丞徐爰鉴于南郊位置"非礼所谓阳位之义,南驿开途,阳路修远。谓宜移郊正午,以定天位。"(《宋书·礼志一》)其建议被采纳。于是,又将南郊坛移至秣陵牛首山西,恰好在宫城南面的正午之地。不过,前废帝即位后,认为南郊旧址吉祥,又移还原处。

4.3 郊坛制度对城市内部交通路线的影响

古代皇帝的重要政务活动如南郊登基告天、及南北郊皆离不开相关的礼仪道路。

东晋的宫城、宗庙、南郊地皆由郭璞"占卜"选址决定。东晋时对原来东吴都城建业加以改造,在规划都城时独特之制在于道路迂曲。据刘义庆《世说新语·言语篇》中说:"宣武移镇南州,制街衢平直。人谓王东亭曰:'丞相初营建康,无所因承,而制置纡曲,方此为劣。'东亭曰:'此丞相乃所以为巧。江南地促,不如中国。若使阡陌条畅,则一览而尽;故纡余委曲,若不可测。'"宣武指桓温,封宣武子。南州在建康城以南,即姑熟。时桓温镇守姑熟,遥领扬州刺史,控制朝政。王东亭即王珣,首任丞相王导之孙。他解释王导对建康都城的规划思想:因为此处地形不如中原地带开阔平坦,因此要使街道做成弯弯曲曲,若隐若现,让外人(主要是北人)不知街道有多长,都城有多大。

礼仪道路与都城道路的具体关系今已难以考求,但南北郊祀路线与御道重合则是可知的。作为城市最重要的道路交通,御道是建康成为帝王之都的重要标志之一。

东吴政权在江东统治五十多年,在其所依托的丹杨郡境内开拓出了建业(今南京)至屯溪(在今黄山市)的山区道路达三百多千米,建业城内筑路开河,发展丝织和冶铸业。这些政治经济举措,使建业在江南崛起为著名都城,人口稠密,商市繁荣。文学家左思写的《吴都赋》,盛赞建业民殷物阜,旅商众多,河边和桥上车拥船挤,喧歌之声通宵达旦。与帝王御道联结着的名为查下、横塘、长干三条大街，屋宇栉比，高低错落，构成了一条条鲜艳明丽的城市风景线[①]。

东晋御道是利用东吴旧路修缮而成，不同的是在路两侧建隔离墙或竹篱，上覆以青瓦，规定男女分道而行，御道中央为帝室专用道，左右两侧为官民通用道。御道终点的大航门改名朱雀门，城楼上塑一对铜雀，楼名朱雀观，门楣上左刻龙右刻虎，更增加了御道的庄严。

东晋立都建康，一直困扰在“强敌寇境，强族震主”的内忧外患环境里。道路的开拓有别于东吴，不是侧重南向，而是着力北郊，越江开发江淮地区。从建康城来说，在滨江丘陵地带开凿出竹里路(今龙潭附近)和京口(今镇江)路，虽属粗通，但可安顿部分南迁来的北方人在此定居，同时又利于调遣兵力巩固江防，颇具规模的是金城大道。金城本是吴后主孙皓所立的城堡，其地有二，一说在今之栖霞镇附近，一说在今迈皋桥金陵村一带。东晋时建康至金城的道路进一步得到开发，成为城北临江的大道。前秦主苻坚以号称 87 万之众在淝水之战中被东晋的 8 万之师所击败，辅政重臣谢安在金城为凯旋之师举行隆重的庆宴，史书记载这时的金城大道两侧“树冠大如盖，柳槐之粗达十围”。

都城的规模大小基本上可以用城墙、城门等有形空间来界定，都城的发展空间与未来规模似乎可由四郊坛来界定。郊坛赋予城市人神共存的神秘感，是我国古代都城的最突出的特征。它是古老习俗的体现，又是崇拜自然和天人哲理的象征，是人对自然崇拜在城市规划中最生动最完美的反映。《礼记·檀弓》：“墟墓之间，未施哀于民，而民哀；社稷宗庙之中，未施敬于民，而民敬。”这是中国古代精神指归下的坛庙建筑所特有的环境氛围。这种环境氛围也一贯不懈地熏陶着皇天后土上的万千子民。

---

① 周一凡《六朝都城话御街》，《南京史志》，1996(6)：46－47。

在处理“人”与神祇的空间位置关系时，尚未解决的问题是：社稷坛与郊坛同为祭祀建筑，一个距离宫城近，在宫城外、皇城内，礼制应门的西面；一个在皇城外的近郊地带。距离宫城远近不同，反映了两套天—人之间的亲疏关系。宗庙、社稷神祇是皇帝家族的祭奠对象，而五郊则是代表整个国家祭祀的神祇。最重要的礼仪如南郊祭天礼只在帝王登基特殊情况下使用，使用频率低，把不实用的礼制设施置于郊区，而郊区也更容易营造幽静、深邃的神灵居住环境。概言之，郊坛制作为一种制度确立于西汉，较早的皇家五郊坛出现于西汉元帝之时，汉末王莽对其发展，终成五郊之制，到东汉时进一步得到确定，此后历代沿用。但四郊并非取都城的正东、南、西、北，而是根据天干地支、阴阳五行加上具体地理环境而确定的四位，此方位的确定法可谓为五行定位法，以区别于现代的经纬定位法。通过对东晋郊坛制的认识，足以丰富我们对古代都城规划思想的另一个渊源——易道哲学的认识和理解。

小结

东晋南朝礼仪发达，礼制建筑相应完备。对比前后朝会发现，这种发达的礼制观念对城市空间的整体形成起着很大的作用。到隋唐时期都城礼制的精神更加强烈，隋唐都城的气象更加深化了后人对古礼的尊崇，其都城制度影响周边国家。清代学者对“三礼”学的梳理与强化，使得中国古都从汉至清具备了一脉相承的礼的功能和完整的象征意义。对此国外学者作出了深刻的评价与解释，值得我们参考与反思。芮沃寿在《中国城市的宇宙观》说：

> 我们已回顾了世上所知的最悠久的城市宇宙论传统。我们可以简要地探讨一下这个传统之所以历久不变的理由。理由是中国的城市象征主义已成为帝王思想的一部分——即使是很小的部分，它强调了中国中心论，天子在文

> 明中至高无上的地位。当然，正是长期依附于中国皇帝的士大夫，才三番五次地坚持“他们的”皇帝举行象征仪式的重要性，坚持他作为宇宙中枢的角色理应在中国天地的小宇宙——即京都里实行管理。第二个理由是产生城市象征主义的宇宙论是中国人历久不变的世界观的一部分。第三个理由是，不论太平盛世还是多灾多事之秋，匠人们总是保留一套极其保守的建筑传统，因而每逢重新进行建筑的时候，他们就采用老式样和老技术。①

芮沃寿还有另外未指出的原因则是中国的儒家哲学史繁琐悠长，及屡次异族进入时，汉民族意识在救亡图存的同时往往走向另一个极端，一部分激进的社会批判精神乔装改扮后反而变成了狂热的复古主义，而中国的复古则无过于三代之周礼。

---

① (美)芮沃寿《中国城市的宇宙论》，见：施坚雅主编；叶光庭，等译；陈桥驿校《中华帝国晚期的城市》，北京：中华书局，2002:75。

《楚辞·天问》:"女娲有体,孰制匠之?"

余　论

1　建康城市权力空间特色形成的儒道政治文化原因分析

本书主要考察了东晋百年建康城市历史,分析了建康城市的主要权力空间格局及特色。下面对其成因略加分析。

1.1　儒道哲学文化原因

儒家文化的影响无疑是巨大而深远的。先儒孔孟在文化偶像的选择和摄取上,以周王朝为偶像,以周王(文王、武王)为领袖偶像,又以周的礼乐文化制度为文化偶像。后儒们遂以周代、周制、周王为精神偶像,后世欲求得王朝和帝王个体的正统,必上溯到周制与周王,故复古崇圣成为重要的思想潮流,而复古崇圣又以周制、周王为楷模。①

至于道家文化的影响,先看英国科技史学家李约瑟所言:"再也没有别的地方表现得像中国人那样热心体现他们伟大设想'人不能离开自然'的原则……皇宫、庙宇等重大建筑当然不在话下,城乡中无论集中的,或是散布在田园中的宅舍,也都经常显现出一种对'宇宙图式'的感觉,以及作为方向、节令、风向

---

① (美)帕诺夫斯基《历史的重构》,石家庄:河北美术出版社,2004。

和星宿的象征主义。"[①]那么,李约瑟提到的这种宇宙图案究竟是如何呈现和展开的呢?我们或可以"大壮"语词来解释。

"大壮"出自道家经典《周易》中的一卦,见《周易》第三十四卦《大壮雷天大壮震上乾下》:"大壮,利贞。《彖》曰:大壮,大者壮也。刚以动,故壮。大壮,利贞,大者正也。正大而天地之情可见矣。《象》曰:雷在天上,大壮。君子以非礼弗履。"

《周易》中有关"大壮"爻辞原文似乎与建筑渺不相涉,直接将建筑与"大壮"卦联系在一起的是《易・系辞下》中关于古代人观象制器中的一段话,即:"上古穴居而野处,后世圣人易之以宫室,上栋下宇,以待风雨,盖取诸大壮。古之葬者,厚衣之以薪,葬之中野,不封不树,丧期无数,后世圣人易之以棺椁,盖取诸大过。上古结绳而治,后世圣人易之以书契,百官以治,万民以察,盖取诸夬。"可见,"大壮"的一个含义是阳刚壮大。这就是说,"上栋下宇"的建筑模式是寓意于"大壮"的卦象而来的,这样,大壮与建筑联系起来了。"大壮"的另一个含义是太平,《东坡易传》卷二《泰卦》坤上乾下:"'泰',小往大来,吉,亨。"这是对易经中"大壮"的卦义与卦名及其含义的理解。在《周易・说卦传》中,乾为天,震为雷、为龙,震在乾上,则大壮卦的卦象为雷在天空轰鸣,龙在天空翻腾,其势大且壮观。这一卦乍看起来似乎与建筑无直接关系,其实它正是古人以"大壮"暗喻宫殿营造其本质属性的真正含义,即真龙天子威慑华夏,蕴涵了古时中国人对于宫殿建筑的一种独特的审美思想。刘忠红指出:"先哲们对自然的这种审美转化,成为后世历代帝王实现政治目的的一种假借。依帝王统治者的建筑观来看,建筑应该成为个人乃至家庭社会政治地位的标志。可以说,凡宫殿建筑必取'大壮'这一审

---

① 转引自白晨曦《天人合一:从哲学到建筑》,中国社会科学院研究生院博士学位论文,2003。

美标准，其实质并非为美而美，它具有明确的社会政治目的。”①

在古代哲学中，大壮与宫室建筑相联系，借助的是“取象”法，即取象于某一事物，用来比喻另一事物的特性，这是道家最善于采用说明事理的一种方法，见《庄子》卷五中《天道》：“天道运而无所积，故万物成；帝道运而无所积，故天下归；圣道运而无所积，故海内服。明于天，通于圣，六通四辟于帝王之德者，其自为也，昧然无不静者矣！”

又如象天法地，作为人类顺应自然、了解自然的重要方法，是人类获取自然科学知识的必由之路。《春秋繁露》卷十七《天地之行》：“天地之行美也，是以天高其位而下其施，藏其形而见其光，序列星而近至精，考阴阳而降霜露。高其位，所以为尊也；下其施，所以为仁也；藏其形，所以为神也；见其光，所以为明也；序列星，所以相承也；近至精，所以为刚也；考阴阳，所以成岁也；降霜露，所以生杀也。为人君者，其法取象于天，故贵爵而臣国，所以为仁也；深居隐处，不见其体，所以为神也；任贤使能，观听四方，所以为明也；量能授官，贤愚有差，所以相承也；引贤自近，以备股肱，所以为刚也；考实事功，次序殿最，所以成世也；有功者进，无功者退，所以赏罚也。”

古代宫室造作多取象于天地，《隋书·五行志上》载《洪范五行传》曰：“火者南方，阳光为明也。人君向南，盖取象也。昔者圣帝明王，负扆摄袂，南面而听断天下。揽海内之雄俊，积之于朝，以续聪明，推邪佞之伪臣，投之于野，以通壅塞，以顺火气。”

《史记》卷八《高祖本记》记载：“萧丞相营作未央宫。……高祖还，见宫阙壮甚，怒，谓萧何曰：‘天下匈匈苦战数岁，成败未可知，是何治宫室过度也？’萧何曰：‘天下方未定，故可因遂就宫室，且夫天子四海为家，非壮丽无以重威，且无令后世有以加

① 刘忠红《“大壮”与“适形”的和谐——中国古代宫殿建筑的审美追求》，《郑州大学学报(哲学社会科学版)》，2005(05)：174-176。

也。'高祖乃说。"这段记载,把宫殿建筑的目的说得很明白,即"非壮丽无以重威"。为了保证统治者的这一目的得以实现,历代王朝都制定出一套严密的、体现"非礼弗履"(《周易·象传》)的典章制度或法律条款。要求按照人们在法律上和社会政治生活中的地位差别,来确定人们可以使用的建筑形式和建筑规模。这些典章制度或法律条款,便是我们今天所说的建筑等级制度。

这种制度基本是从三方面来设定的:一是从建筑类型上加以限制。如只有天子才能拥有的明堂、辟雍等。二是从营造物的尺寸和建筑物的数量上加以限制。如《大戴礼记·朝事》中记载:"公之城方九里,宫方九百步;伯之城方七里,宫方七百步;子南之城盖方五里,宫方五百步。"如堂阶制度,《礼记》中对此有多处记载:"天子之堂九尺,诸侯七尺,大夫五尺,士三尺。"《礼记·王制》中记载:"天子七庙,三昭三穆与太祖之庙而七。诸侯五庙,二昭二穆与太祖之庙而五,大夫三庙一昭一穆与太祖之庙而三。士一庙,庶人祭于寝。"三是从建筑形式、色彩和施用的加工方式上加以限制。又如《国语》中记载:"天子之室斫其椽而砻之,加密石焉;诸侯砻之,大夫斫之,士首之。"《春秋·谷梁传》中记载:"楹,天子丹,诸侯黝,大夫苍,士黄主。"《论语·八佾》中记载:"天子外屏,诸侯内屏,大夫帷,士帘。"在这样的建筑等级制度控制下,建筑规模大小、形式确定、装饰用色等都不可随心所欲,必须按照自己在社会中的地位来确定自己的建筑方式。以宫殿建筑的众多和壮丽之势,炫耀帝王权贵的天下独尊之威,是形成宫殿建筑审美思想的原因所在。"大壮"也就成为历代帝王一种权威与权势的典型特征。

欲"大壮"者须先夺其势,东晋首都建康居江之下游,从中国整个山川形势来看,处势之下,故江南政权要经略中原多难成功。按法家的理论来看,帝王之术讲法、术、势并重,为了其势的畅行,首都的选择也要有睥睨八方之势,所谓"占势"。如何占势？如“居中”思想、如筑城，高墙深池皆为占势的种种表现。其目的在于避险、临下。但都城建设又一直处于壮威与便生的矛盾统一中。所谓道统高于治统，道统出于天，承天而治理天下，从尧舜到禹汤成周、孔孟之道，程朱理学，讲究的是以德治天下，这条线是儒家思想的正脉，虽然中间曾有过中断，但它还是历经数千年而传承了下来。道统的核心是治统，即治理国家的方法，也就是圣人之道。都城规划需同时满足道统与治统需求，既维护天子之圣威的需求。又根据现实力量提供的可能，实现其实用功能。

1.2 天文学、地理学知识扩大，风水学说的兴起

古天文星象学，帝王所居宫有“紫宫”之谓，见《汉书》卷二十六《天文志》：“中宫天极星，其一明者，泰一之常居也，旁三星三公，或曰子属。后句四星，末大星正妃，余三星后官之属也。环之匡卫十二星，藩臣。皆曰紫宫。”古天文星象学中的东宫苍龙观念被融入了世俗的成分，东宫从上（天）帝所居宫遂下降凡间变成了人间太子所居宫殿。由此可以推测皇储居东宫是为了适应神学化的政治理念之需要，因为它从神学角度阐释太子、皇位继承的重要性。同时，它也在空间上具体界定了皇帝与皇太子的位置关系。

中宫、西宫等概念皆与之类似。比如，在星象学中“中宫”指帝王，“中宫大帝，其精北极星。含元出气，流精生一也”[①]。《汉书·王莽传中》：莽志方盛，以为四夷不足吞灭，专念稽古之事，复下书曰：“……予之受命即真，到于建国五年，已五载矣。阳九之厄既度，百霈之会已过。岁在寿星，填在明堂，仓龙癸酉，德在中宫。”

地学成就表现在与天文、哲学结合：春秋战国以来，五行学说大盛，五行与地理方位、季节、颜色、五星、五帝、五兽等结合，

① 《史记·天官书》“中宫”本注：《索隐》姚氏案引《文耀钩》语。

形成相通的关系，如五行学说里，南方属于火，东方属于木，北方属于水，西方属于金，土掌管中，协助金木水火的平衡。四方与中央被称为“五方”，四季加上夏季的末一个月分割出来的“季夏”合为五时，以便与五方配合。五行家又将远古的五帝、五神及五色等统统与五行五方相配合。《礼记·月令》、《吕氏春秋·十二纪》、《淮南子·天文训》、《五经通义》等文献都有相似的记载。这种五行五方思想对都城的“辨方正位”是有效依据。大方位的确定是各种政治建筑选址的依据，例如东宫位置的确定就有赖于这种思想。在易经、八卦学说中认为皇太子居“震”位，住震宫，震所对应的方位在东，《六十四卦经解》：“《序卦传》曰：主器者莫若长子，故受之以震。《说卦传》曰：帝出乎震，万物出乎震，震东方也。”[①]故“东宫”作为皇位继承人所居之地这一说法或源于阴阳八卦之说。按照这一套学说，皇储遂被安排在东宫。

表 5-1　五行与三才系统关联表

五方	五行	五时	五色	五帝①	五星	易卦	宫	五帝②	五神	五兽
东	木	春	青	太皞	岁星、风伯	震	东宿东宫	苍帝灵威仰	句芒	苍龙
南	火	夏	赤	炎帝	萤惑	离	南宿南宫	赤帝赤熛怒	祝融	朱雀
中	土	季夏	黄	黄帝	填星、北斗、北辰、日	坤艮	中宿中宫	黄帝含枢纽	后土	黄龙
西	金	秋	白	少皞	太白	兑	西宿西宫	白帝白招矩	蓐收	白虎
北	水	冬	黑	颛顼	辰星、雨师、月	坎	北宿北宫	黑帝叶光纪	玄冥	玄武

说明：五帝①名称笔者根据《五经通义》列举。五帝②名称参考詹觐鑫《神灵与祭祀》上篇 第一章 天地神祇，第 43 页；第四章人神，第 167 页。

秦汉时期出现了三种最主要的政治史观，一是邹衍的

---

① （清）朱骏声《六十四卦经解》之卷七“震”。北京：中华书局，1995。

“五德终始”说，二是董仲舒所倡“三统说”，三是眭弘所创“汉家尧后”说[①]。“五德终始说”以五行相生为历史循环的运转原则，而“汉家尧后”说则遵照五行相胜之原则。从秦到汉武帝时期盛行的是五德终始说，而从汉昭帝时起，五行相胜的汉家尧后说逐步取代了五德终始说，成为占统治地位的政治史观。

汉武帝时的大儒董仲舒创立的“三统说”与五行相生相克思想进一步结合，东汉时它的影响更大，逐渐成为士人普遍接受的政治史观。他提出的“天人合一”命题更把天文、人事互变的道理紧紧有条地结合在一起，于是推导出一种理论：天文有变与人事、治化得失有关。如果是人间出现了灾异，则意味着上天示警，谓之天谴；如果统治者代天治民大有功德，天将褒奖其功德，遂降祥瑞以赞其功业。西汉末期平帝时代的执政王莽大兴复古之制，把天-地-人三者之间的感生共应关系进一步发挥，并落实到都城的五位、五郊坛上，使得三者之间一一对应、整合起来。

《礼记·礼运》：“四灵以为畜，故饮食有由也。何谓四灵，麟、凤、龟、龙谓之四灵。”六朝成书的《三辅黄图》[②]记汉代三辅古迹，于宫殿苑囿之制，又有苍龙、白虎、朱雀、玄武之说，一直影响到后世。

建康城的四位布局和命名与四灵有关，其地名如卢龙山、乌龙潭、朱雀桥、玄武湖等。乌龙潭在东晋时，因曾与秦淮、长江

---

① 宋艳萍，莫永红《秦汉政治史观的演变历程》，《史学月刊》，2002(8)。

② 《三辅黄图》，又名《西京黄图》，简称《黄图》，不注作者姓名。初本成书的时间，清人孙星衍序断为“汉末人撰”；苗昌言题词定为“汉、魏间人所作”；晁公武郡斋读书志定为“梁、陈间人作”；陈直认为“原书应成于东汉末曹魏初期”。各说虽有不同，但都以如淳、晋灼、刘昭注书为据。三位注家既已引此书作注，足证在他们的时代此书已问世了。故此书最迟也应在南朝成书。陈直《三辅黄图校证》，西安：陕西人民出版社，1982。

通,都有出现黑龙、乌龙的传说。顾野王《舆地志》记:“宋元嘉末,有黑龙见于玄武湖侧。”《景定建康志》记:“今(乌龙)潭近湖,即当时所见之处。”《客座赘语》卷七《乌龙潭》:“余友俞公仲茅曾同数友人泛舟于石城门内之乌龙潭,时日已暮矣。舟在潭北,忽见潭南水面,有物浮出,黑而长可数尺,昂首望北而行,水辄坌涌。舟中人惊呼之,遂没。元《金陵志》言《舆地志》,宋元嘉末,有黑龙见玄武湖侧,今潭近湖,疑即当时所见之处。按今潭去湖绝远。《志》又言潭在永庆寺之前,今去寺亦相悬,且在寺之后数里,意元人修志者,未尝亲履其地,只以所传闻书之,故多乖舛若此耳。”

1.3 审美文化:大壮与便生的对立统一

正如巫鸿的研究所表明,帝制中国特别在建筑、礼器制作艺术方面表现出明显“奢侈消费的原则”,如上古倾向于选择“昂贵”的玉石、青铜器为主要礼器,后来则在宫殿和宗庙建筑方面日益向高台建筑和楼阁式“巨型建筑”发展。那些形体有限却昂贵的礼器“体现了对人丁的浪费和对权力的控制”,显示知识、财富和对这个世界独特的掌控能力,本身就是权力的象征。他由此认为,中国古代建筑和艺术的一个突出特征就在于其“纪念碑性”,这种“纪念碑”式的建筑和艺术实际上是权力的一种表达形式,是通过对生产力的浪费和吞并,显示权力的存在①。

与“大壮”截然相反的是“便生”另一种规划审美尺度。前者体象于宇宙的规律,后者追求的是现实的实用、便生及效率。

儒家思想中,先秦时代的孔夫子主张“卑宫室”,孔子在论圣王仁德的理论时,上古三代的尧因为将宫室建造成“茅茨土阶”的样子,又以大禹的事迹为例,提倡卑宫室,进而发展为儒家的崇尚节俭的重要组成部分,从衣食、居住、游猎等方面限制君主

---

① 巫鸿著;李清泉,等译《中国古代艺术与建筑中的“纪念碑性”·导论》,上海:上海人民出版社,2009:78,79。

的行为。在居住方面以“卑宫室”为代表,《论语》卷四《秦伯》:“子曰:‘禹,吾无间然矣。菲饮食,而致孝乎鬼神;恶衣服,而致美乎黻冕;卑宫室,而尽力乎沟洫。禹,吾无间然矣。’”孔子“卑宫室”的思想意识成为千年来儒学限制帝王宫室经营的理论教旨之一。成为历代帝王典范的则有西汉文帝,他拟建造一座台观建筑,可考虑到其花费可能相当于普通人家的“十家之产”,因而决定放弃建造,成为历代儒士们崇俭的正面范例。董仲舒《春秋繁露》卷十六中确定了适形论的完整学说。其中:“高台多阳,广室多阴,远天地之和也,故人弗为,适中而已矣。”他的学说无疑对后世也有较大的影响。

这种“卑宫室”思想,法家、墨家皆从不同角度有相关阐述。《管子·八观第十三》:“入国邑,视宫室,观车马衣服,而侈俭之国可知也。夫国城大而田野浅狭者,其野不足以养其民。城域大而人民寡者,其民不足以守其城。宫营大而室屋寡者,其室不足以实其宫。室屋众而人徒寡者,其人不足以处其室。囷仓寡而台榭繁者,其藏不足以共其费。故曰:‘主上无积而宫室美,氓家无积而衣服修,乘车者饰观望,步行者杂文采,本资少而末用多者,侈国之俗也。’”

又,《管子·法法第十六》:“明君制宗庙,足以设宾祀,不求其美。为宫室台榭,足以避燥湿寒暑,不求其大。为雕文刻镂,足以辨贵贱,不求其观;故农夫不失其时,百工不失其功,商无废利,民无游日,财无砥墆,故曰:‘俭其道乎!’”《管子·立政第四》“右省官”:度爵而制服,量禄而用财,饮食有量,衣服有制,宫室有度,六畜人徒有数,舟车陈器有禁,修生则有轩冕、服位、谷禄、田宅之分,死则有棺椁、绞衾、圹垄之度。可见,度是根据礼制道德性来规定的。

墨子对宫室建筑的台基高度、墙壁厚度、屋顶高度、院落围墙高度提出了“适形”、“有度”的原则,即能够满足基本的生活需要就可以了,不宜过之。《墨子·辞过》:“子墨子曰:古之民未知为宫室时，就陵阜而居，穴而处，下润湿伤民，故圣王作为宫室。为宫室之法，曰：'室高足以辟润湿，边足以圉风寒，上足以待雪霜雨露，宫墙之高足以别男女之礼。'谨此则止，凡费财劳力，不加利者，不为也。役，脩其城郭，则民劳而不伤；以其常正，收其租税，则民费而不病。民所苦者非此也，苦于厚作敛于百姓。是故圣王作为宫室，便于生，不以为观乐也；作为衣服带履，便于身，不以为辟怪也。故节于身，诲于民，是以天下之民可得而治，财用可得而足。当今之主，其为宫室则与此异矣。必厚作敛于百姓，暴夺民衣食之财以为宫室台榭曲直之望、青黄刻镂之饰。为宫室若此，故左右皆法象之。是以其财不足以待凶饥，振孤寡，故国贫而民难治也。君实欲天下之治而恶其乱也，当为宫室不可不节。"

至于道家思想，其倾向于质朴无文，更是便生论的倡导者，《通玄真经》卷十《上仁》："老子曰：君子之道，静以修身，俭以养生。静即下不扰，下不扰即民不怨，下扰即政乱，民怨即德薄，政乱贤者不为谋，德薄勇者不为斗。乱主则不然，一日有天下之富，处一主之势，竭百姓之力，以奉耳目之欲，志专于宫室台榭，沟池苑囿，猛兽珍怪，贫民饥饿，虎狼厌刍豢，百姓冻寒，宫室衣绮绣，故人主畜兹无用之物，而天下不安其性命矣。"[①]余从略。

战国末年的杂学《吕氏春秋》《孟春纪第一·重己》在阴阳五行学说基础上提出了适形论[②]。其明确提出："室大则多阴，台高则多阳；多阴则蹶，多阳则痿。此阴阳不适之患也。是故先王

① 比如，以暴虐淫奢闻名的隋炀帝杨广，在营建东都洛阳的诏书上也颇为谦恭地声称："今所营构，务以节俭，无令雕墙峻宇，复起于当今，欲使卑宫菲食，将贻于后世。"

② 阴阳家思想主要存于十二月的《月令》之中，其根本精神，就是法天地而尽人事，从天地人相贯通的大宇宙体系中总结出一套与天地相协调的社会运行规律，如《序意》篇中所说："盖闻古之清世，是法天地。凡十二纪者，所以纪治乱存亡也，所以知寿夭吉凶也。上揆之天，下验之地，中审之人，若此，则是非可不可无所遁矣。"

不处大室，不为高台，味不众珍，衣不燀热。燀热则理塞，理塞则气不达；味众珍则胃充，胃充则中大鞔；中大鞔而气不达，以此长生可得乎？昔先圣王之为苑囿园池也，足以观望劳形而已矣；其为宫室台榭也，足以辟燥湿而已矣；其为舆马衣裘也，足以逸身暖骸而已矣；其为饮食酏醴也，足以适味充虚而已矣；其为声色音乐也，足以安性自娱而已矣。五者，圣王之所以养性也，非好俭而恶费也，节乎性也。”

这里所指的阳，可以理解为阳光、热空气、干燥的空气；阴，可理解为阴影、冷空气、潮湿的空气等相互对立的状态。《吕氏春秋》强调了宫室建筑应当注意解决采光、通风、隔热、防潮等问题。这一理论比墨子提出的“适形”原则，在立论上更加确切，具体地阐释了宫室与其居住者之间的利害关系①。

城市权力空间形象逐渐被图像化，进而标准化、神圣化，成为一种政治伟力的表现形式。当代学者易英比较了两种图像学的模式，即帕诺夫斯基的“历史的重构”与贡布里希的“方案的重建”。帕诺夫斯基认为艺术品是人类精神活动的产品，是要求人们进行审美体验的人造物品，因此当后人需要对前人的作品进行欣赏和解释时，就有一个在精神上重新参与和重新创造的过程。这也是美术史家在面对艺术品时同样要具备的条件，帕诺夫斯基甚至认为这是人文学科的真正对象开始形成的过程。而图像学就是对超越作品本身的意义的阐释。贡布里希认为，历

① 王伟《〈吕氏春秋〉体道和治道思想研究》，南开大学博士学位论文，2010。历来对《吕氏春秋》的哲学价值评价不高，但是《吕氏春秋》对诸子兼收并采，而去其一偏之说，在中国古代思想史上有着非常重要的地位，是先秦诸子到汉代儒学发展中非常重要的一环，本论文在前人研究的基础上，论证《吕氏春秋》之所以“大出诸子之右”并对汉代学术有着“无孔不入的影响”，除了以它的“兼容并蓄”的渗透融合之力之外，还与它的哲学思想密不可分。《吕氏春秋》以阴阳观念为根基建构的思想体系及其事理思维模式可与西方现代观念的历史主义相提并论。

史流传下来的是作品，方案则被隐藏起来，要破解作品的意图就要重建失传的方案。图像学的解释就是重建业已失传的证据①。如果说宫殿建筑的三朝部分是以“大壮”为主导思想而设计的“方案”，那么，宫殿的内寝部分则是以“便生”为主导的设计“方案”了。大壮与便生反映了两种物质观。

儒家思想具有双重价值，也具有事君与制君双重功能，首先事君，次则制君，儒家制礼也是把双刃剑，为人间天子构筑了一种君道，既维护皇权独尊，又为皇权构筑了一种约束机制，这种双重机制的存在和作用是显而易见的。

2　建康城市权力空间特征、影响分析

2.1　都城权力空间设计是政权合法性的政治运作和文化象征符号

古代关于君主制的合法性论述见《潜夫论笺校正·班禄第十五》：

> 太古之时，烝黎初载，未有上下，而自顺序，天未事焉，君未设焉。后稍矫虔，或相陵虐，侵渔不止，为萌巨害。于是天命圣人使司牧之，使不失性，四海蒙利，莫不被德，佥共奉戴，谓之天子。
>
> 故天之立君，非私此人也，以役民，盖以诛暴除害利黎元也。是以人谋鬼谋，能者处之。②

传统儒家政治秩序理论具有共性，其致力于维护现实层面的君主政治秩序，以诛暴利民为宗旨。当代学者对儒家政治秩序理论及其模式的基本体系、价值属性等内容有必要进行全面的研究。儒家政治理想诉求的实现是个漫长的过程，随着君主制度

---

① 易英《图像学的模式》，《美术研究》，2003(4)：94－100。

② (东汉)王符著，(清)汪继培《潜夫论笺校正》，北京：中华书局，1985。

灭亡而没落，但其尚德、民本等先进性的内涵如何进行现代社会的转型还是个艰巨的任务。

2.2　汉族政权都城宫室规划思想对当时胡族政权的明显影响

纵观两千年君主制度，帝王宫室制度以周制为典范，这一现象突出表现于西汉末的王莽复古改制之风。大体是大力复古的朝代、或者少数民族入主中原的政权尊崇周制的现象更为突出。少数民族政权在实行“汉化”、“自证”其为中华正统的过程中，尤其需要以周制为政治规范和精神文化凝聚力量，而且其崇周的程度往往超过了汉族政权。少数民族政权模仿汉人宫室的营建规划思想，下面再举一例，十六国政权之一的夏赫连氏决定以统万为都，其势初兴，群臣劝其都长安，他只以长安置南台，执意以统万为都。《晋书·赫连勃勃载记》：

> 勃勃还统万，以宫殿大成，于是赦其境内，又改元曰真兴。刻石都南，颂其功德，曰：……于是玄符告徵，大猷有会，我皇诞命世之期，应天纵之运，仰协时来，俯顺时望。龙升北京，则义风盖于九区；凤翔天域，则威声格于八表。……乃远惟周文，启经始之基；近详山川，究形胜之地，遂营起都城，开建京邑。背名山而面洪流，左河津而右重塞。高隅隐日，崇墉际云，石郭天池，周绵千里。其为独守之形，险绝之状，固以远迈于咸阳，超美于周洛。若迺广五郊之义，尊七庙之制，崇左社之规，建右稷之礼，御太一以缮明堂，模帝坐而营路寝，阊阖披霄而山亭，象魏排虚而岳峙，华林灵沼，崇台秘室，通房连阁，驰道苑园，可以荫映万邦，光覆四海，莫不郁然并建，森然毕备，若紫微之带皇穹，阆风之跨后土。然宰司鼎臣，群黎士庶，佥以为重威之式，有阙前王。于是延王尔之奇工，命班输之妙匠，搜文梓于邓林，采绣石于恒岳，九域贡以金银，八方献其瑰宝，亲运神奇，参制规矩，营离宫于露寝之南，起别殿于永安之北。高构千寻，崇基万仞。玄栋镂榥，若腾虹之扬眉；飞檐舒咢，似翔鹏

之娇翼。二序启矣，而五时之坐开；四隅陈设，而一御之位建。……”

其文字的铺陈虽或为文人的刀笔之功，但其渲染都城位置的优越、宫室的壮丽、名物描述仿佛是又一篇《东京赋》，与汉晋文人对都城的表述框架竟如出一辙。而赫连氏不过是仅存25年的民族政权，其首都统万城（今陕西省靖边县境内）距洛阳1000千米，距建康1700多千米。仅从其都城建设看，其受汉民族文化影响已是何等深刻！

公元2003年12月完成初稿。
公元2012年4月修改定稿。

参考文献

[1] 朱偰. 金陵古迹图考[M]. 北京:中华书局,2006.

[2] 叶楚伧,柳诒徵,王焕镳. 首都志[M]. 南京:正中书局,1935.

[3] 陈寅恪. 隋唐制度渊源略论稿[M]. 北京:中华书局,1963.

[4] 陈寅恪. 唐代政治史述论稿[M]. 上海:上海古籍出版社,1997.

[5] 陈垣. 中国佛教史籍概论[M]. 北京:中华书局,1982.

[6] 陈垣. 史讳举例[M]. 北京:中华书局,1962.

[7] 李泽厚. 中国古代思想史论[M]. 北京:人民出版社,1986.

[8] 贺业钜. 考工记营国制度研究[M]. 北京:中国建筑工业出版社,1985.

[9] 吴晗,费孝通. 皇权与绅权[M]. 天津:天津人民出版社,1988.

[10] 刘敦桢. 刘敦桢文集(二)、(三)[M]. 北京:中国建筑工业出版社,1987.

[11] 刘敦桢. 中国古代建筑史[M]. 北京:中国建筑工业出版社,1980.

[12] 刘叙杰. 中国古代建筑史(第1卷):原始社会、夏、商、周、秦、汉建筑[M]. 北京:中国建筑工业出版社,2009.

[13] 潘谷西. 中国建筑史第四版[M]. 北京:中国建筑工业出版社,2001.

[14] 潘谷西. 南京的建筑[M]. 南京:南京出版社,1995.

[15] 梁白泉. 南京的六朝石刻[M]. 南京:南京出版社,1998.

[16] 蒋赞初,沈嘉荣. 南京史话[M]. 南京:江苏人民出版社,1980

[17] 朱光亚. 南京文物精华·建筑编[M]. 上海:上海人民美术出版社,2000.

[18] 郭湖生. 中华古都——中国古代城市史论文集[M]. 台北:台北空间出版社,1997.

[19] 傅熹年. 中国古代建筑史(第二卷)[M]. 北京:中国建筑工业出版社,2001.

[20] 邹厚本. 江苏考古五十年[M]. 南京:南京大学出版社,2000.

[21] 卢海鸣. 六朝都城[M]. 南京:南京出版社,2002.

[22] 南京市博物馆. 南京风物志[M]. 南京:江苏人民出版社,1982.

[23] 王鲁民. 中国古典建筑文化探源[M]. 上海:同济大学出版社,1997.

[24] 祝总斌. 两汉魏晋南北朝宰相制度研究[M]. 北京:中国社会科学出版社,1990.

[25] 唐长孺. 魏晋南北朝史论丛[M]. 北京:生活·读书·新知三联书店,1955.

[26] 王仲荦. 北周六典[M]. 北京:中华书局,1979.

[27] 田余庆. 东晋门阀政治[M]. 北京:北京大学出版社,1989.

[28] 周一良. 魏晋南北朝史论集续编[M]. 北京:北京大学出版社,1991.

[29] 黎虎.魏晋南北朝史论[M].北京:学苑出版社,1999.

[30] 朱大渭.六朝史论[M].北京:中华书局,1998.

[31] 阎步克.服周之冕——《周礼》六冕礼制的兴衰变异[M].北京:中华书局,2009.

[32] 阎步克.波峰与波谷:秦汉魏晋南北朝的政治文明[M].北京:北京大学出版社,2009.

[33] 吕思勉.吕思勉读史札记[M].上海:上海古籍出版社,1982.

[34] 吕思勉.中国制度史[M].上海:上海教育出版社,2002.

[35] 刘伟航.三国伦理研究[M].成都:巴蜀书社,2002.

[36] 王亚南.中国官僚政治研究[M].北京:中国社会科学出版社,1981.

[37] 杨鸿年.汉魏制度丛考[M].武汉:武汉大学出版社,1985.

[38] 赵超.汉魏南北朝墓志汇编[M].天津:天津古籍出版社,1992.

[39] 黄惠贤.魏晋南北朝卷[M].白钢主编.中国政治制度通史[Z].北京:人民出版社,1997.

[40] 陈戍国.魏晋南北朝礼制研究[M].长沙:湖南教育出版社,1995.

[41] 王连升.中国宫廷政治[M].太原:山西教育出版社,1992.

[42] 杨宽.中国古代都城制度史研究[M].上海:上海古籍出版社,1993.

[43] 汪文学.正统论[M].西安:陕西人民出版社,2002.

[44] 汪德华.中国古代城市规划文化[M].北京:中国城市出版社,1997.

[45] 黄建军.中国古都选址与规划布局的本土思想研究[M].

厦门:厦门大学出版社,2005.

[46] 汪晖,陈燕谷.文化与公共性[M].北京:生活·读书·新知三联书店,2005.

[47] 钱穆.中国学术思想史论丛[M].台北:东大图书公司,1976.

[48] 邝士元.魏晋南北朝研究论集[M].台北:文史哲出版社,1984.

[49] 余英时.士与中国文化[M].上海:上海人民出版社,1987.

[50] 毛汉光.中国中古政治史论[M].上海:上海书店,2002.

[51] 刘淑芬.六朝的城市与社会[M].台北:台北学生书局,1992.

[52] 甘怀真.皇权、礼仪与经典诠释:中国古代政治史研究[M].上海:华东师范大学出版社,2008.

[53] 甘怀真.身份、文化与权力:士族研究新探[M].台北:台大出版中心,2012.

[54] 饶宗颐.中国史学上之正统论[M].上海:上海远东出版社,1996.

[55] (德)马克斯·韦伯.儒教与道教[M].南京:江苏人民出版社,1995.

[56] (德)尤尔根·哈贝马斯著;曹卫东译.公共空间的结构转型[M].上海:复旦大学出版社,1999.

[57] (德)卡尔·雅斯贝斯著;王玖兴译.生存哲学[M].上海:上海译文出版社,2005

[58] (法)米歇尔·福柯著;刘北成,杨远缨译.规训与惩罚[M].北京:生活·读书·新知三联书店,2007.

[59] (美)罗杰·M.基辛著;北晨编译.当代文化人类学概要[M].杭州:浙江人民出版社,1986.

[60]（美）戴维·伊斯顿.政治生活的系统分析[M].北京：华夏出版社，1989.

[61]（美）施坚雅主编；叶光庭等译；陈桥驿校.中华帝国晚期的城市[M].北京：中华书局，2000.

[62]（美）史蒂文·卢克斯.权力：一种激进的观点[M].南京：江苏人民出版社，2008.

[63]（美）巫鸿撰；李清泉等译.中国古代艺术与建筑中的"纪念碑性"[M].上海：上海人民出版社，2009.

[64]（美）欧文·潘诺夫斯基著；戚印平，范景中译.图像学研究文艺复兴时期艺术的人文主题.上海：上海三联书店，2011.

后　记

终于可以写后记了。

本书是我的第一本专著，按计划应是第二本，但第一本按目前情势还不能出炉，只好让第二本先出世了，毕竟出书还不像生孩子那样受多方限制和管制[①]。

本书稿的酝酿、写作经过大致如下：1994—1997 年我在四川师院完成硕士学位论文《两晋士族与军权》，1998－2001 年在北京师范大学完成了《南北朝储君制度浅析》博士学位论文，2001－2003 年在东南大学完成《东晋建康城市研究》博士后出站研究报告。前两篇历史习作虽然顺利通过了学位答辩，但未尽事宜是对古代皇权制度的关注并没有结束，或者说才刚刚开始；后一篇出站报告则是研究方向调整后的一篇习作。

2001 年我有机会来到位于六朝古都南京的东南大学建筑系中国建筑历史博士后流动站工作，主攻中国古代建筑历史与文化。这是又一次南下求学过程，东南大学建筑系的中建史研究底蕴深厚，人才辈出，最早的刘敦桢、童寯、杨廷宝先生享誉海内外，已成东大建筑学的精神偶像，我的导师潘谷西先生、朱光亚先生，建筑研究所的刘叙杰先生、郭湖生先生及张十庆先生、陈薇先生等是第二代、第三代领军人物，我正是深深折服于他们的学术而南下拜师求学的。

---

① 有感于今年 6 月甘肃已孕七月孕妇被引产事件。

在这里除了学习大量新知外，开展了过去以文献为主的历史学所没有的田野调研，把文本的历史与建筑考古、建筑生存的社会文化环境结合起来了。这是一条与以往不太相同的治学之路，于我是新奇而艰难的。

虽然建筑艺术对我治学兴趣的诱惑已然很大，我的研究领域也已不限于建筑历史，可拓展到建筑艺术史，东亚建筑文化比较等相关领域，但我私心里还是想把硕博阶段尚未完成的思考继续下去，也算是对自本科以来的学习的一个交代吧。在我看来新的学习，只不过是从空间史的角度关注古代皇权政治了。皇权政治建筑如何体现公权力和义务是本书思考的基本问题。《周礼》等儒家典籍所留下的“三朝五门”(简称三朝)文字记载是比较丰富的，历代对儒家经典中三朝的注释又是各不相同，互有歧义，让研究者梳理、判别这些观点很费气力，三朝空间观念在实体政治权力空间中的表现也不尽相同。如何理解历代这些经学注释成果，如何把三朝图式与皇权政治结合是非常棘手的难题。首先，它难在三朝图式并非历朝完整地画出来并保存下来，目前能见到的仅以清代个别儒学家留下的简单图例为主。其次，这种三朝空间图式究竟能在多大程度上体现皇权的统治意志？这涉及另一个大问题，即儒学的历史作用。这些理论思考虽已开始，但并未完全结束。

我的流动站工作结束后因工作变化和其他原因，书稿搁置了几年，书中的问题现在看来也是明显的，比如先秦政治历史与儒家经学阐释在对三朝本义的理解上，需要我回到源头去思考；对皇权的功能评价，一般学者的、传统的观点认为中国皇权制度是专制的、独裁的，近年来在海外学界出现了一些重新认识皇权专制性质的研究，对君主制趋于一种温和的、同情的态度。我的看法仍是持传统的观点，即中国皇权制度是专制的、独裁的。它对国内的专制统治能够长达两千年之久，原因是多方面的，从手段上看，它的统治“技巧”是高超的，堪称高技派。任何一个专制统治者不会自称其是通过暴力攫取民权,对民众实行专制的。在精神层面构建上,它要全方位地说服民众相信它是天下为公的化身和代言者,三朝制度正是皇权自证其合法性的一种空间表达。而这些,由于我的思考时有中断、又不断调整,因而在通过文字表达时总有词不达意的感觉。

所喜的是近几年国内阎步克先生的经学与史学结合的相关研究,葛兆光先生对中国思想史的新思考,台湾甘怀真先生的经典阐释等一系列研究,在个人看来都达到了相关研究的全新高度。由于他们的研究对象和所用的方法与我的较接近,感觉这么多学贤在披荆斩棘、开山引路,于是,觉得我的研究也是有希望的！时下,人文学科深受商品经济和技术经济的双重打压,在某些场合显得甚是寒碜。但是,若自以为所从事的工作是“绿色,无公害”的,也就有一份宁静的学术心境了。

本书是糅合了魏晋南北朝断代史和中国古代政治建筑史的专题研究。谨此提示,以节约时间。

感谢一直以来关心我的师友。

我的已故硕士导师刘静夫、刘伟航父子两代师让我时常回想起他们的音容笑貌。北京师范大学的黎虎师,东南大学的潘谷西师、朱光亚师,几位业师一个比一个严厉,自从在他们门下求学,每当结业时都有种逃生的后快,或许是我的天性散漫,怠惰,受不了老师们的严格管教？刘伟航师揪着我考研的情形至今还历历在目,黎先生每月的同门学习会也暗藏玄机,潘先生带我时已经是古稀老人,他是那种一眼让人折服的高人,朱先生的殷殷期待换来的是我必须躲着他,补课的压力太大。其实老师们又是多么的亲切、慈爱！记得当年我第一次怯怯地叩开刘静夫先生家的门时,刘师、师母迎我进门,款款地询问,那种感觉如清流潺潺,如饮朝露,那种淡雅芬芳如入芝兰之室。师生之间也是人生的一种善缘。感谢老师们把我引入人类精神的智慧殿堂。

同龄师兄弟们的相互砥砺又是另一种快乐了，有如划着双桨碧波荡漾。回头看，我的人生轨迹竟如此简单，自从上小学就没离开过学校，从一个校门进到另一个校门，长期陶醉在个人的小天地里，同学情是我最珍贵的友情。感谢梦回南充、悟斋、六朝论坛三个 QQ 群的群友，感谢你们每天的相伴。感谢东大的诸葛净、刘捷、王涛、胡石、陈涛、白颖、李新建等学友，热忱地帮助我学习古建新知。

感谢西南大学的何汝泉先生做我当年硕士论文的答辩主席，感谢黄修明老师、夏志刚老师参与、指导我的论文答辩。

感谢北京大学祝总斌先生、吴宗国先生、阎步克先生审读我的博士论文，对我提出的宝贵意见；感谢北京大学赵世瑜先生对我博士后学习的鼓励。感谢北京师范大学的曹文柱先生、瞿林东先生、施建中先生、宁欣先生对我的巨大帮助。感谢首都师范大学的宁可先生、蒋福亚先生的帮助、指导。感谢中国社会科学院朱大渭先生的授学解惑。

感谢南京博物院的梁白泉先生多年犹如父亲一样的关照。

感谢东南大学建筑系的刘鹏同学帮助我做图片的后期处理。

感谢东南大学出版社编辑的辛勤校对、提出的宝贵意见。

感谢我的家人，能让我长年静心求学，是你们给了我前行的动力。

2012 - 6 - 17 写于宁若羌里

图片目录

六代繁华，春色去也，更无消息。空怅山川形胜，已非畴昔。王谢堂前新燕子，乌衣巷口曾相识。听夜深，寂寞打空城，春潮急。思往事，愁如织。怀故国，空陈迹。但荒烟衰草，乱鸦红日。《玉树》歌残秋露冷，胭脂井坏寒螀泣。到如今，唯有蒋山青，秦淮碧。